KARL HAAS

GEISTIGE GESETZE

DIE GEISTIGE UND SPIRITUELLE ENTWICKLUNG DES MENSCHEN

EINFÜHRUNG

DIE AUFGABEN DES LEBENS

DIE GEISTIGEN GESETZE

DIE ENTWICKLUNG DER UNIVERSELLEN LIEBE

R. Lippert - Verlag

Karl Haas
Geistige Gesetze

Überarbeitung: Rudolf Lippert
Titelbild und Textillustrationen: Jolanda Richter
PC-Gestaltung: C. Malek, Graphiken: B. Malek

Ausgabe 2010

Tel.: 07578-2229, Fax: 07578-933194
www.lippert-verlag.de
e-mail: service@lippert-verlag.de
In Deutschland gedruckt
ISBN 978-3-933470-92-8

KARL HAAS

GEISTIGE GESETZE

DIE GEISTIGE UND SPIRITUELLE ENTWICKLUNG DES MENSCHEN

EINFÜHRUNG

DIE AUFGABEN DES LEBENS

DIE GEISTIGEN GESETZE

DIE ENTWICKLUNG DER UNIVERSELLEN LIEBE

R. Lippert - Verlag

Erläuterung der Symbolik des Titelbildes:

Die verschiedenen Kreise stellen die geistigen und materiellen Welten dar. Die Figuren links und rechts zeigen einerseits die Polarität männlich - weiblich und andererseits den Übergang vom Fischezeitalter zum Wassermannzeitalter. Die Waage hat die Bedeutung des Ausgleichsgesetzes (alles im Leben verlangt nach einem Ausgleich), der Bumerang steht für das Gesetz von Ursache und Wirkung (auch das Gesetz des Karmas genannt; sowohl Positives wie auch Negatives kehrt zum Verursacher zurück), und der Bergsee weist auf das Spiegelgesetz hin (das Umfeld des Menschen ist wie ein Spiegel, der ihm den eigenen Seelenzustand zeigt). Kreuz und Dreieck sind Symbole des Göttlichen.

Zum Gebrauch dieses Buches:

Der vorliegende Band enthält die schriftliche Wiedergabe einer Reihe von Seminarabenden, die Ing. Karl Haas im Naturheilverein Wien abhielt. Um die Geschlossenheit der Vorträge zu wahren, wurde der Text so wenig wie möglich aufgegliedert. Die Kapitel sind durch einen Zeilensprung voneinander getrennt, ansonsten aber nur in der äußeren Spalte vermerkt. Um dem Leser die Möglichkeit zu geben, mit diesem Buch zu arbeiten, und um ihm eine Übersicht über die darin enthaltene Themenfülle zu vermitteln, wurden in der äußeren Spalte fast jeder Seite Marginalien eingefügt, die in Kurzfassung über den Inhalt der betreffenden Seite informieren. Diese Marginalien sind zusammen mit den Kapitelüberschriften im Inhaltsverzeichnis genau wiedergegeben. Es empfiehlt sich daher, für das Arbeiten mit dem Buch oder das Auffinden bestimmter Themen das Inhaltsverzeichnis heranzuziehen. Besondere Aufmerksamkeit widmete man den von den Seminarteilnehmern eingefügten Fragen und Bemerkungen. Sie wurden durch einen Punkt am linken Rand des Schriftsatzes hervorgehoben und in Kursivschrift wiedergegeben.

DIE AUFGABEN DES LEBENS (SEITE 75)

DIE GEISTIGEN GESETZE (SEITE 141)

DIE ENTWICKLUNG DER UNIVERSELLEN LIEBE (SEITE 241)

VERZEICHNIS DER ABBILDUNGEN

VERZEICHNIS DER TEXTILLUSTRATIONEN

Vorwort

Mit diesem Buch liegt der erste Band eines dreiteiligen Werkes vor. Es ist aus Aufzeichnungen meiner Vortragstätigkeit im Naturheilverein Wien entstanden. Die Aufzeichnungen erlauben mir, dieses Gedankengut einem größeren Kreis von Menschen zugänglich zu machen, die vielleicht nicht die Möglichkeit haben, solche Vorträge zu besuchen.

Die Kurse und somit auch die Bücher sollen uns unser Erdendasein besser verstehen und meistern lassen und es uns letztendlich möglich machen, die Alliebe zu erlernen.

Mein besonderer Dank gilt allen Kursteilnehmern, die Vorarbeiten leisteten, indem sie die einzelnen Vorträge zu Papier brachten, und der Familie Malek, die nahezu die gesamte Arbeit der Übertragung und des Layouts, sowie auch der Graphiken durchführte. Weiters danke ich der Künstlerin Jolanda Richter für die wunderbaren Illustrationen, Verse und das Titelbild, das sie malte. Ohne diese Hilfen wäre dieses Buch nicht entstanden.

Dieses Buch ist allen Wesenheiten in Liebe gewidmet, vor allem aber jenen Menschen, die eine geistige Höherentwicklung anstreben. Möge es ein Wegbegleiter sein, um Gott näherzukommen.

In geistiger Verbundenheit
Karl Haas

Einführung

Vergiss nie
dass das Leben nichts ist
als ein Wachsen in der Liebe
und ein Vorbereiten
auf die Ewigkeit

Wir haben uns heute zum Einführungsvortrag einer Seminarreihe zusammengefunden, deren Ziel es ist, die geistige und spirituelle Entwicklung des Menschen zu fördern. Die einzelnen Vorträge sind darauf abgestimmt, uns schrittweise auf einem geraden und gangbaren Weg zur inneren Vervollkommnung zu führen. Unsere besondere Aufmerksamkeit wird dabei stets den Hilfsmitteln gelten, die uns die Reise zur göttlichen Ordnung erleichtern können. Mit jedem neuen Lernschritt werdet ihr bemerken, daß euer Leben durchschaubarer geworden ist und eine neue Sinnhaftigkeit erfahren hat.

Zu Beginn möchte ich euch mein Weltbild vorstellen. Es ist das Gedankenfundament, das diese Seminarreihe und auch mein ganzes Leben trägt. Anschließend gebe ich eine Vorschau auf die Themen der einzelnen Kursabende.

Erster Teil: Grundwissen

KAPITEL 1

Wer die Schöpfungsberichte in den heiligen Büchern der großen Weltreligionen miteinander vergleicht, wird bald auffällige Parallelen zwischen ihnen entdecken. So heißt es zum Beispiel im Prolog des *Johannes-Evangeliums:* »Im Anfang war das Wort, und das Wort war bei Gott, und das Wort war Gott.« Der *Buddhismus* nennt fünf kosmische Elemente, die die Schöpfung bedingen. Dazu gehören Samjña, das Wort, die Benennung, und Sanskâra, die Geistes- und Gestaltungskraft. Das hinduistische *Shatapata-Brâhmana* beginnt mit den Worten: »Voran steht der Geist. Der Geist ist der erste der Atemzüge.« In den *Upanishaden* finden wir mehrfach Hinweise wie den folgenden: »Nicht war diese Welt am Anfang. Diese Welt war am Anfang und sie war nicht: es war nur der Geist, der existierte. Der Geist war geschaffen und wünschte sichtbar zu werden, deutlicher, körperlicher.«

Parallelen in den Schöpfungsmythen

Alle hier angeführten Schöpfungsberichte haben eines gemeinsam: Am Anfang steht der *Geist,* das *Wort Gottes,* die *göttliche Energie* also. Daraus dürfen wir schließen: Die Urschöpfung bestand *nicht* aus Materie! Am Anfang war alles reine geistige Energie.

Die Wesen der ersten Schöpfung

Die Liste der Übereinstimmungen zwischen den großen Religionen läßt sich noch weiter fortsetzen. In den *Apokryphen* lesen wir: »Am heiligen Sonntag, dem Erstgeborenen aller Tage, schuf der Herr die Engel und Erzengel, die Thronen, Fürsten, Herrschaften und Machthaber, die Cherubim und Seraphim, und alle Ordnungen und Heere der Geister«, sowie die Himmel und die [geistigen] Naturreiche.

Wir erfahren hier: auch die Wesen der ersten Schöpfung bestanden aus geistigem Urstoff. Dieses Wissen findet sich gleichermaßen in allen Weltreligionen.

Der Sturz der Engel

Über unvorstellbare Zeiträume hinweg lebten alle Geschöpfe in völligem Einklang mit den Gesetzen Gottes. Eines Tages jedoch regte sich Widerstand. Einer der höchsten unter den Erstgeschaffenen, in der Bibel wird dieser Engel *Luzifer* oder *Satan* genannt, trennte sich von Gott.

Luzifer (der Name bedeutet *Lichtträger*), der wie alle Engel ein Ebenbild Gottes war und ebenso wie diese auch über Schöpferkräfte verfügte, wollte nicht länger nur ein Teil der göttlichen Schöpfung sein, sondern ein Reich nach seinen eigenen Gesetzen schaffen, über das er allein herrschen konnte. Viele Engel und Lichtwesen schlossen sich Luzifer an.

Das war der sogenannte *Sturz der Engel,* auch dies ein Motiv, das in vielen Schöpfungsberichten Eingang gefunden hat. Schilderungen dieser Auflehnung gegen die göttliche Ordnung finden wir zum Beispiel in den Brâhmanas und in den Visionen vieler Seher. Da Gott allen Seinen Geschöpfen den freien Willen geschenkt hatte, ließ Er die Trennung zu. Um jedoch die negativen Schöpfungskräfte zu binden, mußte Gott deren Schwingungsfrequenz verringern. Sie hätten sonst Seine Schöpfung zerstört.

Die Entstehung der Materie

Wie die gesamte Urschöpfung bestanden auch die Leiber Luzifers und der abtrünnigen Wesenheiten aus geistiger Energie. Nach dem Widerstand, der die Fallwesen von der göttlichen Ordnung trennte, wurde die Schwingungsfrequenz ihrer Körpersubstanz herabgesetzt, wie wir eben festgestellt haben. Luzifer und sein Anhang konnte deshalb nicht länger in den hohen Schwingungsbereichen der göttlichen Liebe existieren. Sie mußten das Reich Gottes verlassen.

In der Folge sahen sie sich genötigt, Welten zu erschaffen, die ihren Schwingungen angepaßt waren. Durch immer weitere Verstöße gegen die göttlichen Gesetze wurden die Vibrationen der Geistpartikel, aus denen die Körper der Fallwesen bestanden (und denen entsprechend sie auch ihr Umfeld formen mußten), immer niedriger und ihre Körper immer fester und dichter, bis sie letztlich zu grobstofflicher Materie komprimierten.

Soweit unser kurzer Einblick in die Schöpfungsmythen. Sie alle sind nur Denkmodelle. Ich behaupte nicht, daß es unbedingt so gewesen sein muß. Ihre Darstellungen erscheinen mir jedoch logisch, - vor allem deshalb, weil es in den modernen Naturwissenschaften Grenzbereiche gibt, die ihre Aussagen zu bestätigen scheinen.

KAPITEL 2

Ich habe den Themenkreis *Schöpfung und Fall* nur ganz oberflächlich angerissen, gerade gründlich genug, um euch eine Basis zu vermitteln, von der aus ihr meinen weiteren Ausführungen folgen könnt. Für diejenigen unter euch, die ein umfassenderes Wissen auf diesem Gebiet wünschen, gebe ich im folgenden ein paar Hinweise auf Bücher, die sich ausführlich mit diesem Stoff beschäftigen.

Upanishaden

Da wären vor allem die *Upanishaden,* die *Bibel der Hindus*. Darin finden sich zahlreiche Angaben über eine Schöpfung, die ursprünglich aus reinem Geist bestand und sich erst durch ein Fallgeschehen zu Materie verdichtete.

Donoso Cortez

Sehr eindringlich wird dieser Gedanke auch von *Donoso Cortez* behandelt. In seinem Buch *Der Staat Gottes* schildert der Autor die ursprüngliche Geisterwelt als in seliger Harmonie lebend. Nach der Abkehr von Gott seien die Stoffe der Fallwelten in kreisende Bewegung versetzt worden, und es entstand, so Cortez, die Materie.

Rudolf Steiner

In der *Akasha-Chronik* des Anthroposophen *Rudolf Steiner* wird sogar exakt beschrieben, wie diese Verdichtung vor sich ging. »Die Tiere«, schrieb Steiner, »existierten [ursprünglich] als Bewußtseinszustände des Geistes des Feuers, die Pflanzen als Bewußtseinszustände des Geistes des Zwielichts. Die Mineralien entstanden aus den Gedankenkeimen der Menschenvorfahren und als Gedanken der Geister der Form.« Am Beispiel des Menschen erfahren wir: »Nun findet stufenweise eine Art Verdichtung mit allem statt .... Der Mensch schreitet da insoferne weiter, als sein vorher *gestaltloser, selbständiger Gedankenleib* von den Geistern der Form mit gröber gestaltetem Gedankenstoff umkleidet wird.« Wir sehen: Teile der zuvor rein geistigen Schöpfung verdichteten sich nach und nach zu fester Materie.

Jakob Lorber

Herausragend auf diesem Gebiet ist das Schrifttum *Jakob Lorbers*. Lorber war Österreicher und lebte von 1800 bis 1864. In seinen letzten fünf oder sechs Lebensjahren bekam er, wie er selber angibt, Durchsagen, die er wortgetreu festhielt. Er schrieb in diesen wenigen Jahren an die zehntausend Seiten, ein nahezu unglaubliches Pensum, das er nur bewältigen konnte, indem er jeden Text nur einmal niederschrieb und ansonsten unverändert ließ.

In seinen Büchern erläuterte Lorber unter anderem auch den Aufbau der Materie aus geistiger Sicht. Er schrieb in diesem Zusammenhang: »Die Materie besteht aus einem einzigen Urstoff, der, verschieden zusammengefügt, alle materiellen Stoffe bildet.« Das entspricht genau den Erkenntnissen unserer modernen Physik über die Gliederung der Materie.

Das Atommodell

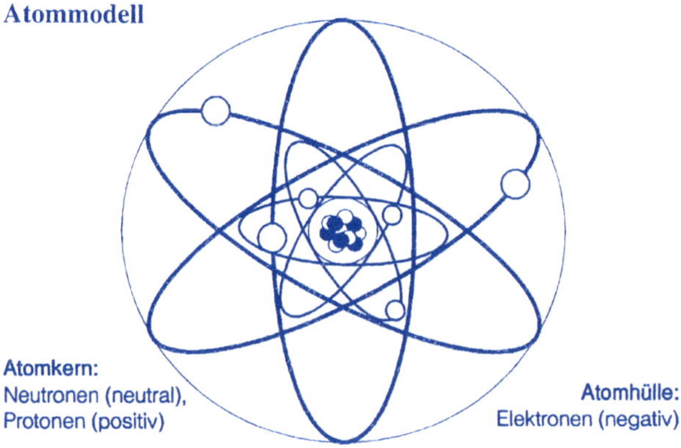

Abbildung 1

Rufen wir uns das Modell eines Atoms in Erinnerung: Es besteht aus einem Kern, der sich aus Protonen und Neutronen zusammensetzt, sowie einer Hülle aus Elektronen. Gemeinsam bilden diese wenigen Teilchen die Urbausteine des gesamten Universums. Nur die unterschiedliche Anzahl der Partikel im Gefüge des Atoms entscheidet, ob wir es - um ein Beispiel zu nennen - mit Wasser oder mit Eisen zu tun haben. Aus solchen Urbausteinen ist auch alles Lebendige aufgebaut und daher selbstverständlich auch der Mensch.

Jakob Lorber führte weiter aus, der Urstoff wäre allezeit in rotierender Bewegung. Auch das entspricht den Lehrsätzen unserer Physik, denn wie wir wissen kreisen die Elektronen immerfort um den Atomkern. Was Lorber in diesem Zusammenhang weiter schrieb, ist sehr wichtig und der eigentliche Grund, warum ich ihn hier so ausführlich zitiere: »Die Kräfte, die diese kleinsten Teilchen zusammenhalten, sind *unsterbliche Geister*, die den Urstoff seit undenklichen Zeiten in Bewegung halten.«

Jakob Lorbers Voraussagen

Lorber prophezeite auch, daß der Mensch in die Schöpfung eingreifen würde, indem er die Urmaterie zertrümmert. Er sagte vor mehr als 150 Jahren die Atomkraft und die damit verbundenen Entwicklungen bis hin zur Nuklearbombe voraus. Mit diesen den göttlichen Gesetzen widersprechenden Techniken werden unsterbliche negative Geistwesen freigesetzt, die zerstörend auf alles Leben einwirken. Sie ergreifen Besitz von Pflanzen, Tieren und Menschen und lösen jegliche Ordnung auf.

Die Zeitgenossen Lorbers wußten mit seinen mystischen Schriften natürlich nichts anzufangen. Wir Menschen des einundzwanzigsten Jahrhunderts wurden eines besseren belehrt. Wir können täglich erleben, daß alles genauso eingetroffen ist, wie er es vorhersagte.

Fassen wir alles bisher Gehörte zusammen: Die Urschöpfung bestand aus geistiger Energie. Durch das Fallgeschehen wurden Teile dieser Kraft so weit heruntertransformiert, daß sich daraus die grobstoffliche Materie bildete. Genauer gesagt: Um den Fallwesen ihre Schöpfungskräfte zu entziehen, wurden die negativen Geister in der Materie gebunden.

KAPITEL 3

Lassen sich in den Lehren der zeitgenössischen Naturwissenschaften Hinweise auf geistige Einflüsse in der Materie finden? In den offiziellen Thesen ist davon nichts zu bemerken. Durchforschen wir jedoch die Grenzen unserer Physik, finden wir dort sehr wohl Brücken zur geistigen Welt.

Die Elektronen und das Reibungsgesetz

Dazu einige Beispiele. Betrachtet bitte noch einmal das Atommodell auf der gegenüberliegenden Seite. Es besteht aus einem Kern, um den mit unvorstellbarer Geschwindigkeit, nämlich mit beinahe 300.000 Kilometern in der Sekunde, die Elektronen kreisen. Natürlich haben sich Wissenschaftler längst Gedanken darüber gemacht, wie lange ein solches System bestehen könne. Die Elektronen sind ja auf ihren Kreisbahnen den Reibungskräften ausgesetzt. Demnach müßten sie nach den gültigen Gesetzen der Physik gebremst werden und irgendwann mit dem Atomkern kollidieren. Damit würde Materie aufhören zu existieren.

Nichts dergleichen geschieht. Die Elektronen umkreisen unbekümmert um das Reibungsgesetz in stets gleichbleibendem Tempo den Atomkern. Wir haben hier also einen eklatanten Widerspruch zu einem gültigen Lehrsatz unserer Physik.

Es gibt aber noch mehr solcher merkwürdiger Grenzfälle. Richten wir noch einmal den Blick auf unser Atommodell (siehe Abbildung 1, Seite 30) und betrachten wir diesmal den Atom*kern*. Er besteht aus Protonen und Neutronen. Beide Kernteilchen sind sehr stabil und bleiben unter ursprünglichen Voraussetzungen weitgehend unverändert erhalten. Entnimmt man dem Kerngefüge jedoch ein Neutron, zerfällt dieses Teilchen relativ rasch, und zwar mit einer durchschnittlichen Halbwertszeit von zehn Minuten. Das bedeutet: Nach etwa zehn Minuten zerfällt ein freies Neutron in je ein Proton und ein Elektron. Das bisher neutrale Partikel spaltet sich also in zwei Ladungen auf. Man könnte sagen: Es fällt von der Einheit in die Polarität, so wie auch der Mensch vorzeiten in die Polarität fiel.

Das isolierte Neutron

Doch nun kommt das Befremdliche: Es stellte sich heraus, daß der Energie-Inhalt von Proton und Elektron zusammengenommen jetzt geringer ist als der des ursprünglichen Neutrons. Daraus folgt: Es verschwindet Energie! Das jedoch widerspricht dem Gesetz von der Erhaltung der Energie. Nach diesem Lehrsatz kann Energie nicht verlorengehen.

Wolfgang Pauli

Nachdem man dies herausgefunden hatte, steckte die Physik in einer Krise. Die Wissenschaftler »suchten verzweifelt nach einem Ausweg«, wie es damals in einer Fachschrift formuliert wurde. Der Nobelpreisträger *Wolfgang Pauli* sagte anläßlich eines Weltkongresses der Physiker:

»[Wenn wir unsere heutige Vorstellung vom Atom nicht ganz aufgeben wollen], sehe ich keinen anderen Ausweg, als ein neues Teilchen zu erfinden.« Man ›erfand‹ also ein Teilchen und gab ihm den Namen *Neutrino.* Das Neutrino, das natürlich genau die bei der Auflösung des Neutrons verlorengegangene Energie enthält, fügte man in das bestehende Atommodell ein, und schon war dieses wieder intakt!

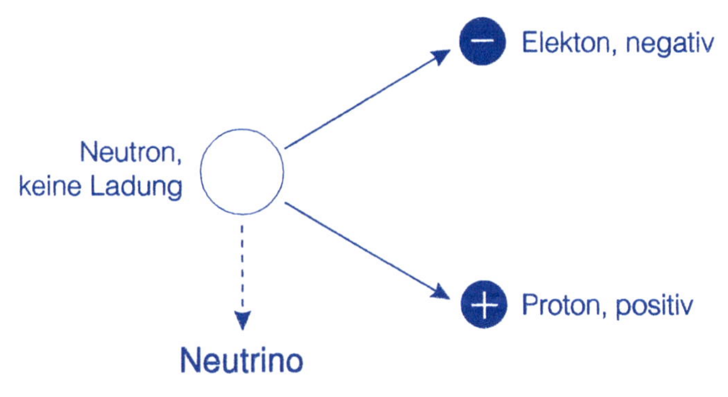

Abbildung 2 **Der Zerfall eines freien Neutrons**

Das Neutrino

Man versucht nun seit mehr als einem halben Jahrhundert mit ungeheurem Energie- und Kostenaufwand, die Existenz des Neutrinos zu beweisen. Bisher mit wenig Erfolg. Man kann es weder in einer Nebelkammer sichtbar machen, noch läßt es sich auf irgendeine Weise messen. Es gibt nur indirekte Beweise für das Neutrino und diese erscheinen mir recht zweifelhaft.

Nach meinem Dafürhalten brauchen wir nur Jakob Lorbers Gedanken vom Vorhandensein geistiger Kräfte in der Materie heranzuziehen, um das Verschwinden dieser Energie zu erklären: Als man das Neutron aus dem Kerngefüge entfernte (und damit gegen die göttliche Ordnung verstieß), entwich sein Anteil an geistiger Kraft. Es entwischten die *unsterblichen Geister,* die in dem Teilchen gebunden waren.

Kernspaltung und göttliche Ordnung

Die Kernspaltung ist einer der schwerwiegendsten Verstöße des Menschen gegen die göttliche Ordnung. In vielen geisteswissenschaftlichen Schriften wird vor ihren Folgen gewarnt. Es geht dabei nicht allein um die Zerstörung des Lebens auf unserer Erde. Die Kernspaltung verursacht auch in den jenseitigen Sphären ein Chaos.

Ozonschicht und erhöhte Radioaktivität

Ich habe schon vor vielen Jahren erkannt, daß das Schwinden der Ozonschicht eine Folge des Einsatzes von Kernkraft sein muß. In den Reaktoren werden nämlich willkürlich jene erwähnten negativen Wesenheiten freigesetzt, die nach Maßgabe der göttlichen Ordnung in der Materie gebunden sein sollten, da sie in Freiheit Chaos bewirken. Später erschien nun eine Studie, in der nachgewiesen wurde, daß Radioaktivität tatsächlich wesentlich am Abbau des Ozonmantels der Erde beteiligt ist. Bei erhöhter Radioaktivität entstehen sogenannte freie Radikale. Diese Teilchen sind es, die den chemischen Umwandlungsprozeß erst ermöglichen, der zur Vernichtung des Ozonschirms in den höheren Schichten der Atmosphäre führt.

• *Wird sich das ändern, wenn in Zukunft die* Kernfusion *gelingen sollte?*

Sind Kernfusionen unbedenklich?

Nein, die Probleme bleiben leider auch dann bestehen. Es ist ein großer Irrtum zu glauben, die *Kernfusion* wäre sauber.
In England ist vor Jahren eine Kernverschmelzung von einer Sekunde Dauer gelungen. Diese Sekunde hat ausgereicht, den ganzen Reaktor hoch radioaktiv aufzuladen. Man benötigt ja auch für die Kernfusion Reaktoren, sogenannte Ringreaktoren, die den Plasmastrahl im Gleichgewicht halten sollen. Bei der Kernverschmelzung selber entsteht keine Radioaktivität, das ist richtig, aber es entstehen sehr harte Neutronenstrahlungen, die das Material des

Reaktors aktivieren. Nach heutigem Wissensstand schätzt man, daß die Reaktorwände jeweils nach sechs Monaten des Einsatzes ausgetauscht werden müßten, weil sie sonst aufgrund der harten Neutronenstrahlung zerfallen würden.

Machen wir uns bewußt, welchen Belastungen die Spulen ausgesetzt sind, die das Energiefeld im Ringreaktor halten. Man muß diese supraleitenden Spulen fast bis zum absoluten Nullpunkt abkühlen, bevor man den Reaktor überhaupt in Gang setzen darf. An der Wand wäre dann die Temperatur nahe dem absoluten Nullpunkt, während der Plasmastrahl im Inneren eine Gluthitze von mindestens fünfzig Millionen Grad hätte. Bei einer heißen Kernverschmelzung würde er sogar zweihundert Millionen Grad erreichen. Das sind völlig unvorstellbare Temperaturen. Es gibt kein Material, das solchen Belastungen standhielte. Die besten Werkstoffe, die wir heute kennen, verkraften kaum mehr als zehntausend Grad.

Vor allem stimmt es nicht, daß bei einer Kernfusion keine Radioaktivität auftritt. Zwar bildet sich kein hochgiftiges Plutonium, das ist wahr, aber es entstehen sehr wohl schädliche Strahlungen und mittelaktiver Müll.

Ist geistige Energie meßbar?

Wir haben vorhin erfahren, daß das Atom durch geistige Energien in Gang gehalten wird. Bedauerlicherweise kann man diese Kräfte aber noch nicht nachweisen. Es ist zwar längst bewiesen, daß man Gedanken über Entfernungen von vielen tausend Kilometern hinweg übertragen kann, aber ein Gerät, mit dem wir Gedankenenergie messen könnten, gibt es bislang nicht. Vielleicht wird ein solches Meßgerät einmal erfunden. Dann wird sich jeder vom Vorhandensein der mentalen Kräfte durch eigene Wahrnehmung überzeugen können.

Machen wir von dem Wissen Gebrauch, das uns Schöpfungsmythen und Mystiker aller Zeiten überliefern, dann werden die beiden oben beschriebenen scheinbar ungesetzmäßigen Reaktionen der Kernteilchen erklärbar. Wir werden gewahr, daß es sich in beiden Fällen um geistige Kräfte handelt, die das Elektron einerseits - im Gegensatz zu den heute gültigen Gesetzen der Physik - wie ein Perpetuum mobile in seiner Kreisbahn um den Atomkern erhalten, die aber andererseits, - ebenfalls entgegen den Gesetzen unserer Physik, - spurlos verschwinden, sobald man das Kerngefüge stört.

Max Planck

Beide Beispiele weisen auf die Anwesenheit von geistigen Kräften in der Materie hin. Der Physiker und Nobelpreisträger *Max Planck* hat das erkannt und daraus folgenden Schluß gezogen: »Es gibt keine Materie an sich. Alle Materie entsteht nur durch eine *Kraft*, welche die Atomteilchen in Schwingung hält .... Hinter dieser Kraft müssen wir einen *intelligenten Geist* annehmen. Dieser Geist ist der Urgrund aller Materie.«

Soweit ein Auszug aus einer Schrift, die Prof. Max Planck veröffentlichte. Man kann also auch aus den Lehrsätzen der Physik die Erkenntnis ableiten, daß das Universum eine geistige Schöpfung ist und daß es nichts gibt, das nicht von dieser mentalen Kraft durchflutet wäre. Wenn sich aber geistige Energie in der Materie findet, - müßten wir dann nicht auch imstande sein, Materie durch unseren Geist zu beeinflussen?

Kann Materie durch den Geist beeinflußt werden?

Diese Frage dürfen wir bejahen! Ich habe selber zusammen mit einigen Bekannten Experimente auf diesem Gebiet durchgeführt. Bei einem der Versuche wurde zum Beispiel ein Proband an ein Meßgerät angeschlossen und wir maßen seine Meridianwiderstände. Im Nachbarzimmer konzentrierte sich eine andere Person auf ebendiese Widerstände und hob oder senkte sie allein kraft ihres Willens. Die gleiche Wirkung läßt sich auch mit Gebeten erzielen. Das ist die Methode, die ich bevorzuge.

In allem, was wir wahrnehmen können, zeigen sich die Werke der geistigen Bindekräfte. Es handelt sich dabei, wie bereits angedeutet, um Wesenheiten, die in der Materie *gefangen* sind und daher auch wieder aus ihr befreit werden wollen. Hier erweist sich der Mensch wirklich als Krone der Schöpfung, weil er in der Lage ist, solche Rücktransformationen *bewußt* auszuführen. Um derartige Leistungen zu vollbringen ist es aber nötig, daß der Mensch sich läutert und nach den göttlichen Gesetzen lebt.

Schwingung und Gegenschwingung

Aus dem bisher Gehörten ergibt sich für uns der Schluß: Wir können allen *negativen* Schwingungen *positive* entgegenstellen und sie damit aufheben. Man kennt dieses Prinzip auch aus der Technik: Sendet man auf einer Leitung einer beliebigen Schwingung die *Konträrschwingung* entgegen, löschen die beiden einander aus. Man kann also *eine* Energie durch eine andere zum Erlöschen bringen!

Die höchste Schwingungsfrequenz

Damit sind wir beim Kernthema des Seminars angelangt, denn welche Schwingung wird das sein, die alles Negative tilgt? Es ist die Schwingung der *universellen Liebe!* Das Erlernen dieser Liebe ist der Hauptgrund unserer Inkarnationen auf Erden. Diesen Gedanken wollen wir festhalten. Wir sind nur aus einem einzigen Grund auf dieser Welt: Um hier endlich die Alliebe zu verwirklichen! Das klingt zwar recht einfach, fällt uns Menschen aber ungemein schwer.

Die universelle Liebe hat die höchste Schwingungsfrequenz, die es im Universum gibt. Sie kann alles Negative auflösen. Vollständige Realisierung dieser Liebe würde bedeuten, daß man überhaupt keine negative Resonanz mehr hätte.

Rekapitulieren wir: Materie ist die Manifestation negativer Gedanken. Sie muß unaufhörlich vom Strom der göttlichen Energie durchpulst werden, damit sie Leben in sich beherbergen kann. Da die Materie durch jene geistigen Kräfte belebt wird, aus denen auch unsere Gedanken bestehen, können wir Materie durch unser Denken beeinflussen.

Wir haben bisher ein wenig über die Schöpfung gesprochen und den Sturz der Engel flüchtig skizziert. Dabei haben wir festgestellt, daß dieser Sturz zur Entstehung der Materie geführt hat. Was aber noch nicht erwähnt wurde, ist die Rolle des Menschen in dem gewaltigen Urdrama des Lebens. Nun, auch der Mensch war bei seiner Erschaffung ein freies Geistwesen im Reich Gottes. Er schloß sich aber den Geistern des Widerspruchs an und verließ wie diese die göttliche Ordnung. Dadurch geriet er in die Fallwelten, in das Reich des Chaos, - in die Materie also.

Das Ziel jedes Erdenwanderers sollte daher sein Wiederaufstieg zum reinen Geistwesen im Reiche Gottes sein. Dieser Aufstieg ist dem Menschen aber nur möglich, wenn es ihm gelingt, die universelle Liebe in sich zu verwirklichen.

KAPITEL 4

Abstieg und Aufstieg des Menschen im Reich Gottes

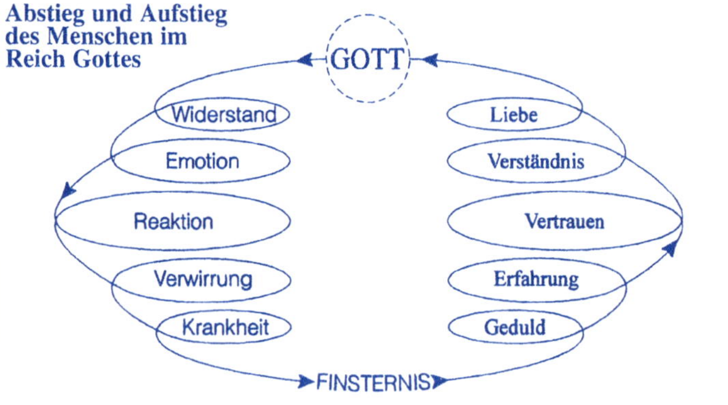

Abbildung 3

Der Sinn des Erdenlebens

Auf unserer graphischen Darstellung läßt sich der mentale Entwicklungsweg des Menschen recht gut verfolgen. Ganz oben sehen wir ihn auf seinem ursprünglichen Platz als Wesen des reinen Seins in der Welt Gottes. Der Mensch leistete Widerstand und damit begann sein Abstieg. Er geriet in Emotion und darauf folgte die Reaktion. Das bedeutet: Der Mensch fiel aus der göttlichen Ordnung. Das Verlassen der himmlischen Gefilde bewirkte Verwirrung und Unwissenheit. Damit führte es letztendlich zu Krankheit und Finsternis.

Ja, und nachdem wir so tief gefallen sind, wäre es eigentlich an der Zeit, den Sturz abzufangen und den Aufstieg zur göttlichen Ordnung anzutreten. Den Rückweg können wir nur bewältigen mit den Tugenden der Geduld, der Erfahrung, des Verständnisses und mit dem vollen Vertrauen in die göttliche Führung. Auf diesem Weg dürfen wir auch lernen, geistige Werte in unserem Leben zu fördern und materielle Dinge loszulassen. Das wichtigste dabei ist, daß wir uns ernsthaft bemühen, die universelle Liebe zu verwirklichen. Nur die gebende Liebe führt uns zurück ins absolute Sein.

Christus zeigt uns den rechten Weg

Wer sich entschlossen hat, die Alliebe zu erlernen, wird zahlreiche Hilfsmittel zu seiner Unterstützung vorfinden. Für den abendländischen Menschen scheint mir die Lehre Christi im allgemeinen und die Bergpredigt im besonderen das geeignetste Rüstzeug bereitzustellen. Es ist dies meiner Meinung nach auch der Weg, der am raschesten ans Ziel führt. Ich spreche aus eigener Erfahrung. Ich habe mich jahrelang mit fernöstlichen Religionen beschäftigt, bevor ich zu Christus zurückfand. Ich habe intensiv Yoga betrieben und sogar einige tibetische Einweihungen erhalten.

Von den asiatischen Praktiken zurückkehrend stieß ich wieder auf das christliche Gebet, und ich durfte erfahren, daß oft ein einziges dieser Gebete mehr bewirkte als monatelanges Rezitieren von Mantras. Die Wirkkraft unserer Fürbitten ist erstaunlich und reicht bis zu Spontanheilungen. Seit damals nehmen Gebete einen festen Platz in meinem und im Leben meiner Familie ein. Es ist mir stets eine Freude, diese Erfahrung weiterzugeben.

Der Mensch ist also ein Fallwesen und lebt in der Welt des Chaos. Wer mit wachen Sinnen durchs Leben geht, begegnet überall Hinweisen auf das Einwirken des Widersachers.

Die geistige Heimat des Menschen

Die eigentliche Heimat des Menschen liegt im Reich Gottes. Um dorthin zurückzufinden, ist es notwendig, die oben genannten Tugenden in uns zu erwecken. Das ist aber noch nicht alles. Ebenso unerläßlich ist es, nach den göttlichen Gesetzen zu leben. Doch um nach ihnen leben zu können, müssen wir sie erst kennenlernen.

KAPITEL 5

Die geistigen Gesetze sind so wichtig, daß sie das Thema eines eigenen Kursabends bilden. Da sie sich aber von Anfang an als roter Faden durch die gesamte Seminarreihe ziehen, will ich schon heute kurz auf sie eingehen.

Das Gesetz von Ursache und Wirkung

Das erste und für uns wichtigste Gesetz ist das *Gesetz von Ursache und Wirkung*. Es wird auch häufig das *Gesetz des Karmas* genannt. Der Begriff *Karma* stammt aus dem Sanskrit und bedeutet *Tat* oder *Werk*. In unserem Zusammenhang ist Karma so zu verstehen, daß wir mit jeder Empfindung, jedem Gedanken, jedem Wort und jeder Handlung eine Ursache setzen, deren Wirkung unvermeidbar auf uns zurückfällt. Wir kennen das Gesetz von Ursache und Wirkung auch aus der Bibel. Dort finden wir es bildhaft ausgedrückt in der Formulierung: *Was ihr sät, werdet ihr ernten.*

Das Gesetz der Wiedergeburt

Das Gesetz des Karmas ist nur sinnvoll und zweckmäßig im Zusammenhang mit dem *Gesetz der Wiedergeburt,* das auch unter dem Namen *Gesetz der Reinkarnation* bekannt ist. Deshalb werden das Gesetz von Ursache und Wirkung und das Gesetz der Wiedergeburt auch manchmal zusammen das *Zwillingsgesetz* genannt. Das Gesetz der Wiedergeburt besagt, daß wir so lange in menschlichen Körpern inkarnieren dürfen, bis wir in all unserem Denken und Handeln wieder die Gesetze Gottes verwirklichen.

Das Spiegelgesetz

Als nächstwichtigstes Gesetz folgt das *Spiegelgesetz*. Mit seiner Hilfe können wir am erfolgversprechendsten an unserer geistigen und spirituellen Entwicklung arbeiten. Das Spiegelgesetz sagt aus, daß unsere Umwelt all das widerspiegelt, was wir an *uns selber* ändern sollten. Oberflächlich betrachtet scheint das sehr einfach zu sein. Dieser Anschein trügt jedoch, denn wir Menschen neigen leider viel eher dazu, unsere Fehler zu verdrängen, als sie zu ändern.

Das Gesetz der Analogie

Des weiteren gibt es das *Analogiegesetz*. Man nennt es auch das *Gesetz des Hermes Trismegistos,* nach jener sagenumwobenen Gestalt, die es zum erstenmal formulierte. Seine Aussage lautet verkürzt: *Wie oben, so unten; wie innen, so außen.* Damit ist gemeint, daß auf allen Ebenen des Universums die gleichen Gesetze gelten, und daß wir somit vom Kleinen auf das Große und vom Großen auf das Kleine schließen dürfen. Das Analogiegesetz bildet für uns eine wichtige Hilfe zum Spiegelgesetz.

Das Gesetz des Ausgleichs

Wir gehen weiter zum *Gesetz des Ausgleichs*. Dieses Gesetz erläutert, daß wir mit allen unseren Gefühlen, Gedanken, Worten und Taten Teilenergien aussenden, die wir unserem Gesamtenergiepotential entnehmen. Diese Kräfte müssen nach dem Gesetz des Ausgleichs wieder zu uns zurückfließen, damit wir eine energetische Einheit bleiben. Unter anderem bedeutet das auch, daß wir für alles, was wir geben, etwas bekommen.

Das Gesetz der Affinität

Es folgt noch das *Gesetz der Affinität,* das manchmal auch *Gesetz der Resonanz* genannt wird. Der Grundgedanke dieses Gesetzes weist uns darauf hin, daß alles im Kosmos, selbst die gröbste Materie, letztendlich nur Schwingung ist. Jedes atomare Teilchen, jeder Stein und auch jeder Mensch ist eine Ansammlung von Vibrationen. Treffen gleiche oder annähernd gleiche Schwingungen aufeinander, treten sie miteinander in Resonanz. Das gilt auch im mentalen Bereich. Gleiche Schwingungen ziehen einander an, gegensätzliche stoßen einander ab.

Der Zweck der geistigen Gesetze

Alle geistigen Gesetze dienen nur einem Zweck: uns auf dem Weg zur Alliebe zu unterstützen. Diesem Weg zu folgen bedeutet, wie euch mittlerweile klargeworden sein dürfte, Mühe und Arbeit.

Die geistigen Gesetze lassen sich nur durch ständiges Üben beherrschen. Wenn ihr mich hier freundlich anhört, nach dem Vortrag aber heimgeht und weitermacht wie bisher, ist der Zweck meiner Seminare nicht erfüllt. Ihr Sinn liegt vielmehr darin, daß ihr das Gehörte in die Praxis umsetzt und in eurem Alltagsleben unablässig übt, - täglich, stündlich und in jeder Minute! Ihr lernt sonst nie, mit den geistigen Gesetzen umzugehen. Nur durch Üben habt ihr an jedem Tag, in jeder Stunde, in jeder Minute die Gelegenheit, eurem Leben eine Wendung zum Besseren zu geben.

KAPITEL 6

Es gibt heute zahlreiche esoterische Lehrrichtungen. Darunter befinden sich auch Gruppen, die vorgeben, sie könnten euch die Arbeit an euch selber abnehmen, - ich meine die Arbeit mit den geistigen Gesetzen, von der wir gerade gesprochen haben. Diese Leute bieten euch verschiedene Tricks an, die euch helfen sollen, Stufen der geistigen Entwicklung zu überspringen. - Das ist unmöglich! Laßt euch nichts vormachen. Wenn überhaupt, können sich nur scheinbare und vorübergehende Erfolge einstellen.

Das Positive Denken

Um selbst im Gleichgewicht zu bleiben, ist es sinnvoll immer auf das zu achten was uns positiv erscheint. Dies gilt auch für andere Personen. Beachtet man z.B. negative Eigenschaften einer anderen Person, wird auf Grund des Gesetzes der Anziehung bzw. Resonanz diese negative Eigenschaft verstärkt, wobei man selber dann ebenfalls aus dem Gleichgewicht kommt. (Dies ist mit dem Thymustest leicht nachweisbar.)

Sowohl für sich selbst, als auch für andere, aber insbesondere für Kinder, ist es daher besser die Stärken zu sehen und diese auch zu fördern. Das Positive wird dadurch gestärkt und entsprechend mit Energie versorgt. Dies führt dann meist dazu, dass auch die Schwächen besser zu meistern sind.

Besonders wichtig ist dabei auch, nur an das zu denken was man erreichen oder haben will.

Auf keinen Fall das denken, was man NICHT will, denn das wird durch das Gesetz der Resonanz verwirklicht. Denkt man z.B. dieses oder jenes mag ich nicht wird genau das realisiert, was man nicht will. Das „NICHT" wird im Resonanzgesetz ignoriert, wird daher weggelassen. Dadurch geben wir dem was nicht gewollt wird Energie.

Bei den sogenannten „Bestellungen ans Universum" sollte aber unbedingt darauf geachtet werden, dass dadurch niemand zu Schaden kommen kann. Auch alle negativen Wünsche, ob bewusst oder unbewusst, wollen sich verwirklichen. Dies führt aber unweigerlich zur Erhöhung des negativen Karmas und erfordert einen Ausgleich. Daher empfehle ich euch liebevolles Denken, denn damit jemandem zu schaden ist nur schwer möglich.

Liebevolles Denken

Es ist natürlich schwierig, immer liebevoll zu denken und zu handeln, besonders dann, wenn wir auf einen Menschen stoßen, der uns böse gesinnt ist. Meist fallen wir dann in Resonanz und geraten damit auf die gleiche Schwingungsebene, auf der sich unser Gegenüber befindet. Dadurch verlieren wir unser seelisches Gleichgewicht und es geschieht genau das, was wir eigentlich vermeiden wollten: Wir verlassen die Ebene der Liebe.

Christus als Vorbild

In solchen Situationen ist es hilfreich, die Gedanken auf Jesus Christus zu richten. Er hat uns vorgelebt, wie wir uns in jeder Lage verhalten sollen, und Er hat alle Regeln, die wir zu einem gesetzmäßigen Leben benötigen, in der *Bergpredigt* zusammengefaßt. Sein Leben soll uns als Vorbild dienen.

KAPITEL 7

Das oberste Gesetz

Jesus Christus hat uns klar und unmißverständlich das höchste und wichtigste aller Gesetze ans Herz gelegt. Als ein Schriftgelehrter Ihn fragte, welches das oberste Gesetz sei, antwortete Er: *»Du sollst den Herrn, deinen Gott, lieben mit deinem ganzen Herzen, mit deiner ganzen Seele, mit deiner ganzen Kraft und mit deinem ganzen Sinn«* und *»Deinen Nächsten wie dich selbst.«*

Was sagen uns diese Worte? Sie fordern uns auf, Gott und den Nächsten zu lieben, betonen aber ebenso, daß wir uns selber lieben sollen.

Der Mensch soll sich auch selber lieben

Es empfiehlt sich, den Weg zur Alliebe damit zu beginnen, daß wir lernen, uns selber anzunehmen; - daß wir uns selber mögen, mitsamt all den Fehlern, die uns an der eigenen Person stören. Man kann das auf einfache Weise üben, indem man vor einen Spiegel tritt, sich in die Augen sieht und sagt: »Ich mag dich. Ich mag dich so, wie du bist.« Trotz des Bäuchleins, der Glatze, der abstehenden Ohren, oder was immer es auch sein mag. Es ist eigenartig: Viele Menschen lehnen sich wegen ihres Aussehens ab und wissen nicht, daß sie das Bild jenes Menschen, der da aus dem Spiegel zurückblickt, selber geschaffen haben. Der Spiegel zeigt ihnen das irdische Gewand, das sie sich vor ihrem Eintritt in dieses Leben selber gefertigt haben.

Einem Menschen, dem es gelungen ist, sich selber anzunehmen, fällt es leichter, dieses Gefühl auch auf andere zu übertragen. Er kann nun lernen, auch seinen Nächsten *so* zu lieben, wie dieser ist, selbst wenn ihm dessen Fehler mißfallen. Der Strebende wird bald in der Lage sein, seine Liebe auf die Übernächsten auszudehnen: auf die Tiere, die Pflanzen, die Minerale, - auf die Erde. Hat er all dies zuwege gebracht, wird er zu verstehen beginnen, was es bedeutet, Gott zu lieben, dessen Substanz ja das Alpha und Omega des Universums ist. Gott ist der innerste Urgrund in allem, was wir wahrnehmen, also auch in uns selber. Es ist daher natürlich, Ihn zu lieben.

Gott als Patriarch

Die Bibel birgt diesbezüglich leider ein Problem: Sie schildert uns Gott als Patriarchen. Daher kommt es, daß viele Menschen, die Schwierigkeiten mit ihrem leiblichen Vater haben oder hatten, ihre Abneigung von der Person ihres menschlichen Erzeugers auf Gott-Vater übertragen. Das liegt an der biblischen Darstellung Gottes als Vaterfigur. Richtig ist es, Gott als allgeschlechtliches Wesen aufzufassen, in Ihm sowohl den Vater als auch die Mutter zu sehen. In Gott ist Anteil von allem. Dies bedenkend wird es jenen Menschen, die Probleme mit der Vaterfigur haben, leichter fallen, Gott anzunehmen.

Beispiel: Verschiedene Gottesvorstellungen

Meine Vorstellung von Gott wandelte sich mehrmals im Laufe meines Lebens. Als Kind fürchtete ich Ihn ein wenig, denn ich wurde katholisch erzogen, und das bedeutete, daß ich immer den erhobenen Zeigefinger vor Augen hatte: »Wenn du schlimm bist, wird Gott dich bestrafen!« Die drohende Wolke ewiger Verdammnis hing stets irgendwo in meinem Gesichtskreis.

Als Heranwachsender wollte ich mich von der Religion nicht mehr beunruhigen lassen und verdrängte sie aus dem Bereich meines täglichen Lebens. Das hatte zur Folge, daß auch Gott für mich in nebelhafte Ferne entrückte. Ich glaubte zwar immer an Ihn, doch ich fühlte zu Ihm keine innere Beziehung.

Noch später, als Folge meiner Ausbildung, erschien mir Gott als eine Form reiner Energie, als absolut unpersönliche, vom Leben abgesonderte Gesetzmäßigkeit.

Eine Gebetsheilung

Doch eines Tages wurde ich wieder zu Ihm geführt. Durch eine Gebetsheilung, bei der ich innerhalb einer Stunde von einer chronischen Erkrankung genas, trat Gott wieder in mein Leben. An diesem Tag hat meine Heimreise in das Licht begonnen.

Damals fand ich auch wieder zum Gebet. Am Anfang war es gar nicht so leicht, demütig zu sagen: »Lieber Gott, wenn es Dein Wille ist, lass' es bitte geschehen.«

KAPITEL 8

Ihr habt schon gehört, daß ich mich lange Zeit mit dem Tibetischen Buddhismus auseinandergesetzt habe. In den christlichen Gebeten aber hatte ich mit einem Male Hilfsmittel gefunden, bei denen ich nur zu bitten brauchte: »Lieber Gott, wenn es Dein Wille ist ....« Das ist alles. Und die Bitten gehen in Erfüllung! Immer ist Hilfe da. Manchmal trifft sie zwar nicht sofort ein, aber meist zeichnet sich umgehend eine Wendung zum Besseren ab. Jedes Gebet hat Wirkung. Das ist eine überwältigende Erfahrung.

Demütiges Unterordnen

Unsere Art zu beten enthält einen Aspekt, bei dem wir etwas sehr Wichtiges lernen können: Das demütige Unterordnen. Mit ›unterordnen‹ meine ich nicht, für andere den Dummen zu spielen und sich quälen zu lassen. Ich will damit vielmehr ausdrücken, daß wir die Erfüllung unserer Bitten ganz Gott überlassen sollen. »Herr, ich bitte Dich, lasse dies geschehen. Aber nur, wenn es *Dein* Wille ist.« Das ist die Demut, die ich meine. Seit ich nach meiner Heilung regelmäßig zu beten begonnen hatte, durfte ich viel von meiner früheren Überheblichkeit ablegen. Vorher hatte ich meine Arroganz jahrelang gepflegt.

Meine Überheblichkeit hatte mich damals dazu verleitet, meine Mitmenschen wie Schachfiguren zu manipulieren. Solche Verhal-

Das Manipulieren von Menschen

tensweisen stehen in krassem Widerspruch zum Gebot der Nächstenliebe. Es zeugt von keinem liebevollen Umgang mit meinen Menschengeschwistern, wenn ich sie durch mehr oder weniger versteckte Anstöße dazu verleite, etwas zu tun, das *sie* nicht wollen, das aber *ich* von ihnen will.

Das Manipulieren ist zu einem allgemein beliebten zwischenmenschlichen Spiel geworden und manchen Leuten so in Fleisch und Blut übergegangen, daß sie selber gar nicht mehr merken, wenn sie es spielen. Sogar jetzt, da ich seine Mechanismen durchschaut habe und ablehne, ertappe ich mich noch manchmal dabei. Oft sind es nur unvollendete Sätze oder gewisse Wortstellungen in einem Satz, die den anderen verunsichern und dazu bringen sollen, nach meinem Willen zu handeln. Hüten wir uns davor! Überheblichkeit ist einer der schwersten Verstöße gegen die universelle Liebe, und letztendlich war es auch dieses Laster, das einst zu unserem Fall aus der göttlichen Ordnung führte.

Heute, da ich diese Untugend abgelegt habe, geht es mir unendlich viel besser. Damals lebte ich unter einem beständigen Druck. Die anderen durften ja nicht merken, daß ich sie manipulierte, um meinen Willen durchzusetzen.

Jetzt muß ich nicht mehr immer und überall der Beste sein. Ich brauche auch nicht mehr so viele Aufgaben zu übernehmen, wie ich es damals tun mußte, um meine Vormachtstellung zu beweisen, - meist Dinge, die ein anderer viel besser gekonnt hätte! Heute sage ich ehrlich: »Das kann ich eigentlich nicht so gut«, und auf einmal steht jemand neben mir und sagt: »Komm', ich helfe dir.« Früher war es mir höchst zuwider, die Hilfe anderer annehmen zu müssen.

Beispiel: Die abgelehnte Massage

Hilfe anzunehmen bedeutet für viele Menschen eine Überwindung. Für mich war das jedenfalls so. Das hängt natürlich auch mit der Überheblichkeit zusammen, denn wer sich helfen läßt, gesteht ja ein, daß er etwas gar nicht oder nicht gut kann. Dazu möchte ich euch ein Erlebnis erzählen.

Einer meiner Freunde ist Masseur. Eines Tages bekam ich - nach vorangegangenem Fehlverhalten natürlich - heftige Schmerzen in der Schulter. Das passierte übrigens zu einer Zeit, als ich schon diese Seminare abhielt, mich folglich intensiv mit geistigen Fragen beschäftigte und eigentlich hätte Bescheid wissen müssen.

Kurz, mein Freund kam zu Besuch, bemerkte meine Beschwerden und machte mir das Angebot: »Komm', ich massiere dich. Du wirst sehen, die Schmerzen sind bald verschwunden.« Ich wollte damals aber nicht einmal von einem Freunde etwas annehmen und lehnte ab. Ich glaubte, mit allem allein fertigwerden zu müssen. Der Freund stieg also in sein Auto und fuhr wieder nach Hause.

Kurze Zeit später machte ich eine unglückliche Bewegung, nach der ich mich kaum noch rühren konnte. Jetzt blieb mir nichts mehr übrig, als die Hilfe anderer anzunehmen. Reumütig, in verkrümmter Haltung, kroch ich ans Telephon und fragte meinen Freund: »Könntest du vielleicht zurückkommen und mich doch massieren? Ich kann mich jetzt überhaupt nicht mehr bewegen.«

Alles muß ausgeglichen werden

Viele Menschen müssen erst lernen, Hilfe anzunehmen. Wer sich von anderen helfen läßt, muß sich allerdings auch darüber im klaren sein, daß er jede empfangene Wohltat karmisch begleichen muß. Ich habe das schon kurz erwähnt, als wir über das Gesetz des Ausgleichs gesprochen haben. Das ist einer der Gründe, warum ich damals fremde Hilfe nicht gerne in Anspruch nahm. In der Zwischenzeit habe ich jedoch ein Prinzip erkannt, von dem ich damals noch nichts wußte: Wenn man im Namen Gottes oder im Namen Jesu Christi handelt, muß man den Ausgleich nicht direkt an der Person erbringen, die geholfen hat. Eine Tilgung findet in diesem Fall auch dann statt, wenn man einem anderen Menschen hilft.

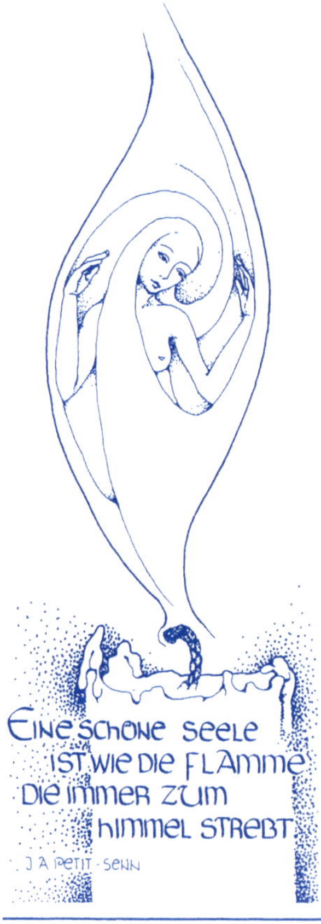

Christus durchstrahlt den Erdplaneten unablässig mit Seinem Licht, um die Turbulenzen auszugleichen, die die Menschheit durch ihre Begierden verursacht. Als Gegenleistung verlangt Er nichts weiter als unser Bemühen, die Alliebe zu entwickeln, jene Liebe, die nur gibt und nichts fordert. Auch wenn es uns Menschen nicht sofort gelingt, die bedingungslose Liebe zu verwirklichen, ist das nicht so schlimm. Wir müssen nicht gleich perfekt sein. Eine derart einschneidende Wende in unserem Leben ist nicht von einem Tag zum anderen in die Tat umzusetzen, wahrscheinlich auch nicht in einem Jahr, und möglicherweise nicht einmal in einem Leben. Wichtig ist nur, daß wir in unseren Bemühungen nie erlahmen.

Wir dürfen die Neu- und Umgestaltung unseres bisherigen Lebens aber nicht bloß *versuchen*, sondern wir müssen uns ernsthaft um sie *bemühen*. Hinter dem *Versuchen* steckt keine Energie. Wenn wir uns jedoch Mühe geben, wird sich der Erfolg mit Sicherheit einstellen. Wir werden dabei entdecken, daß immer Unterstützung für uns da ist, wenn wir sie brauchen.

KAPITEL 9

Da wir bisher so viel über Lernen und Bemühen gesprochen haben, wollen wir uns als Nächstes einige der Lernschritte ansehen, die wir meistern dürfen, um mit unserer geistigen Entwicklung voranzukommen. Ich greife heute nur ein paar markante Punkte heraus, die euch in groben Umrissen zeigen sollen, worum es dabei geht, da wir dieses Thema an unserem nächsten Seminarabend ausführlich behandeln werden. (Gemeint ist der Vortrag *Aufgaben des Lebens,* ab Seite 75 in diesem Band wiedergegeben.)

Achtsamkeit

Ein erster Schritt wäre zum Beispiel die Steigerung unserer *Achtsamkeit.* Sie schließt vieles in sich ein: das Eingehen auf die Gefühlsregungen unserer Mitmenschen, das liebevolle Hinhören auf das, was sie uns mitteilen wollen, den sorgfältigen Umgang mit der Natur, Behutsamkeit beim Kontakt mit Leben in jeder Form, Wachsamkeit im Hinblick darauf, daß wir nicht in negative Schwingung fallen und vieles mehr. Auch die *Selbstachtung* fällt in diesen Bereich.

Bewußtheit

Der nächste Schritt hängt in mancher Hinsicht mit der Achtsamkeit zusammen. Es geht um die Vertiefung unserer *Bewußtheit.* Das ist einer meiner wunden Punkte. Zur Zeit bemühe ich mich ganz besonders, ihn aufzuarbeiten. Bewußtheit heißt in diesem Zusammenhang, in jedem Augenblick des Lebens mit voller Konzentration zu denken und zu handeln, in jedem Moment völlig in der Gegenwart aufzugehen. Das fällt den meisten Menschen schwer. Man hat ja immer an so viel Wichtiges zu denken, aber wohin man die Autoschlüssel legt, darauf achtet man nicht. Wer so handelt, lebt in Vergangenheit oder Zukunft, aber nicht in der Gegenwart. Zudem umgeben wir uns mit vielen Gegenständen, die ein bewußtes Leben verhindern. Dazu gehören vor allem Fernsehgeräte, Walkman und Computerspiele.

Ethik

Ein weiterer Schritt wäre die Entwicklung der *Ethik,* ein wichtiger Aspekt des menschlichen Lebens, der von der heutigen Gesellschaft immer mehr in den Hintergrund gedrängt wird. Unsere Ethik sollte auf der Idee der universellen Liebe basieren, die damit zur Grundlage unseres Verhältnisses gegenüber der Welt ausersehen wäre. Unsere Bestimmung, die Rückkehr zu Gott, sollte der Urgrund all unseres Denkens und Handelns sein.

Wertvorstellungen

Sinnvoll für eine geistige Weiterentwicklung wäre es auch, unsere *Wertvorstellungen* zu überdenken. Welchen Wert messe ich mir selber bei? Welchen Platz hat Gott in meinem Leben? Was bedeuten mir meine Mitmenschen? Welchen Stellenwert gebe ich der Natur und der Umwelt? Wie wichtig sind mir materielle Dinge? - Vorteilhaft ist es, nicht die Wertvorstellungen anderer zu übernehmen, sondern eigene zu erarbeiten. Ihr werdet bemerken: Sobald ihr den geistigen Weg betreten habt, verliert vieles an Bedeutung, das euch vorher wichtig erschienen ist.

Bei der Schaffung von eigenen Wertvorstellungen geht es vor allem darum, sich von materiellen Maßstäben zu lösen und geistige Qualitäten in den Mittelpunkt des Lebens zu stellen. Nur mentale Schätze bleiben uns in den jenseitigen Sphären erhalten.

Vernunft

Gehen wir weiter zum nächsten Punkt, zur *Vernunft.* Sie scheint in den letzten Jahrzehnten immer mehr unterzugehen. Die Hauptursache dafür sind negative Wesenheiten, die mit allen Kräften daran arbeiten, die Vernunft der Menschen zu untergraben und sie in Ignoranz und Selbstsucht zu verwandeln. Der Verlust des menschlichen Urteilsvermögens offenbart sich heute in allen Lebensbereichen. Wie käme es sonst zu der Idee von einem unendlichen Wirtschaftswachstum? Wie wäre es sonst möglich, daß die Menschheit sehenden Auges ihre eigenen Lebensgrundlagen vernichtet? Wie könnte es geschehen, daß tonnenweise Gift in die Meere gekippt wird ....?

Verantwortung

Ein sehr wichtiger Schritt unserer geistigen Entwicklung besteht in der Übernahme der *Verantwortung* für all unser Fühlen, Denken, Reden und Handeln. Wir haben bereits ein wenig über die Probleme gesprochen, die wir durch unsere Lebensäußerungen verursachen können. Machen wir uns bewußt, daß jeder der Kindheit entwachsene Mensch persönlich zuständig ist für sein Leben, sein Karma, seine Gesundheit, für die Umwelt ....

Schieben wir die Schuld keinem anderen zu, wenn *wir* Fehler machen. Und geben wir unsere Verantwortung nicht an andere ab: an den Arzt für unsere Gesundheit oder an den Lehrer für die Erziehung unserer Kinder, um nur zwei Beispiele zu nennen. Nehmen wir die Verantwortung für unsere Ernährung ernst. Machen wir uns dabei klar, daß wir mitverantwortlich sind für die Zerstörung der Umwelt, wenn wir Nahrungsmittel kaufen, die nicht aus biologischem Landbau stammen.

Übernehmen *wir* unsere Verantwortung nicht, wird sie uns von anderen abgenommen. Wir dürfen uns dann nicht beklagen, wenn diese Menschen tun, was *sie* für richtig halten und wir nicht mehr Herr unserer Entscheidungen sind. Die Übernahme der Verantwortung ist ein schwieriger Lernschritt, der alle Lebensbereiche betrifft und uns höchste Achtsamkeit abverlangt.

Zweiter Teil: Geistige und spirituelle Entwicklung heute

KAPITEL 1

Aus allem, was wir bisher besprochen haben, geht eindeutig hervor: Unser Ziel sollte es sein, allen Menschen mit der gleichen Liebe zu begegnen. So viele unserer Mitgeschwister brauchen unsere Hilfe. Wie sieht jedoch die Realität in der heutigen Welt aus? Jeder ist nur auf den eigenen Vorteil bedacht. Letztendlich kann es aber nur in einer Katastrophe enden, wenn die Menschen nicht mehr füreinander da sind, wenn sie nicht mehr bereit sind, sich gegenseitig zu helfen, - wenn sie nicht mehr sagen: »Ich bin für dich da. Ich habe für dich Zeit.«

Anderen Menschen Zeit schenken

Anderen Menschen Zeit zu schenken, ist wirklich nicht schwierig. Wir brauchen nur einige der Gewohnheiten einzuschränken, mit denen wir unsere Lebenszeit so sinnlos vergeuden: Zeitunglesen zum Beispiel, stundenlanges Fernsehen oder Computerspiele. Mir bleibt nur sehr wenig Zeit zum Fernsehen. Ich habe andere Aufgaben, die mich tausendmal mehr ausfüllen als unergiebiges Hocken vor der Flimmerkiste. Wenn ich mich wirklich einmal vor das Fernsehgerät setze, weil ein Programm angekündigt ist, das mich interessiert, stelle ich hinterher meist fest, daß es nichts enthalten hat, was meine Entwicklung fördert, - daß es Zeitverschwendung gewesen war. Fernsehen ist eher dazu angetan, uns von der geistigen Entwicklung abzuhalten.

Die TV-Kinderprogramme

Betrachten wir doch ein wenig kritisch, mit welchem Unsinn uns das TV Tag für Tag berieselt. Nehmen wir die Kindersendungen als Beispiele. Was dort angeboten wird, ist erschütternd und alles andere als gut für die geistige Entwicklung unseres Nachwuchses. In den meisten Filmen wird den Kindern vorgegaukelt, wie gescheit sie doch sind. Auf Erwachsene brauchen sie nicht zu hören, die sind ohnehin alle beschränkt. Die Kinder sind immer die Klügeren. (Die Absicht der Fernsehbetreiber ist leicht zu durchschauen: Die Menschen sollen von Kindheit an alles übernehmen, was ihnen durch das Medium Fernsehen übermittelt wird, - Konsumprodukte ebenso wie Lebensstil und Weltanschauung. Alles was von ›außerhalb‹ des Fernsehgerätes kommt, wird in einer Weise dargestellt, als sei es entweder gegen die berechtigten Interessen der Kinder oder schlichtweg dumm.) Solche Gedankenmuster werden den Kindern von früh bis spät aufgeprägt. Und wir wundern uns dann, wenn schon kleine Kinder die Erwachsenen beschimpfen.

Rudolf Steiner-Schulen

Meine Kinder gehen in die Rudolf Steiner-Schule in Wien - Pötzleinsdorf. Die meisten Heranwachsenden, die diese Schule besuchen, sehen nicht fern. An ihnen merkt man den Unterschied zwischen fernsehenden und nicht fernsehenden Schülern am deutlichsten. Sie lernen ganz anders.

Ich habe eine Freundin, die seit kurzer Zeit - seit Beginn des Herbstsemesters - an der Rudolf Steiner-Schule unterrichtet. Sie lehrt Deutsch in der dreizehnten Klasse, in der auf die Matura vorbereitet wird. Als ich die Kollegin vor kurzem traf, erzählte sie mir, *wie* verschieden die Schüler dieser Schule von jenen sind, mit denen sie bisher an anderen Schulen zu tun hatte. In der Rudolf Steiner-Schule lernen die Kinder freiwillig und mit Freude. Man braucht sie nicht zu drängen.

Medienkonsum und schulische Leistungen

Wenn ich dagegen meine Klassen in der Berufsschule ansehe .... Ich muß die jungen Leute entweder zwingen oder vor ihnen ein Theater aufführen, damit sie etwas annehmen, - damit sie überhaupt herhören. Es ist eine Katastrophe. Sie sind einfach überfordert von den vielen Medien, die ununterbrochen auf sie einwirken. Die Jugendlichen haben größte Schwierigkeiten, sich einige Minuten lang zu konzentrieren. Ich kann ihnen deshalb nicht böse sein, denn sie können gar nichts dafür. Ursache ist der Überfluß an Eindrücken, denen sie unaufhörlich ausgesetzt sind.

Der Walkman

Doch damit man sie nicht nur daheim durch das Fernsehen beeinflussen kann, hat man auch noch den Walkman erfunden. Der ist immer und überall mit dabei, bearbeitet sie pausenlos und drängt sie letzten Endes in die Isolation. Man sieht diese jungen Menschen dann in der U-Bahn sitzen, die Kopfhörer an den Ohren und die Musik so laut eingestellt, daß man das Gehämmer noch am anderen Ende des Waggons hören kann. Da gibt es kein Kommunizieren mehr. Sitznachbar und Umgebung sind aus ihrer Welt ausgeschlossen. Sie sind völlig abgekapselt.

Ansteigen der Scheidungsrate

Die Folgen werden deutlich, wenn man die zwischenmenschlichen Beziehungen in unserer Gesellschaft betrachtet. Wieviele Verbindungen, wieviele Ehen gehen heute auseinander! In Österreich lag die Scheidungsrate im Jahr 1990 bei etwas über dreißig Prozent, derzeit sind es um die 50%.

Sehen wir uns als nächstes an, was uns die *Werbung* vorsetzt, gleichgültig ob im TV oder in anderen Medien. In der Schweiz machten zum Beispiel vor einiger Zeit die Gesundheitsbehörden in einer großangelegten Stop-AIDS-Kampagne Reklame für Kondome. Ihr Werbespruch lautete: »Meiner Freundin bin ich nicht immer treu. Dem Präservativ dann immer.« Derartige Sprüche werden durch die Werbemedien landesweit verbreitet. Was suggeriert man den Menschen damit? - »Es ist normal wenn du deiner Freundin nicht treu bist!«

Beeinflussung durch Werbung

Mit solchen Slogans werden menschliche Werte verächtlich gemacht. Diese Verhöhnung sittlicher Grundsätze greift allerorts um sich. Anstelle ethischer Wertmaßstäbe werden uns pausenlos neue Gesellschaftsregeln eingetrichtert, deren Essenz deutlich erkennbar ist: Menschliche Werte sollen durch materielle ersetzt werden. Wer nicht wach und aufmerksam lebt, übernimmt solches Gedankengut, ohne sich dessen bewußt zu sein. Speziell die Werbung will uns damit in suggestive Abhängigkeit bringen, mit dem Ziel, daß wir uns irgendwann lenken lassen, ohne selbständig zu denken. Der Staatsbürger soll funktionieren, aber nicht mehr unterscheiden können, was gut oder schlecht, richtig oder falsch, notwendig oder nutzlos ist.

KAPITEL 2

Die Auswirkungen dieser Einflüsse können wir bereits in allen Bereichen des Lebens wahrnehmen. Sehen wir uns doch die Landwirtschaft an. Viele Agrarprodukte werden im Jahr zwanzigmal oder öfter gespritzt, - vorbeugend, wie man uns erzählt, - ohne daß es dafür einen vernünftigen Grund gäbe. (Außer den Absichten der Chemiekonzerne und der Banken, Milliardengeschäfte zu machen.) Man redet den Bauern ein, das würde ihre Erträge steigern. Durch solche Machenschaften wurden und werden unsere Böden und unsere Grundwässer völlig sinnlos vergiftet.

Sieben Gifte auf einer Erdbeere

Dazu ein Beispiel: Bei einer Lebensmitteluntersuchung an Erdbeeren stellte man an den Früchten *eines* landwirtschaftlichen Betriebes sieben verschiedene ›Pflanzenschutzmittel‹ fest. Das muß man sich vorstellen: sieben Gifte auf einer Erdbeere! Und wir essen sie! Guten Appetit!

Haben Pflanzenschutzmittel Einfluß auf die Gesundheit?

Nur wenigen Menschen ist dieser Wahnsinn überhaupt bewußt. Es muß ja so sein, will man uns weismachen, sonst vernichten Schädlinge die Erdbeeren. Ob die Gifte Auswirkungen auf die Gesundheit der Konsumenten haben, - wer kann das schon nachweisen? Sagt man aber zu jemandem: »Achte doch darauf, daß du biologische Lebensmittel kaufst«, dann bekommt man zu hören: »Schon wieder so ein Spinner mit der biologischen Masche.« Das zeigt, daß bereits ein Großteil der Konsumenten dazu gebracht wurde, das Natürliche und Normale als dumm und unserer Zeit nicht mehr angemessen anzusehen, während man das Vergiftete, das Entartete als selbstverständlich hinnimmt.

Beeinflussungen untergraben unsere Vernunft

Die Vernunft ist in weiten Bereichen leider längst erloschen, - zum Gutteil dadurch, daß solche Beeinflussungen ununterbrochen auf die heutige Menschheit einwirken. Wer sich darüber Gedanken macht, wird feststellen: viele Einrichtungen unserer Gesellschaft behindern die geistige Weiterentwicklung des Menschen. Die Gegenseite ist naturgemäß daran interessiert, uns weiter in die Tiefe zu ziehen und jedes Vorwärtsschreiten auf spirituellem Gebiet zu unterbinden. Daher ist es so wichtig, die Beweggründe der Manipulatoren zu durchschauen. Wir gehen dann wacher durchs Leben und lernen, jede Beeinflussung von uns abgleiten zu lassen.

Ein Mensch, der über sich selbst bestimmen will, darf niemals Verantwortung an andere abgeben. Das gilt für alle Bereiche des Lebens: Für unsere Nahrung ebenso wie für medizinische Belange oder für die Erziehung unserer Kinder.

KAPITEL 3

Die allgemeine Schulpflicht wurde, wenn ich mich recht erinnere, erstmals im 18. Jahrhundert in Preußen eingeführt, - aber nicht mit der Absicht, den Menschen aller Bevölkerungsschichten die gleichen Chancen zu ihrer geistigen Entwicklung zu geben,

Erziehung an staatlichen Schulen

sondern damit jeder Untertan die Gesetze und Verordnungen der Obrigkeit selber lesen und unverzüglich befolgen könne. Sehe ich mir die Lehrpläne unserer Schulen an, wird mir klar, daß sich in den letzten zweihundert Jahren an der Zielsetzung der Machthaber nicht viel geändert hat.

Erziehung an Rudolf Steiner-Schulen

Das war einer der Gründe, warum ich meine Kinder in die Rudolf Steiner-Schule eingeschrieben habe. Sie ist übrigens die einzige Privatschule Österreichs, die ohne staatliche Unterstützung auskommen muß. Dort werden die Kinder nämlich zu freien und mündigen Menschen erzogen. Selbständig denkende Individuen sind aber in unserer Gesellschaft nicht willkommen, denn sie lassen sich nicht leicht manipulieren.

Ein staatlich geprüfter Lehrer, wie ich es bin, kann an den Rudolf Steiner-Schulen gar nicht unterrichten, weil dort die landesüblichen Lehrmethoden nicht angewandt werden. In den Waldorf-Schulen, wie sie auch heißen, erzieht man die Schüler dazu, unabhängig und frei zu denken. Das bedeutet nicht, daß man sie dort antiautoritär erzöge. Man setzt den Kindern sehr wohl Grenzen. Man läßt ihnen aber mehr Freiheit zu ihrer individuellen Entfaltung. Wenn ich mir dagegen die Freiheit in den staatlichen Schulen ansehe ....

Die Freizeitindustrie

Die jungen Menschen werden aber nicht nur von den Schulen in vorbestimmte Bahnen gelenkt. Die Manipulation zieht sich längst bis in das Familienleben und die Freizeitgestaltung hinein. Selbst in den Ferien bleibt keine Zeit für Eigeninitiative und Kreativität. Es gibt Reiseorganisationen, welche für Kinder und Jugendliche Urlaubsprogramme vorbereiten, die jeden freien Augenblick verschlingen. Da ist kein Platz mehr für Selbstbestimmung. Das Programm füllt die ganzen Ferien aus.

Das Fernsehgerät als Erzieher

Für die Eltern ist das natürlich sehr bequem, denn sie brauchen sich um ihre Sprößlinge nicht mehr zu kümmern. Ein noch angenehmerer, weil billigerer Kinderunterhalter ist der Fernsehapparat. Selbst Kleinkinder kann man vor dem Gerät absetzen und hat seine Ruhe vor ihnen. Genau hier wird es jedoch bedenklich: Man überantwortet die Menschen damit von klein auf den negativen Einflüsterungen.

Kinder, die nicht fernsehen, sind nicht so einfach beiseitezuschieben. Sie beanspruchen ihre Eltern unaufhörlich. Das erlebe ich täglich zu Hause. Meine Kinder haben nie ferngesehen. Meine Tochter Caroline sagt bereits jetzt, mit ihren elf Jahren: »Wenn ich mit den Kindern der anderen Schulen zusammenkomme, weiß ich nie, was ich mit ihnen spielen soll. Sie wollen eigentlich immer nur Filme ansehen. Richtig spielen können sie gar nicht.«

So weit ist es wirklich schon gekommen. Wenn die Kinder keinen Computer, kein Fernsehgerät, keinen Walkman oder keinen Animator haben, wissen sie nichts mehr mit sich anzufangen. Sie sind nicht mehr in der Lage, selbständig etwas zu unternehmen. Später, als Erwachsene, werden diese Menschen natürlich leicht zu gängeln sein.

Verantwortung und Freiheit

Unseren Kindern und der gesamten Menschheit droht in Zukunft die Gefahr der Unfreiheit, wenn wir unsere Verantwortung nicht mehr wahrnehmen. Wir dürfen die Erziehung nicht den Lehrern überlassen, - oder den Fernsehanstalten, was noch schlimmer ist; - und wir dürfen die Sorge für die Erhaltung unserer Gesundheit nicht den Ärzten zuschieben, nur weil wir es unbequem finden, uns mit unseren Krankheiten auseinanderzusetzen.

KAPITEL 4

Die alten Hausmittel, - wer kennt sie noch? Und wenn man sie kennt, - ihre Anwendung ist stets mit etwas Mühe verbunden. Eine Tablette zu schlucken ist jedenfalls einfacher als sich einen Tee zuzubereiten.

Beispiel: Die Wirkung eines Hausmittels

Ich habe einen Berufskollegen, dessen Gattin an einer schweren Lymphknotenentzündung im Bereich des Ohres litt. Ihr Arzt verschrieb natürlich Antibiotika. Drei Monate lang nahm die Frau die vorgeschriebenen Medikamente ein, ohne daß sich eine Besserung bemerkbar machte. Schließlich wandte sich der Kollege an mich: »Hast du eine Idee, was man gegen Lymphknotenentzündung tun kann?« Ich riet ihm zu etwas ganz Einfachem: zu Topfenwickeln. Seine Frau machte daraufhin Topfenwickel, und nach drei Tagen war die Entzündung verschwunden. - Der Erfolg eines simplen alten Hausmittels!

Hausmittel und Verantwortung

An dieser Stelle wäre es vielleicht angebracht, euch den reichen Schatz an Hausmitteln in Erinnerung zu rufen, den die Menschheit über Jahrhunderte hinweg zusammengetragen hat. Die letzten Generationen ließen ihn aus Gedankenlosigkeit und Überheblichkeit leider untergehen, - mit dem Resultat, daß wir uns nun nicht mehr selber helfen können. Wir müssen jetzt mit jedem Wehwehchen zum Arzt laufen, dem wir damit die Verantwortung für unsere Gesundheit zuweisen.

Hausmittel nicht unreflektiert anwenden

Natürlich dürfen wir die alten Volksheilmittel nicht unbesehen übernehmen. Ich bitte euch, das immer zu bedenken. Es befindet sich nämlich auch eine Menge Quacksalberei darunter. Es wäre in jedem Fall empfehlenswert, sich auf diesem Gebiet ein wenig zu informieren und weiterzubilden, ein bißchen zu überlegen und vielleicht auch die eigene Vernunft zu bemühen. Wichtig ist, die Aufgabe selber in die Hand zu nehmen!

Verantwortung zurückgewinnen

Solltet euch meine Ausführungen dazu angeregt haben, euch wieder auf eure Verantwortung zu besinnen, dürft ihr eine wichtige Tatsache nicht übersehen: Viele Menschen haben ihre Verantwortung schon vor langer Zeit abgegeben. Es wird schwer sein, sie zurückzugewinnen. Bleibt aber - nach Maßgabe eurer Möglichkeiten - unbeirrt in euren Bemühungen. Der Erfolg wird dann nicht ausbleiben.

• *Unser Gesundheitssystem ist leider so aufgebaut, daß man gezwungen ist, Chemotherapien oder ähnliches mitzumachen. Man stellt uns ja nur diese Mittel zur Verfügung. Alternative Behandlungsmethoden sind dagegen kaum vorhanden. Bietet sich in Ausnahmefällen aber doch einmal eine Möglichkeit dafür, muß man alles selber bezahlen. Es gibt jedoch viele Menschen, die das nicht können. Wer zum Beispiel von einer Mindestrente leben muß, kann sich eine Alternativbehandlung nicht leisten.*

Sind Alternativbehandlungen zu teuer?

Ähnliche Ansichten habe ich schon im vergangenen Jahr von einer Kursteilnehmerin gehört: »Mir ist das viel zu teuer. Eine Stunde bei einem Homöopathen kostet ja um die 100 EUR! « Ich habe sie daraufhin gefragt: »Ist dir bekannt, was zur Zeit eine Automechaniker-Stunde kostet? Das regt niemanden mehr auf. Wenn du indessen einen Homöopathen aufsuchst, der dich eine

Stunde oder länger unter die Lupe nehmen muß, sind dir einhundert Euro zu viel.« Es mag vielleicht ein paar Härtefälle geben, aber meistens sieht die Wahrheit so aus: Die Leute geben ungemein viel Geld aus, um krank zu werden. Geht es aber um eine alternative Behandlung oder um ein paar homöopathische Medikamente, die ihnen helfen sollen, ihre Probleme zu lösen, können sie die Mittel dafür plötzlich nicht aufbringen.

Habt ihr schon einmal darüber nachgedacht, welche Gedanken hinter solchen Ansichten stecken? »Ich zahle ja ohnehin meine Krankenkassa. Da darf der Arzt nichts mehr kosten. Der wurde doch bereits bezahlt. Er soll mir nur ein paar Tabletten verschreiben. Die schlucke ich runter und dann bin ich wieder gesund.« - Keine Kosten. Keine Mühe. Kein Nachdenken. Keine Eigenverantwortung. - Habt ihr es bemerkt? Das bekannte Denkmuster kommt wieder zum Vorschein.

Heilung durch Chemie?

Das ganze Lehrgebäude der Schulmedizin ist auf einem grundlegenden Gedankenfehler aufgebaut: auf dem Irrglauben, daß man mit chemischen Präparaten heilen könne. Wer so denkt, kennt die geistigen Gesetze entweder nicht, oder er will sie nicht zur Kenntnis nehmen. Egal, an welcher Krankheit der Mensch auch immer leidet: Nur er selber kann sich gesund machen! Heilung ist Heiligung! Mit chemischen Kampfmitteln kann man höchstens eine vorübergehende Besserung erreichen.

• *Ich stimme dir zu. Aber ich kenne auch die andere Seite. Ich kenne Patienten, die ihre Medikamente einfordern. Da ist es für einen Arzt ungemein schwierig, sie zu verweigern.*

Ich gebe dir vollkommen recht. Und daher, - ich hebe diesen Satz hervor, weil er sehr wichtig ist, - daher hat die Schulmedizin ihre unbestreitbare Berechtigung.

Jeder bekommt den Arzt, den er verdient

Die Ursachen für die gegenwärtige Vormachtstellung der orthodoxen Medizin sind schnell erklärt: Ein guter Teil der heutigen Menschheit befindet sich auf der gleichen mentalen Entwicklungsebene. Die geistigen Schwingungen dieser Menschen haben die spezifische Heilkunst dieser Ebene hervorgebracht: die Schulmedizin. Da nun nach den geistigen Gesetzen jeder den Arzt bekommt, den er braucht und verdient, sind für die Menschen dieser

Ebene die Schulmediziner da. Niemand hat also Grund, sich zu beklagen.

KAPITEL 5

Im Hinblick darauf ist es daher auch nicht verwunderlich, daß die meisten Menschen auf die Schulmedizin schwören. Zudem hat die Gesundheitsbürokratie der Bevölkerung jahre- und jahrzehntelang eingetrichtert, die von der Pharma-Industrie hergestellten Medikamente wären *die* Allheilmittel. Da eine breite Mehrheit der Staatsbürger diese Beeinflussung inzwischen angenommen hat, geht man nun zum nächsten Schritt über. Der sieht folgendermaßen aus: In Österreich ist vor Jahren der Handel mit verschiedenen Naturheilmitteln verboten worden. Darunter sind zum Beispiel Huflattich- und Beinwelltee, und eine Reihe anderer Kräuter, die von den Naturmedizinern seit vielen Generationen eingesetzt werden. Sie alle sind jetzt verboten. Gleichzeitig aber hat man versucht, zweiundvierzig chemische Präparate zum rezeptfreien Verkauf in die Apotheken zu bekommen.

Verbote für Naturheilmittel

In Deutschland war die Attacke noch schlimmer. Dort hat man vor kurzem den Antrag auf ein neues EU-Gesetz eingereicht. Die Antragsteller verlangen darin: Alle Medikamente, die sich aus mehr als drei Wirkstoffen zusammensetzen, sollen verboten werden. Würde man dieses Gesetz rechtskräftig beschließen, wäre mit einem Schlag die gesamte Homöopathie weggefegt. Naturheilmittel, die nur drei Wirkstoffe enthalten, gibt es nämlich kaum. Denken wir nur zum Beispiel an eine Arnika-Tinktur: Sie besteht aus mehr als zweihundert Stoffen. Der Gesetzesantrag war ein unverblümter Anschlag der Pharma-Konzerne auf die Naturmedizin.

Verbot für Medikamente mit mehr als drei Wirkstoffen?

Wozu dieser Angriff? - Ganz einfach: Kräutertees werfen keine großen Gewinne ab, und außerdem können die Arzneimittelhersteller damit niemanden von ihren Erzeugnissen abhängig machen. Heilkräuter wachsen in freier Natur und jedermann kann sie kostenlos pflücken. Man will die Naturheilmittel verbieten, damit die Leute sich nicht mehr selber helfen können. Ein Mensch, der seine Kräuter in der Natur sammelt oder eigenverantwortlich kauft, bringt den Chemie-Konzernen keinen Profit, und man hat auch keine Macht über ihn.

Die Natur bietet Heilmittel gegen alle Krankheiten

Mir bereiten die Verbote der Gesundheitsbehörden keine Probleme. Wenn ich ein Heilmittel brauche, gehe ich in den Wald und suche danach. Im Wienerwald wachsen etwa zweihundertfünfzig verschiedene Arten von Heilkräutern. Kann ich die gewünschte Pflanze nicht finden, weil vielleicht ihre Wachstumsperiode vorüber ist, nehme ich eben eine andere von ähnlicher Wirkung, die gerade vorhanden ist. Dazu braucht man ein wenig botanisches Wissen, aber keine Industrie.

Dadurch bin ich unabhängig. Nur wer sich von der Pharma-Industrie abhängig gemacht hat, kann von ihr unter Druck gesetzt werden. Zu ihm kann man sagen: »Du willst gesund werden? Gut, dann komm' zu uns. Von uns bekommst du die Tabletten, die dich gesund machen. Aber du darfst keine anderen Mittel nehmen, sonst können wir dir nicht helfen.«

KAPITEL 6

Ein machtpolitischer Trend, der sich in den letzten Jahren immer deutlicher abzeichnet, läßt eindeutig die Absicht der Machthaber erkennen, alles auszuschalten, was die Menschen frei und unabhängig macht. Daher richten sich besonders viele Anschläge gegen die selbständigen Bauern. In Brüssel liegt derzeit ein Gesetzentwurf vor, der diesen Vorsatz klar belegt. Darin wird gefordert, daß kein Bauer mehr sein eigenes Saatgut verwenden darf. Nach dem Willen der Antragsteller sollte ausschließlich Hybrid-Saatgut zugelassen sein. Gegen solche Gesetze sollten wir wirklich Sturm laufen. Nicht, weil es gar so wichtig ist, ob wir reinerbiges oder gekreuztes Getreide auf den Markt bekommen. Dahinter steckt etwas Ernsteres: Hybrides Saatgut macht von einem Lieferanten abhängig! Aus diesem Samen gewachsenes Korn kann für keine weitere Aussaat verwendet werden. Es trägt nur einmal Frucht. Neues Saatgut muß also immer zugekauft werden. Dieses Gesetz würde jede Selbstversorgung unmöglich machen.

Verbot von natürlichem Saatgut?

Aus dieser Perspektive betrachtet enthüllen die Brüsseler Gesetzesanträge kaum verborgene Angriffe, nicht nur auf die Unabhängigkeit der Bauern Europas, sondern auch auf die Autonomie der einzelnen EU-Staaten. Aus der gleichen Richtung wird in nächster Zeit noch manches Unerfreuliche auf uns zukommen.

Österreichs Bauern nach dem EU-Beitritt

Die Bauern der Europäischen Union verkaufen ihren Weizen derzeit um umgerechnet etwa 10 Eurocent pro Kilogramm. In Österreich machen die Gestehungskosten zirka das dreifache aus. Ein Großteil unserer Landwirte wird diese Konkurrenz nicht verkraften können; - außer jenen, die ihre Betriebe auf biologischen Landbau umstellen und direkt vermarkten. Aber auch hier beginnt man bereits, den Bauern Knüppel zwischen die Beine zu werfen, denn eine freie Landwirtschaft liegt nicht in der Absicht der Initiatoren.

Wie die Staatsdiener anderer Länder sind auch unsere österreichischen Beamten Meister in der Kunst, Entwicklungen, die der Regierung unliebsam sind, durch juristische Winkelzüge zu verhindern. Wie unterbindet man zum Beispiel den freien Handel mit der Milch?

Milchverkauf mit Hindernissen

Unter dem Druck der Bauernschaft und der öffentlichen Meinung hatte man den Milchverkauf ab Hof freigeben müssen. Die Milchbauern freuten sich und verkauften ab diesem Zeitpunkt ihre Milch privat.

Das war aber nicht *die* Art Entwicklung, die von den Drahtziehern geplant war. Man ließ sich daher schnell eine neue Verordnung einfallen: Ab sofort durfte ein Kubikdezimeter Milch nur noch fünfzigtausend Keime enthalten anstatt wie bisher hunderttausend. Das ist eine Bakterienzahl, die ein landwirtschaftlicher Betrieb ohne direktes Kühlsystem oder Sterilisation nicht erreichen kann. Dazu kommen noch Vorschriften über die Ausstattung der Kühl- und Lagerräume, sowie der Reinigungsanlagen. Die Mindestinvestition für eine solche Einrichtung beträgt etwa hunderttausend Schilling. Woher soll ein Kleinbauer, der seit dem EU-Beitritt hart um das Überleben seines Betriebes kämpft, die Mittel dafür nehmen? Er ist gezwungen, einen Kredit aufzunehmen. Damit hat man ihn wieder dort, so man ihn haben will: Er ist abhängig geworden.

Druckmittel gegen Bauern

Mit solchen Druckmitteln geht man gegen die unabhängige Bauernschaft vor. Indem man einfach die Grenzwerte ändert, erreicht man, was man schon immer hatte erreichen wollen: die Masse der selbständigen Landwirte auszuschalten und stattdessen auf industrielle Produktion umzustellen, die sich in den Händen einiger weniger Finanzleute befindet. Nach dem Coup darf man sich sogar mit seinem Entgegenkommen gegenüber den Bauern brüsten: »Wir sind loyal. Wir haben den Ab-Hof-Verkauf gefördert. Wir haben alles für unsere Bauern getan!«

KAPITEL 7

Hoffnung für Bio-Bauern

Eine Hoffnung gibt es aber noch für unsere Landwirte, mit ihren Betrieben den EU-Beitritt wirtschaftlich zu überleben. Österreich besitzt nämlich ein riesiges Reservoir an Wasser. Unser kleines Land könnte pro Jahr etwa 440 Millionen Menschen mit bestem Trinkwasser versorgen. Demgemäß erwartet sich die EU eine europaweite Trinkwasserversorgung aus Österreich. Aus diesem Grund werden möglicherweise von EU-Seite biologische Anbauweisen in unserem Lande gefördert.- Warum? - Vergiftete Brunnen und Quellen sind zur Trinkwasserentnahme ungeeignet. Ein Land, das eine Agrarindustrie betreibt, kann aber auf das Wasser keine Rücksicht nehmen, denn die industrielle Landwirtschaft muß in großem Maßstab Schädlingsbekämpfungsmittel einsetzen, um die unnatürlich großen Monokulturen frei von Befall zu halten. Damit vergiftet sie zwangsläufig die Trinkwasserreservoirs.

Vergiftetes Trinkwasser

In Österreich gibt es vereinzelt Brunnen, die *vierhundert* Milligramm Nitrate pro Liter Wasser enthalten. In Holland dagegen hat man Brunnen überprüft, die mit *zwanzigtausend* Milligramm pro Liter belastet waren. Wer von diesem Wasser trinkt, erkrankt an *Blausucht.* Bei dieser Vergiftung entziehen die Nitrate dem Blut den Sauerstoff. Für Säuglinge ist das lebensgefährlich. Es sind auch bereits Kleinkinder den Erstickungstod gestorben, denen man Nahrung verabreicht hatte, die mit nitratvergiftetem Wasser zubereitet worden war.

Wären wir Österreicher so klug gewesen, der Europäischen Union nicht beizutreten, hätten wir mit den Milliarden, die wir nun jährlich als Mitgliedsbeitrag nach Brüssel abliefern müssen, unsere Wirtschaft unterstützen können. Wir litten dann sicher nicht unter den pekuniären und strukturellen Problemen, die uns seither belasten. Und unser Wasser könnten wir, wenn wir es wollten, zu unseren Bedingungen verkaufen. Jetzt kann es uns passieren, daß die EU per Gesetz unser Wasser beansprucht und darüber zu ihren Konditionen verfügt.

• *Widerspricht es nicht geistigen Gesetzen, wenn wir Wasser im Überfluß haben und es anderen verweigern, die durch vergiftetes Wasser krank werden? Machen wir dann nicht mit der Not anderer Menschen Geschäfte? Dann herrschte doch bei uns der gleiche Egoismus wie überall auf der Welt.*

So habe ich das auch nicht gemeint. Ich wollte mit dem Beispiel aufzeigen, daß wir über die Naturschätze unseres Landes nicht mehr frei verfügen könnten, daß andere die Macht hätten, über unsere Ressourcen zu bestimmen. Wir könnten unser Wasser ja auch verschenken. Unter den vorgenannten Umständen wäre es aber möglich, daß man uns zur Auslieferung zwänge, ohne daß die Bürger unseres Landes Einfluß auf diese Entscheidung hätten. Das wollte ich damit herausstreichen.

Man darf die Entwicklung aber auch nicht zu tragisch sehen. Ich gehe hier nur deshalb ein wenig näher darauf ein, weil ich euch sensibel machen will für die Manipulationen, denen wir ständig ausgesetzt sind. Was geschehen ist, war offensichtlich notwendig, sonst wäre es nicht passiert. Ich möchte euch nur dazu anregen, Augen und Ohren offenzuhalten und ein wenig hinter die Kulissen zu blicken, damit man euch nichts vormachen kann. Es wird nämlich ununterbrochen versucht, uns hinters Licht zu führen. Die Unwahrheiten werden uns in den buntesten Farben und mit größter Überzeugungskraft aufgetischt.

Wahlversprechungen und Wirklichkeit

Mir fällt dazu ein altes tibetisches Sprichwort ein: »Der Teufel kommt immer im schönsten Gewand.« Dieser Satz trifft den Nagel genau auf den Kopf. Was hat man uns nicht alles vorgeschwindelt! Erinnert ihr euch noch? Die Pensionen müßten gekürzt werden, wenn wir nicht der EU beiträten. Und was ist eingetroffen? Das Gegenteil! Nun sind wir Mitglied der EU, und sowohl Pensionen als auch Gehälter müssen gekürzt werden, damit wir das Geld für die Mitgliedsbeiträge aufbringen. Unsere Politiker haben das natürlich schon vorher gewußt. Die Verantwortlichen haben mit Vorbedacht die Unwahrheit verbreitet, und die Mehrheit der österreichischen Bevölkerung hat ihnen geglaubt. Wenn wir an die damals laufenden EU-Werbungen in unseren Medien zurückdenken, wissen wir auch, *wie* man die Menschen herumgekriegt hat. Hört man sich heute ein bißchen unter den Leuten um, würden nur noch wenige für einen Beitritt stimmen.

Lernen durch Erfahrung

Offensichtlich sind diese Erfahrungen aber notwendig für uns Österreicher. Es ist nur schade, daß wir sie durch Leid machen müssen. Wir hätten auch anders lernen können.

Damit haben wir wieder zu unserem ursprünglichen Thema zurückgefunden. Uns stehen grundsätzlich zwei Methoden zur Verfügung, um karmische Lernschritte zu bewältigen: Wir können sie in Leid durchleben oder in Liebe auflösen. Wir können lernen, indem wir die göttlichen Gesetze freiwillig unserem Leben zugrunde legen oder indem wir ihre Wirkung in Form von Leid an uns herankommen lassen. Die meisten Menschen wählen das Leid, denn für den Weg der Liebe muß man sich auf mühsame Weise Erkenntnisse erarbeiten und sein kleines Ich überwinden. Beides ist schwierig.

Der menschliche Verstand

Als *kleines Ich* wird das Ego des Menschen bezeichnet. Damit ist unser Verstand, unser Intellekt gemeint. Manche sehen im menschlichen Verstand die Erbsünde. Das ist zwar nur bedingt richtig, aber es steckt ein wahrer Kern hinter dieser Ansicht, weil es meist unser Verstand, unser kleines Ich ist, das die göttliche Seite in uns überschattet.

Dritter Teil: Die Themen der Gesamtausgabe

Das vorliegende Buch ist der erste von zwei Bänden, in denen ein kompletter Jahreszyklus unserer Seminarabende festgehalten werden soll. Die Reihenfolge der Themen wurde in der Buchausgabe gegenüber dem tatsächlichen Ablauf ein wenig geändert, um die unterschiedlichen Stoffgebiete inhaltlich aufeinander abzustimmen.

Zwei Vorträge der Seminarreihe wurden in dieser Buchausgabe nicht aufgenommen: *Geistiges Pendeln* und *Störzonen, Störfelder und Rutengehen.* Über diese beiden Themen habe ich bereits Bücher verfaßt.

1. *KARL HAAS:* **PENDELBUCH** - ANLEITUNG ZUM GEISTIGEN PENDELN UND ESOTERISCHES GRUNDWISSEN
2. *KARL HAAS:* **RADIÄSTHESIE** - DER UMGANG MIT STRAHLUNGSFELDERN

Beide Bücher sind in Neuauflage im Lippert-Verlag erschienen.

Der vorliegende ERSTE BAND enthält fünf Vorträge:

Einführung
Die Aufgaben des Lebens
Die geistigen Gesetze
Aufarbeitung und Übungen mit den geistigen Gesetzen
Die Entwicklung der universellen Liebe

Die beiden Vorträge *Die geistigen Gesetze* und *Aufarbeitung und Übungen mit den geistigen Gesetzen* wurden in diesem Buch zu einem Abschnitt zusammengefaßt und etwas gekürzt.

Band zwei: Geistige Hilfsmittel

Der ZWEITE BAND trägt den Titel GEISTIGE HILFSMITTEL. Darin werden verschiedene esoterische Praktiken vorgestellt, von denen jede einzelne geeignet ist, uns auf unserem geistigen Weg zu unterstützen. Das Buch enthält folgende Vorträge:

Geistige Beeinflussungen und Gegenmaßnahmen
Das Gebet - die Verbindung zur geistigen Welt

Neuer Buchtitel: „Befreiter Alltag - Freies Leben“

Die Vorträge über *Bachblüten, I Ging und Antlitz-Diagnose* werden in gekürzter Fassung wiedergegeben.

Über die Entstehung der Vorträge

Seit meiner letzten Seminarreihe haben sich einige neue Aspekte ergeben, die ich in dieser Buchausgabe unverzüglich einbringen möchte. Es werden daher auch diejenigen unter euch, die meine Vorträge seit Jahren regelmäßig besuchen, darin etwas Neues vorfinden. Ich kann ohnehin nie im Detail vorhersagen, worüber ich an einem Abend sprechen werde, denn zum einen richten sich meine Ausführungen nach den Fragen und Wünschen der Anwesenden, und zum anderen werde ich über weite Strecken geführt. Ihr könnt also unter Umständen *heute* zum gleichen Thema etwas ganz anderes hören als vor einem Jahr. Das Gedankengerüst bleibt natürlich gleich, nur die Ausführung ändert sich mit den Zuhörern.

Hin und wieder kann es vorkommen, daß Fallbeispiele auftauchen, die ihr schon kennt. Ich bitte euch, mir das zu verzeihen. Ich verwende ausschließlich Musterfälle aus eigenem Erleben. Aus diesem Grund bin ich Gott dafür dankbar, daß nicht allzuviele neue Beispiele angefallen sind. Es gibt aber auch hier wieder Neues zu berichten.

Der Inhalt des zweiten Bandes

Sehen wir uns nun kurz den Inhalt der sechs Vorträge des zweiten Bandes an.

Der *Thymus-Test* ist das vielleicht unbestechlichste Hilfsmittel, das uns auf unserem geistigen Weg zur Verfügung steht. Er macht viele theoretische Aussagen, von denen es in der Esoterik ja genug gibt, praktisch überprüfbar. Mit seiner Hilfe kann man den Wahrheitsgehalt zahlreicher Angaben kontrollieren.

Der Thymus-Test kann uns aber auch auf anderen Gebieten sehr nützlich sein. Wir können mit ihm zum Beispiel die Qualität von Lebensmitteln untersuchen. Mit dieser Methode läßt sich in kürzester Zeit feststellen, ob eine Frucht Rückstände von Spritzmitteln aufweist oder nicht.

Auch für die Arbeit an uns selber eignet sich der Thymus-Test vorzüglich. Wir können mit ihm ohne Gefahr einer Täuschung die wahren Triebfedern unserer Handlungen ermitteln. Bekanntermaßen beschönigen wir die Beweggründe unserer Taten ja nicht nur gegenüber den Mitmenschen, sondern sehr oft auch uns selbst gegenüber.

Bei intensiverer Beschäftigung mit dem Thymus-Test sollten wir allerdings darauf achten, daß wir ihn nicht zum Selbstzweck erheben und darüber unser eigentliches Ziel - die Rückkehr in das

Reich Gottes - aus den Augen verlieren. Ich möchte euch schon in meiner Vorschau mit Nachdruck auf diese Gefahr hinweisen, die umso größer wird, je gründlicher sich der Suchende mit den geistigen Hilfsmitteln befaßt. Das gilt nicht nur für den Thymus-Test, sondern auch für das Tarot, die Astrologie, den Pendel, und was es sonst noch an Techniken zu unserer Unterstützung gibt. Mir sind schon häufig Menschen begegnet, die sich so sehr in eine dieser Materien vertieften, daß sie darüber den Endzweck vergaßen: ihre geistige Entwicklung!

Jeder Mensch ist in unserer Zeit einer Unzahl von negativen Beeinflussungen ausgesetzt. Die meisten dieser Einflüsse sind dazu angetan, uns auf unserem geistigen Weg zu behindern. Infolgedessen halte ich das Thema *Geistige Beeinflussungen und Gegenmaßnahmen,* den nächsten Abschnitt des zweiten Bandes, für einen sehr wichtigen Teil der mentalen Ausbildung. In diesem Vortrag werden verschiedene Methoden der offenen und heimlichen Willenslenkung aufgedeckt, und ihr werdet Hilfsmittel kennenlernen, die euch vor schädlichen Einwirkungen schützen. Wer in geistigen Dimensionen arbeitet, ist den Manipulationen ja keineswegs hilflos ausgeliefert.

In den *Bachblüten* lernen wir Heilmittel kennen, die direkt auf Seele und Gemüt des Menschen einwirken. Sie können eine große Hilfe auf unserem Wege sein. Deshalb schien es mir nützlich, diesen Vortrag in meiner Seminarreihe aufzunehmen.

Der englische Arzt Dr. Bach, nach dem diese Therapie benannt ist, entwickelte aufgrund seiner Erfahrungen mit der Homöopathie eine These, derzufolge jede Krankheit des Menschen ihre Ursache in einem unausgewogenen Gemüt hat. Von diesem Gedanken ausgehend schuf er eine Reihe von Blütenessenzen, deren jede eine bestimmte Gemütslage des Patienten harmonisieren soll. Bachblüten erleichtern das Erkennen und die Heilung seelischen Fehlverhaltens.

Beim *I Ging,* das auch *Buch der Wandlungen* genannt wird, handelt es sich um eine Textsammlung aus dem alten China, die alle Bereiche des menschlichen Lebens auf so tiefsinnige Weise auslotet, daß ihre Aussagen bis zum heutigen Tag nichts von ihrem Wahrheitsgehalt eingebüßt haben. Die Weisheiten des I Ging sind in ihrer gegenwärtigen Form nahezu viertausend Jahre alt. Faszinierenderweise ähnelt der Aufbau des chinesischen Orakels dem genetischen Code. Das Befragen des I Ging kann auf unserem geistigen Weg sehr nützlich sein. Deshalb wurde es als eines der geistigen Hilfsmittel in diesem Band aufgenommen.

Meine besondere Beziehung zu Gebeten wird euch sicher nicht entgangen sein. In unserem Vortrag *Das Gebet - die Verbindung zur geistigen Welt* werden wir uns intensiv mit ihnen beschäftigen. Zuerst mit Gebeten im allgemeinen, - mit dem Vaterunser zum Beispiel, - und anschließend mit unseren speziellen Befreiungsgebeten. Ich möchte euch alle Gebete nahebringen, mit denen ich seit so vielen Jahren arbeite und deren positive Kraft ich seither täglich erlebe: die Gebete gegen Beeinflussungen, Besetzungen und Flüche, die Gebete zum Schutz vor radioaktiver Strahlung, die Gebete zum Schutz vor Störzonen und Störfeldern, die Gesundheitsgebete, die Gebete für die Verstorbenen und noch einige andere Fürbitten werden in diesem Buch ausführlich besprochen.

Die Wiedergabe des Seminarabends über die Gebete bildet den Abschluß des zweiten Bandes.

Vierter Teil: Antworten auf Fragen der Teilnehmer

KAPITEL 1

Habt ihr noch irgendwelche Fragen?

- *Du hast vorhin erzählt, du wärst durch ein Gebet von einer Krankheit geheilt worden. Um welche Krankheit handelte es sich?*

Eine chronische Bronchitis

Es war eine chronische Bronchitis. Und ich darf hinzufügen: eine ziemlich schwere Bronchitis. Ich hatte in jeder Nacht bis zu drei Erstickungsanfälle. Kein Mittel schien gegen die Krankheit zu helfen. Hier muß ich allerdings anmerken, daß ich zu jener Zeit keine allopathischen Medikamente mehr nahm. Was es aber Einschlägiges an Naturheilmitteln gab, probierte ich aus. Alles blieb wirkungslos oder wenig wirksam. Ich konnte mich damit bloß mehr schlecht als recht am Leben erhalten.

Damals betrieb ich sehr viel Yoga, und jedesmal, wenn nachts die Erstickungsanfälle kamen, legte ich meine Atemwege durch spezielle Übungen wieder frei. Das ging in jeder Nacht bis zu dreimal über die Bühne. Es war mühsam, schrecklich mühsam.

- *Wie lange hat die Krankheit angedauert?*

Heilung innerhalb einer halben Stunde

Länger als ein Jahr. Nach dem Gebet aber war die chronische Bronchitis innerhalb einer halben Stunde gänzlich verschwunden! Ich konnte wieder atmen! Ihr dürft es mir glauben: Das war ein überwältigendes Erlebnis für mich.

Hinterher interessierte mich natürlich, welchem Umstand ich meine wunderbare Heilung zu verdanken hatte. Und ich wollte wissen, ob ich das auch erlernen könne. So kam ich zu den Gebeten. Ich bin bis heute dabei geblieben.

Die Gebete sind allen anderen Hilfsmitteln weit überlegen. Mit der Zeit werden es immer mehr. Immer wieder kommen neue dazu, jeweils passend für die verschiedensten Anlässe. So gibt es zum Beispiel inzwischen ein Auflösungsgebet für Störzonen und Störfelder, mit dem man durchschlagende Erfolge erzielen kann. Auch ein Gebet zur Auflösung von radioaktiver Strahlung wurde entwickelt. Die Wirksamkeit dieser beiden Gebete hat man sogar mit Meßgeräten überprüft und bestätigt!

Die Anwendungsmöglichkeiten für unsere Gebete sind nahezu unerschöpflich. Freilich gibt es neben den Gebeten auch noch andere Hilfsquellen, die ihr im Verlauf dieser Seminarreihe eben-

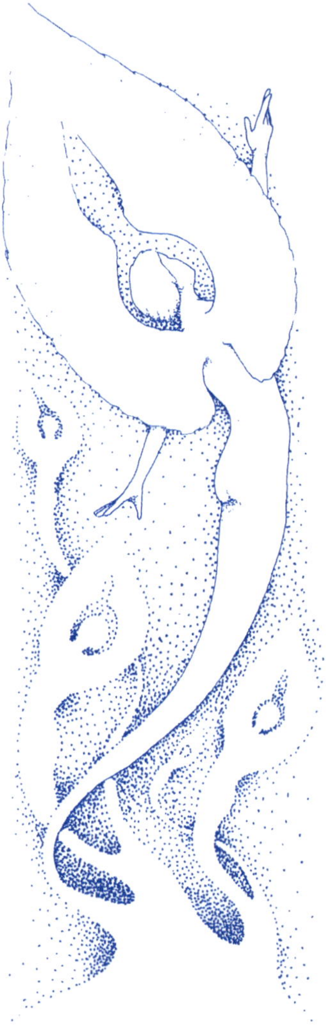

falls kennenlernen werdet, aber die Gebete sind meiner Erfahrung nach unsere wirkungsvollste und gesetzmäßigste Unterstützung.

Hier sollte ich vielleicht trotz meiner Begeisterung etwas ins rechte Licht rücken: Auch Gebete sind letztendlich nur Hilfsmittel, die wir einsetzen dürfen, um die universelle Liebe, die unser höchstes Ziel ist, in uns zu entfalten. Gebete sind also auch nur Zwischenstufen, Lernschritte, die eine höhere Schwingung in uns aufbauen sollen, aber sie sind nicht der Endpunkt unserer Entwicklung. Irgendwann, wenn die Liebe in uns stark genug geworden ist, bedürfen wir auch der Gebete nicht mehr. Wenn wir einst in der göttlichen Liebe schwingen, gibt es für uns keine Krankheiten und Störzonen mehr, denn diese wirken nur auf gestörte, also im Ungleichgewicht lebende Menschen.

Mit dieser Form der Gebete kann viel erreicht werden. Früher konnte ich mich zum Beispiel in Stahlbetongebäuden kaum länger als eine halbe Stunde aufhalten, ohne daß ich physische Probleme bekam. Mußte ich etwas länger verweilen, brach ich regelrecht zusammen. Heute verbringe ich in einem solchen Bauwerk viele Stunden und komme danach genauso wieder heraus, wie ich eingetreten bin, - ohne daß ich eine Belastung gefühlt hätte. Der Aufenthalt darin bereitet mir keine Schwierigkeiten mehr, weil ich innerlich im Gleichgewicht bin. Das ist einer der Fortschritte, die ich den Gebeten verdanke.

Erfahrungen mit Gebeten

Wie ich euch schon erzählt habe, berichte ich fast ausschließlich über Ereignisse, die mir selber widerfahren sind oder die ich in meinem Umkreis miterlebt habe. Fallweise muß ich natürlich auch auf fremdes Wissen zurückgreifen, doch das meiste entspringt praktischer Erfahrung aus meinem täglichen Leben. Und so soll es ja auch sein. Ihr alle, vor denen ich hier sprechen darf, lebt ja nicht in der Zurückgezogenheit eines Klosters, sondern steht mitten im profanen Leben und könnt euren Weg zurück zu Gott nur von diesem Umfeld aus antreten. Ich wage übrigens zu bezweifeln, daß ein Kloster der rechte Ort wäre, von dem aus man aufbrechen sollte, um Gott zu suchen.

Es ist meine Stärke, daß ich alle Erfahrungen, die ich in meinen Seminaren weitergebe, auch selber machen darf, - darf und muß! Lebe ich einmal nicht so, wie es die geistigen Gesetze fordern, - na, dann bekomme ich umgehend eins auf den Deckel, - im übertragenen Sinne selbstverständlich. Nach einer solchen Aufmunterung kann es nur heißen: »Aha, ich verstehe! Danke für den deutlichen Hinweis«, und dann darf ich meinen Fehler unverzüglich korrigieren.

Ist der Aufbruch zu Gott sinnvoll?

Blicke ich heute auf den Weg zurück, dem ich nun schon seit so vielen Jahren folge, kommt mir manchmal der Gedanke: Leichter wäre mein altes Leben vielleicht schon gewesen, in dem ich das alles nicht hätte erfahren und durchmachen müssen. Aber, - ist ein Verharren in den ausgefahrenen Gleisen wirklich so erstrebenswert? Wenn ich an die chronischen Schmerzen zurückdenke, die mich jahrelang quälten .... Sie sind verschwunden, seit ich dem materiellen Weg den Rücken gekehrt habe. Schon allein aus diesem Grund würde ich nicht mehr auf den alten Kurs zurückschwenken.

Chronische Migräne, Gelenksentzündungen, Tennisarm und all die anderen Beschwerden, unter denen ich litt, - alles verschwunden! Spüre ich heute nur ein wenig Kopfschmerzen, - dazu kommt es eigentlich nur, wenn ich ein paar Nächte hintereinander nicht mehr als drei oder vier Stunden geschlafen habe, - stöhne ich bereits: »Mein Gott, tut das weh!« Dabei ist dieses bißchen Kopfweh gar nicht der Rede wert, wenn ich es mit meinen ehemaligen Migräneschmerzen vergleiche. Heute fühle ich mich aber wegen einer solchen Kleinigkeit schon krank.

Ich habe seit sehr vielen Jahren keine schmerzstillenden Medikamente mehr genommen. Außer beim Zahnreißen. Da lasse ich mir schon eine Spritze verabreichen, das muß ich zugeben. Ich kenne Menschen, die nicht einmal *das* in Anspruch nehmen. Das habe ich noch nicht geschafft.

KAPITEL 2

• *Ich habe auch eine Frage. Du hast zu Beginn ein wenig über Geheimlogen anklingen lassen. Gilt das auch für jene Gruppe, die im Augenblick in Österreich an der Macht ist? Bei ihrer Gründung stellten die Orden und Geheimgesellschaften ja sehr hohe ethische Ansprüche an ihre Mitglieder. Ihr Ziel war es, Schutz zu bieten. Wurden die ursprünglichen Satzungen inzwischen geändert, oder ist es nur so, daß in unserer Zeit ein paar Geldleute in die Logen eingedrungen sind, bei denen sich die Gier nach Macht verselbständigt hat?*

Spirituelle Ursprünge

Mit dem Thema Geheimgesellschaften habe ich mich einigermaßen auseinandergesetzt. Die Wurzeln dieser Verbindungen liegen meist im Spitituellen und reichen weit in die Geschichte zurück. Denkt nur an die Templer oder an die Rosenkreuzer. Geheimlogen haben sich im Laufe der Jahrhunderte über fast alle Länder der Welt ausgebreitet.

Die meisten dieser Organisationen streben nach Macht und Einfluß. Es gibt unter ihnen aber auch ethisch hochstehende Gemeinschaften, die am spirituellen Fortschritt der Menschheit arbeiten. Ein Beispiel für diese positiven Geheimorganisationen ist die Gruppe *Rosenkreuzer-Gemeinschaft e.V.,* eine internationale, überkonfessionelle Vereinigung für christliche Mystik nach *Max Heindel.* Über negative Geheimbünde wie beispielsweise die *Illuminaten* oder die *Neunundneunziger-Logen* könnt ihr in dem Buch *Geheimgesellschaften und ihre Macht im zwanzigsten Jahrhundert* von *Jan van Helsing* nachlesen.

Literatur über Geheimorganisationen

Ich möchte mich mit den Ränken der geheimen Drahtzieher gar nicht näher befassen, auch wenn sie uns oft hereinlegen. Eine intensive Auseinandersetzung mit ihren Machenschaften ist für den geistigen Weg nicht empfehlenswert, denn man gerät dabei zu leicht in negative Schwingungen. Lernen wir, ihre Winkelzüge zu durchschauen, wo diese sich zeigen, und schalten wir ihre Einflüsse auf unser Leben aus, soweit uns das möglich ist. Von jedem darüber hinausgehenden Umgang mit diesem Thema kann ich nur abraten.

KAPITEL 3

Viel nützlicher ist es, sich mit *liebevollem Denken* zu beschäftigen und die Kraft der Liebe zu verströmen. Ihr werdet feststellen, daß sich damit alles zum Positiven wenden läßt. Wer negative Schwingungen in sich aufbaut, kann gar nichts ändern. Er unterstützt damit bloß die Gegenseite. Negatives kann nur aufgelöst werden, indem man ihm Positives entgegensetzt. Ich möchte nicht für einen Augenblick mit jenen grauen Eminenzen tauschen, die in den Geheimbünden ihre Fäden ziehen. Denkt an den geistigen Weg, den jeder Mensch zurücklegen muß, bedenkt die karmischen Folgen ihres Tuns, und ihr werdet erkennen, daß es sich bei ihnen um arme Verirrte handelt, die weit von ihrer Bestimmung abgekommen sind.

Wer kämpft, begeht eine Fehlhandlung

Ein schwerer Fehler wäre es, die Logen zu bekämpfen. Erstens stellt sich ein Mensch, der einen Streit aufnimmt, mit seinem Gegner auf die gleiche Stufe, und zweitens stärkt jeder Kampf die Gegenseite, wie ich schon mehrmals angedeutet habe. Es können daraus also nur noch größere Probleme erwachsen. Ich weiß wovon ich spreche, denn ich habe lange Zeit asiatische Kampfsportarten trainiert. Irgendwann ist mir dabei aber klargeworden, daß jeder Kampf nur zu Leid führen kann. Jesus Christus hat uns da ganz eindeutige Richtlinien gegeben: *»Liebe deine Feinde.«*

Jeder Kampf ist eine Fehlhandlung. Wer dem Leid, dem Unrecht und der Krankheit entrinnen will, sollte den Pfad der Liebe einschlagen. Nur dort hat er die Möglichkeit, dem ewigen Hin-und-Her der karmischen Verstrickungen zu entgehen. Eine andere Lösung gibt es nicht.

Ich erlebe das jeden Tag. Die Schule ist für mich der Ort permanenter Prüfungen. Ich unterrichte jede Woche über dreihundert Schüler, die mich ununterbrochen testen, und ich stehe immer wieder vor der Wahl: Soll ich kämpfen oder löse ich das Problem in Liebe?

Wer kämpft, schwächt sich selber

Dabei hat sich stets gezeigt: Wenn ich kämpfte, lief die Sache für mich schief. - Warum? - Ich wiederhole es: Wer kämpft, schwächt sich selber und stärkt die Gegenseite. Wer nachgibt, schwächt den Gegner und gewinnt Energie. Dahinter steckt ein ganz einfaches Prinzip: Wo die Liebe beginnt, löst sich jeder Kampf auf.

Nachdem mir das klargeworden war, hängte ich eines Tages meinen heißgeliebten Kampfsport an den Nagel. Das geschah ganz bewußt. Ausgelöst wurde mein Verzicht dadurch, daß ich mir irgendwann die Frage stellte: »Wogegen willst du dich eigentlich verteidigen? Wenn du in der Alliebe schwingst, greift dich ohnehin niemand an.«

Gibt es einen Schutz vor Karma?

Legen wir unseren Überlegungen die karmischen Gesetze zugrunde, müssen wir einsehen, daß wir uns niemals wirklich verteidigen können. Was uns bestimmt ist, wird uns treffen, solange wir es nicht in Liebe auflösen. Das ist eine Gesetzmäßigkeit, der wir nicht ausweichen können.

Daran ist aber nichts Schlimmes, selbst wenn es unser ›Leben‹ kosten sollte. Ich weiß, das klingt ziemlich verrückt. Betrachten wir jedoch das Gesetz der Reinkarnation als eine Tatsache, ist dieses kleine Erdenleben wirklich nur ein unbedeutender Abschnitt, ein kurzes Intermezzo im Reigen vieler Wiedergeburten.

- *Was ist, wenn man aus dem Rad der Wiedergeburten aussteigt?*

Das kann erst geschehen, wenn man alle Gesetze erfüllt hat. Dazu muß man die ganze Entwicklungsspirale des Menschen durchlaufen haben. Darüber werdet ihr im nächsten Vortrag Näheres erfahren.

KAPITEL 4

• *War auch Jesus Christus eine Wiedergeburt?*

Als der Mensch Jesus - ja. Als Christus - nein. Christus ist der Sohn Gottes, ein Teil des Vaters. Als Gottes Sohn unterlag Er nie dem Gesetz der Wiedergeburten.

Buddha und die Geburt Christi

In diesem Zusammenhang gibt es einen interessanten Hinweis aus dem alten Indien. Kein Geringerer als *Buddha* soll prophezeit haben, Gott werde eines Tages persönlich auf Erden inkarnieren. Buddhas Vorhersage war es, die Jahrhunderte später die *Drei Weisen aus dem Morgenlande* veranlaßte, sich auf die Suche nach dem menschgewordenen Gott zu machen. Alle vorhergesagten Zeichen waren damals erschienen und die drei Weisen wollten sich selber von der Geburt Gottes in dieser Welt überzeugen.

Die Menschwerdung Gottes in Christus ist eine unermeßliche Gnade. Sie offenbart uns: Gott selber hat das Menschsein auf sich genommen, um uns den Weg der Erlösung zu zeigen.

Erlösung ist mit Sicherheit nicht so zu gewinnen, wie es von manchen kirchlichen Kreisen gern ausgelegt wird: daß man nichts weiter zu tun hätte, als im letzten Augenblick des Lebens seine Sünden zu bereuen. So einfach erreicht man die Vergebung nicht. Das wäre auch mit den göttlichen Gesetzen nicht vereinbar.

Der christliche Erlösungsweg

Christus hat uns durch Sein Vorbild gezeigt, wie wir leben müssen, um die Erlösung zu erlangen. Seit Seinem Wirken auf Erden hat jeder Mensch es selber in der Hand, sich zu befreien, - indem er nämlich genau befolgt, was Christus uns vorlebte: dem Nächsten dienend zur Verfügung zu stehen, für andere da zu sein, alle zu lieben .... Für uns Menschen eine unendlich schwierige, aber schöne Aufgabe mit einem lohnenden Ziel.

Die Worte Jesu am Kreuz

• *Aber Christus hat es scheinbar selber nicht ganz geschafft, sonst hätte Er nicht am Kreuz geklagt: »Mein Gott, warum hast Du mich verlassen?«*

Dieser Satz ist anders zu verstehen. Es hat damit folgende Bewandtnis: Während Christus auf Erden wandelte, war Gott immer in Ihm. Damit Christus aber das Menschsein in seiner ganzen Tiefe durchleben konnte - und dazu gehört auch die Todesfurcht -, hat Gott Ihn in Seiner letzten Stunde verlassen. Daher dieser Ausruf. Aber Christus ist ja auferstanden. Das beweist, daß Gott nur für kurze Zeit von Ihm gewichen ist.

Gottes Nähe

Ihr braucht nie zu befürchten, daß Gott euch jemals verläßt. Im Gegenteil: Geht ihr nur einen Schritt auf Ihn zu, kommt Er euch neun Schritte entgegen. Gott ist immer bei euch, wenn ihr Beistand braucht. Ihr müßt nur den ersten Schritt tun: lieben! Damit schließt ihr euch dem göttlichen Element an und Er läßt es durch euch strömen. Ihr werdet dann verwundert feststellen, daß immer Hilfe da ist, wenn ihr sie benötigt, - oft von ganz unerwarteter Seite. Darin zeigt sich Gottes Gegenwart. Es kommt nur darauf an, daß ihr euch entschließt, den ersten Schritt zu tun. Diese Entscheidung kommt irgendwann auf jeden Menschen zu. Warum also noch zögern?

KAPITEL 5

Auch ich stand eines Tages vor dieser Wahl. Früher war ich Techniker mit Leib und Seele. Ich muß gestehen: schöne Technik fasziniert mich auch heute noch. Seinerzeit war ich jedoch durch und durch Technokrat, einer von der Sorte, wie sie leider auch heute noch weltweit die Schlüsselpositionen behaupten. Mein Leitspruch war: Ohne Technik geht nichts! Demgemäß war ich auch ein eifriger Befürworter der Kernenergie. Ein Land, das über keine Atomkraftwerke verfügte, erschien mir rückständig. Kernkraft hielt ich für ein unerläßliches Attribut des menschlichen Fortschritts.

Atomtechnik-Euphorie

Zu meiner Entschuldigung kann ich nur anführen, daß in jenen Jahren weltweit eine wahre Atomtechnik-Euphorie herrschte. Damals glaubte man ernsthaft, mit der Kernkraft wären alle großen Probleme der Menschheit zu lösen. Man stellte sich zum Beispiel vor, damit ließe sich so billige Energie gewinnen, daß man im Winter die Straßen beheizen könne. Ärzte hielten es für möglich, krebskranke Patienten durch radioaktive Bestrahlung in kurzer Zeit zu heilen. All dieser Unsinn spukte in den Köpfen herum, und auch ich glaubte fest daran.

Was mir seinerzeit die Augen für die Kehrseite der Atomkraft öffnete, war diese merkwürdige Volksabstimmung über die Inbetriebnahme des Kernkraftwerkes Zwentendorf. Damals begann ich zu überlegen: »Wenn die Atomenergie wirklich so sicher und wertvoll ist, wie man sie darstellt, warum fragt man dann erst das Volk, ob man sie einsetzen soll? Etwas Ungefährliches und Gescheites braucht man doch nicht durch die Wähler absegnen zu lassen. Daran muß etwas faul sein.«

Ist Kernkraft wirklich sicher?

Durch diese Fragen stutzig gemacht begann ich, die Kernkraft genauer zu studieren, und ich erkannte bald: »Aha, dabei wird lebensgefährliche Strahlung erzeugt. Sind die Reaktoren wirklich dicht genug, um die Menschheit vor der schädlichen Strahlung zu schützen?« Gelegentlich sickerten schon damals aus dem Ausland Horrormeldungen über Störfälle in Kernkraftwerken durch. »Sieh da, die Atommeiler sind keineswegs so sicher, wie man uns glauben machen will!«

Später stellte sich heraus, daß die Vorbehalte gegen das Kernkraftwerk Zwentendorf gerechtfertigt gewesen waren: Es kam zu einem Grundwassereinbruch in der *ach* so sicheren Betonwanne des Fundaments.

In kurzer Zeit entdeckte ich sehr vieles, das gegen einen Einsatz der Kernenergie sprach, und so machte ich das einzige, das man nach einer solchen Erkenntnis tun kann: Ich wurde zum feurigen Gegner der Atomkraft. Ich ging aber noch weiter. Ich begann, viele andere moderne Technologien auf ihre Umweltverträglichkeit hin zu hinterfragen, und vor mir fügte sich im Handumdrehen ein beängstigendes Bild zusammen: Die Menschheit steuerte (und steuert noch immer) volltechnisiert ihrem Untergang entgegen!

Die Gefahren moderner Technologien

Seither habe ich jegliche Technik-Euphorie abgelegt. Ich unterrichte zwar immer noch Technik, aber ich kläre meine Schüler bei allem, was sie von mir lernen, auch über die Kehrseite auf. Ich sage ihnen: »Wenn ihr *diese* Methode anwendet, wird dadurch in der Umwelt *jenes* verursacht. Eurer Verantwortung obliegt es, die Folgen zu bedenken, die ihr durch die Anwendung dieser Technologie auslöst.«

KAPITEL 6

Gott sei Dank habe ich in meinem Leben so viel Leid erfahren, daß ich irgendwann zur Besinnung kam. Wenn es mir nicht so schlecht gegangen wäre, hätte ich nie eine Kehrtwendung vollzogen. Ohne Krankheit und Schmerzen wäre mein gegenwärtiges Leben wahrscheinlich in den gleichen Bahnen verlaufen wie die vielen vorhergegangenen Inkarnationen. In einer Rückerinnerung war mir gezeigt worden, daß ich bereits in einem meiner Vorleben an der Vernichtung der damaligen Welt mitgearbeitet hatte. Eine Beteiligung am Wahnsinn der Kerntechnologie hätte mein jetziges Leben beinahe wieder in die gleiche Richtung geführt. Seit ich das habe erfahren dürfen, bemühe ich mich mit meiner ganzen Kraft, für die göttliche Seite zu wirken.

Naturschützer auf verlorenem Posten?

Natürlich, wenn man die Zustände in unserer Welt verändern möchte, meint man manchmal, auf verlorenem Posten zu stehen. Da kann es gelegentlich vorkommen, daß man ans Aufgeben denkt. Vor wenigen Tagen war es bei mir wieder einmal so weit: Ich hätte am liebsten alles hingeschmissen, alles, woran ich seit so langer Zeit arbeite.

Beispiel: Ein Aufsatz an die Zeitung

Ich hatte tagelang an einem Aufsatz über die Zukunft der österreichischen Bauern geschrieben, um die Öffentlichkeit ein wenig wachzurütteln. Ich hatte mir wirklich Mühe gegeben. Und dann geriet mein Manuskript in die Hände eines Menschen, der kaum einen Blick darauf warf und es mit der Bemerkung: »Schon wieder sowas!« beiseiteschob. Da steckt man seine ganze Energie in eine Arbeit, aber es zeigt sich kein Erfolg. Selbstverständlich war ich sehr enttäuscht.

Niemals aufgeben

Das ist die falsche Reaktion! Wir dürfen keinen plötzlichen Durchbruch erwarten, wenn wir uns für etwas einsetzen. Gelingt es uns, nur *einen* Menschen zum Nachdenken zu bewegen, verändert sich nur *einer* zum Positiven, haben sich die vielen Stunden der Arbeit bereits gelohnt. Manchmal schrauben wir unsere Erwartungen eben zu hoch. Wir dürfen nicht nach jedem kleinen Mißerfolg aufgeben.

KAPITEL 7

• *Darf man Gott auch bei den kleinen Dingen des Lebens um Hilfe bitten?*

Natürlich. Du findest zu jeder Zeit und in jeder Situation Beistand, wenn du dich mit dem göttlichen Element verbindest. Das ist ja das Wunderbare, wenn man sich an die Alliebe anschließt.

Beispiele für Gottes Hilfe:

Die Weihnachtskekse

Die Hilfe zeigt sich oft in trivialen Dingen.- Üblicherweise wird bei uns daheim vor Weihnachten gebacken. Vor einigen Jahren jedoch hatten meine Frau und ich bedingt durch unsere Beratungen und Seminare in den Adventwochen so wenig Zeit, daß wir nicht wie gewohnt zum Keksebacken kamen. Wir fanden uns damit ab, daß es zu diesem Weihnachtsfest eben keine Bäckereien geben würde. Da bekamen wir auf einmal von allen Seiten Kekse geschenkt! Kiloweise; - und ohne daß wir darum gebeten oder darauf gehofft hätten. Wir waren bis Ostern mit Naschereien versorgt. Das ist an sich kein bedeutendes Ereignis, aber ich finde darin die Liebe Gottes bestätigt. Dergleichen passiert uns häufig. Es ist immer zur rechten Zeit Hilfe da.

Das Selbsterntefeld

Ein anderes Beispiel: Wir beteiligten uns an einem Selbsternte-Projekt. Das ist eine wunderbare Einrichtung, wenn man eigenhändig ein wenig bio-gärtnern will. Als unser Gemüse dann aber endlich reif geworden war, hatten wir leider keine Zeit für Feldarbeit. Wir sagten uns also: »Dann lassen wir die Ernte eben ausfallen. Unsere anderen Aufgaben sind viel wichtiger.« Und denkt euch, plötzlich läutet das Telephon und eine Bekannte sagt: »Ich fahre heute hinaus aufs Feld. Soll ich euch etwas mitbringen? Ich ernte gerne für euch, wenn ihr wollt.«

Die Parkplätze

Glaubt nicht, das wären Einzelfälle. Dergleichen könnt ihr täglich erleben, wenn ihr den Menschen selbstlos dient. Dient *ihr* uneigennützig euren Mitgeschwistern, ist auch für euch immer jemand da. Selbst beim Autofahren spüre ich die Hilfe. Bin ich in spirituellen Belangen unterwegs, finde ich immer und überall sofort einen Parkplatz. Das habe ich nicht erst einmal erlebt, das geschieht regelmäßig.

Wer sich Gott zugewandt hat, fühlt Seine helfende Kraft immer in der Nähe. Es ist einfach vernünftig, sich klar und eindeutig für Gott zu entscheiden, denn in Seiner Nähe liegt ja unsere Urheimat, die seit undenklichen Zeiten auf unsere Rückkehr wartet. Wir wollen Ihm nicht um solcher kleiner Vorteile willen zustreben, wie ich sie eben geschildert habe. Sie sollten euch nur illustrieren, daß ihr auf eurem Weg zu Gott nichts Wesentliches entbehren müßt, - wenn es euch zusteht. Im Gegenteil! Stellt ihr euer Leben in den Dienst der Alliebe, könnt ihr nur gewinnen. Auch euch begegnet dann jederzeit die Liebe, auch ihr findet überall Unterstützung und seid nie mehr allein.

Gottes Beistand

Ihr dürft stets auf Gottes Beistand hoffen, - hoffen, erwarten dürft ihr ihn nicht. Wenn ihr Gutes tut in der Erwartung, daß Gott euch dann zum Lohn in *euren* Angelegenheiten unterstützt, wartet ihr sicher vergeblich. Zuerst müßt *ihr* freiwillig und bedingungslos geben.

• *Ist es dann nicht so, daß ich Gott nur deshalb liebe, weil er mir hilft?*

Nein, so soll es eben *nicht* sein. Das wäre ja ein Geschäft.

• *Wir können aber Hilfe von Ihm erwarten. Da steht dann bei allem, was wir tun, immer eine Spekulation im Hintergrund.*

Ich habe ja ausdrücklich erklärt: Wir dürfen *nichts* erwarten. Es ist ganz einfach: Du schenkst jemandem etwas, ohne mit einer Gegenleistung zu rechnen, ohne Hintergedanken. Du läßt die Gabe einfach los. Dann erhältst du ein Geschenk ähnlich dem, das du dargereicht hast, - wenn es dir mit Rücksicht auf dein Karma gebührt. Aber Vorsicht! Wenn du zwar schenkst, dafür aber etwas wiederhaben willst, wirst du vergebens auf die Begleichung warten, - selbst wenn der Gedanke an eine Gegengabe nur irgendwo in deinem Hinterkopf schwelt. Ich wollte damit zum Ausdruck bringen: Wer durch ehrliche Nächstenliebe auf Gott zugeht, wird von Ihm Hilfe erfahren.

• *Eben. Irgendwie erwartet man dann immer, daß man etwas zurückbekommt.*

Geben ohne Hintergedanken

Aber nur dann, wenn man die Gabe nicht wirklich losläßt. Es wäre ja kein Loslassen, sondern ein Handel, wenn man sagte: »Hier meine gute Tat, dort Gottes Hilfe.« Manchmal ist das komplizierter, als man annehmen sollte; - dann nämlich, wenn man von sich selber glaubt, selbstlos zu handeln, unbewußt aber auf eine Gegenleistung wartet. Wir verbergen die wahren Beweggründe unseres Handelns ja oftmals vor uns selber.

Mit dem Thymus-Test läßt sich sofort feststellen, ob man wirklich bedingungslos gibt, oder ob man nur *glaubt*, uneigennützig zu handeln. Schenkst du bereitwillig und denkst dabei: »Das bedeutet mir zwar etwas, aber ich gebe es von Herzen«, dann bleibt die Tür offen. Aber nur, wenn du aus tiefster Seele ehrlich bist. Steckt noch ein Funke von: »Ich hätte dafür ganz gerne ....« in dir, dann funktioniert es nicht.

KAPITEL 8

Wer den Heimweg zu Gott angetreten hat, wird ständig im Hinblick auf seine Standhaftigkeit geprüft. Glaubt nicht, daß ihr alles, was ich hier vortrage, nach einmaligem Hören sofort in die Praxis umsetzen könntet. Wer das für möglich hält, wird bald eines Besseren belehrt werden. Wir bilden uns oft ein, etwas zu beherrschen. Erst eine Prüfung zeigt uns dann, wo wir wirklich stehen.

Auch mir ergeht es nicht anders. Ich muß all die Gesetze und Regeln, die ich hier weitergeben darf, selber ganz genau befolgen. Werde ich dabei nachlässig, bekomme ich das sofort zu spüren. Ihr dürft nicht denken, bei mir hätte sich nichts geändert, seit ich Seminare über geistige Themen abhalte. Mein Leben hat sich seither von Grund auf gewandelt!

Anfangs dachte ich, ich hielte die Vorträge für andere Menschen. Weit gefehlt! Sie sind für mich! Und daher, - auf diese Weise schließe ich immer den letzten Vortragsabend des Jahres, - daher bedanke ich mich stets bei den Teilnehmern für das Seminar, das sie mir gewährt haben.

Geistiger Fortschritt bedeutet Arbeit an der eigenen Person

Ganz schlimm wird es, wenn ich übermütig behaupte, ich hätte diesen oder jenen Lernschritt schon hinter mir. Das kommt für viele Wesenheiten einer Aufforderung gleich, mich in der nächsten Zeit ganz besonders hartnäckig zu prüfen. Denn: Die Dunkelheit darf sich am Lichte messen! Ich habe mir großspurige Äußerungen über meine spirituellen Fortschritte schon längst abgewöhnt. Nach einigen entsprechenden Verweisen wage ich nicht einmal mehr, daran zu denken, sonst brechen sofort tausend Prüfungen über mich herein. Dabei kann ich dann feststellen, ob die gute Meinung, die ich von mir hatte, angemessen war.

Es wird also immer deutlicher: Die Rückkehr in die göttliche Ordnung ist mit Arbeit aber auch mit viel Freude und Spaß verbunden. Über all der Arbeit dürfen wir die Freude und vor allem das Lachen nicht vergessen.
Mindestens 3 mal am Tag herzlich lachen,
gleicht vieles im Leben aus. Darauf möchte ich euch zum Abschluß noch einmal hinweisen. Der größte Teil davon ist Arbeit an euch selber. Aber es ist ein schönes und befriedigendes Werk, das ihr da beginnt, - obwohl es manchmal wirklich hart sein kann; - dann zum Beispiel, wenn man eines Tages dahinterkommt, wieviel man in seinem bisherigen Leben falsch gemacht hat, und wenn man beginnt, diese Fehler zu korrigieren.

Aber das Ziel ist jeder Anstrengung wert. Ich würde
unter keinen Umständen zu meiner alten Lebensweise zurückkehren, obwohl es manchmal einfacher erscheinen mag, sich um geistige Belange nicht zu kümmern.

Wer Gott zustrebt, findet den rechten Weg

Jeder Mensch steht irgendwann an einer Kreuzung seines Lebensweges, von der aus sich viele unüberschaubare Pfade verzweigen und im ungewissen verlieren. Wer in solchen Augenblicken keine Hilfe hat, bleibt im dunkeln über die Route, die er für seine Weiterreise wählen soll. Mit unzulänglichen Mitteln muß er versuchen, die Richtung der Weiterfahrt zu bestimmen, muß irgendeinem der verschlungenen Wege folgen, ohne zu wissen, an welches Ziel er ihn bringt.

Da ist es doch weit klüger, sich rechtzeitig die Richtlinien der geistigen Gesetze zu eigen zu machen und den weniger leichten , berganführenden Steig der universellen Liebe zu wandern. Von seinen Höhen aus überblickt man alle darunterliegenden Straßen, und in der Ferne läßt sich in klarem Licht das Ziel erkennen.

Damit wollen wir unseren Einführungsabend beschließen. Ich danke euch für eure Aufmerksamkeit und wünsche euch alles, alles Liebe und viel Erfolg beim Umsetzen der wenigen Regeln, mit denen ich euch heute bekannt machen durfte.

Die Aufgaben des Lebens

Wir sind nie am Ziel,
sondern immer auf dem Weg,
bis wir bei Gott sind.

Wir verfügen nun über ein ausreichendes Basiswissen, das uns erlaubt, in unserer geistigen Evolution einen Schritt weiterzugehen. Bevor wir uns aber dem nächsten Thema zuwenden, wollen wir uns aus dem bisher Erlernten zwei wichtige Faktoren in Erinnerung rufen:

Der erste ausschlaggebende Punkt liegt in der Erkenntnis, daß wir Menschen bei unserer Erschaffung freie, unsterbliche Geistwesen waren. Unsere wahre Heimat lag - und liegt noch immer - in den hohen Sphären des Absoluten. Es ist daher sinnvoll und entspricht auch unserer Bestimmung, daß wir uns um eine Rückkehr in das Reich Gottes bemühen.

Der zweite wesentliche Punkt besteht aus der Gewißheit, daß wir immer wieder auf dieser Welt inkarnieren dürfen, um im Erdenkleid unsere karmischen Belastungen abzubauen und unsere geistige und spirituelle Entwicklung zu betreiben. Beides sind unerläßliche Voraussetzungen für unsere Wiederaufnahme in das Reich Gottes.

Aus dem Wissen um diese beiden Faktoren resultieren die *Aufgaben des Lebens,* das Thema, mit dem wir uns heute beschäftigen wollen.

Erster Teil: Krankheiten und ihre Ursachen

KAPITEL 1

Der Sinn des Erdenlebens liegt also in unserer Rückkehr zur göttlichen Ordnung. Aus dieser Tatsache ergeben sich unsere konkreten Aufgaben hier auf Erden. Zu unseren Pflichten gehören in erster Linie das Erlernen und Befolgen der geistigen Gesetze und die Erweckung der Alliebe in unseren Herzen. Diese beiden Qualitäten sind unerläßliche Bedingungen für unsere Heimkehr in das Reich Gottes.

In zweiter Linie zählt zu unseren geistigen Aufgaben die Bewältigung einer Reihe einleitender Lernschritte. Sie bilden das Kernstück des heutigen Vortrages.

Den geistigen Gesetzen und der Entwicklung der universellen Liebe sind jeweils eigene Seminarabende gewidmet. Beide Vorträge sind in diesem Band enthalten.

Geistige und spirituelle Entwicklung

Bei der Entwicklung des Menschen geht es um zwei Hauptkomplexe. Der eine umfaßt die *geistige Entwicklung*. Damit ist alles gemeint, was wir im Äußeren, also in unserem Umfeld tun können, um unser Leben auf eine Rückkehr zu Gott auszurichten. Der zweite Bereich umfaßt unsere *spirituelle Entwicklung*. Spirituelle Entwicklung bedeutet, Gott in uns selber zu erfahren, das Göttliche *in* uns wiederzuentdecken. Dazu gehört vor allem die Erweckung der Alliebe.

KAPITEL 2

Es wurde bereits erwähnt, - und wir werden noch öfter darauf zurückkommen, - daß ein Mensch nur dann erkrankt, wenn er gegen geistige Gesetze verstoßen hat, - daß also alle unsere Krankheiten selbstverursacht sind. Wie können wir - von diesem Wissen ausgehend - im Idealfall heilen? Indem wir zuerst herausfinden, worin unser Verstoß gegen die göttliche Ordnung bestanden hat. Ein solcher Fehler kann auf verschiedenen Ebenen liegen: Wir leben möglicherweise mit jemandem in Streit, oder wir mißachten einen Mitmenschen. Unser Fehlverhalten kann aber auch aus falscher Ernährung bestehen; auch das ist ein Verstoß gegen die geistigen Gesetze. Auch Angst vor Krankheit zieht diese magnetisch an.

Jede Krankheit wird durch ein Fehlverhalten verursacht

Haben wir unseren Fehler erkannt, sollten wir ihn unverzüglich korrigieren. Erst dann können wir unter Zuhilfenahme von Medikamenten, - nach Möglichkeit mit Homöopathika oder Naturheilmitteln, - unsere Gesundheit wieder aufbauen. Auf diese Weise kommt es zu einer vollkommenen Genesung. Nur ein neuerliches Fehlverhalten würde wieder zu einer Krankheit führen.

Das wäre der Idealfall einer Heilung, graphisch dargestellt auf der *linken* Abbildung im unteren Rahmen. Der Normalfall verläuft in der heutigen Zeit leider ganz anders, wie wir aus der *rechten* Graphik ersehen:

Abbildung 4

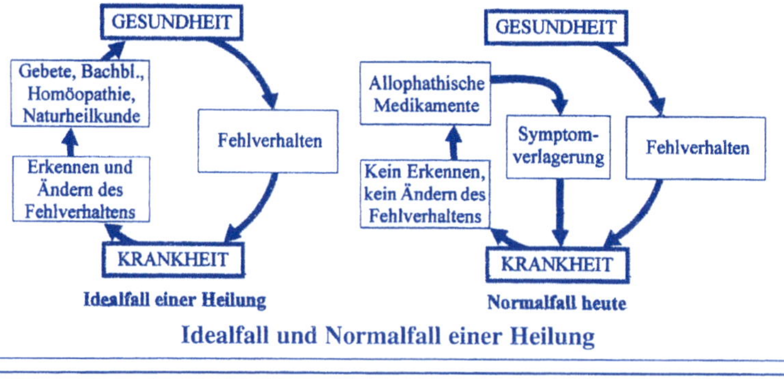

Idealfall und Normalfall einer Heilung

Der Mensch hat sich eine Fülle von Ausreden einfallen lassen, um die Schuld an seinen Krankheiten von sich wegzuschieben. Wir sagen: Schuld trägt eine höhere Macht, der Zufall, ein Virus, die Umweltverschmutzung, oder erfinden etwas noch Phantasievolleres. Gegen die Symptome setzen wir chemische Präparate in Form von allopathischen Medikamenten ein, die unseren Körper erneut vergiften. Dabei kann es durchaus vorkommen, daß die Anzeichen der Krankheit für einige Zeit verschwinden. Das ist aber meistens nur die Folge einer Symptomverlagerung. Wirklich geheilt wird dadurch selten.

KAPITEL 3

Am Komplex der Impfungen zeigt sich das Dilemma der orthodoxen Medizin besonders deutlich. Man weiß heute, daß zum Beispiel zirka zehnmal mehr Menschen an den Folgen der Zecken*impfungen* erkranken, als Krankheiten durch den Zecken*biß* verursacht werden.

Was will man mit den Impfungen erreichen? Man will gesund bleiben, ohne zu lernen oder seine Fehler zu korrigieren. Oder, anders ausgedrückt: Die meisten Menschen wollen die geistigen Gesetze nicht berücksichtigen. Anstatt sich zu bemühen, vollkommener zu werden, läßt man sich eine Impfung verabreichen, und man glaubt, sich damit die Erfahrung einer Krankheit ersparen zu können.

Nebenwirkungen

Man braucht aber nur den Beipacktext eines dieser Impfstoffe zu lesen, um die Täuschung zu erkennen: MS-Schübe (Abschnitte gesteigerter Aktivität bei multipler Sklerose) zählen ebenso zu den möglichen Nebenwirkungen wie entzündliche Reaktionen des Gehirns.

Sogar die Herstellerfirma hält es für sinnvoll, Kleinkinder bis zum dritten Lebensjahr *nicht* gegen FSME (Frühjahrs-Sommer-Meningoenzephalitis - Gehirnhautentzündung) zu impfen. Auf dem Beipackzettel des FSME-Serums ist eine Liste mit 115 verschiedenen möglichen Nebenwirkungen angeführt. Darunter finden sich zum Beispiel Lähmungen, Sehstörungen, Krampfanfälle und schwere Kopfschmerzen, aber auch Grippe oder Masern, um nur einige zu nennen. Im deutschen Bundesland Hessen gaben die Kassenärzte eine Mitteilung heraus, in der sie feststellten, daß sie die FSME-Impfung für doppelt so gefährlich hielten wie den Zeckenbiß selber. In Österreich waren von den 74 Zeckenopfern des Jahres 1990 beinahe zehn Prozent vollständig geimpft. Alle diese Angaben könnt ihr in der Profil-Ausgabe Nr. 20 vom 16. Mai 1994 nachlesen.

Ich bin davon überzeugt, daß ein Mensch, der eine Krankheit für seinen geistigen Fortschritt braucht, diese auch bekommt, gleichgülig ob durch den Biß eines Insekts oder durch eine Impfung. Ich habe einen Bekannten, der nach einem Zeckenbiß seit Jahren an den Rollstuhl gefesselt ist, obwohl er gegen Zeckenencephalitis geimpft worden war.

Das Geschäft mit der Krankheit

Man versucht immer wieder uns einzureden, Impfungen könnten uns vor Krankheiten bewahren. Das ist eine starke Übertreibung. Es gibt einzelne Impfungen, die recht gut wirken, aber es gibt viele, die nutzlos oder gar bedenklich sind. Das Impfwesen ist leider Gottes ein Riesengeschäft. Daher ist die Pharma-Industrie keineswegs daran interessiert, zum Beispiel homöopathisch zu impfen, was genausogut möglich, aber unvergleichbar billiger wäre. Allein aus den Einzelverkaufspreisen der durch die Gesundheitsämter der BRD verbrauchten Impfstoffe ergab sich (auf der Preisbasis des Jahres 1987) ein Betrag von über 25 Milliarden DM pro Jahr. In dieser Summe sind die Einnahmen der im gleichen Zeitraum von Kinderärzten und praktischen Ärzten durchgeführten Impfungen nicht enthalten.

Allopathie oder Homöopathie?

Stellen wir den allopathischen Medikamenten homöopathische Heilmittel gegenüber, sind letztere vor allem für Menschen, die sich auf einem geistigen Weg befinden, wertvolle und vor allem nebenwirkungsfreie Hilfsmittel. Man kann mit homöopathischen Mitteln sehr wohl den Ausbruch von schweren Krankheiten verhindern.

• *Ich bekomme die Krankheit aber trotzdem, wenn ich sie für meine Entwicklung brauche?*

Wenn du bereits an dir arbeitest, bekommst du sie zwar möglicherweise trotzdem, aber in abgemilderter Form. Es ist dann meist nicht mehr nötig, daß sie in voller Stärke zum Ausbruch kommt, da du ja schon an der Beseitigung des Fehlers arbeitest, der sie ausgelöst hat. Wichtig ist, daß du herausfindest, was ihr geistiger Auslöser ist. Die Ursache einer Krankheit liegt *immer* in uns selber.

• *Dann brauche ich mich eigentlich auch nicht homöopathisch impfen zu lassen.*

Wenn du in der göttlichen Ordnung lebst, ist das richtig.

KAPITEL 4

Die *Homöopathie* ist heute so weit ausgereift, daß sie gegen *jede* Krankheit Heilmittel bereithält. Leider ist das viel zu wenig bekannt. Ein Paradebeispiel dafür, was die Homöopathie heute zu leisten imstande ist, sind die sogenannten *Erbnosoden.* Ich gehe hier kurz auf dieses sehr interessante Thema ein, obwohl es mit unserem Seminar eigentlich nichts zu tun hat. Es kann euch die Bandbreite homöopathischer Heilmöglichkeiten auf wirkungsvolle Weise demonstrieren.

Erbnosoden

Mit Erbnosoden kann man angeborene Krankheiten heilen oder zumindest lindern. Die medizinische Forschung hat herausgefunden, daß manche Leiden über sieben Generationen hinweg vererbt werden können. Wenn also einer unserer Vorfahren zum Beispiel an der Syphilis litt, kann er durch diese Krankheit in der Erbfolge eine chronische Bronchitis auslösen.

Der Bereich der Erbkrankheiten wurde in den letzten Jahrzehnten sehr genau erforscht. Für eine werdende Mutter kann es sehr vorteilhaft sein, sich einer sogenannten *eugenischen Kur* zu unterziehen. Dabei werden die Erbleiden schon beim ungeborenen Kinde ausgeleitet. Es ist wirklich erstaunlich, was auf diesem Gebiet alles möglich ist. Es ist allerdings empfehlenswert, sich damit an einen erfahrenen Homöopathen zu wenden.

Stehen Erbkrankheiten im Widerspruch zu den geistigen Gesetzen?

• *Für mich liegt darin ein gewisser Widerspruch. Alle unsere Krankheiten werden doch durch uns selber verursacht, hast du gesagt. Hier haben wir es aber erstens mit einer ererbten Krankheit zu tun, einem Leiden also, das nicht vom Betroffenen selber ausgelöst wurde, und zum zweiten wird die Krankheit im Vorhinein geheilt, also ohne daß der Mensch sich ändert.*

Erstens entstammt die ererbte Krankheit einem Fehlverhalten, das der Betroffenen in einem seiner Vorleben setzte. Sie ist somit ebenfalls selbstverursacht. Zum zweiten wird durch die homöopathische Therapie eine geistige Lösung in diesem Leben erleichtert. Dadurch kann ein Ausbruch möglicherweise verhindert werden.

• *Nach all dem, was wir hier hören, ist es eigentlich ein Unsinn, wenn man überhaupt etwas gegen Krankheiten unternimmt.*

Wir sollten schon etwas tun: das die Krankheit auslösende Fehlverhalten korrigieren. Solange wir aber noch nicht darin geübt sind, in jedem auftretenden Leiden sofort den spezifischen Fehler zu erkennen, ehe wir darin noch keine Sicherheit erlangt haben, dürfen wir zu unserer Heilung die Medizin heranziehen. Gegenwärtig geht es nur darum, klügere Heilmethoden anzuwenden, als sie von der Schulmedizin einem Großteil der Menschheit angeboten werden. Wenn wir unsere Verstöße gegen die göttliche Ordnung nicht unterlassen, hilft uns weder die orthodoxe Medizin, noch die Naturheilkunde oder die Homöopathie.

Auch bei den beiden letztgenannten Heilmethoden kommt es dann nur zu Verlagerungen von Symptomen, aber zu keinen ech-

Homöopathische Hochpotenzen

ten, und vor allem zu keinen dauerhaften Heilungen. Man kann in der Homöopathie durch den Einsatz von Hochpotenzen unter Umständen mit einer einzigen Gabe eine Spontanheilung bewirken. Das ist dann möglich, wenn das Fehlverhalten erkannt und verändert wurde. Ist das nicht der Fall, kann es zwar trotzdem zu einer Spontanheilung kommen, aber in der Folge tritt dann meist eine ähnliche Krankheit auf, die solange anhält, bis die Lektion aufgearbeitet worden ist.

KAPITEL 5

• *Ist das bei allen Krankheiten so, zum Beispiel auch bei Kinderkrankheiten?*

Das hängt vom Alter des Kindes ab.

• *Bei einem Kleinkind zum Beispiel.*

Krankheiten des Kindes und das Fehlverhalten der Eltern

Nach meiner Erfahrung sind bei Kleinkindern bis zum Zahnwechsel die Eltern die Verursacher aller Krankheiten. Man kann es auch so sehen: Kranke Kleinkinder stellen sich ihren Eltern zur Verfügung, um sie auf ein Fehlverhalten hinzuweisen. Diese Regel gilt ungefähr bis zum siebenten Lebensjahr des Kindes. Etwa mit dem Zahnwechsel, - dabei handelt es sich um kein festgesetztes Datum, sondern um einen fließenden Übergang, der individuell verschieden sein kann, - mit dem Zahnwechsel also beginnt die Eigenverantwortung des Kindes zu erwachen.

Kinderkrankheiten scheinen auf den ersten Blick Ausnahmen von dieser Grundregel zu bilden. Das sind sie aber nicht, wie wir gleich sehen werden. Erkrankungen wie Windpocken, Scharlach, Masern usw. sind sogenannte *Entwicklungskrankheiten.* Wie der Name besagt, steht ein Kind, das von einer dieser Infektionen befallen ist, vor einem altersgemäßen Entwicklungsschub, kann diesen aber ohne Krankheit nicht bewältigen. Darin zeigt sich das Unvermögen der Eltern, ihr Kind so zu führen, daß es diesen Schritt ohne Erkrankung vollziehen könnte. Die Ursache liegt also auch hier bei den Eltern.

Kinderkrankheiten bei Caroline und Michael

Ich konnte die Entwicklungsschritte sehr deutlich an unseren Kindern mitverfolgen. Michael bekam nur zwei Kinderkrankheiten: Masern und Windpocken. Caroline dagegen handelte sich alles ein, inklusive Scharlach und Lungenentzündung.

Als Caroline mit Scharlach zu Bette lag, konnten wir etwas sehr Interessantes beobachten. Es gelang uns damals nicht, zu verhindern, daß Michael mit ihr aus dem gleichen Glas trank. Er war gerade in einem Alter, in dem man das kaum unterbinden konnte. Doch obwohl Scharlach eine der ansteckendsten Krankheiten überhaupt ist, erkrankte unser Sohn nicht. Das heißt, *er* schaffte den entsprechenden Entwicklungsschritt aus eigener Kraft und ohne eine Erkrankung dafür zu brauchen. Caroline dagegen hatte offenbar nicht genug Unterstützung von uns erhalten.

Der Schularzt empfahl eine sofortige Antibiotika-Behandlung für die ganze Familie. Sonst würden alle erkranken, die noch keinen Scharlach gehabt hätten, meinte er. Wir verzichteten auf seine Medikamente und blieben - mit Ausnahme von Caroline - trotzdem alle gesund.

Für mich war dieses Erlebnis eine weitere Bestätigung dafür, daß wir eine Krankheit nur dann bekommen, wenn wir sie brauchen. Tritt eine Kinderkrankheit erst im Erwachsenenalter auf, können wir daraus schließen, daß der Betreffende in seiner Kindheit einen Entwicklungsschritt verabsäumte, den er jetzt nachholen muß.

Jede Krankheit weist auf ein ungelöstes Problem hin

Jede Krankheit zeigt, daß am Verhalten des Erkrankten etwas veränderungsbedürftig ist oder daß er noch etwas aufzuarbeiten hat. Oft wird es sich dabei um Fehler auf der geistigen Ebene handeln, - um ungelöste Meinungsverschiedenheiten zum Beispiel. Man lebt vielleicht in einer scheinbar völlig intakten Ehe, in der jedoch seit langer Zeit ein von beiden Partnern verdrängter Konflikt schwelt.

Die Krankheit eines Kindes weist unmißverständlich auf das drängende Problem hin. Besonders für die Mütter geben leidende Kinder nicht selten den Anstoß zum geistigen Erwachen. Man hört ja oft eine Mutter sagen: »Mir wäre es lieber, *ich* hätte die Krankheit anstelle meines Kindes.« Das Leiden ihrer Tochter oder ihres Sohnes trifft sie härter als eine eigene Erkrankung. Bedauerlicherweise erkennen die Mütter meistens nicht, daß sie nur ihr Verhalten ändern müßten, um das Kind gesund zu machen.

KAPITEL 6

Das Geburtskarma

Neben dem Versagen der Eltern gibt es allerdings noch einen weiteren Aspekt, dem wir Beachtung schenken müssen, wenn wir nach der Ursache der Erkrankung eines Kindes forschen: das Geburtskarma. Bei Kindern, die geistig behindert zur Welt kommen, handelt es sich häufig um Seelen, die freiwillig dieses schwierige Leben auf sich nehmen, um den Eltern Gelegenheit zu einem karmischen Ausgleich zu geben. Mir ist kein einziger Fall eines behinderten Kindes bekannt, bei dem das nicht zuträfe. Meist sind es sehr hochentwickelte Seelen, die aus Gründen der Hilfeleistung in einem unvollkommenen Körper inkarnieren.

Wer zu diesem Thema etwas lesen möchte, dem kann ich ein ganz ausgezeichnetes Buch empfehlen. Es heißt *Kennst du deinen*

Engel? und wurde von *Benjamin Klein* geschrieben. Die Erzählung handelt von einem Mädchen, das trotz seiner extremen Behinderung eine hohe Einweihung erfährt. Das erschütternde Leben des Mädchens wird in diesem Buch sehr einfühlsam erzählt.

• *Wie ist das mit Mongoliden?*

Die geistigen Ursachen des Mongolismus

Um diese Frage zu beantworten, muß ich etwas ausführlicher werden. Ruft euch bitte noch einmal die Graphik in Erinnerung, die den Fall und den Wiederaufstieg der Menschheit darstellt (Abbildung 3, Seite 36). Die Zeichnung läßt erkennen, daß es Aufgabe und Bestimmung jedes Menschen ist, wieder zur göttlichen Ordnung zurückzukehren. Für diese Heimkehr gibt es zwei Rückentwicklungslinien. Auf der ersten wandeln jene Seelen, die direkt aus dem geistigen Element zu Menschen wurden, indem sie sich nach dem Fall mit körperlicher Substanz umhüllten. Diese Wesen waren immer Menschen, schon seit Anbeginn der Schöpfung. Sie existierten zuerst in geistiger Form, sanken aber dann immer tiefer, bis sie zu Geschöpfen der materiellen Ebene wurden.

Es gab aber auch Wesenheiten, die sich so weit von Gott entfernt hatten, daß für sie keine Möglichkeit mehr bestand, von sich aus jemals wieder zur göttlichen Ordnung zurückzufinden. In diesen Wesen mußte das Ich ausgelöscht werden. Ihre Seelensubstanz wurde in die Naturreiche eingebracht, wo sie sich über das Mineralreich (das ja auch gebundene Seelenpartikel in sich trägt), das Pflanzenreich und das Tierreich wieder den menschlichen Sphären nähert. Hat sich dieses Seelenpotential entsprechend höherentwickelt, schließen sich Gruppenseelen des Tierreiches zusammen und bilden eine Menschenseele.

Erstlingsgeburten

Mongolide Kinder sind solche sogenannten *Erstlingsgeburten,* also ehemalige Gruppenseelen, die zum erstenmal in Menschengestalt inkarnieren. Deshalb sehen Mongolide einander auch so ähnlich. Es fehlt ihnen noch an Individualität. Meist sind es recht einfache, aber sehr liebe Wesen, die in diesem Kleid den ersten Kontakt mit dem Menschsein haben. Im Verlauf der Wiedergeburten entwickeln sie sich dann immer höher.

• *Sie sind wie kleine Kinder. Was mich an ihnen so besonders fasziniert, ist der Umstand, daß sie überhaupt keine Angst vor dem Tod haben.*

Ja, freilich, das ist ein Erbe der Gruppenseele. Für sie hat der Tod noch keine Bedeutung.

• *In unserer Gegend kommen unwahrscheinlich viele mongolide Kinder auf die Welt. Ich lebe in einem Dorf mit ungefähr fünfzehnhundert Einwohnern, und wir haben zehn mongolide Kinder.*

Das entspricht der Affinität der Eltern. In eurem Dorf scheinen viele Ehepaare zu leben, die eine solche Geburt schwingungsmäßig ermöglichen. Das kommt manchmal vor. Die orthodoxe Medizin erklärt den Mongolismus mit Hilfe der Vererbungslehre und spricht von irgendwelchen Fehlern in der Erbsubstanz.

Wie ihr vielleicht schon wißt, formt der menschliche Geist seinen Körper ja selber. Das noch ein wenig tierhafte Wesen, das sich auf die Erstlingsgeburt vorbereitet, ist dazu nur unvollkommen in der Lage. Es kann sich noch keinen perfekten Körper gestalten. Deshalb sind die Proportionen der Mongoliden noch nicht richtig ausgewogen.

Behinderte Kinder sind Lektionen für ihre Eltern

• *Mir ist aufgefallen, daß es oft Menschen mit stark entwickeltem Intellekt sind, die mongolide Kinder bekommen.*

Das kann karmische Ursachen haben. Ein auslösender Grund könnte sein, daß die beiden Menschen zu überheblich sind. Ich sehe in behinderten Kindern immer einen ganz wesentlichen Lernprozeß für die Eltern. Die Frage ist nur, ob sie diese Prüfung auf sich nehmen oder nicht.

• *Wenn ich dich richtig verstanden habe, entwickelt jeder auf der geistigen Ebene seine Form gemäß den Lektionen, die ihn im nächsten Erdenleben erwarten.*

Der menschliche Geist entwickelt seinen Körper selber

Das stimmt nur teilweise. Die Form hängt auch vom Entwicklungsstand des einzelnen Wesens ab. Die Ausbildung des Körpers kann nur entsprechend der geistigen Stufe erfolgen, die in den Vorleben erarbeitet wurde. Damit kennen wir den Grund, warum es Menschen gibt, - Künstler zum Beispiel, - die einzelne Fähigkeiten bis zur Perfektion entwickelt haben. Sie haben ihr spezielles Talent in einer oder mehreren Vorexistenzen vervollkommnet.

• *Das passiert immer zwischen den Inkarnationen?*

Meistens, ja. Es ist ein ganz elementarer Prozeß. Für mich bildet dieser Gedanke die einzige logische Erklärung für die sogenannten ›Ungerechtigkeiten‹ dieser Welt.

KAPITEL 7

Hätte der Mensch wirklich nur ein Leben, wie es die christlichen Religionen derzeit lehren, wäre unser Gott alles andere als ein liebender Vater. Es bliebe unerklärbar, warum Er *ein* Kind verkrüppelt, geistig behindert und zusätzlich noch unter ärmlichen Verhältnissen vegetieren läßt, während ein anderes schön, gesund, und unter der Obhut reicher Eltern heranwächst. Lege ich dem Leben jedoch die Gedanken der Wiedergeburt und der anderen geistigen Gesetze zugrunde, zeigt alles seine Folgerichtigkeit. Ich kann die scheinbare Ungerechtigkeit durch die karmischen Belastungen des Menschen erklären und seinen nächsten Lernschritt darin erkennen. Für mich als Techniker ist das Leben nur auf diese Weise zu deuten.

Der Glaube an die Reinkarnation

Hier möchte ich erläuternd anmerken, daß der Glaube an die Reinkarnation keine Bedingung für die geistige Weiterentwicklung darstellt. Allerdings macht er unser Dasein leichter durchschaubar. Es ist aber durchaus ausreichend, das Leben nach der *Bergpredigt* auszurichten. Darin hat uns Jesus Christus alles offenbart, was für ein gesetzmäßiges Leben vonnöten ist.

Gab es immer gleich viele Seelen?

• *Ich habe zwei Fragen, auf die ich bisher noch keine Antworten gefunden habe: Blieb die Anzahl der Seelen seit der Erstschöpfung immer gleich, und: Wie sind sie entstanden?*

Meinst du ihr ursprüngliches Entstehen? Es gab nicht nur einen, sondern mehrere Schöpfungsakte.

• *Wir heutigen Menschen wurden immer wieder geboren. Kommen aber auch ganz neue Seelen dazu?*

Ja, *die* Seelen, die sich aus den Naturreichen hochentwickeln. Wir haben vorhin von ihnen gehört, als wir über die mongoliden Kinder gesprochen haben. Sie kommen neu hinzu.

• *Es sind aber auch diese Seelen schon einmal dagewesen.*

Kann die Seele aufgelöst werden?

Ja. Sie sind, wenn man es so ausdrücken will, in Seelenpartikel aufgelöst worden, und man hat ihr Potential in die Naturreiche eingebracht. Dort verläuft ihre Evolution über Minerale, Pflanzen und Tiere bis hin zum Menschen und setzt sich von da an parallel zu der unseren fort.

Der Offenbarung des Johannes dürfen wir entnehmen, daß es zu einer solchen völligen Auflösung des Ichs kommen kann, wenn sich eine Seele so weit von Gott entfernt hat, daß sie sonst unwiederbringlich verloren wäre.

Wir sind zwar unsterbliche Geister, aber die Unsterblichkeit beinhaltet nicht unbedingt unser Ich. Wenn wir uns, - durch welche Verfehlungen auch immer, - so weit von Gott getrennt haben, daß keine Möglichkeit mehr zu einer Wiedervereinigung besteht, wird unsere Seelensubstanz aufgelöst und wir müssen unseren Evolutionsweg von neuem beginnen.

• *Wie ist es möglich, daß es kein Zurück zu Gott gibt? Das kann doch nicht sein.*

Das ist ja auch nicht der Fall. Es kann aber geschehen, daß sich ein Ich-Wesen so weit verirrt hat, daß es keinen Rückweg mehr finden kann, oder daß es gar nicht mehr zurückkehren *will.* Dann müssen die Ich-Kräfte entfernt werden und der lange Weg des Hochentwickelns beginnt von vorne.

• *Verändert sich das Seelenpotential, oder ist es sowohl in gebundener als auch in freier Form seit Anbeginn immer gleich?*

Das kann ich nicht beantworten. Ich denke nicht, daß derzeit neue Schöpfungen entstehen, aber ich weiß es nicht.

• *Haben die Pflanzen auch Seelen?*

Haben Pflanzen Seelen?

Pflanzen werden von Naturgeistern betreut. Die Pflanzen selber besitzen keine Seelen in unserem Sinne. Ihr Bewußtseinszustand wird mit dem eines Menschen während eines traumlosen Schlafes verglichen. Tiere dagegen haben bereits eine Empfindungsseele. Bei ihnen tritt zum erstenmal eine Art von Bewußtheit auf. Die Gruppenseelen der Tiere vereinzeln sich im Laufe der Evolution, bis sie schließlich irgendwann zu einer Menschenseele komprimieren. Alle diese Entwicklungsstufen müssen jene Seelen durchlaufen, die aus den Naturreichen aufsteigen.

• *Wenn ich alle negativen Kräfte in mir neutralisiere, wenn ich alles in Liebe umgewandelt habe, dann müßte sich die Materie meines Körpers auflösen, denke ich.*

Wer die Alliebe verwirklicht hat, braucht keinen materiellen Körper mehr.

Zweiter Teil: Die Aufgaben des Lebens

KAPITEL 1

Kommen wir nun zur Hauptfrage des heutigen Themas zurück: Welche Aufgaben haben wir in unserem Leben? Unsere erste und wichtigste Aufgabe, die aber leider auch die schwierigste ist, habe ich schon erwähnt: *Die Entwicklung der allumfassenden Liebe.*

Alliebe und Verliebtheit

Alliebe ist etwas, das wir sehr genau von dem unterscheiden müssen, was ich mit dem Begriff *Verliebtheit* bezeichne. Verliebtheit ist schnell zu erreichen. Sie ist sozusagen unser Einstieg in die Erfahrung der Liebe, also ein sehr wichtiger Schritt für uns Menschen. Zu dem, was ich unter Verliebtheit verstehe, zähle ich auch die Liebe zwischen den Ehepartnern und die Liebe der Eltern zu ihren Kindern, aber ebenso auch das Hängen an Besitztümern oder an materiellen Werten. Verliebtheit wie ich sie meine zeigt sich überall dort, wo wir etwas haben oder besitzen wollen und dabei von unserer Umwelt eine Gegenleistung erwarten.

• *Begierde also?*

Begierde ist Verliebtheit mit starkem Gewicht auf dem Besitzenwollen. Erst wenn Loslassen und Freigeben hinzukommen, beginnt die Alliebe. Sie ist jene Form der Liebe, die Christus uns vorgelebt hat. Im Gleichnis vom verlorenen Sohn wird sie uns

Der Mensch war einst ein freies Geistwesen

deutlich beschrieben: Gleichgültig, was immer wir auch tun, unser Vater erwartet uns stets mit offenen Armen. Diese Liebe wollen wir in uns erwecken, denn nur sie bringt uns zu unserem göttlichen Ursprung zurück, dorthin, woher wir gekommen sind. Durch sie werden wir wieder zu jenen freien Geistwesen, die wir vordem waren. Wer dieses Ziel anstrebt, sollte unserem Weg folgen, - unserem oder einem anderen, ähnlichen Weg. Es gibt ihrer ja viele, die zum gleichen Ziel führen, aber sie alle müssen dem Banner der Liebe folgen. Manchmal geraten wir dabei auch auf Umwege; auch mir ist das schon öfter passiert. Solche kleinen Verirrungen dürfen wir uns gelegentlich zugestehen. Wir müssen nur beizeiten wieder auf den rechten Weg zurückfinden.

KAPITEL 2

Was ist spirituelle Entwicklung? *Spirituelle Entwicklung* bedeutet, wie ich schon eingangs sagte, den göttlichen Funken in uns selber wiederzuerwecken. Was damit gemeint ist, kann jeder in kurzer Zeit selber erfühlen: Der göttliche Funke in uns ist die universelle Liebe. *Gott ist diese Liebe.*

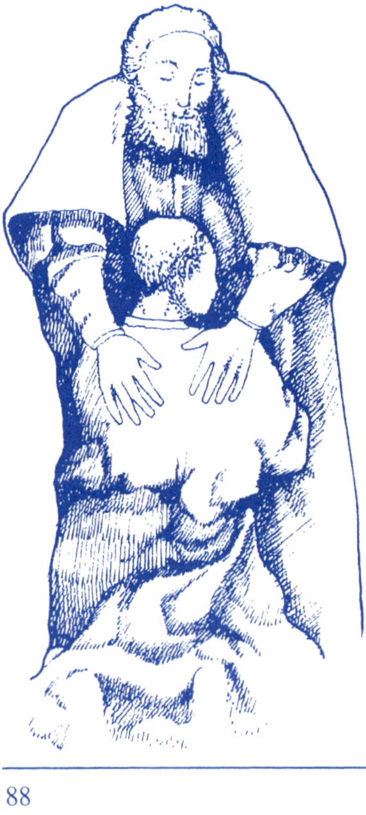

Hier erkennen wir deutlich den Unterschied zwischen Altem und Neuem Testament. Das Alte Testament beschreibt Gott als den Bestrafer, den Rächer. Jesus Christus aber hat uns den neuen, den höheren Gottesbegriff gebracht: den Gott der Liebe. Das läßt sich ganz deutlich unterscheiden. Liest man im Alten Testament, findet man immer nur den zornigen und rächenden Gott. Erst das Neue Testament zeigt uns Gott als liebenden Vater. Leider wurde am Neuen Testament vieles verfälscht.

Als ein Pharisäer Christus fragte, welches das höchste Gesetz wäre, antwortete Er: »Du sollst den Herrn, deinen Gott, lieben mit deinem ganzen Herzen, mit deiner ganzen Seele, mit deiner ganzen Kraft und mit deinem ganzen Denken,« und »Deinen Nächsten wie dich selbst.« Seit Christus diese Worte formulierte, ist dies unser oberstes Gebot. Vor Seinem Erdenwandel war das nicht so. Den Schriftgelehrten ging es nur noch um Regeln und äußere Formen. Es waren von einer einflußreichen Priesterschaft aufgestellte dogmatische Verordnungen, die das ganze jüdische Volk einzuhalten hatte. Wer sie nicht befolgte, wurde mit der Strafe Gottes bedroht.

Der Gott der Liebe

Dies widerspricht dem Wesen Gottes. Er ist kein Rächer. Gott ist die Liebe, auch wenn Er uns unter Sein Gesetz gestellt hat. Nur jene Menschen, die nicht die Entfaltung der Liebe anstreben, fallen unter das Gesetz. Es liegt an uns selber, unter welchen Voraussetzungen wir leben müssen.

Will ein Mensch nicht an die Liebe Gottes glauben, weil er leidet, weil er vielleicht gerade Schmerzen hat, so möge er sich die geistigen Gesetze in Erinnerung rufen. Ihnen kann er entnehmen, daß Leid und Schmerz nicht dazu da sind, ihn zu bestrafen, sondern um ihn zu veranlassen, sich zu fragen: »Was mache ich falsch, daß ich so leiden muß?« Wendet sich der Mensch der Allliebe zu, wird sein Leiden bald ein Ende haben.

KAPITEL 3

Natürlich stecken auch im Alten Testament zahlreiche wichtige Erkenntnisse. Kürzlich bin ich bei der Lektüre der Bibel auf etwas sehr Interessantes gestoßen: Ganz am Anfang, in der Genesis, findet sich eine Stelle, wo Gott zu Moses sagt: »Von den *Früchten* dieser Erde sollt ihr euch ernähren.« Im folgenden gibt Gott ganz genaue Richtlinien, was der Gläubige essen soll. Es wird dabei nur von pflanzlicher Nahrung gesprochen. Kein Wort von Tieren.

Die Früchte dieser Erde

Und dann, einige Kapitel weiter, spricht Gott wieder über die Ernährung des Menschen: »Ich sehe« - ich gebe das mit meinen eigenen Worten wieder - »ich sehe, ihr schafft es nicht, euch nur von Früchten zu ernähren. Also gut, dann nehmt noch anderes dazu. Eßt also auch Fische mit Schuppen.« Das ist der nächste Schritt. Auch hier genaue Richtlinien: keine Meeressäugetiere, keine höheren Tiere! »Aber wenn ihr das tut,« fährt Gott fort, »zieht Fäulnis in eure Körper ein.«

Fische als menschliche Nahrung

Und wieder einige Kapitel weiter ist Gott schon ungehalten über die Maßlosigkeit der Menschen und sagt: »Ich sehe, ihr schafft auch das nicht. Eßt also, was ihr wollt, aber ihr müßt dann auch das Karma in Kauf nehmen.« So findet ihr es im Alten Testament sinngemäß, nicht wörtlich, aufgezeichnet.

Es ist schon sehr aufschlußreich, wenn man erfährt, was der Gott des Alten Testaments den Menschen bezüglich ihrer Ernährung gebot. Zuerst waren es nur die Früchte dieser Erde, die pflanzliche Nahrung. Später, als sich der Mensch damit nicht begnügen wollte, kamen die Fische hinzu, und erst zuletzt, und indem Gott gleichzeitig auf die negativen Folgen hinwies, erlaubte

Säugetiere als menschliche Nahrung

Er auch das Fleisch von Tieren. Und nun kommen findige Geister und rufen: »In der Bibel steht es ja: Wir sollen Fleisch essen!«

- *Kann man das alles wirklich nachlesen?*

Natürlich, das steht in der Bibel. Selbstverständlich in einer viel schöneren Sprache, als ich es hier wiedergebe. Bezüglich des Fleischkonsums gibt es einige einander widersprechende Stellen im Alten Testament, denn auch an dessen Texten wurde einiges verändert. Am ursprünglichen Wortlaut des Neuen Testaments wurde leider sehr vieles korrigiert.

- *Gibt es eine Version des Neuen Testaments, aus der sich der ursprüngliche Sinn noch herauslesen läßt?*

Das Evangelium des vollkommenen Lebens

Ja, es gibt eine Schriftrolle, die erst im vergangenen Jahrhundert in einem buddhistischen Kloster in Tibet entdeckt wurde. Sie hat dort alle Änderungen und Korrekturen der vergangenen zweitausend Jahre unberührt überstanden. Der Text stammt von einer frühchristlichen Essenergemeinde. In deutscher Sprache wurde er unter dem Titel *Das Evangelium des vollkommenen Lebens* herausgegeben. In dem Buch werden das Leben und die Lehren Jesu Christi in einer Form wiedergegeben, wie sie den Urchristen noch bekannt waren. Es sind darin zum Beispiel zwölf Gebote angeführt. Eines davon lautet: »Ihr sollt nicht das Fleisch essen noch das Blut eines getöteten Geschöpfes trinken, noch etwas, welches Schaden eurer Gesundheit oder euren Sinnen bringt.« Dieses Gebot beinhaltet also auch die Aufforderung, keine Rauschmittel und Drogen zu nehmen.

KAPITEL 4

Wir haben jetzt einige Aspekte der spirituellen Entwicklung des Menschen besprochen und wissen nun, worin sie besteht: Wir sollen die Alliebe in uns erwecken. Als nächsten Schritt sollten wir dann unser Leben Gott übergeben, - etwa in dem Sinne: »Herr, Du weißt, was für mich richtig ist. Handle Du durch mich.« Diese Worte zu verwirklichen wäre das Traumziel für uns Menschen. Leider geht noch viel zu oft unser Egoismus mit uns durch.

Wem es gelingt, sein Leben rückhaltlos Gott zu übergeben, der hat einen weiteren großen Schritt in die richtige Richtung getan. Es ist interessant, daß unser Sohn Michael uns zu diesem Schritt veranlaßt hat. Michael gehört zu jenen Kindern, die neben dir stehen können, aber wenn du nur für einen Moment wegsiehst, sind sie verschwunden. Manchmal kommt es uns so vor, als könne er sich unsichtbar machen. Und er hat einen weiteren Zug, der unsere ungeteilte Aufmerksamkeit erfordert: Er muß immer alles ausprobieren.

Beispiel: Michael beim Klettern

Eines Tages versuchte sich Michael im Bäumeklettern. Es dauerte nicht lange, und schon fiel er von einem Ast und zog sich einige schmerzhafte Prellungen zu. Er jammerte ein Weilchen, aber bereits wenige Minuten später stieg er auf einen Kasten, mit dem er prompt umstürzte und sich noch schlimmer verletzte. Obgleich wir unter diesen Umständen natürlich mit besonderer Aufmerksamkeit auf Michael achteten, konnten wir ihn eigentlich nie wirklich beschützen. Irgendwann wurde uns das auch klar. Meine Frau war es dann, die den wichtigen Schritt machte. Sie betete eines Tages: »Liebe Schutzengel, ihr seht, wir schaffen es nicht. Bitte seid so lieb und beschützt ihr unseren Michael.« Von dieser Stunde an wurde es besser. Es gab viel weniger Unfälle. Das meinte ich mit *Übergeben an die göttliche Macht.* - »Ich schaffe es nicht, bitte übernimm Du es.« - Zu einer Erfahrung wie dieser muß man aber geführt werden. Dahin kommt man nicht von allein.

Wir sind wie Zugvögel
die an einem fremden Ort geboren
doch eine geheimnisvolle
Unruhe empfinden,
eine Sehnsucht nach der
frühlingshaften Heimat
die sie nie gesehen haben.

KAPITEL 5

Damit können wir weitergehen zur *geistigen Entwicklung* des Menschen. Was ist geistige Entwicklung? Um es auf einen kurzen Nenner zu bringen: Sie bedeutet, jene Eigenschaften in uns wiederzuerwecken, die wir benötigen, um zur göttlichen Ordnung zurückzufinden. Erinnert ihr euch noch an den Entwicklungsweg (siehe Abbildung 3, Seite 36)? Dort ist der Rückweg in die göttliche Ordnung schematisch dargestellt. - Und warum sollen wir uns die Mühe machen, dorthin zu gelangen? Weil wir aus dem Umfeld Gottes stammen, weil dort unsere Heimat liegt. Und weil wir Menschen außerhalb der göttlichen Sphären immer in der Polarität leben müssen. Dabei wollen wir uns bewußt machen, daß wir keinem Zwang unterliegen. Wir nehmen die Mühen des Rückweges, also unsere geistige Entwicklung, völlig freiwillig auf uns.

Die Sehnsucht nach der geistigen Heimat

Ich denke jedoch, die Sehnsucht nach der geistigen Heimat ist nicht nur ein abstraktes Ziel für Esoterik-Freaks, sondern sie entspringt einem verschütteten Urinstinkt, der in jedem Menschen verborgen liegt. Mag der Wunsch auch noch so tief vergraben sein, jeder, der nach ihm sucht, wird ihn in seiner Seele entdecken. Ist der Wille zur geistigen Heimkehr einmal an der Oberfläche, erkennt der Mensch erst, auf wie viele Faktoren des Lebens er nun achten muß. Vieles, das er bisher kaum beachtete, wird nun wichtig. Alles muß jetzt aus einem neuen Gesichtswinkel betrachtet werden: die Mitmenschen, die Ernährung, die Gebete, die Verantwortung ...

KAPITEL 6

Wir erkennen plötzlich *die Notwendigkeit, an uns zu arbeiten.* Den Zweck dieser Arbeit erläutert ganz unmißverständlich *das Gleichnis vom anvertrauten Gelde* im Evangelium des Matthäus.

Das Gleichnis vom anvertrauten Gelde

»Der Herr plant eine lange Reise und vertraut zuvor den Dienern sein Vermögen an, jedem nach seinen Fähigkeiten: Der erste bekommt fünf Talente, der zweite zwei Talente und der dritte nur ein Talent. Dann reist er ab.

Der Diener mit den fünf Talenten erwirtschaftet während der Abwesenheit seines Herrn fünf weitere Talente, der Diener mit den zwei Talenten erarbeitet zwei dazu, der dritte aber vergräbt das ihm anvertraute Geld, damit es nicht gestohlen werde.

Als der Herr von seiner Reise zurückkehrt, fordert er Rechenschaft über den Verbleib seines Vermögens. Er lobt den ersten Diener, der fünf Talente dazugewann und überträgt ihm größere Aufgaben. Ebenso verfährt er mit dem zweiten Diener, und beide dürfen *teilnehmen an der Freude des Herrn.*

Als er den dritten Diener nach dem Gelde fragt, antwortet dieser: ›Ich habe dein Geld an einem sicheren Ort vergraben, denn ich fürchtete deine Strafe, wenn es gestohlen würde.‹ Da sagt der Herr: ›Du bist ein fauler Diener. Du hast das dir anvertraute Talent vergraben und nicht damit gearbeitet.‹ Und er nimmt diesem Diener auch das eine Talent weg und verstößt ihn.« (Mt 25, 14 - 30)

Der dritte Diener fällt also in das Leid, in die nächste Inkarnation zurück, und muß wieder von der gleichen Entwicklungsstufe aus beginnen. So ist es uns allen wahrscheinlich schon häufig ergangen. Bestimmt sind wir schon viele Male auf Erden inkarniert und haben immer wieder die gleichen Fehler begangen, weil wir nicht bereit waren, an uns zu arbeiten. Daher schlage ich vor, mit der Arbeit an unserer Entwicklung zu beginnen, damit wir die Möglichkeit erhalten uns frei zu entscheiden, ob wir nochmals inkarnieren wollen oder nicht. Ich möchte das jedenfalls. Jeder von uns kann das natürlich für sich selber entscheiden, aber schon aus der Tatsache, daß ihr an diesem Seminar teilnehmt, läßt sich folgern, daß ihr in eurer Entwicklung weiterkommen wollt.

KAPITEL 7

Ein weiterer wichtiger Lernschritt besteht darin, die *geistigen Gesetze kennenzulernen und in unserem Leben zu integrieren.* Darüber werden wir uns zwei Abende lang ausführlich unterhalten. Ich rufe euch hier nur kurz die Namen der wichtigsten geistigen Gesetze in Erinnerung:

das Gesetz des Karmas (auch *Gesetz von Ursache und Wirkung* oder *Gesetz von Saat und Ernte* genannt).

das Gesetz der Wiedergeburt (es heißt auch *Gesetz der Reinkarnation*).

das Spiegelgesetz.

das Gesetz der Affinität (auch unter der Bezeichnung *Gesetz der Resonanz oder Anziehung* bekannt).

das Gesetz der Analogie (es wird auch *Gesetz des Hermes Trismegistos* bezeichnet).

das Gesetz des Ausgleichs.

Die geistigen Gesetze im Neuen Testament

Für eine geistige und spirituelle Entwicklung ist es unerläßlich, die göttlichen Gesetze zu kennen und zu befolgen. Wir finden alle diese Gesetze sehr wohl auch im Neuen Testament, allerdings ohne daß sie dort ausdrücklich hervorgehoben und beim Namen genannt würden. Sie sind für uns sehr wichtig und tauchen in jedem meiner Vorträge in irgendeinem Zusammenhang auf. Deshalb werden wir uns sehr intensiv mit ihnen beschäftigen.

KAPITEL 8

Die Herstellung der Einheit zwischen Körper, Seele und Geist ist ebenfalls ein wesentlicher Punkt, den wir uns erarbeiten sollten. Dr. Bach, den wir bereits als Urheber der Bachblüten kennengelernt haben, nannte es die *Einheit zwischen Gemüt und Verstand.* Ich möchte es so ausdrücken: Die dreißig Zentimeter zwischen dem Kopf und dem Herzen sind der schwierigste Weg unseres Lebens.

Der Weg vom Kopf zum Herzen

Ist der Intellekt mit einem unserer Entschlüsse nicht einverstanden, stellt sich meist ein ungutes Gefühl ein. Ist das Herz nicht im Einklang mit unseren Entscheidungen, haben wir Schwierigkeiten mit dem Verstand. In beiden Fällen fragen wir uns: »War dieser Beschluß auch wirklich richtig? Müßte ich das nicht anders lösen?« Wenn es uns gelingt, in allen Fragen eine Harmonie herzustellen, haben wir viel erreicht.

Wie steht unsere Gesellschaft zu Gefühlen?

Alle unsere Lebensäußerungen sollten der Einheit zwischen Körper, Seele und Geist entspringen. Das ist für uns schon allein deshalb so schwierig, weil wir vom Kleinkindesalter an dazu erzogen worden sind, Herz und Verstand zu trennen und unsere Gefühle immer hintanzuhalten. Dieser Druck beginnt schon in der Vorschule und setzt sich durch alle Schulstufen fort. Unser Unterrichtssystem ist einseitig nur auf die Förderung des Intellekts ausgerichtet. Alle Gefühle, alle spirituellen Regungen des Kindes werden niedergehalten.

Dieser Geisteshaltung entstammt der Ausdruck: »Ein Bub weint nicht.« Der Satz bedeutet: ein männliches Wesen hat seine Gefühle zu verdrängen.

Verdrängte Gefühle

Solche Ansichten über Knabenerziehung haben sich in den letzten Jahren Gott sei Dank ein wenig gelockert. Betrachten wir allerdings die globale Entwicklung in den letzten Jahrzehnten, werden wir nach wie vor dazu angehalten, unsere Gefühle zu verbergen, - oder noch besser: gar keine zu haben. Wer *dazugehören* will, muß *cool* sein, also ohne Gefühl, ohne Liebe, und dieses Dogma durchdringt alle Bereiche unseres Daseins.

Doch irgendwann, bei einem Menschen früher, beim anderen später, werden die verdrängten Gefühle, die Altlasten der Seele, plötzlich hochgeschwemmt, und man steht mit einem Male vor dem Strandgut seines Lebens und weiß nicht, wie es weitergehen soll. Alles Materielle, mit dem der Mensch sich bisher identifizierte und das sein Denken ausfüllte, kann nicht mehr verschleiern, daß ein wichtiger Teil seines Lebens verschüttet liegt. Es folgen Depressionen, es kommen körperliche Schmerzen hinzu, und er fragt sich verzweifelt: »Warum gerade ich? Warum habe gerade ich ein so schweres Los zu tragen?«

Derartige Zusammenbrüche sind Folgen davon, daß ein Teil des menschlichen Wesens unterdrückt wird. Ich kann euch versichern, daß es kaum Menschen gibt, die diese Probleme nicht haben. Es sind wirklich nur ganz wenige Auserwählte, die in der göttlichen Einheit leben. Ich denke, an den Händen der hier im Saal anwesenden Personen könnte man alle Auserwählten aufzählen, die derzeit auf der Erde leben.

- *Welche Menschen sind das?*

Das Leben in der Einheit

Vorwiegend solche, die freiwillig inkarnierten, um den Menschen zu zeigen, wie sie ihr Leben gesetzmäßig gestalten können. Sie sind die wahren spirituellen Meister. Es handelt sich bei ihnen fast immer um Menschen, die im Verborgenen wirken, die sich niemandem zu erkennen geben und von denen wir gar nicht wissen, daß sie spirituelle Meister sind.

• *Ich denke, in den Naturvölkern findet man wirkliche Weise.*

Das ist richtig. Dazu gibt es ein interessantes Buch, das ich euch sehr empfehlen kann. Es heißt *Traumfänger* und handelt in Australien. Der Name der Autorin ist Marlo Morgan. Sie beschreibt das Leben einer kleinen Gruppe von Aborigenes, die diese Weisheit, von der wir gerade gesprochen haben, in vollkommenem Einklang mit der Natur immer noch lebt.

KAPITEL 9

Gut, welchen Punkt haben wir noch zu beachten? Wir haben ein *Geburtserbe* auf diese Welt mitgebracht, eine Grundstruktur, die den Kern des Hauptlernprozesses enthält, den wir in dieser Inkarnation bewältigen sollen. Dieses Erbe beinhaltet alle unsere Dispositionen für Krankheiten, unsere Talente und unsere Eigenschaften.

Das Horoskop

Unser Horoskop spiegelt übrigens dieses gesamte Erbgut wider. Ein Horoskop ist folglich nicht etwas, das unser Leben bestimmt, sondern es zeigt uns nur die Konstellation während unserer Geburtsminute, - die Situation, in die wir freiwillig hineininkarnierten, um die optimalen Grundvoraussetzungen für den Hauptlernprozeß im gegenwärtigen Erdendasein vorzufinden.

Die Schuld der Eltern

Diesen Gedanken weiterführend ist es unsinnig, unseren Eltern irgendwelche Vorwürfe zu machen. Wir selber suchten uns aufgrund des Schwingungsmusters eine Familie aus, die unserem Entwicklungsgrad entsprach. Mag es auch so aussehen, als hätten die Eltern bei unserer Erziehung vieles falsch gemacht, - wir sollten uns immer vor Augen halten, daß wir selber gerade diese beiden Menschen auswählten, um bei ihnen unsere nächste karmische Lektion zu beginnen. Mag es für den einen oder anderen vielleicht sogar bitter gewesen sein, was er in seiner Kindheit durchleben mußte, - er benötigte diese Erfahrung, um alte Schuld aufzulösen und Neues, Besseres zu lernen.

Vergeben lernen

Zum Beispiel, um vergeben zu lernen. Es wäre für jeden Menschen fördernd, in sich zu gehen und sich zu fragen: »Was haben meine Eltern in meiner Kindheit falsch gemacht? Was finde ich heute noch schlecht an ihnen?« - Und wenn wir herausgefunden haben, was uns an ihnen stört, wollen wir sie nicht mit Vorwürfen überhäufen, sondern damit beginnen, die an ihnen wahrgenommenen Mängel an uns selber zu verbessern. Denn alle Fehler, die uns an anderen auffallen, spiegeln unsere eigenen Schwächen wider. Ist dieser Lernschritt vollzogen, hat man bestimmt keine Probleme mehr mit seinen Eltern. Als nächsten Schritt sollten wir uns überlegen, was wir an unseren Eltern *positiv* finden, um das, was wir an ihnen als gut erkannt haben, in uns selber zu verstärken.

• *Wenn ich aber die Fehler, der mir an meinen Eltern auffallen, an mir selber nicht entdecke?*

Wir sind Meister im Verdrängen

Dann würde ich an deiner Stelle gründlicher nachforschen, und ich bin sicher, du *wirst* sie finden. Vielleicht entdeckst du sie auf einer anderen Ebene. Ihr müßt das so betrachten: Wir alle, die wir hier versammelt sind, sind Meister im Verdrängen. Was immer uns nicht paßt, verschwindet in der Versenkung unseres Unterbewußtseins. Wenn wir in allem so meisterhaft wären, wie im Verdrängen von Ereignissen, die wir nicht annehmen wollen, müßten wir wahrscheinlich nicht mehr hier sein, um zu lernen.

Das Verdrängen geht so weit, daß wir Teile von Gesprächen überhören, die nicht unserer Schwingung entsprechen. Das sind keine Vermutungen von mir, das sind wissenschaftlich überprüfte Tatsachen. Zu diesem Thema existieren exakte Untersuchungen. Man hielt Vorträge ab, deren Inhalt von Testpersonen möglichst genau wiedergegeben werden sollte. Dabei zeigte es sich, daß jeder etwas anderes herausgehört hatte. Keine der Wiedergaben stimmte mit einer zweiten überein. Jeder hatte seinen eigenen Schwerpunkt. Das Ergebnis erhellt ganz eindeutig: Alles, wozu wir eine Affinität haben, nehmen wir an. Alles, was wir im Augenblick nicht lösen können oder wollen, verdrängen wir.

Der Sinn von Krankheit und Schmerzen

Krankheit und Schmerz sind die Indikatoren, die das Verdrängte wieder ins Bewußtsein heben. Das ist ihr Nutzen und ihr tiefer Sinn. Beide zeigen sie uns an, daß in unserer Seele noch ein Problem auf seine Lösung wartet. Mir erscheinen Krankheiten und Schmerzen als Gnadenbeweise Gottes, denn sie ergeben für die meisten Menschen die einzigen Fingerzeige, die sie auf ihr Fehlverhalten hinweisen. Ohne Leiden würde die geistige Entwicklung der meisten Menschen stagnieren. Dabei ist es gleichgültig, ob es sich um physischen oder um psychischen Schmerz handelt.

KAPITEL 10

Gehen wir weiter zur *Notwendigkeit, alle Faktoren des Lebens zu berücksichtigen*. Auch das ist ein langwieriger Lernprozeß, den wir nicht von heute auf morgen verwirklichen können. Das wäre auch gar nicht sinnvoll.

Eßgewohnheiten

Nehmen wir als Beispiel den Bereich des Essens: Wenn ein Mensch bezüglich seiner Ernährung im Laufe des Lebens bestimmte Verhaltensmuster angenommen hat, wäre es völlig verkehrt, seiner lebenslangen Gewohnheit plötzlich abzuschwören und zu sagen: »Ab heute esse ich nur noch vegetarisch und vollwertig.« Diese Veränderung wäre nicht von Dauer. Eine derart einschneidende Umstellung ist nicht von einem Tag zum anderen zu schaffen. Schon nach kurzer Zeit würde es zum Rückfall kommen. Solche Schritte müssen langsam umgesetzt werden, damit Geist und Körper Gelegenheit finden, sich an die neuen Bedingungen zu gewöhnen. Schlechtes soll schrittweise durch Gutes ersetzt werden. Nur dann hat die Veränderung Bestand.

Launen

Ein weiterer Faktor unseres Lebens, den wir stets berücksichtigen sollten, wäre beispielsweise unsere Laune, unser Verhalten anderen Menschen gegenüber. Lassen wir uns vom Ärger treiben, oder lächeln wir unseren Nächsten zu?

Auch unsere Stimme hat dabei einen wichtigen Anteil. Sprechen wir laut und schrill, oder bemühen wir uns darum, freundliche und liebevolle Worte wegzuschicken? Wer ein wenig in sich geht, wird sicher einige Punkte entdecken, die er an sich verändern sollte, um sein Leben gesetzmäßiger zu gestalten. In jedem Fall sollte die Veränderung bedachtsam eingeleitet werden, damit eine bleibende Wirkung erzielt wird.

KAPITEL 11

Sehr wichtig am Beginn unseres geistigen Weges ist auch die Entwicklung ethischer Grundsätze. Wenn ich hier von einer *Entwicklung der Ethik* spreche, so meine ich damit, daß wir uns Grundregeln schaffen sollten für unser Zusammenleben mit allen Menschen, allen Geschöpfen, und für das Leben auf diesem Planeten insgesamt. Ich möchte aber auf keinen Fall dazu anregen, die gerade gültigen Gesellschaftsregeln zu übernehmen und ihre Gebote und Verbote zu unseren Wertmaßen zu erheben. Ich denke dabei vielmehr an ein Leben im Bewußtsein der göttlichen Gesetze.

Ethik auf der Grundlage der Alliebe

Für unseren geistigen und spirituellen Weg kann Ethik eigentlich nur bedeuten, unser Leben nach den göttlichen Gesetzen auszurichten und die Alliebe zur Grundlage unseres Fühlens, Denkens, Sprechens und Handelns zu machen. Damit ergäben sich alle weiteren Richtlinien ganz von selber: die Verehrung für Gott, die Liebe zu Ihm, Liebe und Achtung für alle Menschen und alle anderen Geschöpfe und Wesenheiten, das Respektieren der Sphäre jedes Wesens, und der Schutz sowie die Erhaltung der Unversehrtheit allen Lebens.

Diese Ethik wollen wir uns zu eigen machen und sie in uns entwickeln, bis sie zur selbstverständlichen Grundlage unseres Denkens und Handelns geworden ist.

KAPITEL 12

Wir fahren fort mit der *Trennung der Geister*. Damit ist *die Unterscheidung zwischen fördernden und hemmenden Handlungen* gemeint. Es handelt sich hier um ein Urproblem der Menschheit: die Polarität zwischen gut und böse. Die antiken chinesischen Geisteswissenschaften haben diese Dualität durch das *Yin und Yang-Symbol* dargestellt.

Abbildung 5

Wir brauchen aber nicht in fremdem Gedankengut zu stöbern. Diese Erkenntnis findet sich in allen großen Philosophien und ist auch in der Lehre Christi vertreten. Wir können dort alles finden, was wir für unseren Fortschritt brauchen. Es geht für uns darum, jeden Gedanken und jede Tat so auszurichten, daß sie zum Positiven führen. Wer offen und ehrlich und mit wachen Sinnen seinen Weg sucht, wird keine Schwierigkeiten haben, die rechte Wahl zu treffen.

KAPITEL 13

Ein weiterer Punkt empfiehlt uns, *Wertvorstellungen* nach geistigen Maßstäben zu schaffen. In diesem Bereich kann es für uns zunächst nur darum gehen, uns von materiellen Werten zu lösen und sie durch geistige zu ersetzen.

Beginnen wir mit der Frage: Achte ich wirklich alle Mitmenschen als gleichwertige Kinder Gottes, egal, wer es auch sei? Auch einen jugoslawischen Gastarbeiter, einen Sandler, oder wen auch immer? Da darf es keinen Zweifel geben: Jeder hat den gleichen Wert wie ich. Vor Gott gibt es keinen Unterschied, gleichgültig, ob es sich um einen Straßenkehrer handelt oder um einen Bankdirektor. Welchen Stellenwert hat Geld für mich? Und welchen Wert hat das Leben, zum Beispiel das Lebens eines Tieres, das geschlachtet wird, damit ich mein Schnitzel essen kann? Welchen Wert haben mein Partner, meine Kinder, meine Mitmenschen für mich? Gelten Kinder für mich als den Erwachsenen gleichwertig, sind sie gleichberechtigt? Das soll nicht heißen, daß man keine Erziehungsmaßnahmen setzen darf. Aber achte ich meine Kinder wirklich als gleichberechtigte Menschen?

Das Selbstwertgefühl

Nicht zu vergessen wäre hier auch das *Selbstwertgefühl*. Welchen Wert messe ich mir selber bei? Wir haben schon darüber gesprochen: Es ist sehr wichtig, auch sich selber zu lieben und zu achten. All das läßt sich noch weiter ausführen. Ich lade jeden dazu ein, über das Thema *Wertvorstellungen* in einer stillen Stunde nachzudenken. Auch das gehört zu den Lektionen, die wir in diesem Leben aufzuarbeiten haben.

Nicht an Materiellem haften. Wieder ein wesentlicher Punkt unserer geistigen Entwicklung. Überlegt euch einmal, an wie vielen materiellen Dingen wir hängen. Wenn ich jetzt zu jedem von euch ginge und ihm irgendetwas wegnähme, würde ich damit die meisten Anwesenden aus dem Gleichgewicht bringen. Selbst wenn es nur Kleinigkeiten wären: der Ring, die Uhr, der Kamm, die Tasche oder auch nur ein Bleistift. Würde ich sie an mich nehmen, ginge wahrscheinlich jeder sofort in Resonanz, - eben weil er an diesen Dingen anhaftet.

Loslassen

Kommt also in Zukunft jemand zu dir und nimmt dir deinen Kugelschreiber, - ich meine jetzt einen schönen Kugelschreiber, sonst wäre die Übung zu leicht, - dann sage: »Ich schenke ihn dir.« Und wenn du dabei kein unangenehmes Gefühl hast, dann weißt du, was *nicht an Materiellem haften* bedeutet. Und auch, was mit *Loslassen* gemeint ist. Wenn dir jemand deine Brieftasche stiehlt, in der deine ganze Barschaft und alle deine Ausweise stecken, und du hast dabei keine negativen Emotionen, dann bist du die Anhaftung an materielle Dinge losgeworden.

• *Ich glaube, wir hängen deshalb so sehr an teuren Gegenständen, weil etwas von unserer Lebenszeit in ihnen steckt. Wir mußten dafür ja vielleicht ein paar Jahre lang arbeiten. Wird uns nun ein solcher Gegenstand gestohlen, nimmt man uns gleichzeitig auch die Lebenszeit, die wir für dessen Erwerb opfern mußten.*

Da hast du ganz recht.

• *Das tut schon weh, denn es fehlen uns ja nun möglicherweise einige Jahre unseres Lebens.*

Materieller Besitz kostet Lebenszeit

Darin liegt viel Wahrheit. Wenn wir aber beim Erarbeiten von materiellen Dingen unsere geistige Entwicklung nicht vergessen und auch den Erwerb dieser Gegenstände in Liebe und im Einklang mit den göttlichen Gesetzen vollziehen, wird uns ein solcher Diebstahl nur wenig treffen. Ein echter Verlust von Lebenszeit tritt nur dann ein, wenn wir bei der Schaffung von Materiellem unsere geistige Entwicklung vernachlässigen.

Auf jeden Fall sollten wir uns überlegen, welchen Sinn es hat, unsere Lebenszeit an Dinge zu verschwenden, die wir nicht wirklich brauchen.

• *Und wie ist das bei einem Haus? Ein Haus auf dem Lande, - das bedeutet ja eine ganz andere Lebensqualität.*

Das ändert aber nichts daran, daß es unsere Lebenszeit kostet. Aber es ist in Ordnung. Ich lebe auch auf dem Lande; - nicht ganz auf dem Lande, aber beinahe. Das Haus gehört jedoch nicht mir. Man muß nicht immer alles besitzen.

Allen Besitz Gott übergeben

• *Um Miete zahlen zu können, muß man ja auch arbeiten.*

Selbstverständlich. Es heißt aber auch: »Betrachtet die Vögel! Sie säen nicht, sie ernten nicht, ...« Was ist damit gemeint? Wenn du dein Leben Gott übergibst, findest du immer dein Auslangen. Du wirst dann immer das haben, was du brauchst, - und zwar genau das, was du brauchst. Und mehr ist auch nicht nötig.

• *Wenn ich gerne ein Haus hätte, muß ich es kaufen.*

Das stimmt schon, aber auch das Gerne-haben-Wollen ist eine Form der Anhaftung an materielle Dinge. Das ist ja nichts Schlimmes. Dir muß nur klar sein, was es damit für eine Bewandtnis hat. Für die Erfüllung jedes Wunsches mußt du etwas geben. Die Frage ist nur, ob du nicht zu viel dafür geben mußt. Wenn du den Preis bedenkst, willst du den Wunsch vielleicht gar nicht mehr erfüllt haben.

• *Wenn ich einen Gegenstand geschenkt bekommen habe und daran hänge, - ist das auch Anhaftung?*

Anhaftung an Geschenke

Natürlich ist das auch Anhaftung. Du hängst dann eben irgendwelche Erinnerungen daran. Bei allem, das dir Leid verursachen würde, wenn du es verlörest, ist Anhaftung im Spiel. Wenn du bei einem Verlust sagen kannst: »O.K., es ist eben weg« und du spürst kein wehmütiges Gefühl in dir, dann hast du die Anhaftung überwunden. Es darf dir nicht *weh* tun, du darfst nicht darunter leiden. Versteht ihr den Unterschied?

• *Trifft das auch auf Menschen zu?*

Ja, das gilt auch für die Anhaftung an Menschen.

• *Wenn ich einen Menschen liebe, - selbst wenn ich ihn ohne Anhaftung liebe, - tut es mir doch weh, wenn ich ihn verliere. Oder sollte das nicht weh tun?*

Eigentlich nicht.

• *Man muß ihn gehen lassen, ohne Schmerz zu empfinden?*

Ja.

• *Das sagt sich so einfach.*

Richtig, das ist einfach gesagt und schwer getan. Ich habe auch nie behauptet, daß unser Weg leicht wäre. Der Fall sieht aber sofort anders aus, wenn du die geistigen Gesetze in dein Denken einbeziehst. Hast du die geistigen Gesetze voll und ganz in deinem Leben integriert, wird es dir nicht mehr weh tun, wenn ein Mensch, den du sehr gern hast, diese Welt verläßt.

• *Gibt es dann überhaupt ein Unrecht?*

Was ist Unrecht?

Oh ja. Wer bewußt gegen die göttliche Ordnung verstößt, begeht ein Unrecht. Er macht sich damit auch schuldig.

• *Aber das, was mir selber zustößt, ist kein Unrecht?*

Das kann kein Unrecht sein, denn du bekommst ja nur zurück, was du irgendwann weggeschickt hast. Dir widerfährt nur das, was du gerade aufzuarbeiten hast, - was immer es auch sein mag.

• *Sind auch Tiere, die bei Tierversuchen zugrunde gehen, selber an ihrem Schicksal schuld?*

Unterliegen Tiere dem Gesetz des Karmas?

Nein. Tiere haben kein Bewußtsein wie wir Menschen, und daher auch keinen freien Willen.

• *Eine Frage: Wenn beispielsweise Mülltrennung angeordnet ist, mir ist aber bekannt, daß der mühsam getrennte Müll letztendlich doch wieder auf* einem *Haufen landet, - muß ich dann trotzdem meinen Müll weiterhin trennen?*

Ja. Wenn du etwas als nach geistigen Gesichtspunkten richtig erkannt hast, sollst du dabei bleiben, egal, was die anderen tun. Außerdem geht es in solchen Fällen auch immer um die Vorbildwirkung. Wenn du sagst: »Es wird ohnehin alles wieder auf den gleichen Haufen geschmissen, also trenne ich meinen Müll nicht mehr«, dann sagt dein Nachbar, der das gehört hat: »Moment, wenn die Leute von nebenan ihren Müll nicht mehr trennen, brauche ich das auch nicht mehr zu tun.« Daher ist es wichtig, daß wir zu den Dingen stehen, die wir für richtig halten, und daß wir unsere Verantwortung wahrnehmen.

• *Wenn ich aber sage: Für mich ist es in Ordnung, wenn ich meinen gesamten Müll in* eine *Tonne werfe?*

Die schwersten Sünden im Tibetischen Buddhismus

Dann hast du dich über dieses Thema nicht ausreichend informiert, würde ich sagen. Im Tibetischen Buddhismus wird eine solche Einstellung sehr drastisch eingestuft: Dort ist das Nicht-wissen-Wollen die schwerste Sünde. Und mit Recht, denn es verursacht viel Leid. Die zweitgrößte Sünde im Tibetischen Buddhismus ist das negative Denken, also die Depression, denn sie verunreinigt die geistige Ebene. Wenn die Menschen sehen könnten, was ihre Gedanken in den geistigen Sphären auslösen, wären sie sicher viel vorsichtiger.

KAPITEL 15

Der nächste Punkt heißt nun logischerweise *verzichten lernen.* Lernen wir zum Beispiel, auf die Erfüllung unserer Wünsche zu verzichten. Lernen wir auf Dinge zu verzichten, von denen wir glauben, sie unbedingt zu brauchen. Lernen wir, Dinge zu verschenken, an denen wir hängen.

Beispiel: Die verschenkte Bibliothek

Ich war früher ein Büchernarr. Ich hatte eine riesige Bibliothek zusammengetragen. Ich sammelte damals überhaupt fast alles, was man sich vorstellen kann, auch Briefmarken und all das unsinnige Zeug. Bei den Marken hatte man mir eingeredet (und ich glaubte es damals), sie wären gute Wertanlagen. Mittlerweile weiß ich es besser: Sie waren nur für jene Leute gute Wertanlagen, von denen ich die Marken kaufte!

Die Briefmarken verkaufte ich eines Tages. Meine Bücher verschenkte ich. Ich fragte einen Freund: »Willst du Bücher haben? Dann komm' zu mir und hol' dir welche.« Und er trug sie kistenweise nach Hause.

- *Was wäre so schlimm daran gewesen, wenn du die Bücher behalten hättest?*

Nichts. Nur meine Anhaftung daran war nicht gut.

- *Wenn es mir aber Spaß macht, Bücher zu Hause zu haben? Und wenn die Bücher etwas für mich Wertvolles enthalten?*

Das Loslassen von Materiellem üben

Wer das Loslassen von materiellen Dingen üben will, nimmt dazu am besten einen Gegenstand, an dem er sehr hängt. Die Trennung kann durchaus schmerzhaft sein. Wem es aber Ernst ist mit seinem geistigen Fortschritt, der sollte beizeiten erkennen, daß alle materiellen Dinge nichtig sind und uns nur für kurze Zeit überlassen werden. Um das zu begreifen, ist der Verzicht auf liebgewordene Gegenstände bestens geeignet.

Mit solchen und ähnlichen Übungen wollen wir erreichen, daß uns alles Materielle unwichtig wird. Man sollte sich eines Tages sagen können: »Darf ich es haben - gut, danke. Wird es mir genommen - auch gut, danke.«

So halte ich es jetzt mit meinen Büchern. Ich habe wieder viele Bücher, aber ich hänge an keinem von ihnen. Kommt jemand zu Besuch und sagt: »Das würde ich gerne lesen,« antworte ich: »Gut, nimm es dir.« Oft vergesse ich aufzuschreiben, wem ich es geborgt habe, und dann ist es fort. So ergeht es mir mit vielen Büchern. Meine Frau schimpft dann zwar immer, denn irgendwann brauche ich das Buch und kaufe es neu, aber - ich habe festgestellt: Es gleicht sich immer wieder aus. Wenn man gern gibt, bekommt man auch oft etwas geschenkt. Einmal bekam ich zum Beispiel ein Paket mit zehn Büchern. Wenn man losläßt, gleicht sich wirklich alles aus. Und je mehr man losläßt, um so mehr bekommt man zurück. Das erlebe ich immer wieder.

Wir bekommen stets das, was wir brauchen

Als meine Partnerin sich zum Beispiel darin übte, Kleidung loszulassen, führte das dazu, daß wir auf einmal von allen Seiten Kinderkleidung geschenkt bekamen. Erst wenn man losläßt, darf man die materiellen Dinge haben. Was wir besitzen wollen, werden wir verlieren. Was wir verschenken, dürfen wir - vielleicht - behalten. Was wir brauchen, werden wir immer bekommen, - wenn es uns zusteht.

KAPITEL 16

• *Und was hat ein Sandler bekommen? Oder braucht der nichts?*

Der Sandler bekommt genau das, was ihm zusteht, also das, was er selber verursacht hat. Es ist nicht nötig, daß es in unserem Lande auch nur einen einzigen Vagabunden gibt. Wer in der göttlichen Ordnung lebt, wird immer haben, was er zum Leben braucht. Das ist ein göttliches Gesetz.

• *Aber der Sandler kann vielleicht gar nichts dafür, daß er in diese Situation geraten ist.*

Jeder Mensch verursacht sein Schicksal selber

Nach den karmischen Gesetzen kann nur er selber sein Schicksal verursacht haben. Er ist auf jeden Fall dafür verantwortlich. So wie alle Menschen ist auch der Sandler in seiner gegenwärtigen Erscheinung die Summe aller seiner in diesem Leben und in den Vorleben erarbeiteten Eigenschaften und Werke.

Versteht das aber bitte nicht falsch. Es steht uns nicht zu, über ihn zu urteilen. Und es entbindet uns keinesfalls von unserer Pflicht, ihm zu helfen. Auch die vielen Kinder, die in der dritten Welt hungern müssen, haben ihr Geschick selber verschuldet. Wir haben aber trotzdem die Verpflichtung, ihnen zu helfen, wenn wir können.

Auch jeder Kranke ist für sein Schicksal selber verantwortlich. Dennoch dürfen wir, wenn er uns um Hilfe bittet, nicht sagen: »Du hast deine Krankheit selber verursacht. Hättest du eben nicht ....«. Wir müssen für ihn da sein und ihm helfen. Jesus Christus hat uns verpflichtet, Nächstenliebe zu üben. Auch wenn jemand an mich herantritt und mich um ein paar Schilling bittet, bekommt er sie meistens.

• *Selbst wenn du weißt, daß er alles, was du ihm gibst, in Alkohol oder in Rauschgift umsetzt?*

Wenn du sicher weißt, daß er deine Gabe in Alkohol oder Rauschgift umsetzt, ist es in Ordnung, wenn du nichts gibst. Was du spendest, ist immer eine Frage deiner Entscheidung und deiner Verantwortung.

• *Wie ist das mit einem Spieler, dem ich mit Geld aushelfen will, damit er seine Schulden bezahlen kann, bei dem ich aber befürchten muß, daß er meine Spende sofort wieder verspielt?*

Wir kleiden uns
mit Äußerlichkeiten
um die Nacktheit
unserer Seele
zu vertuschen.

Ernesto Cardenal

Darauf eine allgemeingültige Antwort zu geben, ist schwierig. Das richtet sich nach dem Einzelfall. Jeder muß für sich selber entscheiden, unter welchen Voraussetzungen und wieviel er geben will. Bei mir ist das ganz verschieden. Manchmal gebe ich Bettlern etwas, manchmal nicht. Ich verlasse mich ganz auf mein Gefühl. Auch ihr solltet in solchen Fällen auf eure Intuition achten.

KAPITEL 17

• *Mir tun Kinder leid, die von ihren Eltern zum Betteln ausgeschickt werden. Wenn ich solche Kinder sehe, tut mir das wirklich weh.*

Beispiel: Bettelnde Kinder

Dann hast du dazu eine Affinität. Du solltest überprüfen, wo du selber ähnlich handelst. Denke nach: Schickst du andere Menschen aus, damit sie etwas erledigen, das für dich demütigend wäre? Übst du Druck aus, damit andere dir etwas abnehmen, das dir unangenehm ist? Belastest du andere mit mißlichen Anliegen, die du selber abwickeln müßtest? Trifft eine dieser Fragen oder eine ähnliche auf dich zu, handelst du auf einer anderen Ebene ebenso wie jene Eltern, die ihre Kinder zum Betteln aussenden. Das ist der Grund, warum du auf bettelnde Kinder emotional reagierst. Die Umwelt spiegelt dir dein eigenes Fehlverhalten. Würdest du damit aufhören, den Mitmenschen deine Mißlichkeiten aufzubürden, störten dich die Bettelkinder nicht mehr.

Ich möchte an dieser Stelle etwas anmerken: Es geht mir bei solchen Analysen keinesfalls darum, ein Urteil abzugeben. Ich wollte nicht aufzeigen, was richtig und was falsch ist. Selbstverständlich ist es unrecht, Kinder zum Betteln anzuhalten. Mir geht es um etwas anderes: Ich will euch an diesem Beispiel die Anwendung der geistigen Gesetze demonstrieren. Es handelt sich hier um das Resonanzgesetz und das Spiegelgesetz. In unseren nächsten beiden Vorträgen werdet ihr Genaueres darüber hören.

Mitleid darf uns nicht aus dem Gleichgewicht bringen

Die Ausgangssituation war: Dich hat etwas gestört. Daraus ergibt sich die Frage: Warum hat es dich gestört? Du solltest nun überlegen: »Gibt es in meinem Leben Situationen, in denen ich ähnlich handle?« Die Antwort muß nicht auf der gleichen Ebene liegen, wie du der Analyse entnehmen kannst. Es kann sich um etwas Vergleichbares auf einer anderen Ebene handeln. Aber eines ist sicher: Wenn es dich emotional berührt, machst du auf irgendeine Weise das gleiche. Verstehst du das?

• *Ich habe mir dabei überlegt, was aus einem Menschen werden kann, der als Kind zum Betteln animiert wurde.*

Ich denke, dein Problem ist: du kannst selber nicht bitten. Geh' einmal auf die Straße und ersuche einen Passanten um einen Euro

Betrachte es als einen Test. Tritt an einen Fremden heran und sage: »Bitte kannst du mir einen Euro schenken?«

Beispiel: Autostoppen

Ich mache ganz bewußt seit langem eine ähnliche Übung: Ich stelle mich zur Autobusstation und halte ein Kärtchen vor mich hin, auf dem zu lesen ist: »Zur U-Bahn bitte.« Manchmal nimmt mich ein Autofahrer mit, manchmal nicht. Das ist meine persönliche Übung, um mich unterordnen zu lernen und um mich unabhängig von meinen Gefühlen zu machen. Denn: Es ist mir sehr unangenehm.

• *Den Eindruck hatte ich aber nicht, als ich dich einmal dabei beobachten konnte.*

Du darfst es mir glauben: Es *ist* mir peinlich. Aber ich werde die Übung so lange wiederholen, bis es mir nicht mehr unangenehm ist.

KAPITEL 18

Gut. Welchen Punkt haben wir als Nächstes zu behandeln? *Das Erarbeiten der Freiheit.* Wieder etwas, das mit Arbeit zu tun hat. Freiheit entsteht ganz von selber, wenn wir uns darum bemühen, die Alliebe in uns zu entwickeln, und wenn wir die Aufgaben des Lebens in Angriff nehmen. Solange wir noch glauben, etwas besitzen zu müssen, sind wir nicht frei. Wahrhaft frei ist nur, wer sich von allem Materiellen gelöst hat. Das betrifft nicht nur Gegenstände, sondern auch Menschen; - unseren Partner zum Beispiel, oder unsere Kinder.

Alliebe löst das Karma auf

Wer die universelle Liebe verwirklichen will, muß alles Materielle loslassen. Nur so wird er schließlich auch frei von Karma und ist nicht mehr an das Gesetz von Ursache und Wirkung gebunden. Seine Liebe löst dann alle Ursachen auf. Hier eröffnet sich uns ein unmittelbarer Weg zu Gott. Er zeigt uns eine einfache Möglichkeit, alte Schuldenlasten abzutragen, - indem wir sie nämlich in Liebe auflösen. Die zweite Möglichkeit, Karma zu begleichen, besteht darin, es durch Leid abzubauen. Alliebe ist jedenfalls der schönere, angenehmere und bessere Weg. Indem wir uns der universellen Liebe öffnen, kann die Gnade Gottes in uns zu fließen beginnen.

KAPITEL 19

Nun kommt die *Selbstfindung* an die Reihe. Was ist das: Selbstfindung? Ich habe heute nachmittag mit meiner Frau über diese Frage diskutiert. Hier ist die Antwort, die wir gefunden haben: Ohne Gott ist Selbstfindung unmöglich. Warum? Weil wir ja aus Gott kommen. Weil Gott der Urgrund unseres Wesens ist. Erst wenn wir Gott in uns entdeckt haben, enthüllt sich unser wahres

Ich. Daher sollten wir den Kontakt zu Ihm wiederherstellen.

Voraussetzung für eine Verbindung mit Gott ist es, gesetzmäßig zu leben, denn solange wir das nicht tun, bleibt das Tor zu Ihm verschlossen. Wir können Gebete machen, so viele wir wollen, - wenn wir hinterher über unseren Nächsten herziehen, hätten wir uns die Mühe sparen können. Alle unsere Gebete werden dann ohne Früchte bleiben, weil eben keine Verbindung mehr zu Gott besteht.

Nicht entmutigen lassen, wenn etwas nicht sofort gelingt

Laßt euch nicht entmutigen, wenn euch die Bewältigung eines Fehlers nicht sofort gelingt und ihr trotz aller Mühe immer wieder rückfällig werdet. Habt ihr euch wirklich bemüht, könnt ihr wirklich mit gutem Gewissen sagen: »Das ist leider eine meiner Schwachstellen, aber ich arbeite ständig an ihrer Beseitigung«, dann werden eure Gebete trotzdem Wirkung zeigen, denn Gott sieht, daß ihr nun auf dem Weg zu Ihm seid. Ihr kennt den folgenden Satz ja schon und werdet ihn noch oft von mir zu hören bekommen: »Geht ein Mensch nur einen Schritt auf Gott zu, kommt Gott ihm neun Schritte entgegen.« Im Neuen Testament findet ihr die Bestätigung für die Wahrheit dieser Behauptung. Jesus selber führte sie uns im Gleichnis vom verlorenen Schaf klar vor Augen: Der gute Hirte läßt neunundneunzig Schafe in der Steppe zurück, um nach dem hundertsten zu suchen, und er sorgt sich um das verlorene mehr als um alle anderen. Es ist doch ein schönes Gefühl, sich so geliebt zu wissen. Jedem einzelnen kommt Gott entgegen und freut sich, ihn wieder aufnehmen zu können.

KAPITEL 20

Hier ist wieder ein sehr wichtiger Punkt: *die Vernunft*. Sie ist der Menschheit bedauerlicherweise verlorengegangen, oder besser gesagt, die Vernunft wird von den Handlangern des Widersachers bewußt untergraben, um keinen Widerstand gegen ihre weltzerstörenden und lebensbedrohenden Technologien aufkommen zu lassen.

Teile und herrsche

Sie handeln ganz nach dem bekannten Motto *Teile und herrsche*, dem Leitspruch vieler Diktatoren. Der Satz bedeutet, daß man einen Staat (oder sogar die Menschheit) leicht manipulieren kann, wenn man das Gesamtwissen derart zersplittert, daß dem Einzelmenschen immer nur Teile davon zugänglich sind. Der einzelne vermag sich kein vernünftiges Urteil mehr zu bilden, denn ihm fehlt ja der Überblick über das Ganze. Der Regierende kann so skrupellos und zerstörerisch vorgehen, wie er will. Er wird unter den Menschen, die keinen Überblick haben, immer Befürworter und Helfer für seine Machenschaften finden.

Auszugsprodukte untergraben die Vernunft

Auch unsere Nahrungsmittel werden zerlegt und zu Auszugsprodukten aufgesplittert. Wer viele denaturierte Speisen zu sich nimmt, unterliegt mit der Zeit deren geistiger Prägung, das heißt, er verliert den Bezug zur Ganzheit und damit zur Vernunft. Wir sollten wieder auf vollwertige Nahrungsmittel zurückgreifen.

Auch die Schulmedizin ist aufgesplittert

Das gleiche Bild bietet sich uns, wenn wir einen Blick auf die Schulmedizin werfen. Dort gibt es gegenwärtig fast ausschließlich Spezialisten. Es sind nur noch wenige Heilkundige da, die den ganzen Menschen erfassen. Der eine Arzt ist auf das Herz spezialisiert, ein anderer auf die Nieren, ein dritter auf den Bewegungsapparat, der vierte auf die Ohren, aber der Gesamtüberblick ist verlorengegangen. Und die Vernunft wurde dadurch ebenfalls eingebüßt, denn jeder einzelne dieser Spezialisten sieht nur noch seinen kleinen Bereich und ist nicht mehr in der Lage, einen Menschen als Ganzes zu behandeln.

Abhandengekommen ist diesen Ärzten auch das Wissen, daß bestimmte Verhaltensweisen zu entsprechenden Leiden führen, die sich in allen Organen manifestieren können. So ist es zum Beispiel möglich, daß ein Druck in den Augen mit den Nieren zusammenhängt. Der Leidende geht natürlich zum Augenarzt, aber dieser kann nichts entdecken. Was sollte er auch finden? Die Krankheit sitzt ja in der Niere, dieser Arzt ist aber auf die Augen spezialisiert und weiß nichts vom Zusammenhang mit den inneren Organen.

Dazu vielleicht noch ein paar andere Beispiele, damit ihr merkt, daß Krankheiten oft an ganz anderen Stellen sitzen, als sie sich bemerkbar machen. Nacken- und Schulterschmerzen können auf eine Magen-Darm-Reizung hinweisen. Eine Dickdarmzone befindet sich ja bekanntlich im Nacken-Schulter-Bereich. Wenn ich also an dieser Stelle Verspannungen habe, zeigen sie mir an, daß der Dickdarm gereizt ist und daß ich meine Ernährung umstellen sollte. Gehe ich aber mit meinen Verspannungen zum Arzt, - was macht er? Er schickt mich zur Massage. Natürlich, das lockert ein wenig. Aber die Verspannungen werden immer wiederkommen, denn ihre Ursache wurde ja nicht behandelt. Als nächstes werde ich dann vielleicht in ein Moorbad geschickt, doch der Erfolg bleibt auch hier aus, denn es müßte ja der Darm saniert werden. Dabei würde die Verspannung ohne jede Behandlung in kürzester Zeit verschwinden, wenn ich meine Ernährung umstellte.

Ähnlich verhält es sich, wenn man Spannungskopfschmerzen hat. Da wirkt meist ein Einlauf Wunder. Die Schmerzen entstehen häufig durch Giftstoffe im Körper, die der Einlauf ausleiten kann.

Das waren nur ein paar Beispiele zum Thema Vernunft in der Medizin. Sie sollten euch demonstrieren, daß wir durch das Zerlegen einer Einheit in einzelne Teile das Wissen um die Zusammenhänge verlieren.

Das Aufsplittern von Informationen

Ich habe es schon eingangs bemerkt: Der Trick mit der Aufsplitterung von Informationen wurde von vielen Diktatoren angewandt. Hitler beherrschte das Dritte Reich auf diese Weise. Nur so konnte er ungehindert agieren.

Die Methode ist recht einfach: Jeder Untergebene bekommt immer nur minimale Informationen. Diese Teilinformationen teilt *er* wieder unter seinen Untergebenen auf, und so geht es weiter bis hinunter zum einfachen Staatsbürger, der sich natürlich erst recht kein Gesamtbild machen kann. In diesem System der Informationsaufsplitterung weiß niemand, was und wieviel der andere weiß. Und der Machthaber thront über diesem Labyrinth und handelt nach seinem Belieben.

Daher ist es klug, danach zu trachten, die Gesamtheit wieder wahrzunehmen. Heute sind die meisten Informationen jedem Interessierten, der sich um sie bemüht, frei zugänglich. Es liegt daher an uns, ob wir uns manipulieren lassen oder nicht. Beginnen wir also bei uns selber und geben wir in unserem Leben der Vernunft wieder den ihr gebührenden Platz.

KAPITEL 21

Auch über die *Verantwortung* haben wir schon einiges gehört. Bei allen unseren Lebensäußerungen, seien es nun Handlungen, gesprochene Worte, seien es Gedanken oder auch nur Gefühle, sollten wir uns bewußt sein, daß wir mit ihnen Energien freisetzen, die auf unseren Nächsten, auf der Umwelt, und sogar im Universum Spuren hinterlassen. Wir werden später beim Thymus-Test die Bestätigung dafür erhalten, daß ein Mensch nur durch seine Gedanken die Kräfte eines anderen beeinflussen kann.

Jede Lebensäußerung hinterläßt Spuren

Wir sollten uns auch darüber im Klaren sein, daß jede unserer Aktionen, ob sie nun gut sei oder schlecht, in Form von positivem oder negativem Karma zu uns zurückkommt. Es wäre also an der

Zeit, alle unsere Regungen zu beachten und zu überdenken, denn wir müssen in jedem Fall ihre Folgen tragen.

Wir wollen also in Zukunft genau darauf achten: »Was sage ich? Wie denke ich? Wie behandle ich meine Mitmenschen?« Wir müssen mit allem liebevoll umgehen, wenn wir negative Belastungen vermeiden wollen.

Und glaubt ja nicht, daß ihr alles, was ich hier vortrage, nach einmaligem Hören bereits beherrscht. Das gesamte spirituelle Wissen muß erst in die Praxis umgesetzt werden. Ihr seht also, es ist keineswegs gleichgültig, ob ich auf die Umwelt Rücksicht nehme oder nicht, es ist ganz und gar nicht egal, wie ich über meinen Nachbarn denke. Ich trage für alles, was ich aussende, die volle Verantwortung.

KAPITEL 22

Sprechen wir nun über die *Bewußtheit*. Bewußtheit bedeutet, in jedem Augenblick hellwach in der Gegenwart zu leben, sich jeder seiner Aktionen voll bewußt zu sein. Bewußt die Hand, den Finger zu heben, immer genau zu wissen, was man spricht. Zu wissen, wo ich stehe, wie ich mich bewege. Mir meiner Umgebung stets voll bewußt zu sein.

Bewußtheit bedeutet beispielsweise, daß man alle Gegenstände, die man irgendwo abgelegt hat, sofort wiederfindet. Bewußt lebt ein Mensch, der jederzeit weiß, wo sich seine Schlüssel, sein Kugelschreiber, seine Brille oder ein anderer kleiner Gegenstand des täglichen Gebrauches befindet. Bewußt handelt ein Mensch, bei dem der Kopf stets genau weiß, was die Hände tun. Jeder mag für sich selber überlegen, ob das auf ihn zutrifft. Wer von sich mit gutem Gewissen behaupten kann, daß er nie Dinge verlegt, der lebt bewußt.

Verschiedene Kreise wollen unsere Bewußtheit verhindern

Es gibt gewisse Kreise, die gezielt daran arbeiten, unsere Bewußtheit zu verhindern. Durch den allgegenwärtigen Lärm zum Beispiel, durch ständige laute Musik. Durch eine überwältigende Flut von optischen Eindrücken wie Film, Fernsehen, Computer und Plakate, und durch vieles andere mehr. Alles in allem ein lückenloses Programm, um ein bewußtes Leben zu erschweren. Wir sollen keine Sekunde zur Ruhe kommen. Gelingt es uns aber doch einmal, für kurze Zeit all diesen Einflüssen zu entkommen, dann sind wir dazu angehalten, die Kopfhörer aufzusetzen und uns berieseln zu lassen.

Was bezweckt man damit? Wir sollen uns von der Umwelt abkapseln. Wir sollen nur auf die uns zugedachten Ablenkungen achten, aber nicht wahrnehmen, daß unser Nachbar Probleme hat oder daß die Natur rund um uns zugrunde geht. Und wir sollen schon gar nicht auf den Gedanken kommen, über den Sinn unseres Lebens nachzudenken. Dann würden wir die Manipulation ja möglicherweise erkennen und ausschalten.

KAPITEL 23

Eine unverzichtbare Eigenschaft für unsere geistige Weiterentwicklung ist die *Achtsamkeit*. Wir haben in der Einführung schon ein wenig darüber gesprochen. Achtsamkeit ist ein Punkt, dessen Aufarbeitung für mich gerade aktuell ist. Ich will damit sagen, daß es für mich an der Zeit ist, diesen Lernschritt zu bewältigen. Der Diebstahl meiner Brieftasche, von dem ich euch später genauer berichten werde, wurde nur durch meine Unachtsamkeit ausgelöst. Ich war damals in zweierlei Hinsicht unachtsam: Erstens hatte ich nicht auf meine Intuition vertraut. Das war die erste Unachtsamkeit. Und zweitens hatte ich im Restaurant meinen Mantel nicht im Auge behalten. Das war meine zweite Unachtsamkeit.

Allen Ereignissen achtsam gegenüberstehen

Achtsamkeit bedeutet also auch, daß wir auf alle feinen Regungen in uns und um uns lauschen. Achtsamkeit läßt uns sorgsam und liebevoll auf die Gefühle unserer Mitmenschen eingehen. Sie läßt uns erfühlen, wie wir mit der Natur umgehen sollen. Achtsamkeit zeigt uns die verborgenen Äußerungen der geistigen Welt hinter der Materie. Dadurch eröffnet sie uns den Zugang zu den mentalen Sphären. Letztlich erhellt uns die Achtsamkeit den Weg zum Reich Gottes.

KAPITEL 24

Wir fahren fort mit der *Achtung*. Für die geistige Evolution ist es ein unverzichtbarer Schritt, Achtung vor dem Leben in jeder Form zu entwickeln: Achtung vor dem Nächsten ebenso wie vor Tieren und Pflanzen, Achtung vor der Erde, aber auch vor uns selber. Die höchste Achtung sollen wir natürlich gegenüber Gott und den hohen Wesenheiten der geistigen Welten empfinden.

Die Selbstachtung

Auch die *Selbstachtung* gehört also hierher. Erst aus der Wertschätzung der eigenen Person läßt sich Achtung für andere Menschen ableiten. Wer sich selbst verachtet, hält auch seine Mitmenschen für wertlos. Das zeigt uns das Spiegelgesetz ganz deutlich. Daher ist es ungemein wichtig, sich auch selber zu lieben und zu respektieren.

Ich habe bereits im Einführungsvortrag eine kleine Übung zu diesem Thema vorgestellt. Erinnert ihr euch daran? Es ging darum, vor einen Spiegel zu treten, sich anzusehen und zu sagen: »Ich mag dich.« Habt ihr das schon gemacht? Es ist nicht zielführend, mit der Arbeit an der Läuterung der eigenen Person zu beginnen, solange man die Selbstachtung noch nicht gefunden hat.

KAPITEL 25

Wir kommen jetzt zur *Toleranz.* Toleranz bedeutet, andere Menschen so leben zu lassen, wie sie es wünschen; ihre Meinung zu akzeptieren, auch wenn sie von der unseren abweicht. Wir dürfen ja nicht annehmen, daß wir bereits im Besitz der absoluten Wahrheit wären, bloß weil wir ein kleines Stück des geistigen Weges beschritten haben. Es gibt viele Menschen, die das Wohl der Allgemeinheit im Auge haben und die von ihrem Standpunkt der Entwicklung aus mit voller Überzeugung für die moralische Richtigkeit ihrer Entscheidungen handeln, - uns aber erscheinen ihre Beschlüsse falsch. Der andere sieht die Sachlage eben von seiner Warte aus und ist sich nach seiner Vorstellung sicher, daß sein Weg der richtige für die Menschheit ist. Das müssen wir anerkennen und ihn deshalb tolerieren.

Auf die Mitmenschen eingehen

Wir werden mit unseren Ansichten nur dann Anklang finden, wenn wir uns liebevoll auf die Schwingungsebene der anderen begeben, denn nur dort können wir uns ihnen begreiflich machen. Solange wir uns nicht auf ihre Schwingung eingestimmt haben, wird es zu keinem Konsens kommen, sondern nur Streitgespräche geben. Nur wenn wir uns in die Lage der anderen versetzen, kann es zu gemeinsamer Arbeit kommen.

KAPITEL 26

Beschäftigen wir uns mit geistigen Werten, denn nur diese können wir auf die nächste Ebene mitnehmen. Nur die positiven Eigenschaften und Tugenden, die wir uns in unseren Erdenleben erarbeiten, kommen uns in den geistigen Sphären zugute. Alles Geld und alle Macht, für die wir so viel Zeit und Energie aufwenden, müssen hier zurückbleiben und bringen uns dort drüben keinen Nutzen. Sie mögen uns vielleicht auf Erden zu einem angenehmen Leben verhelfen, solange es uns gut geht und wir gesund sind. Wenn wir krank werden, hilft uns auch Geld nicht mehr, das wissen wir alle. Daher sollten wir von Haus aus unser Hauptaugenmerk auf die spirituelle Seite des Lebens richten.

Nur geistige Werte helfen uns in den jenseitigen Sphären

Als ich in der HTL die Abendschule machte, hatte ich einen Professor, den ich mein Leben lang nicht vergessen werde. Eines Abends, mitten in einer Unterrichtsstunde, sprang er plötzlich auf einen Tisch und rief: »Nichts zu bedürfen ist göttlich!« Damals dachte ich: »Der Kerl muß verrückt sein.« Mittlerweile ist mir klar geworden, daß er recht hatte. Er war uns nur damals in der geistigen Entwicklung meilenweit voraus, deshalb konnten wir ihn nicht verstehen. Jetzt verwende ich seinen Ausruf gern als Leitsatz: *Nichts zu bedürfen ist göttlich.* Das bedeutet nicht, daß man sich kasteien muß, daß man sich vom Leben abwenden soll. Man muß seinen Bedürfnissen nur den richtigen Stellenwert zuordnen.

Materieller Besitz kostet unsere Energie

Das Anhäufen von Besitztümern ist nicht weise. Es kostet so viel wertvolle Lebenszeit und Energie, das alles zu erwerben und zusammenzuhalten. Je mehr man besitzt, - das habe ich immer wieder erlebt, - um so mehr Kummer und Sorgen hat man. Wer nichts besitzt, dem kann nichts genommen werden. Und wer seinen Besitz der göttlichen Führung übergibt, dem kann erst recht niemand etwas nehmen.

KAPITEL 27

Wer all seinen Besitz Gott überantwortet, wird freilich auch manchmal getestet, damit sich erweist, ob es ihm mit der Übergabe auch ernst war. Ich wurde vor einiger Zeit einer solchen Prüfung unterzogen. Es war der Fall mit der gestohlenen Brieftasche, den ich vorhin angedeutet habe, als wir über die Achtsamkeit sprachen.

Beispiel: Die gestohlene Brieftasche

Wir hatten vorher verabredet, in einem Restaurant zu essen. Beim Gedanken daran verspürte ich von Anfang an ein ungutes Gefühl und wollte absagen. Ich hätte auf meine Intuition hören sollen. Leider tat ich es nicht. Damit es nicht so aussähe, als wolle ich mich drücken, mißachtete ich meine Vorahnung und ging doch mit. Und dort wurde mir während des Essens die Brieftasche gestohlen.

Der Diebstahl der Brieftasche war in mancherlei Hinsicht ein Test für mich. Jedenfalls war das eine Prüfung, die ich bestand. Hatte ich auch zuvor bei einigen Gelegenheiten versagt, - diese Prüfung bestand ich! Ich nahm den Verlust ganz gelassen hin, betete für den Dieb und schickte ihm Liebe. Nicht eine Sekunde war ich böse auf ihn. Ich machte mir nur selber den Vorwurf: »Hättest du auf deine Intuition geachtet, wäre dir die unangenehme Geschichte erspart geblieben.« Man sollte eben achtsamer sein, vor allem, wenn man selber Vorträge über dieses Thema hält.

Beispiel: Die überfahrene Katze

Sich vor die Menschen hinzustellen und ihnen zu predigen: »Liebet eure Feinde« ist leicht. Feindesliebe in einer konkreten Situation zu beweisen, ist eine andere Sache. Vor sieben oder acht Jahren, als unsere Katze Murli überfahren wurde, schaffte ich das noch nicht. Als ich mitansehen mußte, wie ein Auto die Katze überfuhr, war es meine erste Reaktion, dem Fahrer einen Fluch nachzuschicken, - obgleich ich damals über die Kraft des Wortes längst Bescheid wußte. Ich war in diesem Moment so wütend, daß ich mich nicht in der Gewalt hatte. Natürlich erkannte ich meinen Fehler einen Augenblick später und machte sofort die entsprechenden Gebete, aber es war doch offenbar geworden: Ich hatte diesen Schritt noch nicht geschafft.

KAPITEL 28

Solange wir unsere Gefühle nicht beherrschen, ist es besser, wir verfügen über keine geistigen Kräfte. Je mehr von diesen Energien wir in uns haben, umso mehr Schaden können wir damit anrichten, und umso schwerer schlägt sich eine mißbräuchliche Verwendung auf unser Karma nieder. Dieser unbedachte Fluch, - obgleich ich ihn sofort wieder zurückgenommen hatte, - erhöhte meine karmische Belastung sprunghaft um fast fünfzehn Prozent! Das muß man dann wieder langsam durch Gebete, Hingabe und Liebe ausgleichen. Hier bewahrheitet sich das alte Sprichwort: Je höher man steigt, umso tiefer kann man fallen.

Nicht jeder geistige Weg ist gesetzmäßig

Daher kann ich nicht genug warnen vor esoterischen Gruppen, die unsere geistigen Kräfte stärken, ohne zuvor die Ethik anzuheben; - die unsere Chakras öffnen oder schließen, uns hellsichtig machen oder uns magische Kräfte vermitteln, für die wir noch nicht reif sind. Es ist besser, die Finger von geistigen Energien zu lassen, solange wir uns ethisch noch nicht so weit entwickelt haben, daß wir die Folgen unseres Umgangs mit diesen Kräften abschätzen können. Ein Mißbrauch kann verheerende Konsequenzen nach sich ziehen, - zum Beispiel eine Besessenheit in unserem nächsten Leben.

Überlegt lieber vorher, worauf ihr euch einlaßt. Denkt daran: Immer zuerst die ethische Entwicklung vorantreiben, alles Weitere stellt sich von selber ein. Hellsichtig werdet ihr von ganz allein, wenn ihr den spirituellen Weg weiterverfolgt.

Es ist nicht unbedingt erstrebenswert, hellsichtig zu sein

Unter uns gesagt: Ich bin manchmal froh, daß ich die Zukunft nicht so genau vorhersehe, denn hellsehend erblicke ich ja nicht nur das Schöne, sondern auch das Unerfreuliche. Es ist nicht gut für den Menschen, Geschehnisse vorherzusehen, vor denen ihn die göttliche Vorsorge abschirmte. Wer Ausblicke in die Zukunft verkraften will, muß schon ein wenig fortgeschritten sein. Betrachtet das auch als Antwort auf die häufig gestellte Frage: »Warum kenne ich meine Vorexistenzen nicht?« Es ist eine Gnade Gottes, daß sie uns verborgen sind! Ich kann das aus eigener Erfahrung bestätigen. Vieles von dem, was ich heute aus meinen Vorleben weiß, hätte ich vor zehn Jahren geistig noch nicht bewältigt. Wenn wir Schritt für Schritt vorwärtsstreben, kommt alles zur rechten Zeit.

KAPITEL 29

Krankheit, Schmerz und Leid sind oft Anstöße, die uns dem spirituellen Weg zuführen. So begann es auch in meinem Leben. *Vor* meinem geistigen Aufbruch hatte ich alle möglichen Beschwerden, angefangen vom Tennisarm über Gelenksschmerzen bis hin zu chronischer Bronchitis und Migräne. Aus heutiger Sicht kann ich sagen: Vor fünfzehn Jahren war ich ein Krüppel. Die Schulmediziner nannten meine Gebrechen *altersadäquate Verkalkung der Wirbelsäule* und *Abnützungserscheinungen.* Alles Unsinn. Es gibt keine körperliche Abnützung. Es gibt nur eine geistige Abnützung. Was wir geistig nicht umsetzen wollen, bewirkt Erstarrungen in unserem Körper. Warum wird denn ein Gelenk steif? Weil unser Geist unbeweglich geworden ist, weil wir nicht nachgeben können, weil wir verhärtet sind in unseren Ansichten. Unsere Sprache hebt solche Zusammenhänge ganz deutlich hervor.

Die ehemaligen Leiden des Vortragenden

Bedauerlicherweise vergeuden wir sehr viel von unserer Lebenszeit. Ich habe fünfunddreißig Jahre damit verschwendet, mich krank zu machen. Bequemt man sich dann endlich, sein Leben in gesetzmäßige Bahnen zu lenken, muß man ein wenig Geduld haben, denn unser Körper braucht einige Zeit, bis er alles Negative abgebaut hat. Aber es geht! Es geht wunderbar, und es lohnt sich, daß wir uns darum bemühen. Für mich ist es überhaupt keine Frage, welches Leben das bessere ist.

Da ich nun schon seit mehr als fünfzehn Jahren vegetarisch lebe, werde ich oft gefragt, ob mir denn nichts abginge. Was sollte mir fehlen? Die ständigen Schmerzen, unter denen ich früher aufgrund meiner falschen Ernährung litt? Wenn ich mich gewisser Konsumgüter enthalte, geht es mir nicht darum, hundert Jahre alt zu werden. Es geht mir vielmehr um die Frage: In welchem *Zustand* erreiche ich mein Ableben? Lebens*qualität* ist mir wichtig, nicht Lebens*quantität.*

Körperliche Gesundheit und geistiger Fortschritt

Der Gesundheitszustand eines Menschen ist für seinen geistigen Fortschritt von großer Bedeutung. Wer unter chronischen Schmerzen leidet, kann nicht in angemessener Weise an seiner mentalen Evolution arbeiten, denn er muß sich ja ständig mit seinem Körper auseinandersetzen. Ich habe genug Schmerzperioden durchlebt, um Bescheid zu wissen. Ich hatte monatelang eine Kieferentzündung, und ich nahm zu dieser Zeit keine schmerzstillenden Medikamente mehr. Schlafen konnte ich damals nur noch mit Akupunkturnadeln im Ohr. Anders hätte ich vor Schmerzen keine Ruhe mehr gefunden.

Solche Qualen können wir leicht vermeiden, indem wir unsere Fehlhandlungen sofort beachten und korrigieren. Je höher ein

Mensch seine Spiritualität entwickelt hat, umso schneller erkennt er seine Verstöße gegen die göttlichen Gesetze. Dieses Erkennen ist jedoch nicht immer leicht.

KAPITEL 30

Vor einigen Jahren bekam ich einen Videofilm über Tierversuche in die Hände. Was da gezeigt wurde, brachte mich derart aus dem Gleichgewicht, daß mir die Betroffenheit wochenlang anzumerken war. Immer wieder gingen mir die Szenen des Films durch den Kopf, und ich fragte mich bestürzt: »Wie können Menschen so etwas nur fertigbringen? Was sind das für Menschen, die zu solchen Verbrechen an ihren Mitgeschöpfen fähig sind?« Diese Gedanken bedrückten mich Tag und Nacht, und ich bemerkte gar nicht, daß ich selber immer tiefer ins Negative abglitt. Vom Verstand aus betrachtet war meine Kritik natürlich ›berechtigt‹. Ich war aber nicht nur mit dem Verstand, sondern mit vollem Herzen beteiligt. Alle meine Empfindungen richteten sich gegen diese Menschen, und das war mein Fehler.

Beispiel: Die Kieferentzündung

Was folgte? Ich bekam wieder einmal meine Kieferentzündung, auch diesmal mit heftigen Schmerzen verbunden. Das Ganze passierte während der Weihnachtsferien. Mein Zahnarzt war natürlich auf Urlaub, und es war niemand erreichbar, der mir helfen konnte. Drei Wochen lang quälten mich die Kieferschmerzen, ohne daß ich hinter ihre Ursachen gekommen wäre. Und das, obwohl ich diese Dinge in meinen Seminaren oft und oft besprochen hatte!

Erst eine Bemerkung meiner Frau brachte mich auf die Lösung. Sie sagte eines Tages besorgt: »Du lachst ja überhaupt nicht mehr. Was ist denn los mit dir?« Da fiel es mir plötzlich wie Schuppen von den Augen: Ich hatte Menschen verurteilt! Das steht mir nicht zu. Das war die Ursache für meine Schmerzen gewesen, der Anlaß, den ich so lange nicht erkannt hatte.

Ich versenkte mich also ins Gebet und verzieh all den anonymen Menschen, die an Tierversuchen beteiligt sind oder sich an ihnen bereichern. Mir wurde klar: Das ist eben ihr augenblicklicher Bewußtseinsstand. Den Tieren kann ich nur helfen, indem ich Aufklärungsarbeit leiste und den Menschen die Liebe zu ihren Mitgeschöpfen vorlebe. Verstricke ich mich dagegen in negative Gedanken und Gefühle, vergifte ich damit nur meine Umwelt und ändere gar nichts. Nachdem ich diese Lektion aufgearbeitet hatte, waren Schmerzen und Entzündungen innerhalb von wenigen Stunden verschwunden, und zwar einzig und allein dadurch, daß ich mein Fehlverhalten erkannt und korrigiert hatte.

- *Aber die Tierversuche gehen immer noch weiter.*

Immer mehr Menschen treten gegen Tierversuche auf

Die gibt es leider immer noch, das ist wahr, aber es gibt auch immer mehr Menschen, die sich dagegen auflehnen, und es gibt immer mehr Organisationen, die den Tierversuchen entgegenarbeiten. Es zeigen sich auch schon Teilerfolge. Wir müssen uns eben ständig bemühen.

Wir dürfen nicht übersehen, daß hinter den Tierversuchen eine riesige Industrie steckt. Die Versuchstiere werden in Fabriken regelrecht ›produziert‹, und es werden Jahr für Jahr Millionen von ihnen getötet. Weltkonzerne beschäftigen sich mit Tierversuchen. So etwas verschwindet nicht von heute auf morgen. Außerdem würde ein plötzliches Verbot vielen Menschen den Arbeitsplatz kosten.

Solche Strukturen lassen sich nur langsam verändern. Man muß die Menschheit Schritt für Schritt zum Umdenken bewegen, indem man ihr die Monstrosität dieser Praktiken zu Bewußtsein bringt. Es gibt auch tatsächlich immer mehr Konsumenten, die Produkte, die in Zusammenhang mit Tierversuchsprogrammen entwickelt wurden, nicht mehr kaufen. Je mehr Kunden so handeln, um so mehr Produzenten werden dazu bewogen, Tierversuche aus ihren Herstellungsmethoden auszuklammern.

Niemals mit Emotionen oder Gewalt vorgehen

Nur auf diese Weise kann man Veränderungen bewirken. Wer mit Emotionen und Gewalt vorgeht, erreicht nur Gegenemotionen und Gegengewalt. Wer das Schwert erhebt, kommt durch das Schwert um. Dieser Ausspruch Christi bewahrheitet sich heute so wie eh und je.

KAPITEL 31

Weisheit und Liebe sind die wahren Eigenschaften, mit denen wir Veränderungen zum Positiven in Gang setzen können, - Weisheit, Liebe und als drittes das konsequente Vorleben unserer Prinzipien.

Beispiel: Caroline als Vorbild gegen Fleischkonsum

Was vorbildhaftes Verhalten alles bewirken kann, durfte ich in den sechs Jahren miterleben, die wir nun in Gablitz wohnen. Als unsere Tochter Caroline in die Schule kam, behandelten uns manche Einheimische wie Aussätzige. »Ui, das sind komische Leute. Die essen kein Fleisch, die trinken keinen Alkohol. Wo kommen die denn her? Also, - nur nicht mit ihnen reden, nur nicht anfassen!«

Caroline ließ sich dadurch aber nicht beirren. Sie lebte ihren Mitschülern unsere Lebensweise vor, - ganz natürlich, und ohne daß wir sie dazu gezwungen hätten. Wurde sie danach gefragt, antwortete sie: »Ich will kein Fleisch essen. Mir tun die Tiere leid, die dafür getötet werden müssen.« Und es dauerte gar nicht lange, da folgten andere Kinder Carolines Beispiel und wollten auch kein Fleisch mehr essen.

Woran erkennt man ein echtes Vorbild? Es vertritt seinen Standpunkt konsequent und will niemanden zwangsbeglücken. Nur solche Vorbilder regen zur Nachahmung an.

Beispiel: Die ›apostolische Phase‹

Probiert auf keinen Fall, anderen Menschen etwas aufzudrängen. Mein Gott, wenn ich daran zurückdenke, - was fühlte ich für einen apostolischen Drang in mir, nachdem mich die Ernährungsumstellung von meiner Migräne geheilt hatte. Jedem, der mir in die Quere kam, wollte ich meine neuen Ernährungsregeln aufzwingen. »Versuch' es doch auch einmal. Mach' es wie ich, und du wirst sehen ....« Ihr könnt euch sicher vorstellen, wie weit ich damit kam. Ich nenne diese Zeit meine apostolische Phase. Ich glaube, jeder Mensch, der einen neuen Weg entdeckt hat, von dem er begeistert ist, macht diese Periode durch. Er meint, alle Welt müßte seine Begeisterung teilen und entzückt mitmachen.

Das funktioniert nicht. Wenn wir jemanden dazu bewegen wollen, unsere Lebensweise anzunehmen, müssen wir sie ihm vorleben, müssen sie ihm liebevoll anbieten: »Schau, ich mache das jetzt so, und seitdem geht es mir viel besser.« Kommt heute jemand zu mir und fragt mich nach meinen Gesundheitsregeln, gebe ich ihm gerne Auskunft. Werde ich nicht danach gefragt, rede ich auch nicht darüber. Menschen, die dafür aufgeschlossen sind, kommen ohnehin von selbst und stellen ihre Fragen. Wer nicht dazu bereit ist, nimmt keine fremden Regeln an, besonders dann nicht, wenn versucht wird, sie ihm mit Gewalt aufzuprägen. Damit wird höchstens sein Widerstand entfacht. Wer läßt sich schon gerne zu etwas zwingen?

Anregungen von geistig Fortgeschrittenen

Ein wenig anders sieht es aus, wenn jemand bereits an seiner Entwicklung arbeitet. Der geistig Suchende kann manchmal einer gewissen Beeinflussung nachgeben und sich sagen: »Dieser Mensch ist mir voraus. Er weiß Bescheid und kann mir weiterhelfen. Daher werde ich übernehmen, was er mir vorschlägt.« Dagegen ist nichts einzuwenden. Die Veränderung sollte aber nicht als Plage empfunden werden. Wer unter einer Umstellung leidet, steht nicht mit Liebe und Verständnis hinter seinem Vorhaben. Das schmälert die Aussicht auf einen dauerhaften Erfolg.

KAPITEL 32

Auch der nächste Punkt ist wichtig: *Das Handeln nach geistigen Grundsätzen muß geübt werden.* Was wir nicht üben, werden wir nie beherrschen. Das ist eine alte Weisheit. Sie gilt im geistigen Bereich ebenso wie im materiellen Leben. Wer nicht übt, liebevoll mit seinen Mitmenschen umzugehen, wird es nie können. Wer nicht übt, weltliche Dinge loszulassen, wird es nie zustande bringen.

In kleinen Übungsschritten vorgehen

Wir sollten in kleinen Schritten vorgehen, wie ich immer wieder betone. Wer zu sehr an materiellen Dingen hängt, kann das Loslassen üben, indem er hin und wieder etwas verschenkt, das ihm am Herzen liegt. Dann wird er auch im Ernstfall verzichten können. Sagt er dagegen: »So etwas brauche ich nicht zu üben. Wenn es so weit ist, werde ich es schon fertigbringen«, wird er es kaum schaffen, wenn es darauf ankommt. Also, wie gesagt: in kleinen Schritten einüben. Und es soll ein heiteres, freudvolles Üben sein. Es darf uns nicht belasten. Es soll uns frei machen, unserem Leben Sinn geben und uns erhöhen.

KAPITEL 33

Zuletzt stellen wir uns die Frage: *Wie lernen wir?* Generell haben wir zwei Möglichkeiten zu unserer Weiterentwicklung: Wir können entweder *aktiv* oder *passiv* lernen. Passives Lernen erfolgt durch Leid, Schmerz, Krankheiten, oder durch Nachahmung, - so lernen zum Beispiel Kinder, - aber auch durch Erkenntnis oder Erfahrung.

Und wie lernen wir aktiv? Hauptsächlich durch Erarbeiten. Dies ist die Methode, die ich euch vermitteln will, wobei das Lernziel in jedem Fall die Änderung unseres Fehlverhaltens ist.

Das waren im großen und ganzen die wichtigsten Lernschritte, die uns auf dem geistigen Weg weiterhelfen sollen.

Dritter Teil: Die Entwicklungsspirale

KAPITEL 1

Wir haben heute sehr viele verschiedene Dinge besprochen, und nun werden sich natürlich viele von euch die Frage stellen: Was kann ich mit dem Gehörten in meinem täglichen Leben anfangen? Wie kann ich es dort einbauen? Wo zeigen sich mir die geistigen Gesetze und wo muß ich ansetzen, wenn ich mit ihnen arbeiten will? Kurz gesagt: wie setze ich mein neu erworbenes Wissen in die Praxis um? Nehmen wir zum Beispiel das Spiegelgesetz, über das wir heute schon ein wenig gesprochen haben: Wie erkenne ich, wo *mein* Problem liegt, wenn mich an einem *anderen* Menschen etwas stört?

Nun, zum Erkennen und zum Umsetzen aller geistigen Gesetze und Regeln gibt es eine Anzahl von Hilfsmitteln, die wir uns im

Verschiedene geistige Hilfsmittel

Laufe der Zeit allerdings erst erarbeiten müssen. Dazu zählen die Bachblüten, das I Ging, das geistige Pendeln, der Thymus-Test und einige andere einschlägige Techniken. Jede dieser Methoden ist vorzüglich geeignet, uns bei der Arbeit an unserer geistigen und spirituellen Entwicklung zu unterstützen. Da wir jedoch erst am Beginn unseres inneren Weges stehen, haben wir diese Möglichkeiten leider noch nicht.

Damit ihr aber schon heute eine Vorstellung von der Art und der Wirksamkeit dieser Hilfsmittel bekommt, will ich euch in aller Kürze den *Thymus-Test* vorstellen. Ich werde noch nicht näher darauf eingehen, da wir uns in ein paar Wochen einen ganzen Abend lang mit dieser Technik beschäftigen werden. Es kann aber nicht schaden, nach so viel Theorie ein wenig Praxis in den Vortrag zu bringen.

Mit dem Thymus-Test können wir zum Beispiel in verblüffender Weise die Energie der menschlichen Gedanken sichtbar machen. Das wollen wir uns nun ansehen. Wer stellt sich für einen Test zur Verfügung?

Eine Kursteilnehmerin meldet sich und tritt vor.

Beim Thymus-Test überprüfen wir die Kraft des Delta-Muskels. Das heißt, ich muß zunächst feststellen, wie stark dieser Muskel bei der Testperson ist. Dazu streckt die Probandin einen Arm seitlich waagrecht aus und ich drücke mit meiner Hand von oben nach unten auf das Handgelenk ihres ausgestreckten Armes. Ist die Versuchsperson seelisch im Gleichgewicht, schnappt der Deltamuskel als Reaktion auf meinen Druck nach einem kurzen Augenblick ein, und ich spüre an diesem Punkt einen starken Widerstand.

Abbildung 6

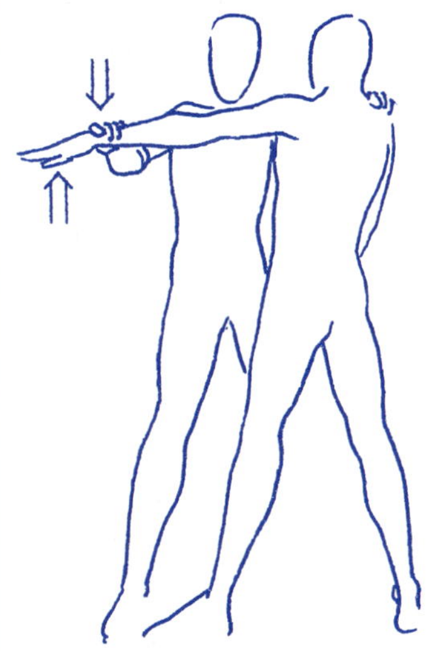

Der Thymus-Test

Das Besprochene wird ausgeführt.

Habt ihr es bemerkt? Auf meinen Druck nach unten folgte ruckartig der Widerstand.

Zur Versuchsperson gewandt: Und jetzt sei so lieb und denke an jemanden, den du nicht besonders gern magst. Denke vielleicht an eine Person, mit der du Probleme hast.

Der Vortragende drückt abermals auf den Arm der Probandin.

Wie ihr seht, hat unsere Testperson schwach reagiert. Ich konnte ihren Arm jetzt leicht herunterdrücken.

Zur Probandin: Und nun denke bitte an den gleichen Menschen wie vorhin, nur besinne dich diesmal auf seine positiven Eigenschaften.

Die Muskelkraft des ausgestreckten Armes wird noch einmal getestet.

Dein Deltamuskel ist nun wieder stark. Du hast dein inneres Gleichgewicht wiedererlangt. Vielen Dank.

Das also war unser erster praktischer Kontakt mit dem Thymus-Test, einer der Überprüfungsmöglichkeiten, die uns zur Klärung von geistigen Fragen zur Verfügung stehen. Nebenher enthüllt er uns auch, auf welch entscheidende Weise Gedanken unser inneres Gleichgewicht verändern können. Und außerdem macht er noch deutlich, welche Kraft im menschlichen Denken steckt!

KAPITEL 2

Was ist bei dem Test vor sich gegangen? Unsere Versuchsperson dachte an jemanden, mit dem sie Probleme hat, und ging natürlich sofort in Resonanz, denn es sind ja *ihre* Probleme. Die negativen Gedanken, die unsere Probandin gegen die betreffende Person hegte, haben sie selber augenblicklich geschwächt. Das ist für uns durch die verminderte Kraft ihres Deltamuskels sichtbar geworden. Diese Schwächung erfaßt sowohl den geistigen als auch den körperlichen Bereich und beeinträchtigt insgesamt unsere Abwehrfähigkeit gegen Krankheiten.

Negative Gedanken schwächen uns

Wir haben bereits mehrmals über die Einwirkung unserer Gedanken auf die Materie gesprochen. Der Thymus-Test liefert uns dafür praktische Beweise.

Daß uns Gedanken schwächen können, ist eine wertvolle Erfahrung, die wir auch zur Verbesserung unserer Lebensqualität heranziehen können, denn diese Erkenntnis macht uns klar, daß wir uns in einer ständigen Abwehrschwäche befinden, wenn wir negativen Gedanken nachhängen. Wir werden dadurch zum leichten Opfer für jede ansteckende Krankheit. Grippe, Schnupfen, Husten und ähnliche Infektionen haben dann keine Mühe, sich in unserem Körper einzunisten.

KAPITEL 3

Jede ansteckende Krankheit und auch jede Allergie bedeutet Krieg mit unserem Umfeld. Wer von einer dieser Krankheiten befallen ist, lebt in einer Art permanenten Kriegszustandes. Die negativen Gedanken schwächen unser Immunsystem, und als karmische Folge tritt eine Infektionskrankheit auf.

Masseninfektionen

• *Wie ist das bei einer Grippewelle, also bei einer Masseninfektion?*

Wurst und Schweinefleisch enthalten Grippeviren

Das hängt von zwei Faktoren ab. Der erste ist der Fleischkonsum. Speziell im Schweinefleisch, und dort vor allem in den Lungen und im Speck des Tieres, haben die Grippeviren Rückzugsgebiete, in denen sie die Ruheperioden überstehen können. Dort sind sie zu jeder Zeit präsent. Es gibt kaum eine Wurst, die nicht Deckspeck enthielte, weil sich ohne dieses Fett die Wurstmasse schlecht verfestigen würde. In den meisten Wurst- und Fleischwaren finden sich daher Grippeviren. Diese Krankheitserreger sind kaum umzubringen. Gegen Antibiotika sind sie immun, da diese nur auf Bakterien wirken. Man kann diese Viren nicht einmal durch Kochen beseitigen, denn sie gehen erst bei Temperaturen ab etwa 150 Grad zugrunde. Das heißt, man benötigt einen Druckkochtopf, um sie auszuschalten.

Bekanntlich ist zu bestimmten Zeiten des Jahres die Körperabwehr des Menschen besonders geschwächt. Das ist der zweite Faktor, der Masseninfektionen begünstigt. Die Wetterumschwünge in den Übergangszeiten schaffen klimatische Voraussetzungen, unter denen sich die Grippeviren besonders erfolgreich vermehren können. Sie breiten sich dann explosionsartig aus.

Was ich euch über das Schweinefleisch erzählt habe, sind übrigens nicht meine eigenen Erkenntnisse. Die Fakten stammen aus dem Buch *Schweinefleisch und Gesundheit* von Dr. Reckeweg. Er führte zusammen mit einem Team von zahlreichen Wissenschaftlern Experimente mit Schweinefleisch durch und veröffentlichte die Ergebnisse in dem genannten Buch. Ich gebe hier nur weiter, was ich dort gelesen habe.

• *Leute, die kein Schweinefleisch essen, kriegen demnach keine Grippe?*

Nein, so ist das nicht. Man kann natürlich auch Grippe kriegen, obwohl man kein Fleisch ißt. Es gibt ja auch noch die Tröpfchen-Infektion und viele andere Möglichkeiten der Übertragung. In jedem Fall müssen aber ein Fehlverhalten und die karmischen Voraussetzungen für diese Krankheit vorhanden sein.

Erkältungskrankheiten sind nicht unbedingt negativ

Man sollte aber eine Grippe oder eine andere Erkältungskrankheit nicht immer nur negativ bewerten. Diese Verkühlungen stellen ja auch Ausscheidungsvorgänge dar, die unserer Gesundheit oft sehr nützlich sein können. Hat sich im Körper eines Menschen viel Schädliches angesammelt, kann so eine Grippe, ein Schnupfen oder eine Erkältung durchaus ein Segen sein, denn der Kranke wird dabei endlich die in den Schleimhäuten aufgespeicherten Gifte los. Es ist also ein großer Unsinn, Grippe zu bekämpfen, besonders wenn man dabei zu Antibiotika greift. Antibiotika wirken, wie schon bemerkt, ohnehin nur auf Bakterien. Grippe wird aber bekanntlich durch Viren verursacht. Man geht am besten gar nicht gegen sie vor, sondern unterstützt den Ausscheidungsprozeß, indem man Einläufe, Überhitzungsbäder oder andere Methoden anwendet, welche die Ausscheidung zusätzlich fördern. Man muß nicht in jeder Krankheit ein Übel sehen. Außerdem werden alle Krankheiten, wie wir gehört haben, durch ein geistiges Fehlverhalten ausgelöst.

KAPITEL 4

• *Mir ist da heute etwas aufgefallen. Man hört ja in den Nachrichten dauernd über die Grippewelle. Kann es nicht sein, daß die Medien mit ihren ständigen Berichten eine Massensuggestion auslösen, die eine Epidemie erst hervorruft oder zumindest fördert?*

Das spielt sicher auch eine Rolle.

Medienberichte

• *Es wird ja mehrmals täglich verlautbart: »Die Grippewelle kommt! Sie müssen sich unbedingt impfen lassen!« Ich glaube, damit wird die Epidemie erst heraufbeschworen. Wir haben derzeit unglaublich viele Krankenstände unter den Büroangestellten.*

Damit wird ein Faktum bestätigt, über das wir eben erst gesprochen haben: Gedanken haben große Kraft! Suggestion ist geballte Gedankenenergie. Damit kann man alles Mögliche in Gang setzen. Selbstverständlich kann man mit ihr auch Krankheiten auslösen.

• *Ich konnte das gelegentlich schon an mir selber beobachten. Die ständigen Berichte lösen in mir ein regelrechtes Angstgefühl vor der Krankheit aus. Dadurch bekomme ich die Grippe natürlich erst recht.*

Zum diesem Thema gibt es eine Geschichte aus dem alten Orient, die den psychischen Auslöser von Epidemien bildhaft hervorhebt.

Parabel: Die Pest in Mekka

»Ein frommer Moslem pilgerte nach Mekka. Unterwegs begegnete ihm die Pest. ›Wohin gehst du?‹ fragte er die Schreckliche. ›Ich bin auf dem Weg nach Mekka,‹ antwortete die Pest, ›um mir von dort fünfzig Seelen zu holen.‹ Der Pilger zog weiter, erreichte die heilige Standt und verrichtete die vorgeschriebenen Gebetsübungen.

Auf dem Heimweg traf er am nämlichen Ort abermals auf die Pest. ›Du hast mich belogen!‹ rief er ihr vorwurfsvoll entgegen. ›Du sagtest, du wolltest dir in Mekka fünfzig Seelen holen, aber du nahmst fünfzigtausend.‹ Die Pest zuckte mit den dürren Schultern. ›Was soll ich tun,‹ seufzte sie, ›wenn sich mir die Menschen vor lauter Angst in die Arme werfen?«

Angst schafft Elementale

Ihr solltet immer daran denken: Durch Gedanken der Furcht bildet ihr ein Elemental, eine Gedankenform. Wir haben diese Geistwesen bereits erwähnt, als wir über das Positive Denken sprachen. Dort arbeiten sie an der Erfüllung der Wünsche. Einem Menschen, der sich fürchtet, bringen sie ebenfalls das, was er sich erdenkt: Sie schaffen genau das herbei, was er fürchtet.

• *Was steckt dahinter, wenn die Grippewelle in den Medien so intensiv besprochen wird?*

Auf jeden Fall handelt es sich um ein Milliardengeschäft: Das Geschäft mit den Impfstoffen. Am besten ist es, die Medien gar nicht zu beachten. Ich höre nie oder nur sehr selten Radio, ich sehe nie fern, ich lese kaum eine Zeitung, daher weiß ich gar nicht, wann eine Grippewelle stattfindet.

• *Da muß man eben vertrauen.*

Der Volksmund gibt Hinweise

Ja, natürlich, man muß Gott vertrauen. Zu den vielen Auslösern einer Grippewelle kommt aber noch ein weiterer dazu. Gerade der Schulanfang ist dafür ein gutes Beispiel: Überlegt euch einmal, wieviele Menschen auf die Schule ›verschnupft‹ sind. Damit habt ihr einen Hinweis auf einen weiteren Urheber der Grippewelle.

Ich habe das vor kurzem an mir selber erlebt. Ich sollte für unsere Oma den Umzug durchführen, hatte dazu aber absolut keine Lust. Was geschah? Ich bekam prompt Husten und Schnupfen. Das sagt eigentlich schon alles. Es bedeutet nämlich: Ich habe auf das Übersiedeln ›gehustet‹ und war ›verschnupft‹, weil man mich dazu ausersehen hatte. Der Volksmund drückt das ganz klar und unmißverständlich aus.

Auf Redewendungen zu achten, kann sehr hilfreich sein, wenn man mit dem Spiegelgesetz oder dem Analogiegesetz arbeitet. Löse ich die anstehende karmische Aufgabe, ist auch die Erkältung bald vorbei. Ich hoffe, daß wir das Thema Epidemien in diesem Zusammenhang ausreichend behandelt haben und nun weitergehen können.

KAPITEL 5

Zwischendurch ein paar Worte zur Ausführungsweise meiner Vorträge. Vom Gesichtspunkt der Aufarbeitungsmöglichkeit her betrachtet sind mir wöchentliche Seminarabende lieber als diese langen Wochenendseminare, denn an den zwei Tagen des Wochenendes kommt immer so viel Stoff zusammen, daß die Teilnehmer ihn kaum überschauen und schon gar nicht umsetzen können. Bekommt man dagegen nur einmal pro Woche ein paar Stunden lang etwas Neues vermittelt, hat man danach jeweils mehrere Tage lang Zeit, das Gehörte zu verarbeiten.

Ganz wichtig erscheint mir, - ich werde euch deshalb noch öfter daran erinnern, - daß ihr auf eurem Weg in kleinen, aber stetigen Übungsschritten vorwärtsschreitet. Ihr solltet nicht von der Vorstellung ausgehen, alle hier aufgerollten Lektionen auf einmal umsetzen zu müssen. Das wäre nur sehr schwer durchzuhalten und würde dazu führen, daß ihr nach kurzer Zeit frustriert aufgebt. Geht in wohlüberlegten Schritten vor und freut euch über jeden kleinen Erfolg!

Beginnt mit den einfachsten Veränderungen

Beginnt mit den Veränderungen dort, wo sie euch am leichtesten fallen. Nehmt euch *die* Punkte zuerst vor, bei denen ihr am ehesten mit Erfolgen rechnen könnt. Laßt die schweren Brocken zunächst noch beiseite. Bevor man sich an diese heranwagt, sollte man in der geistigen Arbeit bereits ein wenig gefestigt sein und ein paar Erfolgserlebnisse hinter sich haben. Dann kann man an die gewichtigeren Lasten herangehen. Und stellt euch bitte kein Zeitlimit für einen geplanten Lernschritt. Das ist nicht ratsam. Paßt euer Lerntempo den Erfolgen an. Sagt euch: »Ich bemühe mich und gehe Schritt für Schritt vor. Mag es dauern, so lange es will.« Wichtig ist, daß ihr nicht stehenbleibt. Überfordert euch also nicht! Erinnert Euch an das Lachen und die Freude!

KAPITEL 6

Wir wollen nun über die Abstufungen und Grade der geistigen Entwicklung sprechen.

Die sieben Ebenen der geistigen Entwicklung

Die Graphik auf der gegenüberliegenden Seite zeigt alle Stufen der geistigen und spirituellen Evolution, die der Mensch ersteigen muß, ehe er sich wieder jenen Bereichen nähert, die vor dem Fall aus der göttlichen Ordnung seine Heimat waren. Es handelt sich bei dieser Spirale natürlich nur um eine Denkhilfe, aber sie macht doch recht deutlich die vielen einzelnen Schritte erkennbar, aus denen sich unser Aufstieg zusammensetzt. Ihr seht darauf insgesamt sieben Entwicklungs*ebenen* mit je einundzwanzig Entwicklungs*stufen*, also alles in allem 147 Stufen. Ein Mensch, der die siebente Ebene erklommen hat, steht demnach kurz vor den letzten Einweihungen. Damit hätte er das erreicht, was hier auf Erden unser aller Wunschziel sein sollte.

Menschen, die etwa im gleichen Alter stehen wie ich oder vielleicht ein wenig jünger sind, haben ihre geistige Entwicklung meist irgendwo in den unteren Ebenen begonnen, - ungefähr in der ersten oder zweiten Entwicklungsebene. Kinder, die heute zur Welt kommen, sind im Gegensatz dazu oft schon auf irgendeiner Stufe der dritten Ebene, manche sogar noch ein bißchen höher. Von diesen Kindern können wir sehr viel lernen.

Ich habe ein Mädchen kennengelernt, das auf der vierten Entwicklungsebene stand und hellsichtig war. Es konnte Verstorbene sehen und unterhielt sich manchmal mit ihnen. Die Jenseitigen waren für sie ebenso real wie lebende Menschen und sie hatte keine Furcht vor ihnen. Leider beging das Mädchen einen Fehler: Es erzählte seinen Eltern von diesen Kontakten. Vater und Mutter waren entsetzt wegen dieser ›Wahnvorstellungen‹ und übergaben ihre Tochter sofort psychiatrischer Behandlung. Die Ärzte konstatierten Schizophrenie. In der Folge erhielt das Kind jahrelang schwere Psychopharmaka. Das Typische und für die Betroffenen Tragische an derartigen Fällen ist, daß nicht sein kann, was nicht sein darf. Es ist nicht erlaubt, etwas zu sehen, das andere nicht wahrnehmen können. Deshalb mußte das Mädchen diese Therapie über sich ergehen lassen.

• *Wie kommst du zu der Ansicht, daß alle Fünfzigjährigen auf einer niedrigen Entwicklungsstufe stehen? Es muß doch auch unter ihnen welche geben, die weiter fortgeschritten sind.*

Natürlich gibt es auch unter den Fünfzigjährigen höher Entwickelte, das ist gar keine Frage. Ich habe vom Durchschnitt gesprochen. Ich kenne Leute, die älter sind als ich und bereits die sechste Entwicklungsebene innehaben.

Menschen, die ganz im Materialismus verhaftet sind, bewegen sich auf den unteren Ebenen. Meine Generation und auch die Generation unserer Väter haben fast ausschließlich die materielle Seite des Seins gelebt. Überlegt euch bitte, was passiert wäre, wenn jemand vor zwanzig Jahren ein Seminar wie dieses abgehalten hätte. Er wäre höchstwahrscheinlich als Geisteskranker abgestempelt worden.

• *Ist es aber nicht so, daß sich achzig Prozent der Menschheit immer noch auf den materiellen Stufen befinden?*

Mindestens achzig Prozent, ja. Aber es werden derzeit immer mehr Kinder geboren, die

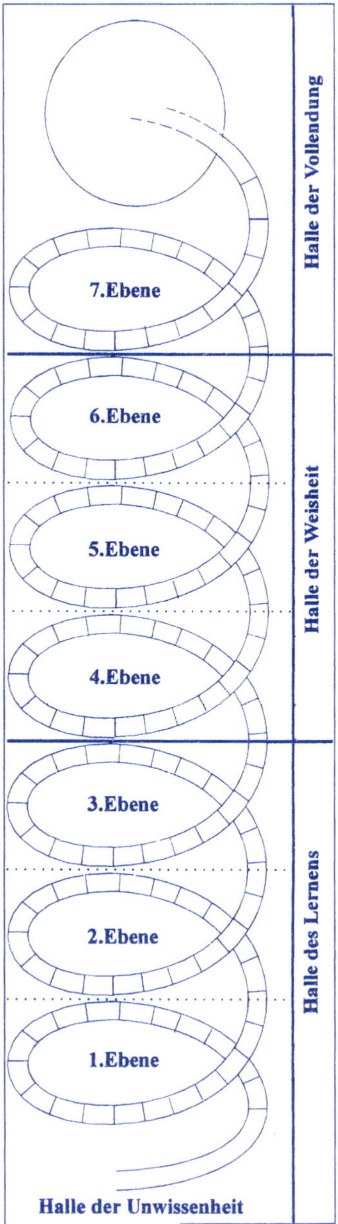

Abbildung 7

schon weiter entwickelt sind. Wir leben gerade in einer Endzeit, einer Übergangsphase, in der beides vorhanden ist.

KAPITEL 7

• *Ich habe eine Bekannte, die den sechsten Sinn besitzt. Trotzdem habe ich bei ihr nicht den Eindruck, daß sie spirituell sehr weit entwickelt ist.*

Geistig Fortgeschrittene, die vom rechten Weg abirren

Das ist durchaus möglich. Manche Menschen haben diese Talente in ihren Vorexistenzen erworben, sind aber im gegenwärtigen Leben vom geistigen Weg abgeirrt. Fortgeschrittene werden ja vom Widersacher stets besonders hartnäckig und heimtückisch versucht. Viele wissen mit ihren mentalen Talenten nichts anzufangen. Bei diesen Menschen bleiben die spirituellen Fähigkeiten ihr Leben lang versteckt oder verschüttet.

• *Die Bekannte, von der ich gesprochen habe, ist eine durch und durch egoistische Person und vollkommen materialistisch eingestellt. Daneben hat sie noch eine Reihe anderer schlechter Eigenschaften.*

Es gibt eine Reihe von Möglichkeiten, wie deine Bekannte zur Hellsichtigkeit gelangt sein mag. Sie könnte sich diese spezielle Begabung in einem Vorleben erarbeitet haben, wie ich schon angedeutet habe. Allerdings müßte sie dann damals spirituell höherstehend gewesen sein, als sie es deiner Aussage gemäß heute zu sein scheint.

Eine weitere Möglichkeit bestünde darin, daß deine Bekannte die erwähnten Fähigkeiten in einem dieser Seminare erlernt hat, in denen esoterische Techniken gelehrt werden, ohne die ethische Entwicklung des Adepten zu berücksichtigen. Vor dieser unverantwortlichen Art der geistigen Schulung habe ich euch schon mehrmals gewarnt.

Jeder Schaden, den man anrichtet, muß ja karmisch ausgeglichen werden. Je höher aber ein Mensch auf der Entwicklungsspirale gestiegen ist, um so größer ist seine Verantwortung für die diesseitigen und jenseitigen Welten.

Auswirkungen des Karmas

Daher bewirken in den oberen Entwicklungsebenen Verstöße gegen die göttlichen Gesetze ungleich stärkere karmische Belastungen als auf den unteren Stufen. Übertritt ein Fortgeschrittener die göttliche Ordnung, treffen ihn die Folgen immer sehr hart. Die gleiche Verfehlung verursacht bei einem Suchenden, der erst am Beginn seines geistigen Weges steht, einen wesentlich geringeren Ausgleich als bei einem Menschen aus den höheren Evolutionsbereichen. Nicht umsonst heißt es in dem bekannten Sprichwort: »Je höher man steigt, um so tiefer kann man fallen.«

So ist zum Beispiel eine Besessenheit meist der karmische Ausgleich für einen schweren Eingriff in die göttliche Ordnung. Besessene sind fast immer Menschen, die in einer Vorexistenz ihre geistigen Kräfte mißbraucht haben und nun ihre karmische Schuld begleichen müssen, indem sie am eigenen Leibe durchleben, was sie einst böswillig oder aus Leichtsinn heraufbeschworen haben.

Besessenheit oder Behinderung als karmischer Ausgleich

In einem Vorleben begangene schwere Verfehlungen können auch durch eine Behinderung in diesem Leben ausgeglichen werden. Wobei die Behinderung natürlich immer ein großer und wichtiger Lernprozeß für den Betroffenen ist.

KAPITEL 8

• *Warum steht dann in der Bibel, daß Jesus Christus für unsere Sünden gestorben ist?*

Das behaupten einige der etablierten Kirchen. Sie unterliegen damit aber einem schweren Irrtum.

• *Das ist es, was ich nie verstanden habe: Warum muß sich ein Behinderter in diesem Leben so abquälen, wenn doch Jesus Christus für seine Sünden gestorben ist?*

War der Kreuzestod Christi unvermeidbar?

Genau da liegt der Irrtum. (Übrigens hätte Jesus gar nicht sterben müssen. Er ist nur deshalb in den Tod gegangen, weil die Menschen nicht reif genug waren, Seine Lehre anzunehmen.) Daß Christus für unsere Sünden gestorben wäre, ist eine Interpretation der etablierten christlichen Kirchen. Christus sagte wohl: »Ich gebe mein Leben für euch«, aber Er meinte das nicht so, wie die Kirchen es darstellen. Deren Auslegung würde ja in letzter Konsequenz bedeuten: »Du kannst dein Leben lang alle Schlechtigkeiten begehen, die man sich nur vorstellen kann, - wenn du im Angesicht des Todes deine Verbrechen bereust und beichtest, kommst du trotzdem in den Himmel. Christus hat dir ja alle Sünden abgenommen.«

Reue und Beichte

Im umgekehrten Fall würde ein Mensch, der sich sein Lebtag lang bemüht hat, nach den Gesetzen Gottes zu leben, aber nicht das Glück hatte, in seiner letzten Minute einen Geistlichen zur Seite zu haben, wegen einiger kleiner Fehler schuldiger vor dem Angesicht Gottes stehen als jener Verbrecher, von dem wir vorhin gesprochen haben. Allein der Gedanke daran ist eigentlich eine Ungeheuerlichkeit.

Jesus meinte mit seinen Worten etwas anderes: »Gleichgültig, was mit Mir geschieht, Ich lebe die Prinzipien der göttlichen Gesetze. Wer Mir nachfolgt, wird das Himmelreich erlangen.«

Es lag sicher nicht in der Absicht Jesu, uns Menschen die Folgen unserer Fehlhandlungen abzunehmen. Er hätte uns damit ja auch die Chance genommen, durch Lernen aus unseren Fehlern vorwärtszukommen. Das würde in weiterer Folge bedeuten, daß die Menschenseele geistig immer auf ihrem tiefen Stand verbliebe, weil keine Notwendigkeit für eine Höherentwicklung bestünde. Jesus hat durch Sein Wirken auf dieser Welt der Menschheit etwas viel Wertvolleres geschenkt: Jeder Mensch, der Seinem Vorbild folgt, hat jetzt die Möglichkeit, aus eigener Kraft und ohne fremde Hilfe alle Einweihungen zu erfahren, die ihn zu Gott zurückbringen. *Vor* Christus stand dieser Heilsweg nur wenigen Auserwählten offen, nämlich jenen Menschen, die das Glück hatten, eine Einweihungsschule besuchen zu dürfen.

Christus öffnete uns das Tor zur Freiheit

Das ist die Gabe der Erlösung, die Christus der Menschheit darbrachte. Jeder Strebende, der sich darum bemüht, kann sich nun jederzeit von allen negativen Kräften befreien. Er muß dazu nur die göttlichen Gesetze befolgen und die Alliebe erringen. Im letzten Augenblick des Lebens die Sünden zu bereuen ist zu wenig. Das wäre natürlich viel einfacher, als lange Zeit an sich zu arbeiten. Es handelt sich um einen Irrtum. Wahre Reue auf dem Sterbebett kann das Karma vielleicht ein wenig verringern, - auflösen kann sie es sicher nicht. Jeder Mensch ist verpflichtet, seine Verstöße gegen die göttliche Ordnung persönlich auszugleichen. Eine Auflösung durch Christus oder eine andere Person ohne Zutun des Verursachers wäre unlogisch und ungerecht.

Ihr könnt sicher sein, - das ist die Aussage eines der geistigen Gesetze, über die wir nächste Woche sprechen werden, nämlich des Gesetzes des Ausgleichs, - alles *muß* ausgeglichen werden, und es *wird* auch alles ausgeglichen. Auch die Schwindeleien, von denen wir heute gesprochen haben, - von denen man glaubt, man könne sich durch sie einiges ersparen, - sie alle müssen auf Heller und Pfennig bezahlt werden.

Ausgleich ist Gerechtigkeit und Gnade Gottes

Ausgleich - das ist die Gerechtigkeit *und* die Liebe Gottes. Gott sagt: »Ich liebe dich, daher verdamme ich dich nicht wegen deiner Vergehen, sondern gebe dir die Möglichkeit, sie zu tilgen.« Was wir verursacht haben, müssen wir auflösen. Nur auf diese Weise besteht auch Gerechtigkeit gegenüber den anderen, an denen wir uns schuldig gemacht haben.

Wir dürfen auch nicht den Irrtum begehen zu glauben, unsere kleinen Fehler spielten keine Rolle. Oft sind es unsere summierten kleinen Alltagssünden, die als gewaltige Lawinen karmischer Folgen über uns hereinbrechen. Das I Ging hat diese Wahrheit bereits vor mehr als dreitausend Jahren formuliert. Gerade auf Kleinigkeiten sollten wir besonders achten.

Werft einen Blick auf die Partnerschaften in unserer Zeit: Sie zerbrechen meist nicht an großen Problemen, sondern an Lappalien. Solange es für beide Partner wichtige gemeinsame Ziele gibt, hält die Gemeinschaft. Erst wenn der zermürbende tägliche Trott einsetzt, beginnen die Ehepartner, einander auf die Nerven zu gehen. »Warum macht er das so? Warum macht er es nicht so, wie ich es will?« An solchen Kleinigkeiten scheitern die Ehen. Daher ist es wichtig, auf unsere kleinen Fehler zu achten und sie zu beseitigen. Das ist ein nicht unwesentlicher Teil der Arbeit an der eigenen Person.

KAPITEL 9

• *Mir ist die Bedeutung der Entwicklungsspirale noch nicht ganz klar. Steht jede Stufe für ein Leben?*

Nein. Man kann alle Stufen und Ebenen ohne weiteres in einem Leben durchlaufen. Die Spirale enthält kein Zeitelement. Es läuft auch nicht alles so streng nach einer Gradeinteilung ab, wie es nach einem Blick auf die Graphik den Anschein hat. Sie ist, wie ich schon sagte, nur ein Modell. Sie zeigt uns anhand einer symbolischen Bilddarstellung die ungefähre Reihenfolge, in der die geistige Evolution des Menschen abläuft.

Man kann Entwicklungsstufen überspringen

Man kann dabei aber auch einige Stufen überspringen. Ich erkläre es euch an einem Beispiel: Es kann vorkommen, daß jemand von der Stufe sechzehn der zweiten Entwicklungsebene sofort auf die erste Stufe der dritten Ebene springt, obwohl er die Stufen siebzehn bis einundzwanzig der zweiten Ebene nicht beschritten hat. Eines ist hier vielleicht auch noch interessant: Ab der dritten Ebene setzt nach und nach ohne unser Zutun die Hellsichtigkeit ein. Einweihungen werden oft gar nicht als solche wahrgenommen. Sie sind aber in der Akasha-Chronik festgehalten. Ihr dürft euch unter diesen ›Einweihungen‹ keine materiell vollzogenen Rituale vorstellen. Es gibt Menschen, die von all dem, was wir hier lernen, keine Ahnung haben, die noch nie in ihrem Leben von der spirituellen Entwicklung gehört haben, und die trotzdem einen großen geistigen Vorwärtssprung schaffen.

Manche wissen nicht, daß sie geistig hochentwickelt sind

Das wäre beispielsweise der Fall, wenn jemand eine selbstlose Tat für seine Mitmenschen vollbringt, die ihn große Selbstüberwindung kostet, - eine unerwartete Handlung bedingungsloser Nächstenliebe, nachdem er in seinem bisherigen Dasein die Liebe zu den Menschen vernachlässigt hat. Er hätte damit jenen Schritt bewältigt, der zuvor seine Evolution verhindert hat. Dieser Mensch befindet sich dann möglicherweise auf einer relativ hohen Entwicklungsstufe, ohne etwas davon zu ahnen.

KAPITEL 10

Eines ist sicher: Je liebevoller und achtsamer ein Mensch mit sich selber umgeht, um so besser und schneller kommt er in seiner geistigen und spirituellen Entwicklung voran. Damit meine ich nicht, daß man seinen Egoismus oder seine Genußsucht pflegen sollte. Unter liebevoll und achtsam sich selbst gegenüber verstehe ich, seinem Körper und seinem Geist nur das Bestmögliche zuzuführen.

Dem Körper und dem Geist nur das Beste zuführen

Das ist einer der Gründe, warum ich auf Alkohol, Nikotin und Fleisch verzichte; - *einer* der Gründe, denn es gibt mehrere. Mir ist mein geistiger Werdegang einfach wichtiger als das Konsumieren zweifelhafter Genußmittel. Dieser Entschluß gilt aber nur für meine Person und sollte von niemandem unreflektiert übernommen werden. Jeder muß diesen Schritt für sich selber entscheiden, und er sollte ihn vorher reiflich überlegen.

Als ich mich dazu entschloß, dachte ich dabei nicht an meine geistige Evolution, sondern es ging mir um meinen Fortschritt in der Radiästhesie. Ich wollte feinfühliger werden, um Störzonen besser wahrnehmen zu können. Ich habe damals nachgeforscht, was mir dabei dienlich sein könnte, und ich stieß in einem Buch auf den Satz: »Wer seine Feinfühligkeit steigern will, muß auf grobe Nahrungsmittel verzichten«. Deshalb habe ich den Genuß von Alkohol, Nikotin und Fleisch eingestellt. Dazu kam noch, daß mich schon vorher eine Kostumstellung von meiner chronischen Migräne befreit hatte. Beides zusammen hat meinen Entschluß gefestigt.

Der Verzicht auf ein paar Konsumgüter ist zwar keine Voraussetzung für den geistigen Fortschritt, aber er erleichtert ihn doch beträchtlich. Ich enthalte mich auch deshalb verschiedener Nahrungs- und Genußmittel, weil ich herausgefunden habe, daß sie erstens meiner Gesundheit schaden, und daß zweitens ihr Gebrauch den geistigen Gesetzen widerspricht.

Verzichten soll Freude bereiten

Hat man einmal den Vorsatz gefaßt, sich bestimmte Dinge zu versagen, sollte man darauf achten, daß der Verzicht in der Praxis freudig und zwanglos vonstatten geht. Auf keinen Fall soll er zum Martyrium werden. Verzicht kann Freude bereiten, wenn man weiß, *warum* man ihn leistet.

Wer dagegen Enthaltsamkeit erzwingen will, wird wahrscheinlich nach ein paar Tagen scheitern. Man sollte auch darauf achten, daß man nicht zum fanatischen Asketen wird. Überfiele mich eines Tages plötzlich die Lust auf irgendeinen Gaumenkitzel, den ich gewöhnlich vermeide, von dem ich mir aber nun auf einmal einbildete, ihn zu brauchen, dann würde ich meine Diätpläne eben für einige Zeit lockern und zugreifen. Ich würde diesen Schritt dann ganz bewußt machen und alle daraus resultierenden Konsequenzen in Kauf nehmen. So etwas kommt bei mir allerdings sehr selten vor.

Hellsichtigkeit bei verschiedenen Menschengruppen

• *Ich habe kürzlich einen Artikel über Hellsichtigkeit gelesen. Dazu hätte ich eine Frage an dich. Man hat bei Untersuchungen herausgefunden, daß sich unter Menschen, die vegetarisch leben, unter Menschen, die regelmäßig meditieren, sowie unter Zigeunern und unter Eskimos der höchste Prozentanteil an Hellsichtigen findet. Bei den Eskimos hat mich das sehr gewundert, denn diese essen ja fast ausschließlich Fleisch.*

Die Eskimos ernähren sich hauptsächlich von Fisch und nicht vom Fleisch höherer Tiere. In ihrem Lebensraum gibt es keine andere Möglichkeit, als sich von Jagd und Fischfang zu ernähren. Sie leben aber in ihrem Bereich in völligem Einklang mit der Natur.

Jagd und Fischfang bei Naturvölkern

Wie alle Naturvölker haben sie ein ganz anderes Verhältnis zu ihrer Jagdbeute als ›zivilisierte‹ Menschen zu ihrem Schlachtvieh. Das Tier, welches ein Eskimo erlegt, opfert sich für ihn, und der Jäger bedankt sich dafür bei dessen Gruppenseele. Das ist ein spiritueller Akt, den wir längst verlernt haben.

Beispiel: Castaneda und das Wildkaninchen

Bei *Carlos Castaneda* könnt ihr darüber einiges nachlesen. In seinem Buch *Reise nach Ixtlan* schildert der Autor, wie er von seinem Lehrer, dem indianischen Magier Don Juan, in der Sonora-Wüste in die Geheimnisse der Jagd eingeweiht wird. Der Magier erklärt seinem Schüler während eines Jagdausfluges, er, Castaneda, sei dazu ausersehen, noch vor Einbruch der Dunkelheit ein Wildkaninchen zu fangen. Der Schriftsteller hatte mit dem Indianer schon mehrmals die Jagd mit Fallen geübt und eine gewisse Geschicklichkeit darin bewiesen. Wirklich ging auch diesmal nach kurzer Zeit ein Kaninchen in seine Falle. Don Juan befahl nun seinem Schüler, das Tier zu töten und zuzubereiten, bevor die Sonne unterginge.

Castaneda weigerte sich. Er hatte schon einigemale mit seinem Lehrer in der Wildnis Tiere gefangen, aber er hatte sie bisher noch nie töten müssen. Nachdem er dem zu Tode erschrockenen Kaninchen in die Augen geblickt hatte, brachte er es nicht mehr übers Herz, das kleine Geschöpf zu schlachten. Don Juan erklärte ihm, dieses Kaninchen sei zum Tode bestimmt und für ihn, Castaneda, zum Opfer bereit. Er müsse es töten, enthäuten, braten und von seinem Fleisch essen. Dieses Mahl würde ihm besondere Kräfte verleihen.

Castaneda blieb bei seiner Weigerung. Zuletzt stieß er mit dem Fuß gegen die Falle, um dem Kaninchen Gelegenheit zum Entschlüpfen zu geben. Durch den Stoß kippte der Aufbau um und begrub das gefangene Tier unter sich. Als Castaneda die Kiste hochhob, war das Kaninchen tot. Don Juan erklärte seinem Schüler, daß das Kaninchen zum Opfer auserwählt und an seinem Schicksal nichts mehr zu ändern gewesen wäre.

Töten um des Genusses Willen

Es ist einerlei, ob ihr die Eskimos, die Indianer, die australischen Aborigenes oder ein anderes Jägervolk als Beispiel nehmt: Sie alle essen Tiere nur, um in ihren Gebieten überleben zu können. Das Töten des Jagdwildes ist für sie eine spirituelle Handlung. Es ist ein Geben und Nehmen zwischen Jäger und Gejagtem. Dort wo Fleisch zum Überleben notwendig ist, bildet das Erlegen von Tieren keinen Verstoß gegen geistige Gesetze. Wir dagegen, wir Menschen der ›zivilisierten‹ Länder, töten um des Genusses Willen. Das ist wahrscheinlich der verwerflichste Vorwand zum Töten. Das Tier ist für uns zum Gegenstand, zum Fleischlieferanten geworden, dessen Leben nicht zählt.

Wir Menschen der westlichen Länder brauchten nicht zu töten, um uns zu ernähren. Wir haben so viele Nahrungsmittel zu unserer Verfügung, daß wir auf Fleisch längst nicht mehr angewiesen sind. Unsere Böden bieten überreichlich alle Lebensmittel, die wir das ganze Jahr über für eine gesunde und ausgewogene Ernährung brauchen.

Ich zum Beispiel habe seit mindestens fünfzehn Jahren kein Fleisch und keinen Fisch mehr zu mir genommen, und ich fühle mich dabei wohl und gesund. Meine Kinder haben noch nie Fleisch gegessen, und trotzdem zählt meine Tochter Caroline zu den Größten ihrer Klasse. Es ist ein Märchen, daß Fleisch ein Bestandteil unserer Ernährung sein muß. Ich wiederhole aber: der Verzicht auf Fleischnahrung ist keine Voraussetzung für den geistigen Weg. Wer Fleisch essen will, mag es essen. Ich habe damit keine Probleme.

Das Schächten

• *Ich denke, bei den Juden gibt es da einen Unterschied. Bei ihnen wird das Fleisch geschächtet. Das ist auch eine spirituelle Handlung. Oder ist das nicht so?*

Ich sehe das nicht so. Ich halte Schächten für eine äußerst brutale Methode, ein Tier zu töten. Ist dir der Vorgang bekannt? Das lebende Tier wird dabei an den Hinterbeinen aufgehängt, und der Schächter, ein Kultbeamter, schneidet ihm mit einem Messer quer durch Luftröhre, Speiseröhre und Halsschlagader. Das Tier stirbt dabei einen langsamen und qualvollen Tod durch Verbluten und

Ersticken. Ich möchte mit solchem Fleisch nicht in Berührung kommen. Nach meiner Auffassung ist das Schächten ebensowenig ein spiritueller Akt wie unser Schlachten. Ich finde es überaus grausam. Die Mohammedaner vollziehen übrigens den gleichen Ritus.

• *Bist du auch der Meinung, daß nahe dem Endziel der Schöpfung die Tiere einander nicht mehr töten werden?*

Raubtiere sind Spiegelbilder des Menschen

Natürlich. Tiere, die töten, sind Spiegelbilder der Menschen. Würde der Mensch nicht töten, gäbe es auch keine Raubtiere. Es ist zum Beispiel überhaupt kein Problem, einen Hund vegetarisch zu ernähren. Das Eiweiß, das er braucht, kann man ihm einfach in Form von Milchprodukten zuführen.

Unser Hund hat in seinen letzten Lebensjahren rein vegetarisch gelebt. Es ist interessant, wie sehr sich das Verhalten des Tierhalters in seinem Haustier widerspiegelt. Wir hatten zwei Hunde, und beide haben Salat dem Fleisch vorgezogen. Vor allem mochten sie das Dosenfutter nicht.

KAPITEL 11

Gut, gehen wir weiter. Ist euch nun klar, was es mit der Entwicklungsspirale und den Entwicklungsstufen auf sich hat? Das Bild gefällt mir deshalb so gut, weil man es mit einem Spiralenweg vergleichen kann, der einen Berg hinanführt. Fortschreitend und höhersteigend kann der Wanderer immer tiefer in das umgebende Land hineinsehen. Je näher er dem Gipfel kommt, um so größer wird sein Gesichtsfeld, um so mehr kann er von der Welt überblicken, die sich unter ihm ausbreitet. Er kann einem Menschen, der unten im Tal erst am Beginn des Weges steht, gar nicht klarmachen, welche Schönheiten es von dort oben aus zu sehen gibt.

Die ›Rahmenbedingungen‹

Zur geistigen Evolution des Menschen gibt es noch eine andere Metapher, die mir ebensogut gefällt (siehe Abbildung 8, Seite 134). Stellt euch zwei Personen vor, die in einem Raum stehen und in Richtung Fensterwand blicken. Die eine ist knapp an das Fenster getreten, die andere hält sich weit davon entfernt. Diese Situation könnte man als die Rahmenbedingungen für die beiden bezeichnen. Jede von ihnen soll nun beschreiben, was sie sieht. Die erste erblickt grüne Wiesen, einen wunderschönen alten Baum, eine kleine Stadt und im Hintergrund schneebedeckte Berge. Sie beschreibt dem Gefährten, was sie sieht. Dieser lacht sie aus: »Du bist verrückt! Hier gibt es nichts weiter zu sehen als einen alten Bretterzaun!« *Ihm* ist die Sicht im wahrsten Sinne des Wortes mit Brettern vernagelt.

Die ›Rahmenbedingungen‹

Abbildung 8

Der Unterschied ist bei beiden Modellen klar herausgearbeitet. Je weiter man sich entwickelt hat, um so größer wird der Überblick, um so tiefer werden die Einsichten, die man gewinnt, um so umfassender wird auch das Verständnis für andere Menschen, - das Verständnis selbst für jene, denen Überblick und Einsicht noch fehlen.

Verständnis für die Mitmenschen

Genau dieses Verstehen wollen wir in uns wachrufen. Wir beschreiten den geistigen Weg ja nicht, um uns über andere zu erheben. Im Gegenteil: Wir wollen lernen, die Mitmenschen so anzunehmen, wie sie sind, und wir wollen uns stets bemühen, ihnen zu helfen. Wir wollen damit aufhören, sie zu verurteilen.

Wer sich diese Einstellung zu eigen gemacht hat, denkt nicht mehr: »Mein Gott, ist der dumm. Er bemerkt nicht einmal, was direkt vor seinen Augen liegt«, sondern er empfindet mit den Menschen, die erst am Anfang ihres Weges stehen und die Wahrheit noch nicht sehen können. Sie sind eben noch nicht so weit, aber sie sind auf dem Weg, und nur das ist wichtig.

Diese Betrachtungsweise hat mir sehr weitergeholfen. Wenn ich mich am Anfang meiner Beratertätigkeit bemühte, jemandem den Weg zu zeigen, doch der sagte zwar: »Ja, ja,« handelte hinterher aber ganz anders, konnte ich das lange nicht begreifen.

Bis ich eines Tages erkannte: »Der andere kann die Notwendigkeit des Schrittes noch gar nicht einsehen, er nimmt sie einfach noch nicht wahr.« Er steht noch zu weit weg von dem vorhin angesprochenen Fenster. Er ist den Spiralenweg der Entwicklung noch nicht hoch genug gestiegen, um den Überblick zu haben.

Seit mir das bewußt geworden ist, kann ich jedem Menschen beistehen, ohne in Emotion zu geraten oder ihn zu verurteilen. Ich kann ihm helfen, indem ich ihn ermuntere: »Beginne doch einmal mit dieser kleinen Veränderung, dann wirst du sehen ....«. Früher dachte ich mir: »Laß doch den Narren.«

Nur wer Verständnis für die Menschen aufbringt, kann ihnen wirklich helfen. Nur dann wird man ihnen die Hilfsmittel liebevoll anbieten. Man kann beispielsweise jemandem raten: »Lies dieses Buch. Du findest darin etwas, das dir weiterhelfen wird.« Und irgendwann bemerkt man, daß es mit dem Betreffenden aufwärts geht.

Das sind die wahrhaft schönen Augenblicke für jemanden, der sein Leben dem geistigen Fortschritt der Menschen gewidmet hat. Viel schöner als jene Momente am Anfang der geistigen Laufbahn, in denen man sich mit seinem esoterischen Wissen allen anderen unglaublich überlegen dünkte. Überheblichkeit führt zwangsläufig zu Leid. Ich weiß, wovon ich spreche, denn ich habe alle diese Umwege erprobt.

• *Das war sicher eine Lehre für dich.*

Richtig. Das war meine Lehre.

KAPITEL 12

• *Wie ist das, wenn man sich ganz oben auf der siebenten Ebene befindet, - muß man dann eigentlich noch auf dieser Welt inkarnieren?*

Nein, dann steht es der Seele frei, ob sie sich noch einmal auf Erden einverleiben will oder nicht. Seht euch bitte noch einmal unsere Graphik an (Abbildung 7, Seite 125). Sie zeigt die sieben Entwicklungsebenen, die auf drei sogenannte *Hallen* verteilt sind. Die ersten drei Entwicklungsebenen gehören zur *Halle des Lernens*, die Ebenen vier bis sechs zur *Halle der Weisheit* und die siebente ist die *Halle der Vollendung*. Innerhalb der Hallen gibt es noch weitere Aufgliederungen. Klammert euch aber bitte nicht zu sehr an diese Einteilungen, es handelt sich ja, wie gesagt, nur um ein Modell, um eine symbolische Darstellung. Die Wirklichkeit kann auch ein wenig anders aussehen.

• *Könntest du das bitte noch einmal genau ausführen?*

Die ›Halle des Lernens‹

Gern. Wir können dazu noch eine andere Graphik heranziehen (siehe Abbildung 9, Seite 136). Beginnen wir mit den Entwicklungsebenen eins bis drei. Wir haben gehört, daß sie unter dem Begriff *Halle des Lernens* zusammengefaßt werden. Die Entwicklungsebene eins wird wiederum aufgeteilt, und zwar in *geistig schlafend* und *geistig suchend*. *Geistig schlafend*, die Entwicklungs*stufen* eins bis drei der Entwicklungs*ebene* eins, verweisen auf die völlige Materiebezogenheit der betreffenden Person. Auf diesen Stufen finden wir Menschen, deren Denken, Fühlen und

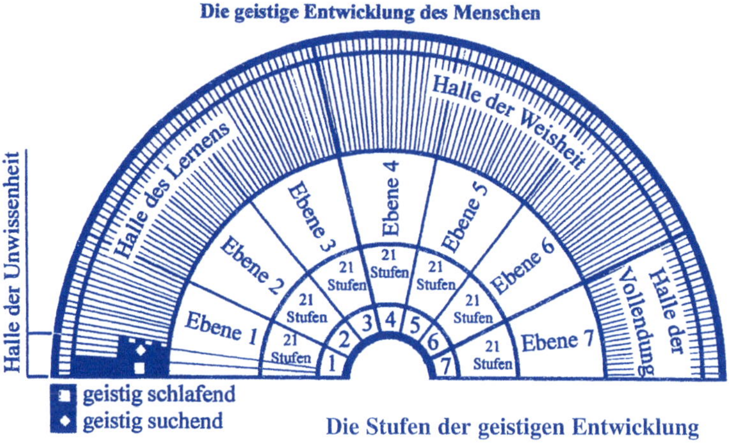

Abbildung 9

Handeln ausschließlich um materielle Dinge kreist, die weder Gott noch geistige Werte anerkennen. Auf den Stufen vier bis sieben der Entwicklungsebene eins, - *geistig suchend*, - vollziehen sich die ersten Schritte auf dem geistigen Weg.

Die ›Halle der Unwissenheit‹

Die Stufen eins bis sechs der ersten Entwicklungsebene tragen außerdem den Namen *Halle der Unwissenheit.* Dort kann es noch zu weiteren kleinen Abweichungen vom Schema kommen. Gewöhnlich vollzieht sich auf der Entwicklungsstufe einundzwanzig der Entwicklungsebene eins der Sprung zur Stufe eins der Entwicklungsebene zwei. Hier verläßt man im Normalfall die Halle der Unwissenheit und betritt eigentlich erst die Halle des Lernens.

Es kommt aber vor, daß ein Mensch dreißig oder sogar zweiunddreißig Entwicklungsstufen in dieser Ebene ausharren muß, weil er einen zum Aufstieg unerläßlichen Entwicklungsschritt nicht schafft. Dieser Mensch erwirbt sich ständig neue Qualitäten, aber an der entscheidenden Aufgabe scheitert er immer wieder. Das kann der Hemmschuh für Suchende sein, die zwar gut, liebevoll und barmherzig sind, es aber nicht über sich bringen, an Gott zu glauben. In der Halle des Lernens verbleibt man so lange, bis man die dritte Ebene mit ihren einundzwanzig Stufen gemeistert hat.

- *Hängt geistige Entwicklung mit der Intelligenz zusammen?*

Geistige Entwicklung und Intelligenz

Nein, überhaupt nicht. Sie hat mit Intelligenz gar nichts zu tun. Im Gegenteil. Es gibt hohe Eingeweihte, die sehr einfache - manche würden sogar sagen: ein wenig minderbemittelte - Menschen sind; - vom Intellekt her minderbemittelt, meine ich. Wobei sich der Intelligenzgrad eines Menschen gar nicht so leicht bestimmen läßt, wie das manche glauben. Jedenfalls sagen weder Intelligenzquotient noch soziale Rangstufe etwas über den Wert einer Menschenseele aus.

• *Das geht auch aus Untersuchungen an Seher-Kindern hervor. Bei Tests hat man unter ihnen auch geistig einfachere ausgewählt, um zu beweisen, daß ihre Gabe nicht aus dem Intellekt kommt.*

Der menschliche Verstand ist häufig ein Hindernis auf dem geistigen Weg.

Die ›Halle der Weisheit‹

Bringen wir die Erläuterung der Entwicklungsspirale zu Ende. Ab der Entwicklungsebene vier kommen wir in die *Halle der Weisheit*. Hier beginnt der Mensch, weiser zu denken und zu handeln; - weiser, nicht intellektueller! Das sind zwei ganz verschiedene Wesensmerkmale. Weisheit bedeutet, in allen Belangen des Lebens die göttliche Ordnung voranzustellen.

Durch unermüdliches Arbeiten an seiner geistigen Evolution steigt der Strebende weiter bis zur Entwicklungsebene sechs. Ich kenne einige Menschen, die diesen Rang erreicht haben. Die Eingeweihten der Ebene sechs können jederzeit bewußt hellsehen, sie können sich auch nach Belieben mit Verstorbenen in Verbindung setzen, um nur zwei ihrer mentalen Fähigkeiten aufzuzählen.

Die ›Halle der Vollendung‹

Ja, und in der siebenten Ebene, der *Halle der Vollendung*, finden wir viele jener hohen Meister, die freiwillig in unsere Welt kommen, um der Menschheit zu dienen. Ab den höchsten Stufen der sechsten Entwicklungsebene muß man nicht mehr auf Erden inkarnieren. Wer es dennoch tut, handelt aus freiem Willen. Karmisch besteht dafür keine Notwendigkeit mehr.

KAPITEL 13

• *Kann man sich geistig und spirituell auch wieder zurückentwickeln?*

Nicht wirklich. Man bleibt so lange auf einer Entwicklungsstufe stehen, bis man seine Weiterentwicklung freiwillig fortsetzt. Man verfügt auch fernerhin über die dort einmal erworbenen Fähigkeiten. Es kann aber vorkommen, daß ein Mensch, der einen hohen Entwicklungsstand erreicht hat, in einer neuen Wiedergeburt keinen Anschluß an die göttliche Ordnung findet und geistig absinkt. Man muß bedenken, daß es für die Gegenseite einen besonderen Anreiz darstellt, geistig hochstehende Menschen ins Verderben zu locken.

Das Straucheln hat für den Eingeweihten meist sehr tragische Folgen, denn den Gestürzten trifft bei Verfehlungen die seinem Entwicklungsstand entsprechende karmische Belastung mit voller

Härte. Wer hellsichtig ist und seine Fähigkeiten beispielsweise dazu benutzt, um sich zu bereichern, muß mit massiven karmischen Folgen rechnen. Der Ausgleich kann in Form einer schweren Krankheit oder einer Besessenheit zum Ausdruck kommen.

Ein Mensch, der sich auf der *ersten* Entwicklungsebene befindet und, um ein Beispiel zu nennen, einen Betrug *begeht*, hat mit weit weniger karmischen Belastungen zu rechnen als ein Fortgeschrittener der *vierten* Ebene, der an einen Betrug bloß *denkt*. Daher ist besonders für Wissende größte Aufmerksamkeit geboten, damit sie nicht in eine der zahlreichen Fallen geraten.

• *Diese Einweihungsschritte scheinen sehr wichtig zu sein. Handelt es sich dabei um genau festgelegte Qualifikationen, die erworben sein müssen, wie zum Beispiel: An Gott zu glauben ist der Schritt von Stufe einundzwanzig der Ebene eins auf Stufe eins der Ebene zwei?*

Unterschiedliche Entwicklungsschritte

Nein. Die Entwicklungsschritte sind für jeden Menschen verschieden.

KAPITEL 14

Versucht nie, vom Äußeren oder den Äußerungen eines Menschen abzuleiten, auf welcher Entwicklungsstufe er steht. Manch einer sagt: »Das ganze spirituelle Gerede ist ein Blödsinn«, aber in seinem Herzen ist er längst auf dem geistigen Weg. Er will es nur vor anderen nicht zugeben, - möglicherweise nicht einmal vor sich selber. Am Aussehen läßt sich das wirklich nicht feststellen.

Es sei denn, man wäre hellsichtig. Einem Hellsichtigen sagt die Farbe der Aura, also des Seelenleibes, auf welcher Stufe jemand steht. Ist eine Person von Farben im Rotbereich umgeben, handelt es sich mit großer Wahrscheinlichkeit um keinen Eingeweihten, denn eine Rotfärbung der Aura bedeutet Aggressionen.

• *Was verstehst du genau unter Einweihungen? Sind das intuitive Eingebungen besonderer Art?*

Ja. Es sind innerlich bewältigte geistige Lernschritte.

• *Also kein Ritual oder so etwas ähnliches?*

Vorsicht bei Einweihungen mit Hypnose

Nein, ganz gewiß nicht. Und weil du es schon angesprochen hast: Bitte haltet euch von Einweihungszeremonien jeglicher Art fern! Bei diesen Initiierungen wird meist ein Hypnoseblock gesetzt, der das Gegenteil dessen bewirkt, was man angestrebt hat: Anstelle von Aufstieg und Einweihung erfolgt eine Bindung an die entsprechende Ebene!

Manche esoterische Gruppen öffnen zum Beispiel das dritte Auge und rufen damit Hellsichtigkeit wach, ohne zu berücksichtigen, daß zuvor die ihr gemäße Ethik erworben werden muß. Im gesetzmäßigen Gang der Entwicklung wird einem Menschen die Sehergabe erst dann gewährt, wenn er die einschlägige geistige Rangstufe erstiegen hat. Die ungesetzmäßige, forcierte Erhöhung der Sensibilität bringt für den Betroffenen ganz schlimme Folgen: Er muß nun so lange auf dieser Stufe verbleiben, bis er alle anderen Entwicklungsebenen absolviert hat. Das heißt, jeder echte spirituelle Fortschritt ist bei ihm für lange Zeit unterbunden.

Ich habe euch schon mehrmals vor solchen Praktiken gewarnt und werde diesen Punkt noch öfter aufgreifen, weil er eine wirkliche Gefahr für die geistige Weiterentwicklung darstellt. Das sind genau jene Fälle, in denen wir uns einbilden, wir könnten dem lieben Gott ein Schnippchen schlagen. Ähnliches versuchen wir mit den Impfungen. Auch darüber haben wir bereits gesprochen. Der Mensch probiert es halt auf allen Ebenen. Es funktioniert aber nicht.

• *Welche Einweihungen hast du erhalten?*

Beispiel: Eine tibetische Einweihung

Ich habe ein tibetisches Einweihungs-Ritual hinter mir. Es war aber keines von der gefährlichen Art wie die, von denen ich eben gesprochen habe.

• *Wie war das?*

Es war eine sehr harmlose Form der Einweihung, keine Initiierung. Durch Gesänge, durch das Rezitieren von Mantras und durch vorgeschriebene Übungen wurde unser Schwingungszustand angehoben. Es bestand dabei keine Gefahr, einen Hypnoseblock aufgesetzt zu bekommen.

Initiierungs-Riten enthalten fast immer hypnotische Beeinflussungen. Deshalb sind sie abzulehnen. Wichtig ist, daß ethische Entwicklung und geistige Fähigkeiten Hand in Hand gehen. Hütet euch vor allem, was man euch beibringen oder an euch öffnen will, ohne die Ethik an die erste Stelle zu setzen. Es gibt heute eine ganze Reihe von Seminaren, die geistig Suchende anlocken, indem sie ihnen die rasche Erweckung ihrer mentalen Fähigkeiten versprechen. Laßt euch von ihnen nicht verführen! Hellsichtigkeit kommt von alleine, wenn ihr die entsprechende Entwicklungsebene erreicht habt, wenn ihr also geistig dafür reif seid. Was darüber hinaus vorgenommen wird, sind ungesetzmäßige Eingriffe, die unser Karma schwer belasten können.

Vergeßt diesen Grundsatz nie! Einige von denen, die rasch zu Propheten werden wollten, leben heute in bestimmten Trakten auf der Baumgartner Höhe und werden dort gegen Schizophrenie behandelt. Manchmal kommt es sogar zu schweren Fällen von Besessenheit.

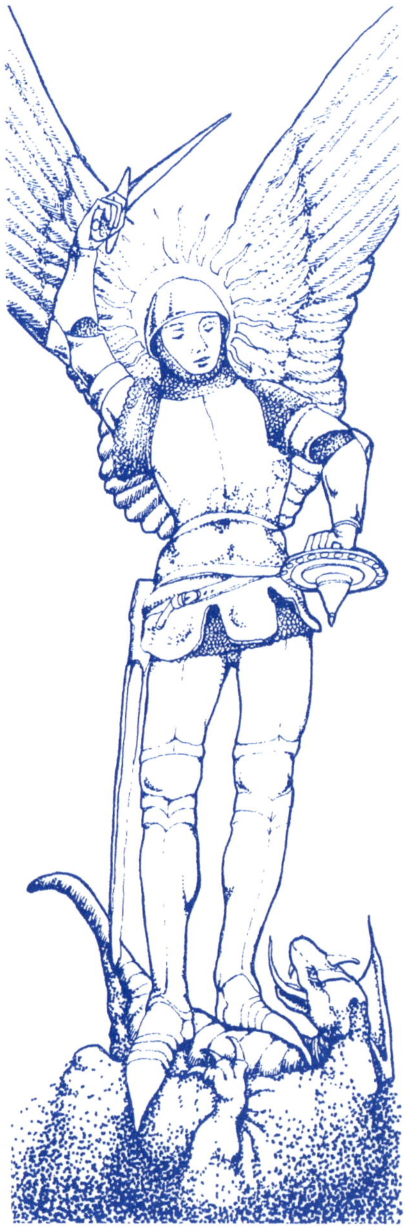

Damit wollen wir für heute schließen. Ich danke euch für den schönen Abend, den ihr durch eure Anteilnahme und die vielen interessanten Fragen und Anmerkungen bereichert habt. Ihr wißt ja: Meine Seminare werden durch eure Teilnahme mitgestaltet

Ich hoffe, der heutige Abend hat auch für euch nützliche Anregungen gebracht, und ich wünsche mir, daß ihr einiges davon in euren Alltag mitnehmen und dort verwirklichen werdet. Ich bin mir sicher: Wenn ihr die geistigen Aufgaben, die wir heute besprochen haben, in die Tat umzusetzen beginnt, wird sich das durch positive Folgen in eurem Leben bemerkbar machen, so wie es auch bei mir der Fall war. Das ist für jeden sehr wichtig, nicht nur für euch und für mich, sondern auch für die gesamte Menschheit. Denkt immer daran: Jedes Gebet und jede liebevolle Empfindung ist ein Gewinn für *alle* Menschen, denn damit lösen wir negative, vielleicht sogar böse Elemente auf. Liebevolles Denken ist die einzig richtige Art, dem Negativen zu begegnen. Durch Kampf können wir es nicht überwinden.

Gegen das Böse kann sich nur behaupten, wer ihm Liebe entgegensetzt. Liebe ist die Waffe Gottes. Sie wird symbolisiert durch das Schwert des Erzengels Michael. Sie trennt das Gute vom Bösen. Nichts Negatives kann dem konzentrierten Strahl dieser Liebe widerstehen. All dem können wir entnehmen, warum es so wichtig ist, sich für das Gute einzusetzen: Aus Liebe kann nicht Gewalt, Zerstörung oder Unterdrückung entstehen. Das wollen wir nie vergessen. Ich danke euch allen.

Die geistigen Gesetze

Weisheit ist der wahre Baum des Lebens

Heute wollen wir uns mit den geistigen Gesetzen beschäftigen. Zur Einstimmung auf dieses Thema habe ich ein Gleichnis Jesu Christi ausgewählt.

Das Gleichnis vom Sämann

Christus sprach: »Ein Sämann ging aufs Feld, um zu säen. Als er säte, fiel ein Teil der Körner auf den Weg und die Vögel kamen und fraßen sie. Ein anderer Teil fiel auf felsigen Boden, wo es nur wenig Erde gab, und ging sofort auf, weil das Erdreich nicht tief war; als aber die Sonne hochstieg, wurde die Saat versengt und verdorrte, weil sie keine Wurzeln hatte. Wieder ein anderer Teil fiel in die Disteln, und die Disteln wuchsen und erstickten die Saat. Ein anderer Teil schließlich fiel auf guten Boden und brachte Frucht, teils hundertfach, teils sechzigfach, teils dreißigfach.«

Christus gab zu diesem Gleichnis auch eine Erklärung: »Immer wenn ein Mensch das Wort vom Reich Gottes hört und es nicht versteht, kommt der Böse und nimmt alles weg, was diesem Menschen ins Herz gesät wurde; hier ist der Samen auf den Weg gefallen. Auf felsigen Boden ist der Samen bei dem gefallen, der das Wort hört und sofort freudig aufnimmt, aber keine Wurzeln hat, sondern unbeständig ist; sobald er um des Wortes Willen bedrängt oder verfolgt wird, kommt er zu Fall. In die Disteln ist der Samen bei dem gefallen, der das Wort zwar hört, aber dann ersticken es die Sorgen der Welt und der trügerische Reichtum, und es bringt keine Frucht.«

Der letzte Satz weist uns auf die Falle hin, in die wir Menschen des ausklingenden zwanzigsten Jahrhunderts sehr leicht geraten. Wir sind umgeben von Tand und überfordert von den pausenlosen Anfechtungen der Medien, die uns an das Materielle ketten wollen. Sobald wir uns in dieser Scheinwelt verstricken, verlieren wir die Verbindung zu Gott.

Um das Gleichnis zu Ende zu bringen: »Auf guten Boden ist der Samen bei dem gefallen, der das Wort hört und es auch versteht.« (»Und der danach lebt«, möchte ich hinzufügen.) »Er bringt dann Frucht, hundertfach oder sechzigfach oder dreißigfach.«

Die geistigen Gesetze sind wie die Samen des Sämannes in unserem Gleichnis. Achten wir darauf, daß sie bei uns auf fruchtbaren Boden fallen.

Erster Teil: Das Gesetz von Ursache und Wirkung und das Gesetz der Wiedergeburt

KAPITEL 1

Das Gesetz von Ursache und Wirkung und das Gesetz der Wiedergeburt werden hier in einem Abschnitt zusammengefaßt, um dadurch zu betonen, wie eng sie miteinander verknüpft sind. Sie tragen nämlich nur gemeinsam zu einer sinnvollen Klärung unseres Erdendaseins bei, wie wir bald feststellen werden. Deshalb werden die beiden Gesetze auch manchmal das *Zwillingsgesetz* genannt. Der Zweck sowohl des Zwillingsgesetzes als auch aller anderen geistigen Gesetze liegt darin, den Menschen den Weg zu weisen, der sie zur göttlichen Ordnung zurückführt.

Das Gesetz von Ursache und Wirkung

Wir beginnen mit dem *Gesetz von Ursache und Wirkung*. Es wird auch das *Gesetz des Karmas* genannt. Das Wort *Karma* stammt aus dem Sanskrit und bedeutet sinngemäß übersetzt soviel wie *Tat* oder *Werk*. *Karma* wird oft mit unserem Begriff *Schicksal* gleichgesetzt. Das ist irreführend, denn unter *Schicksal* verstehen wir gewöhnlich vorherbestimmte, unausweichliche Ereignisse, die unser Leben diktieren, ohne daß wir auf sie Einfluß nehmen können. Für andere Zeitgenossen wiederum ist das Schicksal eine Folge von Zufällen. Beides ist unrichtig. Im Gesetz des Karmas ist eindeutig festgelegt: Der Mensch setzt mit jeder Empfindung, jedem Gedanken, jedem Wort und jeder Tat eine Ursache, die für ihn Folgen hat. Auch ein Nicht-Handeln, wie zum Beispiel eine unterlassene Hilfeleistung, zieht Folgewirkungen nach sich.

Der Zufall

Daraus dürfen wir ableiten: Alles, was dem Menschen zustößt, sind Reaktionen auf sein eigenes Denken und Handeln. Es gibt nicht die geringste Lebensäußerung, die ein Mensch im Hinblick auf sein Karma unverbindlich ausführen könnte. Wir können also weiter folgern: Den *Zufall* im Sinne einer ungesetzmäßigen, chaotischen Abfolge von Ereignissen gibt es nicht.

Karma und christliche Religionen

Das Gesetz von Ursache und Wirkung ist auch den christlichen Religionen vertraut. »Was ihr sät, werdet ihr ernten«, heißt es mehrmals in der Bibel. Was hier bildhaft ausgedrückt wird, entspricht genau dem Gedanken des Karmas. Selbst dem Volksmund ist diese Gesetzmäßigkeit geläufig. Dort finden wir sie in Sprichworten wie: »Jeder ist seines Glückes Schmied« oder »Wie man in den Wald hineinruft, so hallt es zurück«.

Die Schwierigkeit, Karma zu erkennen

Es gibt eine große Schwierigkeit, in den Widrigkeiten des Lebens die Folgen vergangener Gedanken und Taten zu erkennen: Manche Menschen haben in zurückliegenden Inkarnationen und im gegenwärtigen Leben so viel Schuld auf sich geladen, daß die daraus resultierenden Folgewirkungen oft erst nach langer Zeit, manchmal sogar erst in einem zukünftigen Leben, zur karmischen Aufarbeitung an die Reihe kommen. Daher können sie die Zusammenhänge zwischen ihren ursächlichen Handlungen und den heute eintretenden Wirkungen nicht mehr erkennen. Gerade diese Menschen sollten sich jedoch besonders bemühen, ihre karmischen Verstrickungen zu lösen. Dann werden sich ihnen durch die Gnade Gottes die Zusammenhänge bald offenbaren.

Wer nicht lernt, leidet

Das Gesetz des Karmas macht unser Leben durchschaubar. All unser Leid, alle unsere Schicksalsschläge erhalten dadurch einen Sinn, denn wir leiden ja nur, wenn wir in unseren Ansichten erstarrt sind und uns nicht ändern wollen. Wer nicht lernt, leidet!

Alles bisher Gehörte führt uns zu einer wichtigen Erkenntnis: Unser gesamtes Wesen, also alles, was wir in diesem Moment darstellen, ist die Summe all dessen, was wir bis zum gegenwärtigen Zeitpunkt erarbeitet oder noch nicht erarbeitet haben. Jeder Erdenbürger hat die Seinsform, die er in diesem Augenblick repräsentiert, selbst geschaffen, und niemand anderer als er selbst ist dafür verantwortlich. Das sagt uns das Gesetz des Karmas.

Es gibt positives und negatives Karma

Wir haben festgestellt, daß jedes Denken und Handeln karmische Folgen nach sich zieht. Selbstverständlich gibt es Karma sowohl in positivem als auch in negativem Sinne. Die positiven Taten eines Menschen haben für ihn positive Folgewirkungen, die negativen Taten negative. Da uns aber die positiven karmischen Folgen keine Schwierigkeiten bereiten, die negativen aber sehr wohl, wollen wir uns in diesem Vortrag überwiegend mit den letzteren befassen.

Wiederholen wir an dieser Stelle, was wir schon eingangs festgestellt haben: Sämtliche geistigen Gesetze dienen nur dazu, die Menschheit wieder zur göttlichen Ordnung zurückzuführen!

KAPITEL 2

Das Karma eines Menschen setzt sich aus mehreren Komponenten zusammen. Beginnen wir mit dem *persönlichen Karma*. Es besteht erstens aus dem sogenannten *Geburtskarma*, und zweitens aus dem in diesem Leben neu verursachten Karma. Beim *Geburtskarma* handelt es sich um jenen Teil karmischen Bestandes, den der Mensch als Erbsubstanz aus allen zurückliegenden Inkarnationen in die derzeitige Einverleibung mitgebracht hat. Dazu gehören zum Beispiel die Dispositionen für Krankheiten. Wir erben häufig die Veranlagung zu bestimmten Leiden. Manche Menschen tragen eine Nierenanfälligkeit in sich, manche eine Magenschwä-

Persönliches Karma: Das Geburtskarma

che, andere wieder haben die Neigung zu Kopfschmerzen oder zu Zahnverfall. Letztere haben dann beispielsweise bereits im Kindesalter schlechte Zähne, während andere Leute Zucker essen können, soviel sie wollen, ohne je in ihrem Leben eine Zahnplombe zu benötigen. Mit Hilfe der Antlitzdiagnose können wir die Anzeichen für gesundheitliche Schwächen schon an den Gesichtern von Kleinkindern ablesen. Sehr selten kommt ein Mensch jedoch bereits mit der voll entwickelten Krankheit zur Welt. Ob aus den ererbten Anlagen im Laufe seines Lebens Gesundheitsstörungen entstehen oder nicht, hängt meistens davon ab, wie der Betreffende lebt.

Persönliches Karma: Neues Karma

Zum zweiten besteht das persönliche Karma eines Menschen wie gesagt aus *neuem Karma*, also aus dem, was er sich während seines derzeitigen Lebens an Positivem und Negativem geschaffen hat. Das neue Karma resultiert aus all seinem Denken und Handeln seit seiner Übernahme der Eigenverantwortung. Im neuen Karma finden wir *die* Belastungen, die wir besonders genau analysieren sollten, denn sie zeigen uns jenes Fehlverhalten, dessen Aufarbeitung im gegenwärtigen Leben aktuell ist. Neues Karma können wir direkt bearbeiten und lösen, indem wir unsere Fehler ablegen.

Am Geburtskarma können wir nichts mehr ändern. Dieses wurde uns als kompaktes Paket auf unseren Erdenweg mitgegeben. Familien-, Volks- und Menschheitskarma, die wir in der Folge besprechen werden, können wir nur teilweise und in Abhängigkeit von der Mitwirkung anderer abbauen. Selbstverständlich lassen sich aber auch diese Arten von Karma durch eine entsprechende Lebensführung auflösen.

Das Familienkarma

Ein weiterer Bestandteil unseres Karmas ist das *Familienkarma*. Wie wir gerade erwähnt haben, hängt bei ihm ebenso wie bei den folgenden Karmaformen die Tilgung nicht von uns alleine ab. Familienkarma ist das Karma eines bestimmten kleineren Personenkreises, der häufig schon seit vielen Erdenleben durch ein gemeinsames Schicksal miteinander verbunden ist, - vorwiegend mit dem Ziel, wechselseitig Karma zu lösen. Jede beteiligte Seele hat sich vor ihrer Einverleibung auf dieser Welt bereiterklärt, zur Aufarbeitung des Familienkarmas beizutragen. Daraus ergibt sich, daß jede ins materielle Leben tretende Seele schwingungsmäßig mit ihren Familienangehörigen übereinstimmt.

Zum Familienkarma zählen auch die Verhältnisse, welche die Seele bei ihrem Eintritt in unsere Welt vorfindet. Sind die Eltern arm oder reich? Welcher Religion gehören sie an, beziehungsweise: sind sie konfessionslos? Sind sie religiös oder sogar fanatische Anhänger einer Religionsgemeinschaft? Aus all diesen und noch vielen anderen Komponenten läßt sich die Aufgabe ablesen, die der Mensch in diesem Erdenleben zu lösen hat.

Das Familienkarma wirkt auch bei Adoptionen, denn die betreffende Seele wußte vor ihrer Einverleibung, welche Verhältnisse sie erwarten. Auch bei einer Adoption muß eine Affinität zwischen dem Kind und den Adoptiveltern bestehen.

Abbildung 10

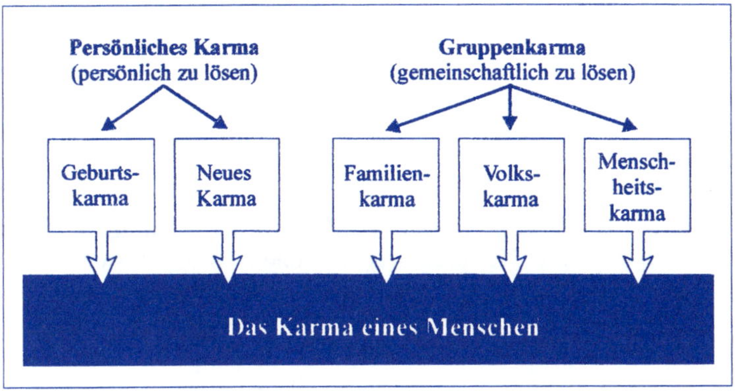

Das Volkskarma

Des weiteren trägt jeder Mensch auch noch am *Volkskarma* des Staates mit, in den er hineingeboren wurde. Volkskarma ergibt sich aus den Folgen der historischen und zeitgenössischen Aktionen, die ein Volk im Laufe seiner Geschichte bis zum gegenwärtigen Zeitpunkt gesetzt hat. Der Mensch muß als Angehöriger dieses Staates zusammen mit allen anderen Bürgern die angesammelten kollektiven Belastungen abtragen. Wir haben das Glück, in Österreich geboren zu sein, in einem Land, dessen Bürger im Augenblick *fast* in Freiheit leben dürfen. Allerdings, - wenn man gegen gewisse gesellschaftliche Normen verstößt, wird diese Freiheit sehr rasch eingeschränkt. Es ist also nicht die wahre Freiheit, die wir hier vorfinden, aber wir sind ihr doch relativ nahe.

Trotzdem sind männliche Angehörige unserer Bevölkerung unausweichlich Teil des Heeres. Es gibt zwar bei uns seit einiger Zeit den Zivildienst als Alternative zum Militärdienst, im Ernstfall jedoch müßte jeder erwachsene männliche Staatsbürger, der in einen bestimmten Altersbereich fällt, Dienst mit der Waffe leisten. Würde unsere Regierung einem anderen Land den Krieg erklären und es käme zu einer Generalmobilmachung, müßte jeder mitmachen. Ein Ausweichen auf den Zivildienst wäre dann nicht mehr möglich. Das sind einige Hinweise darauf, was wir an Volkskarma mittragen müssen. In Österreich ist das im Augenblick kein Problem, schaut man aber nur ein wenig über unsere Grenzen nach Ex-Jugoslawien hinüber, kann man schon eher ermessen, was Volkskarma bedeutet.

Das Menschheitskarma

Zuletzt sei noch erwähnt, daß es auch ein *Menschheitskarma* gibt. Diese Belastungen bestehen aus den Folgen all dessen, was die Menschen seit Bestehen des Planeten der Erde zugefügt und noch nicht ausgeglichen haben. Jeder Erdenbewohner hat an diesem Karma mitzutragen.

KAPITEL 3

Wie bauen wir neues Karma auf? Da gibt es natürlich zahllose Möglichkeiten. Ich habe einen Punkt herausgegriffen, der sehr einprägsam veranschaulicht, wie vielschichtig das Fehlverhalten sein kann, das zu karmischen Belastungen führt: falsche Ernährung.

Beispiel: Falsche Ernährung

Falsche Ernährung ist ein weiter Begriff. Ich kann mich biologisch richtig und vollwertig ernähren und trotzdem falsch essen. Das wäre beispielsweise der Fall, wenn ich meine Mahlzeiten hastig wie ein Verrückter hinunterschlinge. Dabei wird die Nahrung nicht ordentlich durchgekaut und eingespeichelt. Da nützen auch hochwertige biologische Lebensmittel nichts; solches Eßverhalten führt garantiert zu Gesundheitsstörungen. Ähnlich schädlich ist es, wenn ich jeden Bissen mit einem Getränk hinunterspüle. Das wären Beispiele für falsche Ernährung durch unvernünftiges Eßverhalten.

Von der Substanz her ist meine Ernährung falsch, wenn ich den Tag frühmorgens mit kaltem Schweinebraten beginne und abends mit einer Stelze beende. Das ist Fehlernährung durch einseitige und gesundheitsschädliche Auswahl der Nahrungsmittel.

Weiters sollten wir bei unserer Ernährung auch darauf achten, woher die Nahrungsmittel kommen. Handelt es sich um Fleisch aus einem Betrieb mit Massentierhaltung, wo die Tiere mit Medikamenten vollgestopft werden müssen, um die grausamen Lebensbedingungen zu überstehen? Mußte man die Tiere auf dem Weg zur Schlachtung mit Beta-Blockern behandeln, weil sie sonst vor dem Eintreffen im Schlachthaus vor Angst zugrunde gegangen wären? Kaufe ich solches Fleisch, mache ich mich sowohl an der gefühllosen Massentierhaltung, als auch am Tod meiner Mitgeschöpfe mitschuldig.

Aber auch wenn ich vegetarisch lebe, gilt es noch zu beachten, woher meine Nahrung kommt. Stammen die Lebensmittel aus einer ›normalen‹ Landwirtschaft, wo die Pflanzen während ihres

Wachstums zwanzig- bis dreißigmal mit Gift besprüht werden? Dann darf es mich nicht wundern, wenn ich alle diese gesundheitsschädigenden Stoffe auf meinem Teller wiederfinde. Greife ich zu dieser Ware, bin ich nicht nur verantwortlich für die Zerstörung meiner Gesundheit, sondern auch mitverantwortlich für die Vergiftung der Umwelt.

Auswirkungen der karmischen Belastungen

Ihr seht, wie verschiedenartig die Fehlerquellen sind, die wir bei unserer Ernährung in Erwägung ziehen sollten. Ähnlich kann es uns auch in zahlreichen anderen Bereichen des Lebens ergehen, wenn wir unachtsam sind. Jede dieser Fehlhandlungen erhöht unser negatives Karma, ohne daß wir gravierende Verstöße begehen, ja, meist sogar ohne daß uns überhaupt bewußt wird, falsch gehandelt zu haben. An unserem gestörten Wohlbefinden machen sich die karmischen Folgen aber bald unliebsam bemerkbar. Unsere Gesundheit ist ein Gradmesser, von dem wir ablesen können, ob wir unbesonnen waren. Fehlernährung bedeutet Schmerz, auch wenn wir uns keines Fehlers bewußt sind. Wir sind dann zwar schuldlos, aber die karmischen Folgen in Form von Krankheiten und Schmerzen haben wir dennoch zu tragen.

Unwissenheit schützt nicht vor Karma

Unwissenheit schützt also nicht vor Karma. Wer aus Mangel an Wissen gegen die geistigen Gesetze verstößt, ist zwar schuldlos, bürdet sich aber trotzdem negatives Karma auf. (Es verhält sich hier ähnlich wie bei den weltlichen Gesetzen: Die Unkenntnis eines Gesetzes schützt nicht vor den rechtlichen Folgen.)

Freier Wille und freie Entscheidung

Um euch das Karma und seine Auswirkungen auf unser Leben etwas anschaulicher zu machen, zeige ich euch jetzt zwei graphische Darstellungen, die aus unseren Pendeltabellen hervorgegangen sind. Im ersten Diagramm habe ich eine karmische Komponente von 65 Prozent eingezeichnet. Ein Mensch, auf den diese Konstellation zutrifft, wird in seinem Leben zu 65 Prozent mit vorbestimmten Ereignissen konfrontiert und hat nur zu 35 Prozent freie Entscheidung.

Abbildung 11

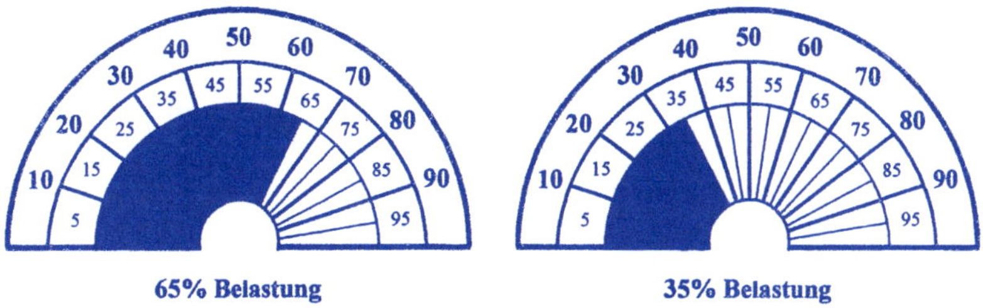

Grade der karmischen Belastung

Solche Werte sind in der heutigen Menschheit nicht selten. Ich hatte schon mit Leuten zu tun, die sogar mit 98 Prozent negativem Karma belastet waren. Das ist für den Betreffenden natürlich nicht angenehm, denn er fällt von einem mißlichen Erlebnis in das andere, ohne sie beeinflussen zu können und ohne zu wissen, warum gerade *er* es im Leben so schwer hat. Bei Gesprächen kann man das gelegentlich aus den Redewendungen der Betroffenen heraushören. »Ich komme mir vor wie ein Getriebener« wäre zum Beispiel ein Ausspruch, der auf eine karmisch stark belastete Person hinweist.

Wir haben also nur dann die Möglichkeit freier Entscheidung, wenn wir nicht durch vorgegebenes Karma blockiert werden. Wo das Karma wirkt, ist unser Weg festgelegt und wir müssen ihm folgen, ob wir wollen oder nicht. Jeder Mensch hat aber die Chance, sich von seinen karmischen Belastungen zu befreien. Das ist ja einer der Gründe, warum er auf Erden inkarniert. Die Lösung besteht darin, daß er seinen geistigen und spirituellen Fortschritt weiterführt.

Das zweite Diagramm (Seite 149, rechts unten) zeigt als Beispiel eine Person, die nur noch 25 Prozent Karma aufzulösen hat. Sie hat also bereits eine Entscheidungsfreiheit von 75 Prozent. Wir sollten in diesem Leben danach trachten, in die Nähe von 100 Prozent freier Entscheidung zu kommen. Das ist gar nicht so schwierig, wenn wir ständig an uns arbeiten. »Wer immer strebend sich bemüht, den können wir erlösen.« Diesen Satz aus Goethes' *Faust* sollten wir zu unserem Motto erwählen.

• *An der freien Entscheidung ist mir etwas nicht ganz klar: Wenn ein Mensch nur noch ein oder zwei Prozent freien Willens hat, kann er ja nichts mehr ändern.*

Die karmische Situation eines Menschen hat nichts mit seinem freien Willen zu tun. Er kann jederzeit damit anfangen, seine Belastungen abzubauen, - falls er es will! Hat ein Mensch nicht mehr als ein oder zwei Prozent freier Entscheidung, bedeutet das, daß in seinem Leben ein vorgegebenes Ereignis auf das andere folgt. Wenn es sein Wille ist, kann er diese karmische Umklammerung jederzeit durchbrechen. Er muß nur wirklich wollen. Der Wunsch allein genügt nicht. Wer wünscht, möchte etwas ohne Gegenleistung bekommen. Wir sind aber auf Erden, um an uns zu arbeiten.

Wir können uns das Privileg freier Entscheidung leicht erarbeiten, indem wir nach dem obersten Gesetz des Christentums leben: »Liebe Gott über alles und deinen Nächsten wie dich selbst.« (Den genauen Wortlaut des obersten Gesetzes finden wir auf Seite 152) Damit lösen wir altes *und* neues Karma auf und müssen es nicht erdulden. Es ist dies eine besondere Gnade Gottes, denn damit erlaubt Er uns, karmische Schuld ohne Leid auszugleichen.

• *Du sagtest vorhin, daß auch Nicht-Handeln negatives Karma nach sich zieht. Ich nehme aber an, daß die Unterlassung bewußt geschehen muß. Oder lade ich mir auch Karma auf, wenn ich den Fehler unbewußt begehe?*

Karma und Schuld

Auch wenn dir dein Fehlverhalten nicht bewußt ist, bürdest du dir damit Karma auf. Karma hat nichts mit Schuld zu tun. Du mußt es einfach als Antwort auf deine Handlungen und Unterlassungen ansehen. Schuld bedeutet, daß man bewußt gegen die göttlichen Gesetze verstößt. Karma und Schuld sind zwei ganz verschiedene Begriffe.

Beispiel: Unterlassene Hilfeleistung

Ein konkretes Beispiel, an dem ich selber beteiligt war, wird euch verdeutlichen, was schuldhaftes Nicht-Handeln ist: Ich fuhr mit dem Auto und hatte es eilig. (Das Eilig-Haben ist etwas, womit wir uns selber und auch unsere Mitmenschen quälen. In Wirklichkeit hat man es nie eilig.) Plötzlich sah ich, wie ein älterer Mann ausglitt und auf den Zebrastreifen fiel, wobei er seine Tasche mühsam festhielt. Aber ich hatte es ja eilig. Deshalb hielt ich nicht an, um nach dem Gestürzten zu sehen, sondern fuhr weiter. Das war eine typische Situation schuldhaften Nicht-Handelns. Die unterlassene Hilfeleistung trug mir 15 Prozent Karmabelastung ein, die ich in der nächsten Zeit mühevoll abarbeiten durfte.

Wie kann ich erkennen, wie hoch meine karmische Bürde ist, solange ich noch nicht die Möglichkeit habe, den Pendel oder ein anderes Hilfsmittel in Anspruch zu nehmen? Ganz einfach: Wenn ich mich ständig mit Situationen konfrontiert sehe, auf deren Verlauf ich keinen Einfluß nehmen kann, ist anzunehmen, daß der Pegel meines negativen Karmas eher hoch ist. Ist mein Leben frei von unbeeinflußbaren Zwischenfällen, darf ich daraus schließen, daß mein Karmapegel niedrig ist.

KAPITEL 4

• *Ich habe eine spezielle Frage zum Karma: Inwieweit ist Karma mit dem Opfertod Jesu in Verbindung zu bringen?*

Um diese Frage zu beantworten, muß ich etwas weiter ausholen. Jesus Christus kam auf die Erde, um Gottes Erlösungsplan für die Menschheit zu verwirklichen. Durch Seine Lehre und Sein gesetzmäßiges Leben gab Christus den Menschen Verhaltensanleitungen, die sie aus der Fallwelt wieder in ihre angestammte Heimat zurückführen sollen: in die himmlischen Sphären nahe der göttlichen Absolutheit.

Geistige Gesetze in der Bibel

Wir dürfen mit Sicherheit annehmen, daß Jesus Christus dieses Ziel verfolgte, als er den Menschen Seine Lehren offenbarte. In dieser Absicht verkündete Er beispielsweise das oberste Gesetz und viele andere Lehren. Ich gebe euch im folgenden einige Beispiele, die euch das veranschaulichen werden:

Nehmen wir als erstes das schon mehrmals zitierte oberste Gesetz: *»Du sollst den Herrn, deinen Gott, lieben mit deinem ganzen Herzen, mit deiner ganzen Seele, mit deiner ganzen Kraft und mit deinem ganzen Sinn«* und *»Deinen Nächsten wie dich selbst.«*

Oder eine ähnliche Lehre zur Nächstenliebe: *»Alles nun, was ihr wollt, daß euch die Menschen tun, sollt ebenso auch ihr ihnen tun; denn das ist das Gesetz.«*

Greifen wir noch zwei weitere Regeln heraus, die sich ganz unverkennbar auf das Gesetz von Ursache und Wirkung beziehen: *».... Gott läßt Seiner nicht spotten; denn was einer sät, das wird er auch ernten: wer auf sein Fleisch sät, wird vom Fleisch Verderben ernten; wer auf den Geist sät, wird vom Geist ewiges Leben ernten. Laßt uns nicht müde werden, Gutes zu tun; denn zur rechten Zeit werden wir ernten, wenn wir nicht erschlaffen.«*

»Wer spärlich sät, wird auch spärlich ernten, und wer mit vollen Händen sät, wird mit vollen Händen auch ernten.«

Wer aufmerksam im Neuen Testament liest, findet es voll von Lehren wie den eben angeführten. Überdenken wir deren Inhalt, stellen wir fest, daß sie eindeutig die Grundgedanken der geistigen Gesetze enthalten. Daraus dürfen wir schließen, daß Christus bemüht war, der Menschheit die geistigen Gesetze nahezubringen.

Der Opfertod Jesu war keine unvermeidbare Notwendigkeit. Hätten die Menschen jener Zeit Seine Lehren angenommen und Ihn als den Erlöser anerkannt und weiterwirken lassen, wäre Sein Kreuzestod vermieden worden.

Es gibt eine alte Weisheit, die ihr euch gut merken solltet, - sowohl für das Leben in den eigenen vier Wänden, als auch für die Öffentlichkeit: »Der Prophet gilt nichts im eigenen Lande.«

Leider paßt diese Wahrheit ebenso in die Gegenwart wie in die Zeit Jesu. Gerade den Menschen, die wir lieben, fällt es oft besonders schwer, zu uns zu stehen, wenn wir uns aufmachen, einen neuen Weg zu gehen.

Das Wesentliche am Kreuzestod Jesu Christi ist aber nicht Sein Sterben, sondern Seine Auferstehung. Durch Seine Auferstehung hat Christus uns gezeigt, daß es ein Weiterleben nach dem Tode gibt, ein Weiterleben sogar in der materiellen Welt, - wenn man spirituell weit genug fortgeschritten ist.

KAPITEL 5

Daß die Auferstehung Christi eine Tatsache ist, wurde meiner Meinung nach durch die wissenschaftlichen Untersuchungen des Turiner Tuches eindeutig bewiesen. Wer schon vom *Turiner Tuch* gehört hat, wird wissen, daß es sich dabei um das Grabtuch Christi handelt, das Spuren Seiner Auferstehung trägt.

Die Geschichte des Turiner Grabtuches

Das Tuch gelangte während der Kreuzzüge von Jerusalem nach Konstantinopel, wo es schriftlichen Berichten zufolge im Jahre 1204 gesehen wurde. 1353 erbaute man dafür in der Stadt Chambéry in Savoyen eine Abtei. 1578 wurde es von Frankreich nach Italien überstellt, wo es seither in der Kathedrale von Turin in einer silbernen Schatulle aufbewahrt wird.

Vor allem im Mittelalter, als ein reges Reliquiengeschäft blühte, gab es etliche Kirchen und Klöster, die behaupteten, das Grabtuch Christi zu besitzen. Über diesem besonderen Tuch lag jedoch schon immer eine geheimnisvolle Aura, obgleich es nur undeutliche, schwache Flecken zeigt, die ineinander verlaufen und aus einiger Entfernung die Kontur einer menschlichen Gestalt erkennen lassen. Jahrhundertelang wußte man damit nichts Rechtes anzufangen. Das wirklich Besondere an dem Turiner Tuch ist, daß heute sogar viele Wissenschaftler davon überzeugt sind, daß es sich bei ihm um das echte Grabtuch Christi handelt.

Die Entdeckung des Secondo Pia

Die Geschichte der modernen wissenschaftlichen Untersuchungen des Phänomens begann um die Jahrhundertwende. Im Jahre 1898 erhielt der Turiner Photograph Secondo Pia den Auftrag, die ersten photographischen Aufnahmen des Tuches zu machen. Erst während dieser Arbeit offenbarte sich das Mysterium der Reliquie. Als der Photograph nämlich seine Platte entwickelte, machte er eine überraschende Entdeckung: Auf der Photo-Platte erschien kein Negativ, sondern das positive Abbild eines bärtigen Mannes. War jedoch die Gestalt auf dem Grabtuch nur nebelhaft auszumachen, zeigte das Negativbild auf der Platte Figur und Gesichtszüge klar und deutlich.

Im Normalfall erschien beim Entwickeln einer photographischen Platte zuerst ein negatives Bild des Objektes, das auf Papier übertragen wurde und durch diese Umkehrung wieder ein positives Bild ergab. In diesem Fall zeigte sich beim Entwickeln jedoch ein positives Bild auf der Platte. Das bedeutet: Auf dem Turiner Grabtuch ist ein negatives Abbild zu sehen!

Wissenschaftliche Untersuchungen

Das war eine Sensation ersten Ranges, und es setzten zuerst wilde Spekulationen und schließlich eine Flut von wissenschaftlichen Untersuchungen ein, die bis in unsere Gegenwart andauern. Zunächst nahm man an, es handle sich bei dem Tuch um eine geschickte Fälschung aus dem Mittelalter. Mikroskopische Überprüfungen ergaben jedoch, daß das Tuch keinerlei Farbauftrag aufwies, wie er bei einer Übermalung hätte auftreten müssen, sondern daß die fleckigen Verfärbungen die einzelnen Fäden vollkommen durchtränkten. Außerdem war im Mittelalter die Technik der Photographie noch unbekannt. Aus welchem Grund hätte also damals ein Maler auf die Idee kommen sollen, ein negatives Bild auf das Tuch zu bringen?

Auch die hinzugezogenen Mediziner verwarfen bald die Vorstellung, daß es sich um die Arbeit eines mittelalterlichen Künstlers handeln könne, da zu jener Zeit die anatomischen Kenntnisse noch zu gering waren, um ein Werk dieser Präzision zu vollbringen.

Spuren der Hinrichtung Jesu

Gerichtsmedizinische Untersuchungen bestätigten, daß die in den Evangelien aufgezeichneten Schilderungen über die Hinrichtung Jesu zum Großteil zutrafen. Die dunklen Stellen auf dem Grabtuch wiesen deutlich auf die Lage der Wunden hin: auf Stirn und Schädelwölbung, an der Augenbraue, auf der rechten Seite des Brustkorbes, auf dem linken Handgelenk (die Arme sind über dem Becken gekreuzt, wobei die linke Hand das rechte Handgelenk verdeckt), an den Füßen und überall auf dem Rücken. Jesus wurde also durch die Handgelenke an das Kreuz genagelt, und nicht durch die Handflächen, wie es oft auf Gemälden zu sehen ist. Er wurde gegeißelt und von der Lanze des römischen Soldaten an der rechten Seite durchbohrt. Die Dornenkrone sah etwas anders aus, als sie von den Malern üblicherweise wiedergegeben wird. Sie hatte nämlich die Form einer Haube, die den ganzen Kopf bedeckte und die Kopfhaut zerstach.

In unserem Jahrhundert schritt die Wissenschaft rasch vorwärts und entwickelte auf allen Gebieten exaktere Testverfahren, die auch zur Beglaubigung von Echtheit oder Fälschung des Turiner Tuches eingesetzt werden konnten. Es gab eine Reihe von Erklärungsversuchen, wie der Abdruck auf das Tuch gekommen sein könnte.

Myrrhe und Aloe

Laut Johannes-Evangelium umwickelten Joseph von Arimathäa und Nikodemus den Leichnam Jesu zusammen mit einer Beigabe aus Myrrhe und Aloe. Es tauchte daher die Vermutung auf, daß die Wirkung dieser Kräuter den Negativ-Effekt bei der Verfärbung des Tuches erzeugt haben könnte. Andere Wissenschaftler kamen zu dem Schluß, daß die Bestandteile der Aloe in Verbindung mit der Ausscheidung des Leichnams diese Spuren zurückgelassen hätten. Bei chemischen Untersuchungen konnte man tatsächlich Spuren von Myrrhe und Aloe auf dem Tuch nachweisen, eine Reaktion in der Art der Verfärbungen konnte bei Tests jedoch nicht nachvollzogen werden.

Textil- und Pollenuntersuchungen

Anerkannte Textilfachleute fanden heraus, daß das Leinen des Grabtuches in allen Details mit Stoffunden übereinstimmt, die aus dem östlichen Mittelmeerraum des ersten bis dritten nachchristlichen Jahrhunderts stammen. Durch Pollenuntersuchungen wurde schließlich der Beweis erbracht, daß das Tuch von Palästina über Kleinasien nach Europa gelangte. Pollen verändern ihre Substanz im Laufe der Zeit nicht. So fand man auf dem Turiner Tuch Pollen, die zweitausend Jahre alten Ablagerungen aus dem See Genezareth entsprachen.

Erstes Resümee

Einige der untersuchenden Wissenschaftler hatten aus all diesen Ergebnissen ein aufsehenerregendes Resümee gezogen: Sie erklärten, daß ihrer Ansicht nach das Abbild auf dem Tuch durch eine chemische Reaktion im Moment der Auferstehung entstanden sein könnte, die von Kräften verursacht wurde, die der Menschheit bislang unbekannt sind. Diese Annahme wurde durch eine computertechnische Untersuchung unterstützt, bei der man feststellte, daß die Schattierungen auf dem Tuch eine um so größere Intensität aufwiesen, je näher sie dem Körper waren, während sie mit zunehmender Entfernung von diesem verlaufend abnahmen.

So weit waren die Untersuchungen bis zum Ende der Siebzigerjahre des vorigen Jahrhunderts gediehen. Kurz zusammengefaßt hatten sie zu dem Ergebnis geführt, daß es sich bei dem Turiner Tuch mit großer Wahrscheinlichkeit um das echte Grabtuch Christi handelt, auf dem das außerordentliche Ereignis der Auferstehung seine Spuren hinterlassen hatte.

Das Eingreifen der Freimaurer

Es ist eine bedauerliche, aber nicht wegzuleugnende Tatsache, daß in vielen Staaten der Welt Freimaurer die höchsten Machtpositionen behaupten. Selbst hohe kirchliche Würdenträger gehören dieser weltumspannenden Geheimgesellschaft an. Das wird schon allein durch den Umstand unterstrichen, daß sogar im Papstwappen das Freimaurerzeichen enthalten ist.

Ziel der Freimaurer ist eine Gesellschaft ohne Gott, eine Gesellschaft, in der jeder Mensch gleichberechtigt ist, in der es jedem gut geht, - durchaus positive Gedanken also, - aber eben ohne Glauben an Gott. Daher konnten die Freimaurer eine Bestätigung der Auferstehung Christi nicht ohne weiteres hinnehmen. Sie setzten also vehement und mit all ihrem Einfluß eine neuerliche Untersuchung der Reliquie durch, diesmal jedoch mit Wissenschaftlern ihrer Wahl.

Untersuchungen nach der C^{14}-Methode

Der einzige Unterschied zu den vorausgegangenen Untersuchungen bestand darin, daß man bei dieser Überprüfung die C^{14}-Methode einsetzte. Die neue Kommission stellte plötzlich fest, daß alle vorher durchgeführten Proben zu falschen Ergebnissen gekommen waren. Nach dem Ergebnis der Analysen mit der C^{14}-Methode konnte das Tuch angeblich noch nicht so alt sein, wie es die anderen Tests herausgebracht hatten und wie es den historischen Lebensdaten Jesu Christi entsprochen hätte. Alle davor erarbeiteten Untersuchungsergebnisse wurden daraufhin mit einem Streich vom Tisch gefegt und als wissenschaftliche Pannen abgetan. Dabei ist allen Fachleuten bekannt, daß die Radio-Carbon-Methode ziemlich ungenau ist. Trotzdem wurde über die Medien in aller Welt die Nachricht verbreitet, daß es sich bei dem Turiner Grabtuch um eine Fälschung handle.

KAPITEL 6

Verfälschungen der Lehre Jesu haben in den christlichen Religionen eine lange Tradition. Abgesehen davon, daß die Evangelisten die Lehre Christi nur so wiedergeben konnten, wie sie diese verstanden, abgesehen davon also, daß es schon bei ihnen zu gewissen Mißdeutungen gekommen sein mag, und abgesehen auch davon, daß es wahrscheinlich noch mehr Evangelien gab, die jedoch beseitigt wurden oder auf andere Weise verlorengingen, wurden schon in den ersten nachchristlichen Jahrhunderten aus den verschiedensten Gründen, - meist waren es machtpolitische, - immer wieder Korrekturen an den Urtexten vorgenommen.

Frühe Kirchenlehrer und die Reinkarnation

Wer sich mit dem Gedankengut der frühen Kirchenlehrer beschäftigt, stellt bald fest, daß diese sich in ihren religiösen Schriften niemals auf die Evangelien bezogen, denen wir die heute gültigen christlichen Glaubensgrundsätze entnehmen. Stattdessen finden wir bei ihnen häufig die Lehre von der Wiedergeburt erwähnt. Daraus dürfen wir schließen, daß die Reinkarnation zu dieser Zeit noch ein fester Bestandteil der christlichen Religion war.

Besonders *Origenes*, der bedeutendste Gelehrte der alten Kirche, der bis zum Fünften Ökumenischen Konzil als der in Glaubensfragen führende Theologe galt, war ein Verfechter der Lehre von der Wiedergeburt. Außer von Origenes (185 - 254) existieren auch noch Beweise, daß unter anderen der heilige Clemens von Alexandrien (150 - 220), der heilige Gregor (257 - 332) und der heilige Augustinus (354 - 430) die Seelenwanderung als Bestandteil der Lehre Jesu Christi verstanden.

Das Konzil von Konstantinopel

Erst im Jahr 553, mit dem *Konzil von Konstantinopel*, dem *Fünften Ökumenischen Konzil,* wurde die Lehre von der Wiedergeburt mit einem Male verdammt und alle Hinweise darauf aus der Bibel entfernt. Treibende Kraft hinter dieser Fälschung der ursprünglichen Evangelien war mit großer Wahrscheinlichkeit die byzantinische Kaiserin *Theodora*. Zusammen mit ihrem Gemahl, dem Kaiser *Justinian*, strebte sie unsterblichen Ruhm und Vergöttlichung an. Mit den Vorstellungen von Vergöttlichung und ewigem Ruhm ließ sich die Lehre von der Reinkarnation natürlich nicht vereinbaren, weil nach deren Grundsatz die Herrscher mit ihrem Tode ja sofort die Kaiserwürde verlieren und zu läuterungsbedürftigen Seelen herabsinken würden. So ungeheuerlich es auch klingen mag: Es scheint, als hätten Tyrannei und Ruhmsucht dieser beiden Menschen der christlichen Nachwelt bis auf den heutigen Tag die Lehre von der Wiedergeburt vorenthalten.

Theodora und Justinian

Theodora unterhielt vor ihrer Heirat mit Justinian Kontakte zu den *Monophysiten*, einer christlichen Gruppierung, die unter anderem die Wiedergeburt verwarf. Kaiser Justinian, der erst durch seine Gattin mit dem Gedankengut der Monophysiten in Berührung gekommen war, berief das Konzil von Konstantinopel gegen den Willen der westlichen Kirche und des Papstes *Virgilius* ein, obwohl Theodora bereits im Jahre 548 gestorben war. Dem Kaiser kam dabei gelegen, daß er zu dieser Zeit die absolute militärische und politische Macht über Rom besaß.

Unter Teilnahme von mehr als hundertfünfzig oströmischen Bischöfen, die alle von Justinians Wohlwollen abhängig waren, und in Abwesenheit von Vertretern der weströmischen Kirche und des Papstes Virgilius, der eine gleiche Anzahl westlicher und östlicher Bischöfe gefordert hatte, wurden die Lehren des Origenes verdammt und alle Hinweise auf die Seelenwanderung aus den Evangelien getilgt.

Eine Korrektur der Bibel

Man ging sofort daran, die Bibel zu korrigieren. Diese Aufgabe war nicht so schwierig, wie man sich das heute vielleicht vorstellt. Zu jener Zeit waren alle Evangelien in griechischer oder lateinischer Sprache verfaßt und durften nie in die Hände von Laien gegeben werden. Alle Exemplare befanden sich demnach in Kirchen oder Klöstern, wo sie leicht aufzuspüren waren. Es ist also nicht verwunderlich, daß die Textänderungen im Sinne Justinians sehr rasch und sehr gründlich durchgeführt werden konnten.

Bei diesen Streichungen wurden aber einige Passagen übersehen, so daß es auch heute noch Stellen im Neuen Testament gibt, die vermuten lassen, daß der Glaube an Vorexistenzen ehemals ein wichtiger Bestandteil der christlichen Lehre war. Dennoch muß festgehalten werden, daß die Bibel in ihrer heutigen Form keinen einzigen direkten Hinweis auf die Wiedergeburt enthält.

Zwei Hinweise auf die Wiedergeburt

Ich habe aus dem Neuen Testament zwei Stellen herausgegriffen, die recht eindeutig auf den Glauben an die Lehre von der Wiedergeburt hinweisen:

Im Evangelium des Matthäus, Kapitel 16, 13 - 16, fragt Jesus Seine Jünger: »Für wen halten die Leute den Menschensohn?« Sie erwiderten: »Einige für Johannes den Täufer, andere für Elias, andere für Jeremias oder für einen von den Propheten.« Da sprach Er zu ihnen: »Ihr aber, für wen haltet ihr mich?«

Da antwortete Simon Petrus: »Du bist der Messias, der Sohn des lebendigen Gottes.«

Hätte die Wiedergeburt nicht zu Seiner Lehre gehört, wäre die Reaktion Jesu auf diese Antworten der Jünger sicher anders ausgefallen. Er hätte ihnen bestimmt erklärt, daß sie einem falschen Glauben anhingen, wenn sie Ihn für die Wiedergeburt eines Propheten hielten.

Einen noch deutlicheren Hinweis für den Glauben an die Reinkarnation gibt es im Evangelium des Johannes, Kapitel 9, 1 - 3. Dort heißt es: »Im Vorübergehen sah Er [Christus] einen Menschen, der von Geburt an blind war. Seine Jünger fragten Ihn: ›Meister, wer hat gesündigt, dieser oder seine Eltern, daß er blind geboren wurde?‹ Jesus antwortete: ›Weder dieser hat gesündigt noch seine Eltern; sondern die Werke Gottes sollen offenbar werden an ihm. Wir müssen die Werke dessen, der mich sandte, vollbringen, solange es Tag ist; es kommt die Nacht, da niemand zu wirken vermag. Solange ich in der Welt bin, bin ich das Licht der Welt.‹ «

Hätten Seine Jünger nicht an eine Wiedergeburt geglaubt, wäre diese Frage sinnlos gewesen, denn wer von einer einzigen Existenz ausgeht, kann nicht vermuten, daß ein blindgeborenes Baby bereits gesündigt hat. Wäre die These von der Wiedergeburt gegen Seine Lehre, hätte Jesus sie an dieser Stelle sicher widerlegt.

Das Evangelium des vollkommenen Lebens

Im *Evangelium des vollkommenen Lebens* wird noch auf etliche andere Bibelstellen verwiesen, die bezeugen, daß der Glaube an die Reinkarnation vor den Eingriffen in das Neue Testament fester Bestandteil des christlichen Glaubens war. Vom Evangelium des vollkommenen Lebens haben wir schon gehört. Es handelt sich dabei um eine Übersetzung von Schriftrollen, die erst im 19. Jahrhundert gefunden wurden und die allen Korrekturen entgangen waren.

Diese Schrift belegt auch eindeutig, daß die Urchristen vegetarisch lebten. Mehr noch, es gibt darin sogar ein Gebot gegen den Genuß von Fleisch. (Der genaue Text ist auf Seite 90 wiedergegeben.) Auch die Zehn Gebote des Alten Testaments finden sich in diesen Schriftrollen, allerdings in etwas verändertem Wortlaut, dazu aber noch zwei weitere Gesetze, die in den uns bekannten Bibeln nicht mehr enthalten sind. Eines davon ist das besagte Gebot gegen den Fleischgenuß. Das Evangelium des vollkommenen Lebens bewahrte die Lehre Jesu Christi so, wie Er sie uns hinterlassen wollte.

Was bewirkte der Opfertod Jesu?

Mit diesen Ausführungen sind wir ein wenig von deiner Frage abgekommen. Fassen wir also kurz zusammen: Da die damalige Menschheit Seine Lehre nicht annehmen wollte, war der Opfertod Jesu notwendig geworden, denn erst seit dieser Liebestat ist es jedem Menschen möglich, aus eigener Kraft Befreiung von der karmischen Belastung zu erlangen und zu Gott zurückzukehren.

Das Alte Testament vertritt die Lehre, Gleiches mit Gleichem zu vergelten (»Aug' um Aug', Zahn um Zahn«). Christus hat uns gezeigt, daß selbst Sein Tod keine Rache erfordert (»Vater, vergib' ihnen, denn sie wissen nicht, was sie tun«). Jesus hat Rache durch Liebe und Verzeihen ersetzt. Seit diesem Zeitpunkt ist es möglich, Karma durch Liebe aufzulösen.

KAPITEL 7

Im Folgenden stelle ich einige Beispiele vor, die euch zeigen sollen, auf welche Weise sich Karma in unserem Leben bemerkbar machen kann.

Grausamkeit

Bei einem Menschen, der anderen gegenüber *grausam* ist, kann die karmische Rückäußerung aus körperlichen Schmerzen bestehen. (Dabei ist es gleichgültig, ob es sich um körperliche oder seelische Grausamkeit gehandelt hat.) Genausogut ist es aber möglich, daß ihm ein anderer Mensch seine Grausamkeit auf der geistigen Ebene spiegelt, indem er sich ihm gegenüber verletzend und roh benimmt.

Haß

Die karmische Antwort auf *Haß* ist Vereinsamung. Die meisten von uns kennen wahrscheinlich Menschen, die die Folgen ihres

Hasses aufzulösen haben. Diese Leute haben keine Freunde mehr, die für sie da sind, es gibt niemanden, der sie besucht, der sich mit ihnen abgeben will.

Stolz und Überheblichkeit

Wie äußert sich das Karma der *Stolzen*, der *Überheblichen*? Ihr Fehlverhalten kann, - das muß aber nicht sein, - zu Starrheit im Körper führen. Es können also beispielsweise steife Gelenke oder Probleme mit der Wirbelsäule auftreten.

Habgier und Herrschsucht

Auf *Habgier* und *Herrschsucht* folgen als karmische Antworten Gebrechen, welche die betreffenden Menschen daran hindern, genau diese Untugenden auszuüben. Meist wird es sich dabei um Krankheiten handeln, die ihre Beweglichkeit einschränken.

Aggression

Sehen wir uns als letzten Punkt die *Aggression* an. Ihre karmischen Folgen führen sehr oft zu Unfällen, und zwar auch dann, - das könnte man noch zur Antwort auf deine Frage nach der Unkenntnis der Gesetze hinzufügen, - wenn es sich um eine verdrängte Aggression handelt, die dem Betroffenen gar nicht bewußt ist.

Verdrängte oder nicht gelebte Aggressionen zählen zu den häufigsten Unfallsursachen. Das ist viel zu wenig bekannt. Es beginnt meist mit kleinen Anzeichen: Wir schlagen uns irgendwo an, verletzen uns leicht, und beachten es nicht. Als nächster karmischer Fingerzeig folgt eine schwerere Verletzung als etwas gewichtigerer Hinweis auf unser Fehlverhalten.

Reagieren wir dann immer noch nicht, wird es das nächstemal noch ein wenig schwerer, vielleicht schon lebensgefährlich. Der letzte Hinweis wird dann wahrscheinlich zu schwer für unseren materiellen Körper, aber auch das ist nicht so schlimm, selbst wenn uns der Unfall im Augenblick des Geschehens furchtbar erscheint.

Bei allen Rückäußerungen des Karmas, die ich in diesem Kapitel anführe, dürft ihr nie übersehen, daß sie sich auch auf einer anderen Ebene bemerkbar machen können. Darauf werden wir beim Spiegelgesetz und beim Analogiegesetz noch ausführlich zu sprechen kommen.

Beispiel: Eine Seelengemeinschaft

• *Dabei fällt mir eine Familie ein, die ich kenne. Der Fall ist wirklich sehr sonderbar: Der Vater hatte Kinderlähmung und ist auf der rechten Seite gelähmt geblieben. Er kann aber gehen, deshalb bemerkt man nicht besonders viel von der Lähmung. Der ältere Sohn hat einen Gehirntumor und ist rechtsseitig am Arm und am Bein behindert, und der jüngere Sohn verlor bei einem Unfall die rechte Hand. Gibt es Karma, das von einer Generation zur anderen, vom Vater bis zu den Söhnen wirksam ist?*

Natürlich. Diese Männer bilden eine Seelengemeinschaft. Da es immer die rechte Seite betrifft, hat es mit Geben oder mit Austeilen zu tun, soviel ist sicher.

• *Ich habe gehört, daß es sich um einen Fluch handeln soll, der auf dieser Familie liegt. Es wird erzählt, ein Christuskreuz sei auf dem Boden gelegen und hätte zu brennen begonnen. Dabei soll der rechte Arm der Christusfigur verbrannt sein.*

Bei solchen Geschichten bin ich immer etwas skeptisch. Die Leute schmücken eine so auffällige Folge von Unglücksfällen gerne aus. Allerdings gibt es tatsächlich derartige Beeinflussungen. Sie können aber nur dann wirksam werden, wenn eine Affinität dazu vorhanden ist.

• *Du meinst, wenn die drei Männer selber daran glauben?*

Nicht nur das. Es muß eine karmische Begründung dafür geben, daß die drei diese Erfahrung durchmachen müssen. Aber natürlich kann man diese Dinge auch erdenken.

• *Es kann also auch ein Fluch sein?*

Flüche

Ja. Aber man kann Menschen nur dann mit einem Fluch erreichen, wenn sie seelisch aus dem Gleichgewicht sind. Sie müssen für diese negative Schwingung offen sein. Wer in innerer Harmonie lebt, wer auf der Ebene der Alliebe ist, wird durch einen Fluch nicht berührt. Erst wenn man aus dem Gleichgewicht fällt, wird man angreifbar.

KAPITEL 8

Ich komme jetzt auf einen sehr wichtigen Punkt zu sprechen. Ihr habt bisher einiges über das *Gesetz von Ursache und Wirkung*, über seinen Inhalt und seine Auswirkungen gehört. Im Hinblick auf unsere Frage nach dem Woher und Wohin des Menschen ist dieses Gesetz jedoch nur dann klärend und sinnvoll, wenn man es im Zusammenhang mit dem *Gesetz der Wiedergeburt* sieht. Wir haben schon eingangs darauf hingewiesen. Für sich allein betrachtet gibt es keine zufriedenstellende Erklärung für die menschliche Existenz. Deshalb werden die beiden Gesetze auch das *Zwillingsgesetz* genannt und hier in einem Abschnitt zusammengefaßt.

Das Zwillingsgesetz

Wie wir bereits festgestellt haben, kommt der Mensch auf diese Welt, um zu lernen und um sein negatives Karma zu vermindern. Die Erfahrungen eines einzigen Lebens reichen jedoch nicht aus, um den schwierigen Weg zurück zu Gott zu bewältigen. Darum hat Gott uns die Möglichkeit gegeben, öfter als einmal zu inkarnieren. Das *Gesetz der Wiedergeburt,* das auch *Gesetz der Reinkarnation* genannt wird, besagt, daß wir so lange in menschlichen Körpern einverleiben dürfen, bis wir mit all unseren Emp-

Das Gesetz der Wiedergeburt

findungen, Gedanken, Worten und Werken wieder mit den göttlichen Gesetzen übereinstimmen, das heißt, bis wir wieder die universelle Liebe verwirklichen. Das Ziel unseres Erdenlebens, das seit unserem Einführungsvortrag immer wieder in unser Blickfeld gerät und das sich mit jeder neuen Erkenntnis immer klarer abzeichnet, ist unsere Rückkehr zu Gott.

Wiedergeburt und Gerechtigkeit

Klammert man die Tatsache der Wiedergeburt aus, erscheint die ganze Schöpfung ungerecht. Wie ließe es sich ohne Glauben an die Reinkarnation zum Beispiel erklären, daß *ein* Mensch unter dürftigsten Verhältnissen in der Sahel-Zone leben muß, während ein anderer in den westlichen Staaten in ein Leben voll Glück, Reichtum und Verschwendung hineingeboren wird? Das wäre völlig unverständlich, vor allem wenn man, wie es die christlichen Religionen tun, einen liebenden Vatergott über die Schöpfung stellt. Kein Gott, der seine Geschöpfe liebt, würde so etwas zulassen.

Betrachten wir das Erdenleben jedoch im Zusammenhang mit Karma und Wiedergeburt, werden alle Unterschiede erklärbar und gerecht. Wir erkennen, daß die Verhältnisse, die der Mensch in seiner gegenwärtigen Inkarnation vorfindet, die Früchte all dessen sind, was er in früheren Leben aussäte. Alle Grundlagen dieses Erdenlebens, wie zum Beispiel sein Körper, seine Eltern oder seine Umwelt, sind Folgen seiner Verhaltensweisen in früheren Leben. Ich habe es heute schon einmal gesagt: Jeder schafft sich die Umstände seines Lebens selber. Was die Seele an Positivem oder Negativem mitbringt, hat sie sich in ihren Vorleben angeeignet. Eine Bevorzugung oder ein Zufall existiert auch hier nicht.

Die Pflicht der Hilfeleistung

Ich möchte an dieser Stelle noch einmal besonders hervorheben, daß uns der Umstand, daß jedermann die Verhältnisse seines Erdenlebens selber verursacht hat, nicht der Verpflichtung enthebt, anderen Menschen zu helfen. Wir sollten uns davor hüten, eine Hilfeleistung etwa mit der Begründung zu verweigern: »Na ja, das ist eben sein Karma. Wäre er in seinen Vorleben halt gescheiter gewesen.« Mit dieser Einstellung würden wir gegen das oberste Gesetz verstoßen (»Liebe deinen Nächsten wie dich selbst«, heißt es dort) und negatives Karma auf uns laden. Es wäre dann durchaus möglich, daß wir zum Ausgleich für diese Hartherzigkeit ein schwieriges Leben in Armut und Not einmal am eigenen Leibe erleiden müßten.

Geburt und Tod

Das Gesetz der Wiedergeburt erhellt auch etwas sehr Schönes und Tröstliches: Wir brauchen den Tod nicht zu fürchten! Unsere Seele, die von einem Leib zum anderen wandert, ist unsterblich.

Jeden Tod, der auf Erden betrauert wird, feiert die andere Welt als Geburt. Angst vor dem Tod haben nur die Unwissenden. Sie sorgen sich um ihre liebgewonnenen materiellen Freuden, die sie hier zurücklassen müssen. Wir sollten danach streben, uns keine materiellen, sondern nur geistige Schätze zu schaffen, denn nur sie sind von ewigem Wert.

KAPITEL 9

Die größte Aufgabe im menschlichen Leben ist das liebende Dienen, das liebende Da-Sein für andere. Zugleich ist es auch der wirksamste Weg, um alle karmischen Schulden abzuarbeiten. Es ist gelebte universelle Liebe!

Selbstlose Liebe ist keine Eigenschaft, die sich von heute auf morgen erwerben läßt. Wer sich aber wahrhaft bemüht, wer stets bestrebt ist, sie zu leben, wird sie schließlich auch verwirklichen. Nur durch selbstlose Liebe können wir unser Karma vermindern, ohne zu leiden.

Wir haben zwei Möglichkeiten, um unsere karmischen Belastungen abzubauen: entweder durch Leid oder durch Liebe; also entweder durch Krankheit und Schmerzen, oder durch liebendes Dienen an unseren Mitmenschen.

Mit ›liebendem Dienen‹ ist nicht Unterwürfigkeit gemeint. Es darf keine Pflicht sein, unter der wir selber leiden oder bei der wir uns nicht gut fühlen. Liebendes Dienen heißt, anderen Menschen selbstlos und freudig beizustehen.

Leiden wir dabei, ist es kein selbstloses Dienen mehr, sondern ein Geschäft: »Ich mache das für dich. - Was bekomme ich dafür?« Und wenn ich den erhofften Lohn nicht bekomme, leide ich. Mit dieser Art von Dienst können wir, wenn überhaupt, nur wenig Karma abbauen.

• *Aber es baut kein zusätzliches Karma auf?*

Das ist nicht so sicher. Du darfst nicht übersehen: Wer leidet, hat negative Gefühle und baut um sich ein entsprechendes Schwingungsfeld auf. Damit vergiftet er seine geistige Umwelt und schafft unentwegt neues Karma.

KAPITEL 10

• *Warum muß Karma immer negativ bewertet werden?*

Ich habe eingangs erklärt, daß es sowohl negatives als auch positives Karma gibt. Mit jeder guten Tat buchen wir auf das Konto unseres Karmas ein Guthaben, das wir irgendwann einlösen können. Mit den Folgen unseres positiven Karmas haben wir niemals Schwierigkeiten, denn es bringt uns nur Angenehmes. Andererseits zeigt es uns aber auch nicht, was wir an uns ändern, wo wir an uns arbeiten sollten. Es hilft uns also nicht weiter. Daher brauchen wir in diesem Seminar darauf nicht näher einzugehen.

Warum Beschäftigung mit negativem Karma?

Negatives Karma jedoch führt zu Verletzungen, Krankheiten, Schmerzen, und zu allen denkbaren Schicksalsschlägen. Dagegen können wir etwas tun.

Mein Bestreben geht dahin, euch von jeder Furcht zu befreien, und euch von allen äußeren Umständen, wie zum Beispiel von Ärzten oder der Schulmedizin, unabhängig zu machen. Außerdem möchte ich euch auch dazu anregen, Selbstverantwortung zu übernehmen. Das alles geschieht am besten, indem ich euch schrittweise in die geistigen Gesetze einführe.

Kann Karma nur vom Verursacher gelöst werden?

• *Muß das Karma immer vom Verursacher abgetragen werden, oder kann das auch durch eine andere Person, ein Kind zum Beispiel, geschehen?*

Persönliches Karma kann nur sehr schwer von einem anderen Menschen abgearbeitet werden.

• *Dein Kind ist doch genetisch betrachtet fünfzig Prozent von deiner Person.*

Karmisch gesehen ist es das nicht. Eine Seele, die inkarnieren will, sucht sich vor der Geburt die Familie und das geistige Umfeld aus, in denen sie die für ihren geistigen Fortschritt optimalsten Lernmöglichkeiten vorfindet. Das heißt, die Seele wird in jene geistige Schwingung hineingeboren, in der sie ihre karmische Belastung ausgleichen kann. Natürlich stellt ein Kind auch immer einen Lernprozeß für seine Eltern dar. Manchmal kommt es sogar vor, daß sich eine Seele freiwillig zur Verfügung stellt und nur zu dem Zweck in einen menschlichen Körper einverleibt, um den Eltern den Abbau von Karma zu ermöglichen. Sie kann aber nicht deren Karma übernehmen. Ist euch der Unterschied klar?

Es gibt wohl Bereiche, in denen Karma von anderen Menschen übernommen werden kann, aber nach den geistigen Gesetzen muß letztendlich jeder für sich selber lernen und ausgleichen.

• *Das heißt, eine Seele, die nur inkarniert, um den Menschen einen Lernprozeß zu ermöglichen, ist nichts anderes als der Katalysator des Vaters oder der Mutter?*

So kann man es ausdrücken, ja.

- *Sie trägt dabei aber auch ihr eigenes Karma ab?*

Warum gibt es behinderte Kinder?

Nicht unbedingt. Wenn ein Kind behindert zur Welt kommt oder wenn es frühzeitig stirbt, kann es durchaus sein, daß eine höhere Seele dieses Erdenleben freiwillig und ohne eigenes Karma auf sich genommen hat, um bestimmten Menschen einen Ausgleich zu ermöglichen.

Über kranke Kinder haben wir bereits mehrmals gesprochen. Zur Wiederholung möchte ich euch folgendes in Erinnerung rufen: Wird ein Kind, vor allem ein kleines Kind krank, heißt das zu neunundneunzig Prozent: »Liebe Mutti, lieber Vati, bitte ändert etwas in eurem Leben!« Die Krankheit eines Kleinkindes ist immer ein Hinweis darauf, daß die Eltern nicht so leben, wie sie es sollten.

Das gilt für beide Elternteile. Lebt nur einer der beiden nach den geistigen Gesetzen, muß der Wissende mehr Verantwortung übernehmen als der andere und sich bemühen, auch für den Partner auszugleichen. Das ist natürlich viel schwieriger, als wenn beide den geistigen Weg gingen, aber es ist auch für einen Menschen zu bewältigen.

Zweiter Teil: Das Spiegelgesetz

KAPITEL 1

Das *Gesetz von Ursache und Wirkung* hat uns gezeigt: Alles, was einem Menschen widerfährt, wurde von ihm selbst in diesem Leben oder in einem Vorleben herbeigeführt. Dem *Gesetz der Reinkarnation* dürfen wir entnehmen, daß der Mensch von Geburt an genau auf den Platz gestellt wird, an dem er am optimalsten alle Lektionen erlernen kann, was er zu seiner geistigen Höherentwicklung benötigt.

Daraus geht hervor: Wir sind auf dieser Erde inkarniert, um geistig und spirituell aufzusteigen. Die Schwierigkeit liegt nur darin, unserem Umfeld und unserer Lebenssituation die Lernschritte zu entnehmen, die uns weiterbringen. Dabei hilft uns das nächstwichtigste der geistigen Gesetze: *das Spiegelgesetz.*

Das Spiegelgesetz

Das Spiegelgesetz ist dasjenige unter den geistigen Gesetzen, mit dessen Hilfe wir am zielführendsten an unserem geistigen und spirituellen Fortschritt arbeiten können. Im Spiegelgesetz ist festgehalten, daß unsere gesamte Umwelt und jeder Mitmensch, also alles, was uns berührt, aber außerhalb unseres Ichs liegt, Spiegel unserer Seele ist. Oder, von der anderen Seite her betrachtet: Unser Ich spiegelt sich mit allen seinen Sorgen, Ängsten und Problemen, aber auch mit seinen positiven Regungen in unserer Umgebung wider.

Die Umwelt ist der Spiegel unserer Seele

Die Umwelt ist also der Spiegel, der unsere ureigenen Probleme reflektiert. Und gerade die eigenen Probleme sind es, die uns an anderen Menschen, - zum Beispiel am Partner oder an einem Arbeitskollegen, - am meisten stören. Daraus geht hervor, daß alles, was uns stört, unsere eigenen ungelösten Aufgaben enthüllt! Haben wir diese Gesetzmäßigkeit erst einmal erkannt und akzeptiert, halten wir den Schlüssel zur Selbsterkenntnis in der Hand. Als nächsten Schritt sollten wir die gewonnene Erkenntnis annehmen und in die Praxis umsetzen. Nur die Änderung unseres eigenen Verhaltens kann unsere Umwelt verändern. Jeder Versuch, das Umfeld auf andere Art zu beeinflussen, ist vergeudete Energie!

Fassen wir also zusammen: Alles, und zwar uneingeschränkt alles, was uns mißfällt oder auch nur unangenehm berührt, müssen wir in *uns selber* umwandeln. Nichts tritt von außen her in unser Leben, mit dem wir nichts zu tun hätten, - vorausgesetzt, daß es uns stört! Egal, was immer es auch sein mag. Das ist sehr wichtig und ihr solltet es euch gut merken.

KAPITEL 2

Mich hat zum Beispiel lange Zeit gestört, daß unsere Umwelt so mißhandelt wird. Bis ich dann nach und nach erkannte, daß das Spiegelgesetz selbstverständlich auch für mich gilt. Solange ich aus Bequemlichkeit Auto fahre, wird es mich aus dem Gleichgewicht bringen, wenn andere die Umwelt verschmutzen, - weil ich eben selber falsch handle.

Spiegelungen auf verschiedenen Ebenen

Das war das Beispiel einer direkten Spiegelung, einer Spiegelung auf der gleichen Ebene. Ich muß es aber auch noch aus einem anderen Gesichtswinkel betrachten, etwa indem ich mir sage: »Mich stört die Umweltverschmutzung. Wo denke ich so negativ, daß ich die Umwelt *geistig* verschmutze? Ärgere ich mich so häufig, daß ich damit meine Umgebung vergifte?« Fände ich hier einen Bezug, wäre das eine Spiegelung auf der analogen Ebene.

Was kann man gegen negative Gedanken tun?

- *Was tust du, wenn dir ein böser Gedanke kommt?*

Ich ersetze ihn durch einen positiven Gedanken.

- *Ich dachte einmal von einem Menschen: ›Dem müßtest du beide Beine brechen, damit er Ruhe gibt.‹ Obwohl ich es nicht wollte, kam dieser Gedanke immer wieder.*

Da würde ich mich eher mit der Ruhe beschäftigen, als mit dem Gedanken an das Beinebrechen. Wenn du deine innere Ruhe gewinnst, wirst du auch diese Vorstellung loslassen können.

- *Ja, aber je eiserner ich mir vornahm, diesen negativen Gedanken loszuwerden, um so öfter kam er wieder.*

Das ist ein Anlaß, um auf die *Gedankenkontrolle* zu sprechen zu kommen. Gedankenkontrolle ist eine Fähigkeit, die wir uns ebenfalls aneignen sollten, da sie für einen geistigen und spirituellen Fortschritt fast unerläßlich ist.

Nun zu einer einfachen Technik, wie wir unliebsame Gedanken loswerden können: Denkt bitte *nicht* an eine Banane! Natürlich sieht jetzt jeder eine Banane vor seinem inneren Auge. Der Trick besteht darin, die gedachte Banane durch etwas anderes, meinetwegen eine Birne, zu ersetzen. Günstig ist es, wenn man einen Ersatzbegriff wählt, der den gleichen Anfangsbuchstaben hat wie das unerwünschte Wort. Banane - Birne. Den Austausch muß man dann einüben. Jedesmal, wenn dir der Gedanke an eine Banane kommt, schaltest du sofort auf Birne um. Ähnlich kann man mit allen lästigen Gedanken verfahren. Ich weiß das deshalb so genau, weil ich auch so einen Gedanken habe, der immer bei mir ist. Ich ersetze ihn ganz automatisch durch einen anderen Gedanken.

KAPITEL 3

Was spiegeln uns unsere Kinder?

Wenn wir achtsam sind, erkennen wir an unserem Umfeld sehr deutlich, was wir an uns ändern sollten. Es reflektiert alle unsere Unzulänglichkeiten und falschen Verhaltensweisen. Am unbestechlichsten enthüllen die Spiegel, die uns unsere Kinder vorhalten. Da gibt dein kleiner Sohn plötzlich irgendein deftiges Wort von sich, und du fragst dich konsterniert: »Woher hat mein Kind diesen Ausdruck?« Wenn du dann aber ein wenig in dich gehst, kommst du dahinter, daß es sich um einen Ausspruch handelt, den du selber manchmal gedankenlos verwendest. Und nun kommt das Kind und gebraucht dieses Wort, - natürlich meist bei der unpassendsten Gelegenheit. Das ist die unverblümte Ermahnung: »Ändere das!« Je jünger das Kind, um so derber der Hinweis.

Erziehung ist konsequentes Vor-Leben

Die einzige Möglichkeit, Kinder zu erziehen, ist das gute Beispiel, das konsequente Vor-Leben. Ein ganz typischer Fall, den ich selber mehrmals miterlebte: Ich will nicht, daß meine Kinder fernsehen. Sie sehen auch nicht fern, solange *ich* es nicht tue. Aber wehe, ich schaue mir einmal die Nachrichten an. Das geschieht ohnehin höchstens einmal im Monat. Augenblicklich sitzen beide neben mir und sehen auch zu. Meistens wird mir das sofort bewußt. Ich schalte dann das Gerät aus und sage: »Das schaffe ich nicht. Ich will nicht, daß ihr fernseht, also verzichte ich lieber auch darauf.« Dann ist es für die Kinder erledigt. Es folgt höchstens noch ein kleines Murren: »Wieso ....?« Sobald sie merken, daß ich damit aufhöre, hat die Sendung für sie ihre Anziehungskraft verloren.

Sehe ich jedoch selber ständig fern, darf ich nicht erwarten, daß die Kinder es mir nicht nachmachen. Das gilt auch dann, wenn ich nur heimlich schaue. Kinder finden das bald heraus. Und sie werden mich dann - möglichst auch heimlich - nachahmen.

• *Ich kann ja zusammen mit meinem Kind einen Film ansehen und den Inhalt anschließend in einem Gespräch aufarbeiten.*

Unterschwellige Botschaften

Bei Kindern unter sieben Jahren funktioniert das nicht. Bei älteren Kindern, die bereits beginnen, selbständig zu denken, mag das angehen. Dort ist es nicht mehr so kritisch. Aber es bleiben immer noch die verdeckten hypnotischen Botschaften, auf die sie in jedem Fall ansprechen. (Genauere Ausführungen über das Thema *unterschwellige Botschaften* finden sich in dem Vortrag *Geistige Beeinflussungen und Gegenmaßnahmen,* der im Buch *Befreiter Alltag - Freies Leben* wiedergegeben ist.

Wie entsteht ein Fernsehbild?

Nehmen wir doch das Medium *Fernsehen* einmal etwas genauer unter die Lupe: Technisch gesehen besteht ein Fernsehbild aus einer Vielzahl winziger Rasterpunkte, die vom menschlichen Auge nicht mehr aufgelöst werden können und daher zu einem Gesamtbild verschmelzen. Der Sender aktiviert die einzelnen Rasterpunkte des Fernseh-Empfangsgerätes jedoch nicht gleichzeitig. Es ist nur *ein einziger Bildpunkt,* der blitzschnell über den Bildschirm rast und im Zuschauer die Illusion eines Bildes hervorruft, das niemals vollständig vorhanden ist. Der Mensch wird beim Fernsehen also durch Trugbilder getäuscht. Er ist nicht in der Lage, diese Abbilder von echten Sinneseindrücken zu unterscheiden. Sein Körper reagiert jedoch auf sie, als wären es konkrete Reize.

Das menschliche Auge beim Fernsehen

Betrachten wir nun einige wesentliche physische und psychische Auswirkungen, die das Fernsehen auf den Menschen hat. Beim Auge hört nach längerem Starren auf den Bildschirm die Tätigkeit der Ziliarmuskeln auf, die beim normalen Sehen die beiden Augen aufeinander einstellen (akkomodieren). Das Kreuzen der Augenachsen unterbleibt. Auch der Geist des Zusehers verfällt beim Fernsehen in einen Zustand, den man mit *Abschalten* bezeichnen kann.

Auswirkungen auf das menschliche Gehirn

Die bei Beginn des Fernsehens rege Tätigkeit der Gehirnwellen (es handelt sich dabei um *Beta-Wellen*) setzt immer mehr aus und es entsteht eine Art Trance-Zustand (der durch *Alpha-Wellen* erkennbar wird). Das Bewußtsein des Fernsehkonsumenten zieht sich wie bei einer Meditation in sein Inneres zurück. Dieses Abdriften aus dem Wachbewußtsein läßt sich mit dem EEG nachweisen.

Lähmung des Ichs

Das Ich des Fernsehzuschauers gibt sich der Illusion hin, alles unter Kontrolle zu haben. In Wahrheit gleiten die meisten Inhalte der Fernsehsendung an seinem kontrollierenden Verstand vorbei direkt in die Tiefen der Seele, ohne vom Bewußtsein verarbeitet worden zu sein. Dadurch tritt ein bedenklicher Effekt ein: Der Seelenzustand eines Menschen läßt sich von *außen steuern.* Bei längerer Einwirkung bleibt das Ich *gelähmt.*

Suggestive und hypnotische Beeinflussungen können daher über das Medium Fernsehen besonders erfolgreich eingesetzt werden. Bei dauerndem Konsum hält die Wirkung auch in der fernsehfreien Zeit an. Diese Einflüsse hinterlassen ihre Spuren in der Seele jedes Menschen. Kinder sind davon jedoch ganz besonders betroffen. Bis etwa zum siebenten Lebensjahr werden von einem Kind die über das Fernsehen empfangenen Inhalte als volle Wahrheit hingenommen und auch imitiert, da es bis zu diesem Alter noch keine eigenen Schlußfolgerungen ziehen kann. Aber auch nach dem siebenten Lebensjahr sollten TV-Sendungen vom Kind nur selten und nur gemeinsam mit den Eltern konsumiert und anschließend geistig aufgearbeitet werden.

Fernsehen und Konzentration

Ich erlebe die Folgen des Fernsehens täglich in der Schule. Ich unterrichte an einer Berufsschule und habe Schüler im Alter zwischen fünfzehn und zwanzig Jahren. Dort muß ich Tag für Tag feststellen: Es gibt kaum eine Klasse, deren Schüler sich eine halbe Stunde lang konzentrieren können. Erst wenn man weiß, was ein Mensch durch Konzentration alles erreichen kann, begreift man, wohin uns das Fernsehen führt.

Videoclips

Besonders zu erwähnen sind hier auch die von Jugendlichen so geschätzten *Videoclips.* Bei diesen Kurzfilmen wechseln die Bilder in so rasendem Tempo, daß dadurch das Orientierungsvermögen des Zusehers ständig in die Irre geführt wird. Es besteht die Gefahr, daß der Mensch in jeder Hinsicht orientierungslos wird. Außerdem wird er dazu gebracht, Hektik als normal zu empfinden. Alles in allem sollen Videoclips mithelfen, die Menschen leichter lenkbar zu machen.

Cyberspace

Daß die Absichten der Initiatoren in diese Richtung tendieren, zeigt auch die Entwicklung des *Cyberspace.* Bei diesem neuen Medium wird eine spezielle Bildschirmtechnik mit einem Rechner kombiniert. Der Anwender wird mit einem Helm ausgestattet, in dem je ein Bildschirm für jedes Auge eingebaut ist. Zusätzlich erhält der Benutzer ein Paar Handschuhe, die mit Sensoren versehen sind. Damit werden vom Benutzer entsprechend seinen Vorstellungen dreidimensionale, sogenannte ›virtuelle Wirklichkeiten‹ geschaffen. Was geschieht dabei? Der Anwender wird in eine vom Medium abhängige Welt entführt und in eine völlige Isolation gedrängt, in der für andere Menschen oder für die Umwelt kein Platz mehr bleibt.

Trickfilme für Kinder

Kehren wir noch einmal kurz zum Fernsehen zurück und werfen wir einen Blick auf die *Trickfilme,* die dort in den Kinderprogrammen gezeigt werden. In diesen Machwerken ist immer einer der Dumme, und er wird von den anderen so lange schikaniert, bis er anfängt zu heulen. Und das setzen wir unseren Kindern als geistige Nahrung vor! Wir sollten uns fragen, wohin das unseren Nachwuchs führen wird.

Videospiele

Aber es bleibt nicht nur beim Fernsehen, sondern es kommen auch noch andere Beeinflussungen hinzu. Die *Video-Spiele* zum Beispiel. Mit ihnen lernen die Kinder, daß es keine Rolle spielt, wenn man jemanden umbringt, denn die Männchen stehen ohnehin gleich wieder auf, nachdem man sie niedergeschossen hat.

- *Man kann ihnen ja erklären, was daran negativ ist.*

Dazu müssen die Kinder alt genug sein, wie ich schon sagte.

- *Ich spreche von Kindern, die zwölf bis dreizehn Jahre alt sind.*

Ja, in diesem Alter kann man das schon machen. Obgleich es immer noch nicht einsichtig ist, wozu sich ein Kind diese Filme überhaupt ansehen soll. Wenn es aber anschließend aufgearbeitet wird, mag es in Ordnung sein.

Denkt aber bitte daran, wie das heute in einem durchschnittlichen Haushalt abläuft. Das Fernsehgerät wird meist einfach eingeschaltet und zu den Kindern gesagt: »Schaut euch was an«, denn man will ja seine Ruhe haben. Das TV-Gerät ist zum Ersatz für einen Erzieher geworden.

Beispiel: Caroline auf dem Geburtstagsfest

Meine Tochter Caroline hat das miterlebt, als sie vor einiger Zeit bei einer Freundin zum Geburtstagsfest eingeladen war. Unter den Geschenken der Schulkameradin war auch ein Video-Film, und sofort hockten sich alle Kinder hin und schauten fern. Caroline, die sehr sensibel ist, wollte den Film nicht sehen. Daher nahm sie ein Buch und ging in ein anderes Zimmer, um zu lesen. So laufen heute die Kinderfeste ab. Wer nicht fernsehen will, wird zum Außenseiter. Aber natürlich: Wenn ich mich als Carolines Vater hinsetze und fernsehe, sitzt sie sofort neben mir und sieht auch zu. Egal, was ich mir ansehe. Ich bin ja ihr Vorbild. Daher unsere Erkenntnis: Konsequentes Vorleben ist die einzige Möglichkeit, Kinder zu erziehen.

Ich habe etwas miterlebt, das ich euch als Denkanstoß anbieten möchte. Mein Sohn Michael war beim Nachbarn. Die Leute wohnen unter uns und sehen sehr viel fern. Ja, und als Michael und der Nachbarsbub gerade mitten in einem Spiel waren, rief der Spielkamerad: »Jetzt gibt es im Fernsehen ....« - (Ich weiß nicht, wie der Film hieß.) - Und er fügte hinzu: »Das muß ich mir unbedingt ansehen.« Und Michael sagte natürlich: »Ich komme mit. Das schaue ich mir auch an.«

Beispiel: Michael und der Nachbarsbub

Ich hatte alles mit angehört, und so stellte sich mir die Frage: Soll ich es Michael verbieten, oder was soll ich sonst tun? Und ich reagierte ganz einfach und richtig. Ich sagte: »Komm, Michi, spielen wir einstweilen.« - »Ja, das ist gut!« Michael drehte sich sofort um und lief die Stufen zu unserer Wohnung hinauf. Und es dauerte kaum fünf Minuten, da war Moritz, der Spielkamerad, bei uns und sagte: »Ich möchte auch mitspielen.«

Das ist eine Lösung! Wenn wir uns für die Kinder Zeit nehmen, brauchen sie kein Fernsehen. Wir müssen ihnen unsere Zeit widmen.

Fernsehen und Eigenverantwortung

• *Bei mir wohnt ein Neffe, der jetzt bald fünfzehn wird. Ich dachte immer, in diesem Alter müßte er eigentlich schon Eigenverantwortung zeigen. Als ich einmal nach Hause kam, erzählte er mir, er hätte aus Langeweile den Fernseher eingeschaltet. »Da hat gerade ein Film begonnen, der war sehr spannend und hat ganz grausig geendet«. Mein Neffe war wirklich noch völlig durcheinander. Deshalb fragte ich ihn: »Warum hast du denn nicht ausgeschaltet?« Er antwortete, das Ende wäre so schleichend gekommen und sei nicht vorhersehbar gewesen.*

In diesem Fall wäre ein klärendes Gespräch angebracht gewesen. Nicht über den Film. Du hättest deinen Neffen fragen sollen: »Was hat es dir gebracht, daß du diesen Film gesehen hast? Was konntest du daraus lernen? Wäre es nicht klüger gewesen, wenn du dich in dieser Zeit mit etwas anderem beschäftigt hättest?«

Das Verkehrteste wäre, ihm das Fernsehen zu verbieten, denn dann könntest du sicher sein, daß er sich in Zukunft solche Filme heimlich ansieht. Durch ein Verbot bekommt ja alles erst seinen besonderen Reiz. Übergib die Auswahl des Programmes seiner Verantwortung. Sag ihm: »Du kannst fernsehen, wenn du glaubst, daß du es brauchst. Ich fände es aber gescheiter, wenn du die Filme, die du sehen willst, vorher genau auswähltest. Du hast ja eben erlebt, was dabei herauskommt, wenn man wahllos fernsieht. Suche dir nur solche Sendungen aus, die für dich aufbauend sind.«

Damit übergibst du dem Kind die Eigenverantwortung. Nur so bringst du ihn dazu, die Fernsehsendungen nicht unüberlegt zu konsumieren. Auf längere Sicht bringt das bestimmt Erfolg. Hat er erst das sechzehnte Lebensjahr erreicht, ist er schon selber für seine Handlungen verantwortlich. Das sollten wir berücksichtigen. Ab diesem Alter können Eltern nur noch als leitende Personen oder Vorbilder wirken. Ein Sechzehnjähriger muß bereits selber für alles geradestehen, was er tut. Nicht nach den menschlichen, sehr wohl aber nach den geistigen Gesetzen.

Ist Fernsehen sinnvoll?

Unabhängig davon, daß das Fernsehen besonders schädlich für Kinder ist, ist es destruktiv für die ganze Familie. Soweit es mich selber betrifft, kann ich zu diesem Thema nur sagen, daß ich zum Fernsehen eigentlich gar keine Zeit habe. Vergangene Nacht bin ich beispielsweise bis halb eins am Schreibtisch gesessen, um das heutige Seminar vorzubereiten. Zwischendurch habe ich Anrufe von Personen entgegengenommen, die sich mit ihren Fragen und Problemen an mich wandten. So geht das bei mir fast jeden Tag. Wer seine Lebenszeit sinnvoll einsetzt, hat für den Unsinn, den uns das Fernsehen bietet, kaum Zeit.

Schaue ich mir, was ganz selten vorkommt, *doch* eine Sendung an, mache ich das ganz bewußt. Ich ziehe dann einen Strich unter alle anderen Aufgaben und sage mir: »Jetzt entspanne ich mich und sehe mir diesen Film an.« Meistens gehen wir stattdessen aber ins Kino. Das hat eine ganz andere Qualität, als wenn man jedesmal beim Betreten der Wohnung das Fernsehgerät einschaltet und sich während seiner ganzen Freizeit berieseln läßt.

Beispiel: Unterhaltung während des Fernsehens

• *Wie ist das eigentlich, wenn man während des Fernsehens mit dem Kind, dem Partner oder anderen anwesenden Leuten über den laufenden Film spricht? Bei meinen Eltern zu Hause war das so üblich. Da gab jeder während der Sendung seine Kommentare dazu ab. Für uns bedeutete fernsehen nicht, einen Film anzusehen, sondern wir unterhielten uns ständig über das, was gerade gezeigt wurde. Mit meinem Partner ist das jetzt ganz anders. Wehe, wenn ich da beim Fernsehen dazwischenrede! Das stört mich eigentlich sehr. Und bei meiner Tochter ist es bereits das gleiche. Sie sagt oft zu mir: »Mama, jetzt sei doch endlich einmal still, ich will mir das ansehen!«*

Du hast das Problem, das dahintersteckt, laut und deutlich ausgesprochen: Es stört dich, wenn du am Sprechen gehindert wirst. Das ist ein Zeichen dafür, daß du zuviel redest. Also ändere das. Sprechen ist vergeudete Energie, wenn man nichts zu sagen hat. Wenn ich etwas kommentiere, das ohnehin jeder sieht, ist das meistens Energieverschwendung. Deine Tochter zeigt dir dein Fehlverhalten, sonst gar nichts. Mit dem Fernsehen hat das überhaupt nichts zu tun.

Das ist ein sehr gutes Beispiel zum Spiegelgesetz. Wir haben es eben miterlebt: Was mich an anderen stört, ist mein eigenes ungelöstes Problem. Stört es mich, daß mich jemand am Sprechen hindert, muß ich meine Aufmerksamkeit auf das Sprechen richten und dort mein Verhalten ändern. Maßgeblich ist immer die *Störung*. Unterbricht mich jemand beim Sprechen und es stört mich *nicht*, dann hat es mit mir nichts zu tun. Erst wenn ich merke, daß es in mir hochsteigt, wenn ich also in Resonanz gehe, muß ich überlegen, was ich falsch mache.

In deinem Fall ist der Fehler sicher zu vieles Reden. Ich meine das nicht abwertend, sondern will dir damit einen Hinweis auf die Lösung geben. Ich rede selber manchmal zu viel. Bei mir macht sich das anders bemerkbar. Mir bleibt dann meistens die Stimme weg. Du brauchst dazu eben einen anderen Menschen als Spiegel.

Beispiel: Wann ist man Vorbild?

• *Ich habe dazu auch eine Frage. Ich selber sehe seit vielen Jahren kaum fern. Meine Kinder orientieren sich aber an meinem Partner, der sehr viel fernsieht. Mein Beispiel hat also gar nichts genützt.*

Da es dich stört, steckt ein Problem dahinter, das nur dich selber betrifft und das du persönlich aufarbeiten mußt. Wir haben ja eben darüber gesprochen.

• *Was kann man tun, wenn die Standpunkte so gegensätzlich sind?*

Dann ist es eben so. Dann steckt *darin* die Aufgabe, die du lösen solltest. Du kannst ja deinen Kindern auseinandersetzen, wie du über das Fernsehen denkst, und mit ihnen darüber sprechen. Du könntest ihnen beispielsweise ein Alternativprogramm anbieten. Läßt du es geschehen, ohne etwas zu tun, ärgerst dich aber darüber, dann ist es dein Problem.

• *Ich ärgere mich nicht mehr.*

Nicht mehr? Das klingt nach Verdrängung. Deine Kinder sind jetzt wohl auch schon erwachsen genug. Du brauchst dich über sie nicht mehr zu ärgern. Stelle dir aber für einen Augenblick vor, deine Kinder wären um zehn oder fünfzehn Jahre jünger. Würde es dich dann auch jetzt noch ärgern? Wenn es so ist, dann hast du dieses Problem verdrängt. Der kritische Punkt ist höchstwahrscheinlich, daß du das Problem *damals* mit den Kindern nicht aufgearbeitet hast. Unabhängig davon, wie der Vater dazu stand.

• *Zu dieser Zeit war ich dazu nicht fähig.*

Das macht nichts. Ändere es jetzt. Du brauchst es nur für dich zu lösen, nicht für deine Umwelt. Du solltest dich bemühen, mit dir selber ins reine kommen.

• *Und wenn mich Fernsehen überhaupt stört, selbst wenn es nur einmal im Monat sein sollte?*

Dann müßtest du herausfinden, warum das so ist. Ich denke, in deinem Fall liegt es daran, daß beim Fernsehen die Gemeinschaft mit anderen Menschen fehlt. Es behindert die Kommunikation mit deinen Familienangehörigen.

• *Und was spiegelt mir das?*

Es kann sein, daß du nicht richtig kommunizierst, oder daß du glaubst, deiner Familie wäre etwas anderes wichtiger als deine Person. Vielleicht nimmst du dich auch zu wichtig. Es gibt da verschiedene Möglichkeiten.

KAPITEL 4

• *Ich habe eine andere Frage. Es geht um den Unterschied zwischen Nicht-in-Resonanz-Gehen einerseits, und andererseits um die Frage, ob man nicht vielleicht um sich einen Panzer gebildet hat, der einen vor anderen Menschen abschirmt. Wenn jemand zu mir sagt: »Du bist nicht lieb zu mir« und ich fühle nichts mehr dabei, - wie erkenne ich den Unterschied, ob das Fehlen eines tieferen Gefühls auf meinen Panzer oder auf die fehlende Resonanz zurückzuführen ist?*

Wovor schützt ein innerer Panzer?

Handelt es sich um einen Panzer, dann wird er einmal gewaltsam durchbrochen werden. Spätestens dann weißt du die richtige Antwort auf deine Frage. Vielleicht hast du deiner Seele einen Panzer angelegt, damit dich andere Menschen nicht verletzen können. Das ist aber nichts weiter als eine andere Form von Verdrängung, ähnlich der, von der wir vorhin sprachen. Irgendwann wird jemand deinen Panzer durchbrechen, und dann *wirst* du verletzt. Daher macht es nicht viel Sinn, sich auf diese Weise einzukapseln.

• *Diesen Panzer habe ich mir ja nicht bewußt zugelegt.*

Natürlich nicht. Aber wenn du das Gefühl hast, du wärst von einem Panzer umgeben, dann ist das ein Problem, das du lösen kannst. Dazu ist es nicht nötig, den Panzer abzulegen. Du solltest dich vielmehr fragen: »Wo verletze ich andere?« Sobald du das herausgefunden hat, müßtest du es an *dir* ändern. Von diesem Augenblick an wirst du nicht mehr so verletzbar sein.

• *Mein inneres Wesen ist eben so angelegt, daß ich leicht verletzbar bin. Wahrscheinlich soll das so sein.*

Wie überwindet man Verletzlichkeit?

Nein. Verletzbar bist du nur, solange du dein Ego nicht ablegst. Schwingst du in der Alliebe, kann dir niemand ein Leid zufügen. Verletzlichkeit ist ein Fehlverhalten. Kein besonders schlimmes; es bedeutet nur, daß du die universelle Liebe noch nicht in dir verwirklicht hast.

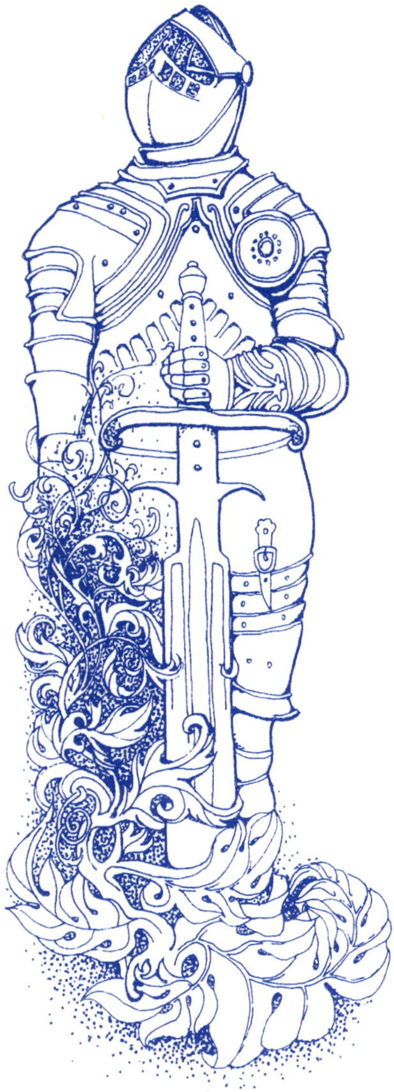

• *Wahrscheinlich ist ihr verletzbares Wesen ein Resultat innerer Unsicherheit.*

Ja, das könnte es sein. Es kann alles Mögliche sein.

• *Wie legt man Verletzlichkeit ab?*

Indem man sich bemüht, sie in kleinen Schritten zu überwinden. Du beginnst am besten damit, daß du dich mit einem Menschen, der dich einmal gekränkt hat, im Geiste aussöhnst. Dazu mußt du nicht zu der betreffenden Person hingehen und ihr mitteilen, daß du jetzt unbedingt mit ihr Frieden schließen willst. Es genügt, wenn du die Versöhnung innerlich für dich vollziehst. Dazu gibt es mehrere Methoden. Eine davon wäre, daß du dir jemanden ins Gedächtnis rufst, den du sehr gerne magst. Ist das geschehen, bist du innerlich im Gleichgewicht. Und dieses Gefühl der Zuneigung, das die Erinnerung an den lieben Menschen in dir erweckt hat, schickst du nun in Gedanken jener Person, die dich gekränkt hat. - Eine weitere Möglichkeit wäre, zu beten.

Würdest du bitte zu einem Thymus-Test zu mir kommen? - Ich will euch zeigen, daß es funktioniert.

Zu der Dame: Denke jetzt bitte an eine Person, die dich verletzt hat. Fest dagegendrücken. - Und nun denke an den gleichen Menschen und überlege dir, welche guten Eigenschaften er hat. Irgendetwas Positives. Bist du so weit? Fest dagegendrücken ....

Ist es euch aufgefallen? In dem Augenblick, da man das Positive anspricht, ist man im Gleichgewicht. Das ist die Lösung. Auf diese Weise vollzieht sich das Arbeiten in kleinen Schritten. Wenn dich ab heute jemand kränkt, dann überlege dir: »Es stimmt zwar, er hat mich jetzt verletzt, aber wenn ich es recht bedenke, hat er sonst so viele gute Eigenschaften, daß ich ihm das leicht verzeihen kann.« Im selben Moment bist du im Gleichgewicht. Hast du das ein paarmal geübt, wirst du bemerken, daß dich so leicht niemand mehr verletzen kann. Das ist das Arbeiten an der eigenen Person.

Es gibt in Fällen wie diesem einen weiteren Punkt, der zu beachten wäre. Ich meine die Erwartung. Ich erwarte von einer anderen Person, daß sie etwas Bestimmtes tut, und meistens sage ich dem betreffenden Menschen gar nicht, *was* ich von ihm erwarte. Er hat also keine Ahnung von meinen Wünschen. Ich bin dann aber furchtbar enttäuscht, wenn nicht genau das geschieht, was ich mir vorgestellt habe.

Erwartung und Enttäuschung

Mit der Erwartung verhält es sich so, daß sie leider zwangsweise zur Enttäuschung führt. Enttäuschung heißt aber: Ich bin eine *Täuschung*, der ich unterlag, *end*lich losgeworden. Hast du diese Regel durchschaut und umgesetzt, wirst du erkennen, daß du keinen Panzer mehr brauchst, und er wird von selber verschwinden.

KAPITEL 5

Wer das Spiegelgesetz anwendet, braucht nicht in der Vergangenheit zu graben, um seine Probleme zu bewältigen. Es ist nutzlos, zurückliegende Lebensabschnitte zu durchforsten, um dort nach Hinweisen zu suchen, da wir unsere Aufgaben in jedem Augenblick an dem erkennen können, was uns unser Umfeld spiegelt. Wir brauchen nichts anderes zu tun, als uns den Erkenntnissen zu öffnen, die uns die Spiegelungen vermitteln. Mit großer Wahrscheinlichkeit wird es dann nicht mehr notwendig sein, irgendwelche Therapien mitzumachen, die unser zurückliegendes Leben aufrollen. Wir bekommen unsere Fehler ohnehin ständig vorgespiegelt. Wir dürfen sie nur nicht mehr verdrängen.

Therapien zur Bewältigung innerer Probleme

Wir sollten uns vor Therapeuten hüten, die uns einreden wollen, die Erziehungsfehler unserer Eltern wären an unseren Problemen schuld. Das gleiche gilt für die Reinkarnationstherapie, wo sich zuletzt meist herausstellt, daß ein Vorleben unsere gegenwärtigen Schwierigkeiten verursacht hat. Beide Verfahren kommen zu dem gleichen falschen Ergebnis: Ich bin ein unschuldiges Opfer mißlicher Verhältnisse und kann nichts daran ändern. Einmal haben die Eltern schuld, ein andermal war es ein vergangenes Leben. Damit führen wir unser Problem keiner Lösung zu, sondern bleiben in einem unentrinnbaren Teufelskreis gefangen.

Ist ein Horoskop sinnvoll?

Manche Menschen wenden sich mit ihren Lebensfragen an einen Astrologen. Das ist nur dann gut, wenn sie aus ihrem Horoskop einen Lernprozeß ableiten. Andernfalls lehne ich auch das ab. Neunzig Prozent der Astrologen erstellen die Horoskope ohnehin nur für den materiellen Bereich. Das mag in Ordnung sein für Menschen, die keine spirituellen Ambitionen haben, denn diese wollen ihre Lebensaufgaben ja gar nicht erfahren und auch nicht an sich arbeiten. Jeder Mensch gerät ohnehin nur an den Astrologen, der seiner Schwingung entspricht. Für uns aber, die wir zu geistigen Zielen aufgebrochen sind, ist das nicht mehr ausreichend. Wir müssen die Dinge schon ein wenig differenzierter betrachten. Wer sich allerdings damit wohlfühlt und erkennt, daß er das Horoskop nicht als Entschuldigung für sein Fehlverhalten heranziehen darf, kann ohne weiteres einen Astrologen zu Rate ziehen. Er sollte ihm aber nur als Wegweiser dienen.

Beispiel: Warnung durch eine Astrologin

• *Zum Thema Astrologie kenne ich einen ganz interessanten Fall. Meine Freundin hatte einmal mit einer Astrologin einen Termin ausgemacht. Zwei Tage vor dem vereinbarten Datum rief die Dame meine Freundin an und warnte sie: »Ich habe in Ihrem Horoskop gelesen, daß Sie morgen auf keinen Fall aus dem Hause gehen dürfen. Sie sind morgen besonders unfallgefährdet.« Daraufhin blieb meine Freundin am nächsten Tag zu Hause. Und was geschah? Sie stolperte in ihrer Wohnung über die Couch und verletzte sich.*

Natürlich. Man kann seinen karmischen Lektionen nicht ausweichen. Das ist eben das Unsinnige an dieser Art von Astrologie. Sie sagt dir eventuell vorher, was geschehen wird, aber sie hält keine Mittel bereit, die dir in dieser Situation weiterhelfen. Eigentlich weckt sie mit ihren Vorhersagen nur die Furcht der Menschen. Oft machen ihnen die Prophezeiungen so viel Angst, daß ihnen schon allein deshalb etwas zustößt.

Das Karmahoroskop

• *Bist du darüber informiert, ob man das Karma aus dem Horoskop ablesen kann?*

Natürlich. Es gibt ein Karma-Horoskop.

• *Handelt es sich dabei um eine eigene Art von Berechnung, oder kann man das aus dem Grundhoroskop herauslesen?*

Das hängt von dem Menschen ab, der das Horoskop erstellt. Ein guter Astrologe weiß um die karmischen Gesetzmäßigkeiten Bescheid; ein schlechter, der die Techniken der Astrologie nur mechanisch erlernt hat, weiß nichts davon. Auf jeden Fall muß ein guter Astrologe Intuition besitzen. Ich habe einen Bekannten, der Astrologie eine Zeitlang als Hobby betrieb. Inzwischen hat er es wieder aufgegeben. Er warf nur einen Blick auf unser Horoskop, schlug dann in mir völlig unverständlichen Tabellen nach und erzählte schließlich meiner Frau und mir, daß wir in diesem oder jenem Jahr, zu diesem oder jenem Datum Probleme miteinander gehabt hätten. Und es stimmte! Er ging dann weiter in der Zeit zurück und grub noch andere Vorfälle aus unserer Vergangenheit aus. Schließlich kam er bis zu unseren Vorleben und enthüllte uns, daß wir einmal miteinander verwandt gewesen waren.

Soweit wir es selber wußten, konnten wir alles bestätigen, was er uns mitteilte. Die Hinweise auf unsere Vorleben überprüften wir nachher mit anderen Methoden, und sie stellten sich ebenfalls als zutreffend heraus. Wenn ein Horoskop richtig gedeutet wird, kann es unseren ganzen Lebenszyklus in allen Details enthüllen. Der Astrologe muß jedenfalls Intuition besitzen, um alles richtig zu erfassen. Verwendet man die Enthüllungen als Schlüssel zur Arbeit an sich selber, ist dagegen nichts einzuwenden.

• *Wenn ich durch das Horoskop von einem bevorstehenden Ereignis erfahre, kann ich ihm ja aus dem Wege gehen oder mich bemühen, auf andere Weise zu lernen.*

Kann man karmischen Lektionen ausweichen?

Bevorstehende Ereignisse kannst du nur von der Ebene aus lösen, auf der du dich gerade befindest. Das Horoskop zeigt aber alle Ebenen, die materielle Ebene, die geistige Ebene und den Seelenbereich.

Bei Menschen, die keinen spirituellen Weg gehen, die also noch auf einer niedrigen Entwicklungsstufe stehen, kannst du den materiellen Bereich ganz deutlich am Horoskop ablesen. Das heißt, bei ihnen stimmt das Horoskop oft hundertprozentig mit der Wirklichkeit überein. Je höher ein Mensch in seiner spirituellen Entwicklung steht, um so weniger ist bei ihm von der materiellen Sphäre sichtbar, weil sich seine Aktivitäten mehr in geistigen Bereichen abspielen.

Bei einem Wissenden ist zum Beispiel ein rückläufiger Saturn nicht mehr auf der materiellen, sondern nur noch auf der mentalen Ebene wirksam. Er bekommt dann unverhofft die Gelegenheit, einen Entwicklungssprung zu machen und die Schwelle zu neuen Erkenntnissen zu überschreiten.

• *Wie muß man deiner Meinung nach ein Horoskop anfertigen, damit es für uns sinnvoll ist?*

Wann ist ein Horoskop sinnvoll?

Bevor man mit der Ausfertigung eines Horoskops beginnt, muß man sich natürlich überlegen, ob man ein Geburtshoroskop erstellen oder nur in die Zukunft schauen will, wie es meistens verlangt wird. Entscheidend für die Qualität sind die Lebenserfahrung und das Einfühlungsvermögen des Astrologen. Ein Computerausdruck ist also kein gutes Horoskop. Ein gutes Horoskop zu erstellen nimmt auf jeden Fall zwei bis drei Stunden in Anspruch.

Da es sich ergeben hat, daß wir heute so ausführlich über Horoskope sprechen, möchte ich wiederholen, was ich schon eingangs anklingen ließ: Ich bin der Meinung, daß es absolut unnötig ist, die Sterne zu befragen, ebenso wie ich es für unnötig halte, eine Reinkarnationstherapie oder eine Psychotherapie zu machen. Ich habe das Horoskop in diesem Zusammenhang nur als Beispiel hereingenommen, und mehr sollte es auch nicht sein.

Es sind triftige Gründe, die mich davon überzeugt haben, daß wir keines dieser Hilfsmittel brauchen: Ist es meine Absicht, meine Fehler auszumerzen, muß ich im Jetzt handeln. Wir haben nur in der Gegenwart die Aussicht, unsere Probleme zu lösen. Wir leben ja in diesem Augenblick. Wir können weder in der Vergangenheit noch in der Zukunft etwas verändern.

Die Vorteile des Spiegelgesetzes

Arbeiten wir mit dem Spiegelgesetz, weist es uns genau auf die Aufgaben hin, bei denen wir mit dem Aufarbeiten beginnen müssen. Die Spiegelung zeigt uns deutlich, was wir ändern sollten. Mehr brauchen wir nicht zu wissen. Was nützt mir eine Therapie, die mich dazu bringt, auf andere Menschen böse zu sein, - auf die Eltern, die Geschwister, die Nachbarn oder sonst irgendjemanden? Letztlich erreiche ich damit nur, daß auch auf mich jemand böse ist. Gehe ich dagegen nach dem Spiegelgesetz vor und habe meine Spiegelung zur Kenntnis genommen, zeigt es mir das Problem und zugleich auch dessen Lösung, also das, was ich an mir ändern muß. Und es wird sich mit Sicherheit herausstellen, daß ich zuerst einmal lernen muß, zu verzeihen, - den Eltern, den Geschwistern, den Nachbarn, und auch sonst jedem Menschen.

Wozu also eine Behandlung, die mich dazu veranlaßt, anderen Menschen Schuld zuzuweisen? Habe ich die Veränderung an mir durchgeführt, wandelt sich ganz von selber mein Verhältnis zu meinen Mitmenschen und zur Umwelt.

Ich habe während meines ganzen Lebens noch kein derartiges Verfahren in Anspruch genommen, denn sie erscheinen mir alle nicht zielführend. Es läuft dabei immer nur darauf hinaus, daß wir die Schuld für unsere Probleme nicht bei uns selber suchen, sondern uns auf andere ausreden. Das bringt uns nicht weiter. Wer einen geistigen Weg geht, erfährt auch ohne zusätzliche Hilfsquellen immer im rechten Augenblick, was nottut. Das Spiegelgesetz enthüllt uns alles, was wir wissen müssen. Was wir darüber hinaus machen oder zum falschen Zeitpunkt beginnen, schafft uns nur zusätzliche Probleme, die wir in der Folge ausbaden müssen.

• *Aber ein Horoskop enthält doch gewisse Informationen, die mir weiterhelfen können.*

Es gibt manchmal Situationen, in denen wir nicht weiterkommen, in denen wir trotz all unserer Bemühungen aus irgendeinem Grunde unseren nächsten Lernschritt nicht herausfinden können. In solchen Fällen mag es angehen, daß wir einmal ganz bewußt auf die Astrologie zurückgreifen, um mit ihrer Hilfe vielleicht das

Verborgene zu enthüllen. Das ist dann in Ordnung. Wir dürfen uns aller Hilfsmittel bedienen, die zur Verfügung stehen. Nur muß uns auch klar sein, daß dann die Lektion, die wir uns aufzudecken bemühen, unter Umständen verstärkt über uns hereinbricht.

Ich lege darauf keinen Wert. Ich arbeite ohnehin ständig an meinen Problemen, denn ich habe ihrer leider genug. Da vermeide ich es lieber, mir noch zusätzlich welche aufzubürden. Bedenkt also immer die möglichen Folgen, wenn ihr geistige Hilfsmittel heranzieht.

Das Grundhoroskop

Aber wie gesagt: Fallweise mag es durchaus von Nutzen sein, sich der Astrologie zu bedienen. Ich kann ohne weiteres einmal ein Grundhoroskop machen und mir ansehen, welche Haupteigenschaften ich habe. Die müßte ich zwar auch ohne Hilfsmittel schon längst kennen oder zumindest leicht herausfinden können, aber es gibt sicher Fälle, bei denen man mehr ins Detail gehen muß. Da kann uns das Horoskop schon helfen.

Im großen und ganzen sehe ich aber keinen Grund, meine eher reservierte Haltung gegenüber der Astrologie aufzugeben. Wenn ihr bei allem mitmacht, das ich euch in dieser Seminarreihe anbiete, wenn ihr also auf der Basis der göttlichen Gesetze ständig an eurer geistigen Weiterentwicklung arbeitet, bedürft ihr keiner zusätzlichen Hilfsmittel.

Der Pendel

Ich gebe zu: Die geistigen Hilfsmittel sind manchmal recht praktisch. Ich verwende zum Beispiel gern den Pendel. Aber wenn es um meine eigenen Probleme geht .... Manchmal, wenn ich mich mit einem Problem herumschlage, fordert mich meine Frau auf: »Schau' dir das doch endlich einmal an!« Dann pendle ich die Sache eben aus. Letztendlich ändert sich aber nichts an meinem Problem, wenn ich weiß, daß dieser Aspekt zu zwanzig Prozent und jener zu fünfzig Prozent daran beteiligt ist. Daß ich an mir arbeiten muß, weiß ich auch ohne daß ich es auspendle.

Wenn ich einen Fehler aufarbeite, der sich aus mehreren Teilaspekten zusammensetzt, beginne ich immer mit dem Teil, der mir am leichtesten fällt. Habe ich erst einmal das Leichte gemeistert, ist meist auch das Schwere nur noch halb so schlimm. Auf jeden Fall habe ich dann nur noch *ein* Problem, und dem kann ich mich voll und ganz widmen. Hilfsmittel sind also gelegentlich recht gut, und deshalb werdet ihr im Laufe dieser Seminarreihe auch einige kennenlernen, aber meist kommt man auch ohne sie aus.

Fassen wir also zusammen: Wir brauchen all diese Therapien und Hilfsmittel nicht, und oft ist es sogar klüger, sie beiseitezulassen. Was wir brauchen, was zu unserem Fortschritt nötig ist, wird uns rechtzeitig zu Bewußtsein gebracht, ohne daß wir etwas dazutun. Unsere Vorleben werden uns *dann* enthüllt, wenn wir das Wissen um sie für unsere Entwicklung brauchen, und wenn wir fähig sind, diese Einblicke zu verkraften.

Ich möchte hier kurz wiederholen, was ich schon an unserem ersten Abend sagte: Es ist nicht nötig, an die Reinkarnation zu glauben. Für mich persönlich ist sie eine Tatsache, weil ich so viele Rückerinnerungen habe. Speziell im letzten Jahr kamen sie sogar bei vollem Tagesbewußtsein.

• *Mit anderen Worten: Das Spiegelgesetz reflektiert uns unsere Vergangenheit.*

Beispiel: Kampfsport und Rückerinnerungen

Ja, so kann man es ausdrücken. Durch die Rückerinnerungen wurden auch verschiedene meiner Verhaltensweisen im gegenwärtigen Leben verständlich. Zum Beispiel mein jahrelanges Bedürfnis, Verteidigungstechniken zu erlernen. In den Rückerinnerungen erfuhr ich, daß ich in jeder meiner letzten Inkarnationen gewaltsam ums Leben gekommen war. Daher mein Wunsch, immer verteidigungsbereit zu sein, - obwohl ich zu der Zeit, da ich den Kampfsport ausübte, noch nichts von meinen Vorleben wußte.

Als die Rückerinnerungen schließlich kamen, nahm ich die Bilder von meinen gewaltsamen Toden ganz gelassen zur Kenntnis, denn damals war ich durch meinen Glauben, mein Wissen und meine Lebensführung bereits innerlich gefestigt und bereit für diese Erfahrung. Mittlerweile kenne ich auch die Gründe, weshalb man mich so oft gewaltsam ins Jenseits befördert hatte. Es war nichts anderes als der karmische Ausgleich für das, was ich zuvor gesät hatte.

Ich hatte meinen Kampfsport aber bereits *vor* den ersten Rückerinnerungen aufgegeben, denn ich hatte im Verlauf meiner geistigen Evolution erkannt: »Lebst du nach der göttlichen Ordnung, brauchst du dich nicht zu verteidigen.«

Zu dieser Erkenntnis war ich *ohne* Rückerinnerung gekommen. Hätte ich mich einer Reinkarnations-Therapie unterzogen, bevor mir das klargeworden war, hätte ich daraus wahrscheinlich den falschen Schluß gezogen, daß ich in diesem Leben lernen müßte, mich besonders wirksam zu verteidigen, sonst würde mir das gleiche wieder passieren! Versteht ihr den Unterschied? Ich hätte ganz sicher nicht aufgehört zu kämpfen. Genau *darum* geht es aber in einem Leben nach den göttlichen Gesetzen. Es ist für die meisten Menschen eine Gnade Gottes, daß sie nichts von ihren Vorleben wissen.

Soeben fällt mir ein wichtiger Punkt ein, der eigentlich noch zu unserem Gespräch über die Erziehung gehört hätte: Es ist absolut sinnlos, andere Menschen verändern zu wollen. Wir glauben immer, unsere Kinder, unseren Partner, unseren Arbeitskollegen oder wen auch immer erziehen, das heißt: verändern zu müssen. Meistens wollen wir sie dabei in eine Richtung dirigieren, wo sie für uns am bequemsten zu manipulieren sind. Das wird nie funktionieren. Wenn wir etwas verändern wollen, müssen wir uns selber ändern.

Wir sollen uns selber lieben und akzeptieren

• *Wir sollen aber auch lernen, uns selber zu akzeptieren.*

Ja, natürlich. Wir sollten sogar lernen, uns selber zu lieben, denn das ist der erste Schritt zur Alliebe. Dieser Schritt steht am Beginn vieler geistiger Lehren. Es ist empfehlenswert, sich selber zu akzeptieren und zu lieben.

Vollkommen verkehrt wäre es zum Beispiel, über eine vergangene Fehlhandlung zu klagen: »Schrecklich, was ich damals getan habe!« Viel vernünftiger ist es, sich zuzugestehen: »Das war eben zu jener Zeit mein Bewußtseinsstand.« Hast du heute erkannt, daß du damals einen Fehler begingst, solltest du das akzeptieren, dir aber gleichzeitig vornehmen, in Zukunft anders zu handeln. Also: Nicht in der Vergangenheit wühlen und sich in Selbstvorwürfen zerfleischen, sondern einsehen, daß es dein damaliger Wissensstand war und es künftig besser machen!

Wenn ich dauernd in meiner Vergangenheit herumkrame, werde ich bald durch die Gegend laufen, wie es uns die Figur 1 zeigt: hinterlastig, weil mich die Vergangenheit nach hinten zieht. Wenn ich immer nur daran denke, was morgen passieren könnte, bin ich mit der Nase einen Meter weiter als mit dem Hinterteil, wie wir es an Figur 2 sehen. Es kommt darauf an, genau auf Mittelachse zu stehen, also ganz im Jetzt zu leben (siehe Figur 3).

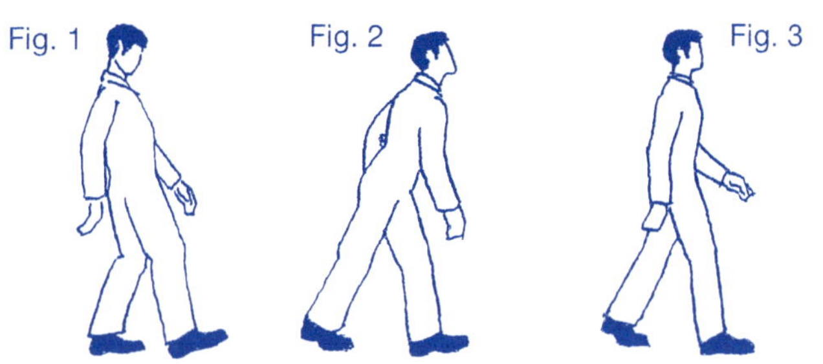

Abbildung 12 **Körperhaltung**

Erkennen, akzeptieren und an sich verändern: so sähe der ideale Ablauf einer Verhaltensänderung aus. Die eigene Veränderung bewirkt dann auch eine Veränderung in unserem Umfeld.

Aggressive Kinder

Manchmal sind wir ein wenig vernagelt und nehmen unseren fälligen Lernschritt nicht von alleine wahr. Dann zeigen uns andere Menschen, wo unsere Fehler sitzen. Das kann sich bemerkbar machen, indem jemand ein gegebenes Versprechen nicht hält. Oder, ein anderes Beispiel, unsere Kinder legen eine besondere Aggressivität an den Tag. Kinder reagieren aggressiv, wenn wir ihnen zu wenig Liebe entgegenbringen. Durch die Aggression, also durch ein völlig konträres Verhalten, wollen sie unsere Zuneigung erzwingen. Es ist ihnen lieber, beschimpft oder bestraft zu werden, als gar keine Zuwendung zu bekommen. Daher ist es die schlimmste und falscheste Erziehungsmethode, einem Kind die Liebe zu entziehen.

Für andere da sein

Das gilt natürlich nicht nur für Kinder, sondern für alle Menschen. Unser Wahlspruch sollte daher lauten: »Egal, was du tust, ich bin immer für dich da.« Damit sind wir wieder beim liebenden Dienen am Mitmenschen. Das liebende Dienen ist unser wichtigster Lernschritt, und ich werde daher noch öfter darauf zu sprechen kommen. Tätige Nächstenliebe ist gewiß nicht leicht. Es ist viel einfacher, auf eine Aggression mit Ärger und Ablehnung zu reagieren, als ihr Liebe entgegenzusetzen.

Ist es euch aber wirklich einmal gelungen, die Nächstenliebe in die Praxis umzusetzen, werdet ihr bald merken, daß sich alles um euch auf wunderbare Weise verändert, und zwar einzig und allein dadurch, daß ihr eure Einstellung zu allem ändert. Wer diese wunderbar verwandelte Welt einmal kennengelernt hat, weiß, daß sich die Mühe lohnt, zum Wohle aller Menschen auf ihre Verwirklichung hinzuarbeiten.

Beispiel: Michael als Spiegel

Ich habe hier noch ein paar Beispiele zum Spiegelgesetz vorbereitet. Eigentlich brauchen wir sie nicht mehr, weil wir ohnehin schon so viel darüber gesprochen haben, aber greifen wir doch noch einen interessanten Musterfall heraus: Wer ständig schreit, wir auch selber angeschrien. An meiner Frau Ilse und unserem Sohn Michael konnte ich das eines Tages wie in einem Lehrstück verfolgen. Meine Frau schrie mit Michael und mein Sohn brüllte ganz rebellisch zurück. Ilse wurde auf einmal ruhig und sagte: »Aha, das ist mein Spiegelbild.« Und im gleichen Augenblick hatte sich Michaels Aggression vollständig aufgelöst.

Wir haben hier also auf der einen Seite ein Kind, das aus Ausgleichsgründen das Fehlverhalten der Mutter zeigen muß, und auf der anderen Seite die Mutter, die ihren Fehler einsieht und in Liebe löst. Darauf folgt völlig übergangslos und ohne ein weiteres Wort die Bereinigung der karmischen Verhältnisse.

Das ist das Großartige an den geistigen Gesetzen: Die Änderung unseres Fehlverhaltens genügt, um alles in unserer Umgebung umgehend zum Guten zu wenden.

Dritter Teil: Das Gesetz der Analogie

KAPITEL 1

Im Abschnitt über das Spiegelgesetz haben wir gelernt, auf die Spiegelung unserer Umwelt (also der materiellen Ebene, die uns umgibt) zu achten, und sie für unseren geistigen und spirituellen Fortschritt einzusetzen. Wenden wir uns nun dem *Gesetz der Analogie* zu, damit wir lernen, die Spiegelungen der analogen Ebene ebenso wahrzunehmen und mit ihnen zu arbeiten.

Hermes Trismegistos

Das Analogiegesetz wird auch das *Gesetz des Hermes Trismegistos* genannt. Bei der Gestalt des *dreimal großen Hermes*, wie ihn die antiken Griechen nannten, handelt es sich vielleicht um eine historische Person, um einen überragenden Weisen, dessen wirklicher Name im Laufe der Zeit verlorenging. Seine Nachwelt verschmolz schon im Altertum die Eigenschaften des griechischen Gottes *Hermes*, des Kenners und Hüters aller Wege (sowohl der geographischen als auch der geistigen), und des ägyptischen Gottes *Toth*, des Gottes der Magie und Besitzers heilkräftiger Zauberformeln, auf mythische Weise zu dieser sagenhaften Gestalt.

Die Tabula smaragdina

Die Lehren des Hermes Trismegistos waren auf der *Tabula smaragdina* festgehalten worden. Diese *smaragdene Tafel* war jahrhundertelang verschollen und wurde im ersten Jahrhundert nach Christus von dem Magier *Appolonius von Tyana* wiederentdeckt.

Das Gesetz der Analogie lautet in der Kurzfassung: »Wie oben, so unten; wie innen, so außen.« (Der genaue Wortlaut kann auf Seite 187 nachgelesen werden.) Damit ist gemeint, daß auf allen Ebenen und für alle Erscheinungsformen im Universum die gleichen Gesetze gelten. Es wird damit auch die universale Gültigkeit der geistigen Gesetze unterstrichen.

Das Gesetz der Analogie

Der Mensch kann mit seinen Sinnen nur einen minimalen Ausschnitt des Kosmos wahrnehmen. Seine Augen sehen nur einen kleinen Teil des Lichtspektrums und seine Ohren hören nur innerhalb eines geringen Frequenzbereiches. Mit seiner Vorstellungskraft kann er weder sehr große, noch sehr kleine Bereiche erfassen. Auch mit seinen geistigen Sinnen kann der Mensch nur so weit in die Welt des Absoluten eindringen, wie es seinem spirituellen Entwicklungsstand entspricht. Hier gilt allerdings die Regel, daß sich der Strebende durch ausdauernde Arbeit an sich selber höherentwickeln und damit seinen Horizont erweitern kann.

Das Analogiegesetz hilft uns, den engen Raum unserer sinnlichen Wahrnehmungen zu sprengen, indem es uns erlaubt, von dem kleinen Bereich, der unseren Sinnen zugänglich ist, auf die großen und unbekannten Gebiete zu schließen, die dahinterliegen. Es bestätigt uns, daß die gleichen Gesetze, die für unsere Sphäre gelten, auf allen Ebenen des Universums wirksam sind. Außerdem hilft uns das Analogiegesetz durch die Möglichkeit, Schlüsse von einer Ebene auf eine andere zu ziehen, besonders bei der Anwendung des Spiegelgesetzes.

KAPITEL 2

Analogie und Verletzungen

Beginnen wir mit den praktischen Beispielen. Nehmen wir an, ich füge jemandem eine Verletzung zu. Die karmische Antwort auf diese Fehlhandlung kann auf verschiedene Weise erfolgen. Eine Möglichkeit wäre, daß ich mich selber körperlich verletze oder daß ich von anderen körperlich verletzt werde. Das wären Rückmeldungen auf der gleichen Ebene. Es kann aber auch sein, daß ich durch Worte verletzt werde. Das wäre die Reaktion der analogen Ebene. Solange uns Bemerkungen verletzen können, verletzen auch wir unsere Mitmenschen. Erst wenn uns verbale Angriffe der anderen nicht mehr berühren, wenn wir nicht mehr in Resonanz gehen, haben wir diesen Schritt bewältigt.

Was zeigt uns unsere Resonanz?

Ihr könnt das sehr leicht an euch selber erproben. Gesetzt den Fall, jemand beschuldigt euch wegen irgendeines Fehlers. Könnt ihr ihm ruhig zuhören und dabei denken: »Das hat nichts mit mir zu tun. Nein, das berührt mich nicht«, dann wißt ihr, daß dieser Mensch nicht euch meint, sondern von sich selber redet. Wer einen anderen beschuldigt und dabei in Emotion gerät, der spricht von seinem eigenen ungelösten Problem.

Diese Erkenntnis kann uns sehr weiterhelfen, denn wenn ich weiß, daß der andere von sich selber spricht, spare ich viel Energie. Aber auch wenn ich erkenne, daß die Beschuldigung sowohl ihn als auch mich betrifft, erleichtert das meine Arbeit. Das Erkennen verrät mir, daß jetzt bald der Zeitpunkt gekommen ist, an dem ich dieses Problem aufgearbeitet haben werde und der andere mich nicht mehr aus dem Gleichgewicht bringen kann.

Wer daran arbeitet, in solchen Situationen nicht in Resonanz zu gehen, kann von mir einen guten Tip haben: Hört genau hin auf das, was euch der andere sagen will! Ich habe darüber schon einmal gesprochen. Dieser Punkt ist aber so wichtig, daß ich ihn hier gern wiederhole. Horcht genau auf die Worte eures Gegenübers und untersucht sie auf ihren Wahrheitsgehalt. Ist es wahr, was er sagt, dann braucht ihr es nur an euch zu verändern, und es wird euch künftig nicht mehr berühren. Ist es nicht wahr, dann geht ihr sowieso nicht in Resonanz, denn dann geht es euch nichts an.

Beispiel: Das aggressive Kind

• *Mein Enkelsohn ist sehr kräftig, und er schreit mich oft an. Er lernt das von seinem Vater. Er ist der Spiegel seines Vaters, aber er reagiert es an mir ab. Ich schreie nie zurück, denn ich weiß, er muß das loswerden. Wie kann ich ihm helfen?*

Indem du liebevoll auf ihn eingehst. Sag einfach: »Komm' zu mir.« Sprich mit ihm. Nimm ihn in die Arme. Blocke dich nicht ab, schimpfe nicht, sondern schenke ihm Liebe. Ich bin sicher, er wird dann bald damit aufhören. Ein Kind, das sich so benimmt, schreit nach Liebe. Und natürlich ist er das Spiegelbild der Eltern; das ist ganz klar.

Da du aber dabei in Resonanz gehst, muß es auch dich betreffen. Wahrscheinlich schreist du auf einer anderen Ebene. Vielleicht schreist du innerlich.

• *Ja, ich schreie wohl, und nicht nur innerlich. Aber nicht mit meinem Enkel, sondern mit seinem Vater.*

Das ist genauso falsch. Ihr habt hier wieder ein Beispiel, an dem ihr beobachten könnt, wie das Spiegelgesetz wirkt. Wir erkennen es daran, daß uns etwas stört. Und genau das, was wir aussenden, fällt auf uns zurück.

Unordnung

»Mich stört die Unordnung der anderen!« Diesen Satz hat sicher jeder von uns schon oft gehört oder selber angewendet. Er enthüllt eine interessante Spiegelung, die viele Menschen betrifft. Was zeigt sie uns? Wer sich durch äußere Unordnung gestört fühlt, hat seine innere Ordnung noch nicht gefunden, - auch wenn er seine Umgebung noch so gründlich in Ordnung hält.

Bei mit war das anders. Mich berührte Unordnung früher überhaupt nicht, und ich war auch selber unordentlich. Der Schritt zur Ordnung war für meine geistige und spirituelle Evolution damals noch nicht aktuell. Erst als ich auf meinem inneren Weg vor der Stufe der Ordnung anlangte, begann das Spiegelgesetz auch hier auf mich zu wirken. Jetzt stört mich Unordnung, wenn sie zu groß wird. Das heißt, jetzt wird mir meine innere Unordnung gezeigt. Erst wenn mich äußere Unordnung wieder nicht mehr stört, weiß ich, daß ich diese Stufe erstiegen und meine innere Ordnung gefunden habe.

Umgang mit den geistigen Gesetzen ist Übungssache

Ich möchte euch hier darauf hinweisen, daß man - besonders beim Umgang mit dem Spiegelgesetz - nur durch langes Üben eine gewisse Sicherheit erlangen kann. Manche von euch, die heute vielleicht zum erstenmal davon gehört haben, werden jetzt sagen: »So schwierig erscheint mir das nicht. Eigentlich ist ja alles ganz klar.«

Wenn sie es aber dann in der Praxis anwenden wollen, kommen sie bald dahinter, daß es doch nicht so einfach ist. Und später werden sie sicher einmal an einen Punkt gelangen, an dem sie sagen: »Also das verstehe ich überhaupt nicht. Das Spiegelgesetz stimmt hier einfach nicht.« Das ist dann genau der Punkt, auf den sie besonders achten sollten, denn hier wurden wahrscheinlich ihre eigenen verdrängten Emotionen berührt.

Pünktlichkeit

- *Was zeigt mir jemand, der extrem unpünktlich ist?*

Bist du selber pünktlich?

- *Ich bemühe mich.*

Das ist vielleicht zu wenig. Pünktlichkeit .... Wie wäre es mit: auf den Punkt bringen?

- *Was?*

Da gibt es viele Möglichkeiten. Hast du dein Leben schon auf den Punkt gebracht?

- *Aha, da fängt die Analogie an.*

Genau.

KAPITEL 3

Dort, wo wir keine direkten Zusammenhänge wahrnehmen, können wir das Gesetz der Analogie heranziehen. Hermes Trismegistos hat es so formuliert: »Dasjenige, welches unten ist, ist gleich demjenigen, welches oben ist. Und dasjenige, welches oben ist, ist gleich demjenigen, welches unten ist, um zu vollbringen die Wunderwerke eines einzigen Dinges.« So lautet die Original-Übersetzung. Ich wiederhole die gekürzte Fassung: »Wie oben, so unten; wie innen so außen. Wie im Kleinen, so im Großen.«

Der Wortlaut des Analogiegesetzes

Analogiegesetz und Naturwissenschaften

Finden wir in der physischen Welt eine Bestätigung für diese Thesen? Sehen wir uns zuerst das Große an: Nehmen wir uns ein Modell unseres Sonnensystems vor. Wir erkennen in seinem Mittelpunkt die Sonne, um die sich in Kreisbahnen einige Himmelskörper bewegen. Die Gravitationskraft des Muttergestirns hält das System zusammen.

Betrachten wir als nächstes ein Atommodell als Abbild der kleinsten chemisch teilbaren Einheit. Hier haben wir einen Kern, in dessen Anziehungsbereich sich die Elektronen in Kreisbahnen bewegen. Vergleichen wir die beiden Modelle miteinander, fällt uns sofort ihre Übereinstimmung auf. »Wie im Großen, so im Kleinen.«

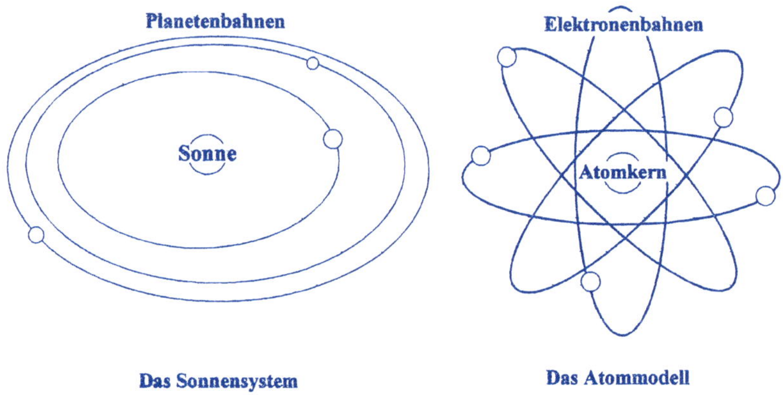

Sonnensystem und Atom

Abbildung 13

Das Gesetz der Analogie läßt sich ebenso im geistigen Sinne anwenden. Stört uns etwas, und wir finden den Grund dafür nicht im Äußeren, müssen wir die analoge Ebene in Erwägung ziehen und im Inneren weitersuchen.

Beispiel: Der geizige Ehemann

Hierzu ein markantes Beispiel, das ich in diesem Zusammenhang immer wieder heranziehe. Ich unterhielt mich mit einer Dame. Sie sagte: »Es stört mich ungemein, daß mein Mann so geizig ist.« Daraufhin fragte ich sie: »Sind Sie nicht geizig?« - »Nein, nein. Ich spende da, ich gebe dort ....« Sie zählte eine Reihe von Hilfsorganisationen auf, die sie unterstützte. Da hatte ich eine Eingebung. Ich erkundigte mich: »Und wie schaut es mit Ihren Gefühlen aus? Geizen Sie vielleicht mit Ihren Gefühlen?« Die Dame war einen Augenblick lang ganz perplex. Ich hatte genau ins Schwarze getroffen.

Es stellte sich heraus, daß sie sich mit einem Panzer umgeben hatte, der alle ihre Empfindungen gegenüber anderen Menschen abschirmte. Das war ihre Form von Geiz. Die Spiegelung auf der Analogieebene hatte sie darauf hingewiesen, indem sie die Dame den materiellen Geiz ihres Gatten spüren ließ.

Auf diese Weise offenbaren sich die Spiegelungen der Analogieebene. Es ist oft schwierig, sie zu erkennen, weil sie meistens verschlüsselt sind.

- *Wirkt das Analogiegesetz auch im Positiven?*

Schmerz als Lernanstoß

Natürlich. Die geistigen Gesetze sind immer für beide Richtungen offen, - sowohl für das Positive als auch für das Negative. Aber, wie gesagt, das Positive macht uns Gott sei Dank keine Schwierigkeiten. Bearbeiten müssen wir nur das, was uns Probleme macht. Die Probleme sind es ja, die unsere Lernprozesse erst in Gang setzen.

Aus dem gleichen Blickwinkel ist auch der Schmerz zu betrachten. Er ist eine Gnade Gottes, denn er zeigt uns an, daß wir unserem Leben eine andere Richtung geben sollten. Leider lernen die meisten Menschen nur auf diese Art. Personen, die freiwillig lernen, sind eine verschwindende Minderheit.

Lernen bedeutet, das Leben zu ändern

Das darf uns nicht wundern. Wer lernt, muß ja seine Fehler nicht nur einsehen, sondern sie obendrein auch noch beheben. Das ist alles andere als leicht. Darin liegt sicher eine der Ursachen, warum viele Menschen es ablehnen, den geistigen Weg anzutreten. Wenn man zwanzig, dreißig oder vierzig Jahre lang sein Leben gelebt hat, und nun kommt plötzlich einer daher und behauptet, alles wäre falsch gewesen ...., überlegt euch bitte, was das bedeutet! Er zieht dir damit ja den Boden unter den Füßen weg. Es ist leicht einzusehen, daß die meisten Menschen abweisend reagieren und sagen: »Das will ich nicht.« Das ist aber bereits schuldhaftes Nicht-wissen-Wollen und führt unweigerlich zu Leid. Je älter man ist, um so schwieriger wird es, sich zu ändern.

Blicke ich auf mein Leben zurück, muß ich mir eingestehen, daß ich fünfunddreißig Jahre davon verschwendet habe. Vielleicht nicht ganze fünfunddreißig Jahre, denn die Eigenverantwortung beginnt ja erst um das vierzehnte Lebensjahr, aber doch mehr als zwanzig Jahre. Das Leben vor meiner Umkehr hat mir viel Leid und Schmerzen und negative Erfahrungen eingebracht, aber letztendlich war es doch nicht umsonst, denn es führte dazu, daß ich zu lernen begann und mich änderte.

Wenn ich daran denke, wieviel ich mir hätte ersparen können, wenn ich den rechten Weg früher erkannt hätte .... Aber ich traure dem nicht nach. Das war eben so und läßt sich nicht mehr ändern. Zuletzt hat es doch zum Guten geführt, und das ist entscheidend.

• *Du sagtest vorhin: Etwas, das mich nicht stört, muß deshalb nicht schon behoben sein. Es ist wahrscheinlich im Moment kein wichtiger Lernschritt für mich.*

So ist es.

• *Ich darf also nicht hoffärtig sein und sagen: Das ist für mich kein Problem. Ich darf keine Freude daran haben.*

Du darfst dafür innerlich dankbar sein, und Freude sollst Du immer haben.

• *Aber ich muß mich nicht damit befassen.*

Richtig. Es ist für dich im Augenblick nicht aktuell.

KAPITEL 4

Der Fehler, den wir als nächstes bereinigen sollen, wird uns immer besonders deutlich vor Augen geführt. Wer zum Beispiel gerade die *Ehrlichkeit* aufzuarbeiten hat, wird ständig im Hinblick auf seine Ehrlichkeit überprüft. Das merkt man daran, daß man eines Tages plötzlich zehn Euro zuviel Wechselgeld herauskriegt, oder daß die Kassierin vergißt, einen Posten zu verrechnen. Ich kann euch darüber einiges erzählen, denn ich habe das selber miterlebt.

Beispiel: Die Ehrlichkeit

Solche kleinen Verlockungen häufen sich in auffälliger Weise, wenn es darum geht, uns auf die Ehrlichkeit aufmerksam zu machen. Man wird dann ständig daraufhin getestet, ob man es schafft, zu sagen: »Sie haben vergessen, das zu verrechnen«, und ob man es über sich bringt, alles zurückzugeben, was einem nicht gehört. Am Anfang war das für mich eine harte Nuß, denn ich betrachtete diese Dinge eher von der lockeren Seite her.

Inzwischen bin ich in puncto Ehrlichkeit sehr achtsam geworden und überlege im Hinblick auf sie alles, was ich tue. Früher machte ich beispielsweise meine Kopien, ohne viel darüber nachzudenken. Jetzt kaufe ich Umweltschutz-Papier im Werte dessen, was ich entnehme. Ich bemühe mich, alles auszugleichen. Wenn ich nicht so handle, wird mich die Unehrlichkeit anderer Menschen immer stören.

Volksmund

• *Viele Leute bedienen sich noch des alten Brauches, vor einer Unternehmung auf Holz zu klopfen. Das schützt eigentlich auch ein bißchen vor der Überheblichkeit.*

Ja, sicher.

• *Der Brauch stammt aus den Zeiten der christlichen Seefahrt. Die Seeleute klopften ein Schiff ab, bevor sie damit in See stachen, denn sie erkannten an der Resonanz, ob das Holz ihres Fahrzeuges noch in Ordnung war. Verfaultes Holz hört sich anders an als gesundes.*

Sehr interessant. Ihr seht also, woher unsere Bräuche stammen. Der Volksmund ist meistens sehr klug; - meistens, aber nicht immer. Ein Sprichwort, das ich zum Beispiel nicht so gescheit finde, lautet: »Die Gedanken sind frei.« Denn die Gedanken sind ja nur insoweit frei, als ein anderer Mensch sie mit seinen körperlichen Sinnen nicht direkt empfangen kann. Er empfindet sie jedoch und reagiert sofort auf sie. Das kann ich euch jederzeit mit dem Thymus-Test zeigen. Durch meine Gedanken beeinflusse ich das Denken anderer Menschen und meine gesamte Umwelt. Gedanken sind also alles andere als frei.

• *Es fällt mir schwer, das zu glauben. Ich habe einige Zweifel am Thymus-Test.*

Ein Thymus-Test

Deine Zweifel kann ich sofort ausräumen, indem ich den Thymus-Test an dir durchführe. Kommst du bitte zu mir? Bitte den Arm seitlich ausstrecken. Die Finger gestreckt lassen. Ich teste zuerst nur die Kraft deines Armmuskels, indem ich an deinem Handgelenk nach unten drücke, während du mit deinem ganzen Arm nach oben drückst. - Fest nach oben drücken.

Gut. Kennst du jemanden, den du nicht magst, oder der dich nicht mag? Denke bitte an ihn. Und nun bitte wieder fest nach oben drücken. - Spürst du es selber? Ich kann deinen Arm jetzt mit einem Finger nach unten drücken. Und nun denke an einen Menschen, den du gerne magst. - Fest dagegendrücken.

Hast du den Unterschied bemerkt? Der negative Gedanke hat dich schwach, der positive Gedanke stark gemacht.

• *Jetzt glaube ich es.*

Das geht aber noch weiter. Du wirst nämlich auch stark oder schwach in Abhängigkeit davon, wie ich über dich denke. Das heißt, deine Energie verändert sich nach der Art und Weise, wie die Leute über dich denken. Das kann ich ebenfalls durch den Thymus-Test sichtbar machen.

• *Wie kann man sich davor schützen?*

Indem man liebevoll denkt. Indem man nicht in Resonanz geht. Liebst du alle Menschen, kann dich nichts aus dem Gleichgewicht bringen, weil du die negativen Schwingungen nicht annimmst.

• *›Liebe deinen Nächsten wie dich selbst.‹*

Genau. Das ist nicht einfach, aber es ist die beste Lösung.

Beispiel: Geruchsempfindlichkeit

• *Aber den Sandler, der in der Früh neben mir in der U-Bahn sitzt und stinkt, den kann ich nicht lieben. Da muß ich mich abwenden.*

Mach' dir eines bewußt: Wir sind alle Kinder Gottes, auch dieser Sandler.

• *Das akzeptiere ich schon, aber ich halte den Geruch nicht aus. Auf diesen reagiere ich sofort ablehnend.*

Dann mußt du dir halt überlegen, was an dir stinkt. Denke darüber nach. Wenn dich Gestank derart stört, steckt sicher eine Lektion für dich dahinter.

• *Vielleicht stinkt anderen Leuten etwas an meinem Verhalten?*

Das wäre eine Möglichkeit. Man muß es sowohl vom Spiegelgesetz als auch vom Gesetz der Analogie aus betrachten. Bringt dich etwas aus dem Gleichgewicht, steckt dein eigenes Fehlverhalten dahinter.

Du mußt da zwei Dinge auseinanderhalten. Ich mag es auch nicht, wenn es irgendwo stinkt. Ich weiche dann einfach aus. Das stört mich aber nicht. Es ist mir unangenehm, aber es stört mich nicht. Ich kann trotzdem liebevoll mit dem Sandler reden.

• *Das kann ich ja auch. Ich habe mich wahrscheinlich falsch ausgedrückt. Ich akzeptiere jeden Menschen, nur muß ich mich im Falle des Sandlers wegsetzen, weil ich so geruchsempfindlich bin. Ich bin aber der Überzeugung, daß er die gleichen Rechte hat wie ich.*

Dann ist es kein Problem. Wenn es so ist, handelt es sich nur um eine Empfindlichkeit deines Geruchssinnes. Dagegen kann man etwas tun: Man kann störende Gerüche umwandeln.

• *In was umwandeln?*

Zum Beispiel in Rosenduft. Denke an eine Rose. Im gleichen Augenblick müßte dir ihr Duft gewärtig sein.

• *Das muß man wahrscheinlich jahrelang üben.*

Nein, das ist leicht erlernbar. Übst du das täglich nur ein paar Minuten lang, kannst du es wahrscheinlich schon nach wenigen Tagen. Das Entscheidende daran ist: Nachdem du es gelernt hast, kannst du auch mit Menschen, die nicht gut riechen, ungestört kommunizieren.

Ist es sinnvoll, sich zu schützen?

• *Ist es überhaupt sinnvoll, sich vor ›Angriffen‹ (oder auch üblen Gerüchen) zu schützen? Man will ja wissen, wo die eigenen Probleme liegen. Schützt man sich aber vor ihnen, blockt man sie bloß ab ....*

Danke für diese Frage. Durch sie kommen wir auf einen sehr wichtigen Punkt zu sprechen. Hat es also einen Sinn, sich vor etwas zu schützen? Verhindert man dadurch nicht einen Lernschritt? Ja, es ist sehr wohl zweckmäßig, sich zu schützen, und zwar dann, wenn die Lektion unsere Kräfte übersteigen würde. Ist man gerade dabei, seine Fehler auszumerzen, kommen deren Folgen ja verstärkt über uns, wie wir schon gehört haben. Es kann dann sehr leicht ein Moment kommen, an dem man glaubt, es nicht mehr zu schaffen.

Ehe man in einem solchen Augenblick aufgibt, ist es besser, sich ein wenig zurückzuziehen. Selbstverständlich mit dem festen Vorsatz, sofort weiterzuarbeiten, sobald man sein Gleichgewicht wiedergefunden hat.

• *Ich dachte, man bekommt nur soviel aufgeladen, wie man tragen kann.*

Nicht, wenn man um mehr bittet. Christus hat ja gesagt: »Worum ihr in meinem Namen bittet, wird euch gegeben.« Nimmst du dir vor, an deinem Problem zu arbeiten, kommt das ja einer Bitte gleich, damit verstärkt belastet zu werden, um zu einer rascheren Lösung zu kommen.

Es wird dir also auch dann gegeben, wenn du so unvernünftig bist, um einen schnelleren Lernerfolg zu bitten, als du im Augenblick bewältigen kannst. Diese Bitte muß nicht notwendigerweise konkret ausgesprochen werden. Es genügt, wenn du dir vorstellst, wie schön es wäre, wenn du diesen Schritt schon bewältigt hättest. Auch das kommt einer Bitte gleich. Du bekommst dann unter Umständen so viel aufgebürdet, daß du möglicherweise vorzeitig aufgibst.

KAPITEL 5

Geiz

Wiederholen wir also: Manchmal müssen wir die Analogieebene heranziehen, um einen Fehler zu erkennen. Beispiel: der materielle Geiz. Wenn er mich an anderen Menschen stört, geize ich vielleicht mit meinen Gefühlen. Das wäre die Spiegelung der analogen Ebene. Oder aber, ich selber kann mich von meinem Geld nicht trennen. Auch dann stört mich der Geiz der Mitmenschen. Das wäre die materielle Ebene.

Schnittverletzungen

Weitere Beispiele, bei denen wir die Lösung auf der Analogieebene finden: Schneide ich mich in den Finger, muß ich mich fragen: »Wo beschneide ich die Rechte anderer Menschen? Wo hindere ich jemanden an seiner freien Entfaltung?«

Vergiftungen

Oder ich habe mir eine Vergiftung zugezogen. (Vergiftungen treten sehr häufig auf, aber sie werden fast nie als solche erkannt. Die meisten Menschen sind vergiftet durch ihre falschen Eßgewohnheiten und durch die Nahrungsmittel, die auf unsere Märkte kommen: zuviel Zucker, zuviel Eiweiß. Fleisch, Obst und Gemüse mit Chemierückständen .... Die Leber kann das alleine nicht mehr bewältigen. Die Ausscheidung muß auch über die Haut erfolgen. Infolgedessen kommt es zu zahlreichen Hautunreinheiten, - alles Folgen von Vergiftungen. Oder es treten ständig Schnupfen und Verkühlungskrankheiten auf. Sie sind ebenfalls Ausscheidungsvorgänge) Auch hier kann der Hinweis auf der analogen Ebene zu finden sein.

Der Grund für die Vergiftung ist vielleicht, daß ich mich ständig über irgend etwas ärgere und durch meine unfreundliche Ausstrahlung meine Umwelt vergifte. Es heißt ja *grün vor Ärger,* und das hat seine Richtigkeit, denn bei Ärger wird Gallenflüssigkeit ins Blut gespült. Das kommt einer Vergiftung gleich. Wenn sich ein Mensch häufig ärgert, kann man das von seinem Gesicht ablesen. Er hat dann hier neben den Augen einen grünlichen Punkt. Das ist der *Leberpunkt*. Achtet bei Gelegenheit darauf. Immer wenn sich an dieser Stelle ein grünschimmernder Punkt zeigt, ist eine Vergiftung vorhanden.

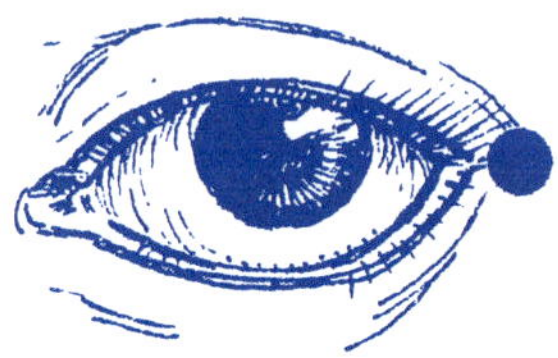

Der Leberpunkt

Abbildung 14

• Wenn mir gesunde Ernährung am Herzen liegt, aber ich muß mein Kind in den Kindergarten schicken, - was mache ich dann?

Beispiel: Ernährungsumstellung

Diese Frage ist nicht leicht zu beantworten. Du solltest überlegen, was dir wichtig ist.

• Du meinst: Kindergarten ja oder nein?

Zum Beispiel. Du könntest deinem Kind aber auch das Essen mitgeben.

• Ich bin gerade dabei, unsere Ernährung umzustellen. Ich halte diesen Schritt für wichtig und richtig. Darf ich das bei einem kleinen Kind durchsetzen, auch wenn es nicht mitmachen will?

Ja, natürlich.

• Mein Kleiner wird das sicher nicht wollen.

Das ist nicht so sicher. Lebe es ihm vor. Wie alt ist dein Sohn?

• Fünf Jahre.

Da solltest du dich beeilen. Ich meine damit, je jünger das Kind, um so leichter nimmt es die Umstellung an. Aber es geht immer. Als ich umstellte, war mein ältester Sohn bereits dreizehn Jahre alt, aber es gelang trotzdem. Es ist eine Frage der Konsequenz.

• Soll ich mit dem Kind darüber reden?

In diesem Fall: ja. Sag zu deinem Sohn: »Schau, ich habe erkannt, daß es für dich und für uns alle wichtig ist, daß wir etwas anderes essen, und deshalb beginnen wir ab sofort damit.« Nicht viel erklären, nicht viel diskutieren, sondern einfach sagen: Das ist so. Es hat keinen Sinn, mit Kindern zu diskutieren, denn Kinder haben unendlich viel Zeit. Sie unterhalten sich den ganzen Tag lang mit dir, ohne daß etwas dabei herauskommt. Sag daher: »So ist es!« Je größer die Sicherheit, mit der du das vorbringst, um so besser die Wirkung auf das Kind.

• Und was mache ich mit meinen Eltern, die da auch mittun sollten?

Denen kannst du es auch erklären. Das ist wieder eine Frage der Konsequenz. Als wir unsere Ernährung umstellten, kam eines Ta-

Ernährungs-umstellung ist eine Frage der Konsequenz

ges meine Schwiegermutter und wollte den Kindern unbedingt eine Torte aufdrängen. Ich gab ihr die Torte zurück und sagte: »Bitte iß sie selber. Ich will, daß sich meine Kinder gesund ernähren. Wir essen so etwas nicht mehr; also nimm die Torte bitte wieder mit.«

Das gleiche machte ich mit allen Süßigkeiten, die man den Kindern von Zeit zu Zeit bescheren wollte. Ich gab sie den Leuten zurück, die sie mitgebracht hatten.

Dabei darf man die Menschen aber nicht zurückstoßen, denn sie meinen es ja gut. Man muß ihnen die Beweggründe liebevoll erklären. Irgendwann werden sie es dann einsehen. Und wenn nicht, ist es auch kein Problem. Du lebst dein eigenes Leben. *Du* bist für dein Kind verantwortlich.

Hast du die Absicht, die Ernährung deines Kindes umzustellen, darfst du dabei nur sein Bestes im Auge haben. Dieser Punkt ist von ausschlaggebender Bedeutung. Dein einziger Grund muß das Wohl des Kindes sein. Du darfst nicht etwa nur umstellen, um dein Gewissen zu beruhigen.

Du mußt von der Notwendigkeit der Umstellung vollkommen überzeugt sein und und ganz hinter deiner Absicht stehen. Tust du es nur wegen deines schlechten Gewissens, machst du es für dich selber und nicht für dein Kind. Dann wird es dir wahrscheinlich nicht gelingen, dich durchzusetzen, weil es dir an Überzeugungskraft fehlt. Nur wenn du ganz hinter deinem Vorhaben stehst, kannst du mit einem durchschlagenden Erfolg rechnen.

Solange du zu deinem Vorsatz stehst, findet niemand etwas daran auszusetzen. Nur wenn du unschlüssig wirst, wenn du dich fragst: »Mache ich wirklich das Richtige?« werden die Leute es dir ausreden wollen. Dies ist meine Erfahrung, und jeder, der die Situation kennt, wird sie bestätigen.

In der ersten Zeit der Umstellung, solange man noch unsicher ist, reden alle auf dich ein: »Das ist doch Blödsinn. Jeder weiß, daß der Mensch Fleischnahrung braucht ....« Sie schwatzen dann das Blaue vom Himmel herunter. Jeder wird etwas anderes dazu zu sagen haben und du wirst immer schwankender.

• *Meine Eltern betreuen meinen Sohn jeden Nachmittag, bis ich von der Arbeit komme. Bei ihnen kriegt er täglich seine Portion Fleisch. Ich fürchte, meine Eltern werden es ihm weiterhin geben, weil sie denken, er kann sonst nicht ›groß und stark‹ werden.*

Da gibt es eine ganz einfache Lösung: Du mußt deinem Kind die fleischlose Ernährung konsequent vorleben. Und zu deinen Eltern sagst du: »Liebe Mutti, lieber Vati, ich bin davon überzeugt, daß Fleischspeisen für meinen Sohn ungesund sind. Wenn ihr ihm trotzdem Fleisch gebt, bin ich gezwungen, mir jemand anderen zu suchen, der ihn am Nachmittag betreut.« Wenn es nötig sein sollte, wird sich sicher ein Ersatz finden.

Aber: Bleib' immer liebevoll! Reagiere keinesfalls emotional. Nur dann hat dein Tun Gewicht. Ärgerst du dich oder gehst du in Resonanz, wird es nicht klappen.

• *Wenn das Kind aber sagt: »Du vergewaltigst mich, wenn du mir kein Fleisch gibst«?*

So spricht niemals ein Fünfjähriger. So redet nur ein älteres Kind. Wenn er das sagt, vergewaltigst du ihn wahrscheinlich wirklich in irgendeiner Form. Vermutlich ist es nur dieser Ausspruch, der dich stört.

• *Ja. Aber es leben in meiner Familie fünf Erwachsene, und ich bin die einzige, die etwas anderes ißt.*

Dann stellst du eben für dich alleine um.

• *Ich müßte meinem Sohn also theoretisch Fleischgerichte geben.*

Nein. Du darfst nur nicht emotional reagieren, wenn er trotz deiner anderslautenden Empfehlungen welches ißt.

• *Es stört mich nicht, wenn er Fleisch ißt.*

Ein Thymus-Test

Diese Aussage wollen wir gleich mit dem Thymus-Test überprüfen. Komm' bitte zu mir. Sag: »Es stört mich nicht, wenn mein Sohn Fleisch ißt.«

• *Es stört mich nicht, wenn mein Sohn Fleisch ißt.*

Wie du merkst, stimmt das nicht. Schwächen wir es ein wenig ab: »Es stört mich wenig, wenn mein Sohn Fleisch ißt.«

• *Es stört mich wenig, wenn mein Sohn Fleisch ißt.*

Tja, das stimmt auch nicht. Es stört dich schon sehr, würde ich sagen. So ein Test ist natürlich unangenehm, denn er deckt alles auf.

Wir sind hier auf ein Problem gestoßen, das ich schon ein paarmal angesprochen habe: die Verdrängung. Wir haben es mit einem typischen Fall von Verdrängung zu tun. Es steckt keine bewußte Irreführung dahinter. Du dachtest wirklich, es würde dich nicht berühren. Wie man sieht, war das nicht richtig. Wir sollten nun herausfinden, warum es dich stört. Mir ist dazu etwas eingefallen. Der Thymus-Test wird zeigen, ob ich mit meiner Vermutung richtig liege.

Es folgt der Thymus-Test.

Hilfe oder Machtausübung?

Das war es. Dein Problem ist nicht, daß dein Sohn Fleisch ißt, sondern daß er nicht das macht, was du willst. Deshalb hat dich seine Bemerkung von der ›Vergewaltigung‹ gestört. Das war der Grund.

Hier haben sich Analogiegesetz und Spiegelgesetz wieder einmal bewährt. Es steckte etwas ganz anderes dahinter, als du dachtest. Das eigentliche Problem war nicht die Ernährung, sondern dein Machtstreben.

Wir sind hier auf eine Verhaltensweise gestoßen, die häufig auftritt, wenn wir etwas in unserem Leben verändern. Wir haben einen neuen Weg entdeckt, von dessen Richtigkeit wir überzeugt sind, einen Weg, dem wir selber mit Begeisterung folgen. Daher erscheint es uns als selbstverständlich, daß alle Menschen in unserem Umkreis mit dem gleichen Enthusiasmus mitmachen.

Lassen sich die anderen aber nicht gleich umstimmen, setzen wir ein wenig Druck dahinter, um sie zu ihrem Glück zu zwingen. Wir meinen es ja gut. Aber trotzdem liegt genau hier unser Fehlverhalten: Wir beschneiden den freien Willen unseres Nächsten. Der Ausdruck: »Du vergewaltigst mich!« veranschaulicht das auf unmißverständliche Weise. Dein Sohn wird ja wirklich vergewaltigt. Nicht deshalb, weil er kein Fleisch essen darf, sondern weil du unbedingt willst, daß er keines ißt. Läßt du das ›*Ich will*‹ weg, gibt es in kurzer Zeit überhaupt kein Problem mehr. Ist das für dich in Ordnung?

• *Ja.*

• *Ich möchte dazu noch eine Frage stellen. Wenn die Dame nicht will, daß ihr Kind Fleisch ißt, ist das doch nichts Negatives, oder?*

Nein, daran ist nichts Negatives. Ihr Fehler war, daß sie es für sich tat. Sie wollte über einen anderen Menschen bestimmen, und das ist immer negativ. Sie wollte Macht ausüben. Sie tat es nicht für das Kind, sondern für sich selber. Ihre Absicht, das Kind vom Fleischessen abzuhalten, ist natürlich gut und richtig. Es stimmt, daß Fleischnahrung ihrem Sohn nicht bekommt. Es steckt also nicht nur ihr Machtstreben dahinter. Aber ein wenig davon spielt doch mit. Es wäre gut, wenn sie in nächster Zeit daran arbeiten würde, das abzulegen.

• *Das war dann also ein Machtkampf.*

Ja, das war eine Art Machtkampf. Ein diffiziler Machtkampf, den wir alle in der einen oder anderen Form gelegentlich ausfechten. Zum Beispiel, indem wir zu unserem Partner sagen: »Wenn du das nicht tust, gehe ich!« Das ist ein Kampf um die Vormacht. Das ist Manipulation. Damit wollen wir dem Nächsten unseren Willen aufzwingen. Manchmal sind solche Sanktionen unerläßlich für die Entwicklung der eigenen Persönlichkeit. Es ist aber kein liebevoller Umgang mit dem Menschen an unserer Seite. Und es ist nicht im Sinne der göttlichen Gesetze. Es wäre klug, solche Verhaltensweisen abzulegen. Die geistigen Gesetze helfen uns, diese Fehler aufzudecken.

• *Aber die Dame könnte das Ganze doch stoppen, indem sie einfach kein Fleisch mehr einkauft. Oder stimmt das nicht?*

Nein. Sie kann das nur stoppen, indem sie nicht mehr versucht, Macht auszuüben. Der liebevolle Weg sähe so aus: »Ich mache das, weil ich dich gern habe. Deshalb bereite ich dir keine Fleischspeisen. Nicht weil *ich* es so will, sondern weil ich dich mag und verhindern will, daß du dich vergiftest. Mach' nun, was du für richtig hältst.« Das ist der Unterschied.

Der Fleischbedarf der Tibeter

• *Aber die Tibeter, von denen man behauptet, sie wären geistig sehr weit entwickelt, essen auch Fleisch.*

Ja, sie essen einmal im Monat ein bis zwei Dekagramm Fleisch. Das hat seine triftigen Gründe. Du mußt dir vorstellen, daß das Volk von Tibet in einer Höhe von dreitausend bis viertausend Metern lebt, wo es keine anderen ausreichenden Eiweißquellen gibt. Daher müssen sie hin und wieder etwas Fleisch zu sich nehmen. Sie brauchen das einfach, um unter diesen extremen Bedingungen überleben zu können.

Beispiel: Der Lama im Restaurant

Mir fällt eben eine Geschichte ein, die ich immer gern zum Besten gebe, wenn dieses Thema zur Sprache kommt. Sie zeigt deutlich, wie übermäßig in den Wohlstandsländern Fleisch konsumiert wird. Früher habe ich mich viel mit dem Tibetischen Buddhismus beschäftigt. Ich habe sogar einige Einweihungen hinter mir. Das habe ich ohnehin schon erzählt. Einmal, es ist jetzt schon etliche Jahre her, war ein Lama in Österreich zu Besuch, um die Menschen in unserem Land für den Tibetischen Buddhismus zu interessieren. Die folgende Geschichte stammt aus der Zeit dieser Visite. Ich war allerdings nicht selber dabei, sondern gebe hier nur wieder, was man mir damals erzählt hat.

Eines Tages lud die Gruppe, die an den Vorträgen des Lama teilnahm, diesen in ein Restaurant ein. Am Nachbartisch saßen vier andere Gäste. Der Kellner trat an deren Tisch und nahm die Bestellungen entgegen. Nach einiger Zeit erschien er mit einer Stelze und stellte sie vor die Wartenden. Der tibetische Besucher, der den Vorgang beobachtet hatte, bekam ganz große Augen und fragte: »Was, so viel Fleisch für vier Menschen?« Als eine Minute später die drei restlichen Stelzen aufgetragen wurden, für jeden Gast eine, konnte der Lama das gar nicht fassen.

Im tibetischen Hochland ist die Getreidekost ein wenig problematisch, denn in dieser Höhe wächst fast nur noch Hirse. Die Einwohner müssen deshalb, um das notwendige Eiweiß zugeführt zu bekommen, hin und wieder etwas Fleisch hinzufügen. Es handelt sich aber wirklich nur um ganz kleine Mengen, die auf viele Menschen verteilt werden.

Wir brauchen keine Fleischnahrung

In unseren Breiten dagegen ist es überhaupt nicht nötig, Fleisch zu essen. Bei uns gibt es so viele Milchprodukte, die uns mit Eiweiß versorgen, daß unser Proteinbedarf dadurch mehr als ausreichend gedeckt ist.

Andererseits möchte ich hier noch einmal betonen, daß der Verzicht auf Fleischkost für Fortschritte im geistigen Bereich nicht unbedingt erforderlich ist, - obgleich er dem Weiterkommen sehr förderlich sein kann. Es gibt spirituell hochstehende Menschen, die Fleisch essen. Tatsache ist aber, daß es uns den Weg zu Gott und zu einer Einweihung sehr erleichtert, wenn wir kein Fleisch zu uns nehmen. Wir dürfen nicht vergessen, daß wir uns mit dem Verzehr von Fleisch Karma aufbürden, weil wir dadurch das Leid und den Tod eines Geschöpfes mitverursachen.

Vierter Teil: Das Gesetz des Ausgleichs

KAPITEL 1

Erinnern wir uns: Der ewige Geist ist neutrale, fließende Energie, die das Universum erfüllt und auch die Materie durchströmt. Jedes Atom empfängt aus dieser Kraft seinen Antriebsimpuls. Jedes materielle Objekt, also auch der Körper des Menschen, stellt ein komplexes Energiegefüge dar, das von der universellen Kraft durchdrungen ist.

Die ewige Energie

Der Mensch drückt dieser frei fließenden Energie durch sein Denken und Handeln bestimmte Qualitäten auf. So kann er sie zum Beispiel mit Liebe und Güte, aber auch mit Neid und Haß beladen. Das *Gesetz des Ausgleichs* legt fest, daß jede ausgesandte Energie zu ihrem Urheber zurückfließen muß.

Das Ausgleichsgesetz

Hat ein Mensch auf seinem Erdenwandel seinen menschlichen Mitbrüdern, anderen Lebewesen oder der Mutter Erde Schaden zugefügt, muß alles, was er an Negativem ausgesandt hat, wieder zu ihm zurückströmen. Es gibt viele Formen von gegensätzlichem Handeln. Es kann aus Lieblosigkeiten oder Gewalttaten gegen Mitmenschen oder Tiere bestehen, es kann aber auch durch eine Ausbeutung der Natur erfolgen. Selbst das bloße Zustimmen zu folgenschweren Ursachen macht den Menschen mitverantwortlich an allem, was daraus an Negativem erwächst.

Da ein Mensch im Normalfall seine wahren Aufgaben auf Erden nicht kennt, kann er sehr leicht in kurzer Zeit eine große Menge von disharmonischen Energien anhäufen. Hat er so viel Negatives verursacht, daß zu dessen Aufarbeitung *ein* Leben nicht mehr ausreichen würde, muß er die negative Energie entweder in den Reinigungsebenen der jenseitigen Welten oder in neuerlichen Inkarnationen auf Erden ausgleichen. Die Möglichkeit, das Aufarbeiten seiner negativen Taten auf mehrere Wiedergeburten zu verteilen, ist eine große Gnade Gottes, da ansonsten mancher Mensch - je nach der Schwere seiner Verfehlungen - unter Umständen in *einem* Leben Leiden erdulden müßte, die seine Kräfte bei weitem überstiegen.

Der Ausgleich kann in allen Formen von seelischem und körperlichem Leid bis hin zu Folter und schwersten Krankheiten in Erscheinung treten. Was der Betroffene dann als grausames Geschick empfindet, ist nur das Zurückströmen seiner eigenen zerstörerischen Energie. Ein Ausgleich muß aber auch aus einem anderen Grund erfolgen: damit der Mensch wieder zu einem energetischen Ganzen wird.

Das Gesetz des Ausgleichs wirkt ausschließlich zu dem Zweck, dem Menschen sein Fehlverhalten bewußt zu machen und ihn dazu anzuleiten, dieses abzulegen, um so seine Schwingungen allmählich wieder denen der höheren Sphären anzugleichen. Das Ausgleichsgesetz will uns dazu anhalten, wieder nach der göttlichen Ordnung zu leben.

Alles im Leben muß also ausgeglichen werden, und es *wird* auch alles ausgeglichen. Natürlich gilt auch das Gesetz des Ausgleichs sowohl im positiven als auch im negativen Sinne. Das heißt: Wenn wir unseren Mitmenschen wohltun, bekommen wir etwas Positives zurück, vor allem dann, wenn wir in selbstloser Weise geben.

Wir erhalten genau das zurück, was uns als Ausgleich zusteht; nicht mehr, aber auch nicht weniger. Immer wenn etwas Positives in unser Leben tritt, dürfen wir das als Ausgleich für unsere positiven Handlungen betrachten. Dieses Wissen sollte uns froh machen und zur Nächstenliebe anregen.

KAPITEL 2

Ich stelle immer wieder fest: Je bedingungsloser ich materielle Dinge loslasse, um so häufiger bekomme ich das, was ich brauche, zur Verfügung gestellt, ohne daß ich mich dafür anstrengen müßte. Trachten wir jedoch nach materiellem Besitz, wird er uns lange vorenthalten und wir müssen viel Energie opfern, um ihn zu erwerben.

Besitz

»Was wir besitzen wollen, werden wir verlieren. Was wir verschenken, dürfen wir behalten.« Die Gesetzmäßigkeit, die sich hinter diesen Worten abzeichnet, sagt uns: Was wir gerne und freiwillig geben, erhalten wir zurück. Deshalb ist es für uns so gut und wichtig, unsere Mitmenschen zu unterstützen. Die Hilfe muß nicht immer finanzieller oder materieller Natur sein. Ebenso wertvoll ist es, wenn wir einem Menschen unsere Zeit schenken. Auch Zeit, die wir unseren Nächsten liebend zur Verfügung stellen, schafft einen Ausgleich.

• *Darf ich dazu gleich ein Beispiel bringen? Ich hatte im vorigen Jahr vier Pflegekinder bei mir, Säuglinge, die ich aufziehen sollte, bis sich geklärt hätte, ob sie bei ihren eigenen Eltern, bei Langzeit-Pflegeeltern oder bei Adoptiveltern unterkommen würden.*

Ich betrachtete das nicht als Job, sondern als soziales Engagement. Zeitweise war für mich die Belastung durch die vier Babies recht hart. Trotzdem war ich sehr traurig, als im Sommer das letzte Kind abgeholt wurde. Als es vorüber war, dachte ich: ›Jetzt warst du ein Jahr lang wirklich brav.‹ Diese Worte kamen mir tatsächlich in den Sinn. Und genau eine Woche, nachdem das letzte Kind abgeholt worden war, bekam ich einen Garten; - direkt am Wasser, wie ich es mir immer gewünscht hatte. Vorher hatte es nicht die geringsten Anzeichen dafür gegeben, daß ich zu einem solchen Grundstück kommen würde. Doch dann war der Garten plötzlich Wirklichkeit geworden. Ich sehe das genau so, wie du es eben geschildert hast: als Ausgleich für meine Bemühungen.

• *Ich kenne einen Fall, bei dem sich der Ausgleich auf ganz andere Art bemerkbar machte. Ein Ehepaar, beide sind Lehrer für Hörbehinderte, bekam, sozusagen als Dank für seine hervorragende soziale Leistung, selber ein schwer behindertes Kind.*

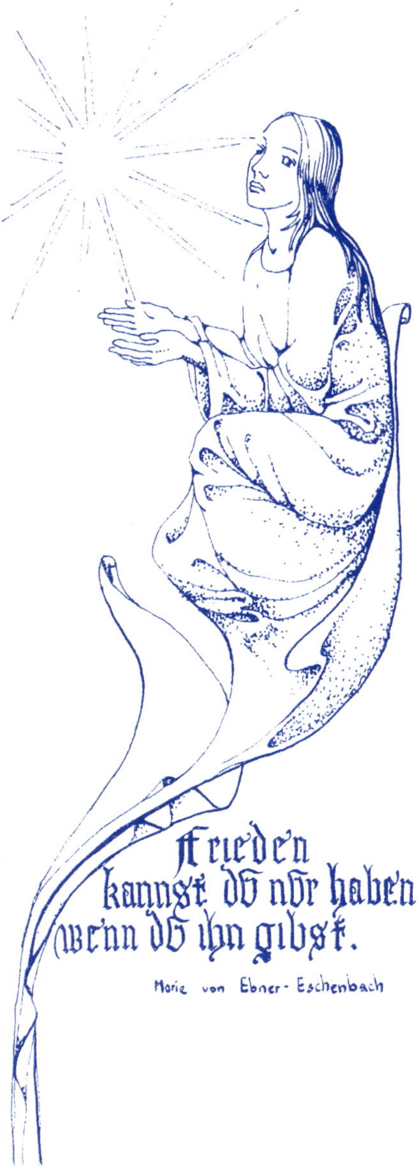

Dazu läßt sich ohne genauere Informationen nichts sagen. Man müßte herausfinden, warum sich das Ehepaar mit Menschen beschäftigt, die gerade dieses Leiden haben. Man macht ja nur etwas, wozu man eine Affinität hat. Wer weiß, wie die beiden innerlich zu ihrer Arbeit mit den Hörbehinderten stehen? Für eine derart schwere Prüfung muß ein karmischer Anlaß bestehen.

Es wäre auch möglich, - das könnte man den beiden zum Trost sagen, - daß sie an hörbehinderten Kindern vorzeitig lernen sollten, wie sie später mit ihrem eignen behinderten Kind umzugehen hätten. Vielleicht sollte man die Angelegenheit von dieser Seite her betrachten. Wenn gesunde Eltern ein behindertes Baby bekommen, ist das für sie meist ein schwerer Schock, und nur wenige wissen, wie man solche Kinder behandelt. Die beiden waren aber schon darauf vorbereitet. Man darf nicht immer alles nur negativ sehen.

In allem das Positive sehen

Es ist hier vielleicht angebracht, noch einmal auf den Einwand von vorhin zurückzukommen. Wir sollten uns wirklich bemühen, nicht immer nur die negative Seite hervorzuheben. Der Umgang mit den geistigen Gesetzen bringt es leider mit sich, daß man dem Negativen viel mehr Aufmerksamkeit schenkt als dem Positiven. Den Grund dafür habe ich schon genannt. Es besteht daher die Gefahr, daß man in jedem Fall ausschließlich nach dem Negativen gräbt. Dabei ist Freude und auch Lachen sehr wichtig.

Deshalb möchte ich noch einmal betonen, daß man immer ebenso auf die positive Perspektive achten sollte. Wir können uns in jeder Situation die Frage stellen: »Was ist daran für mich positiv?« Und ich darf euch versichern: Es hat tatsächlich jede Lebenslage auch einen positiven Aspekt; - und sei es bloß, daß man aus ihr lernen kann.

• *Man könnte es auf einen Nenner bringen: Alles, was ich aus Liebe mache, ist gut; alles, was ich aus Eigensucht und ohne Liebe mache, ist nicht gut.*

Ja, das ist richtig.

Die Beweggründe unseres Handelns

• *Oft glaubt man, selbstlos zu handeln, aber die wahren Beweggründe sind eigensüchtig. Da es aber in gutem Glauben geschieht, ist es trotzdem positiv, nehme ich an.*

Dann wäre es nur bedingt positiv. Ich gebe zu bedenken: Unwissenheit schützt nicht vor Karma. Das haben wir heute schon einmal gehört. Leider spielt da unser bekannter Verdrängungsmechanismus mit. Wir haben es hier in unserem Seminar schon herausgefunden, und ihr könnt es immer wieder erleben: Viele Menschen glauben uneigennützig zu handeln. Forscht man jedoch genauer nach, stellt sich heraus, daß dem nicht so ist. Dabei sind sie selber von ihrer guten Absicht überzeugt.

Ich habe auch an mir selber schon bei verschiedenen Gelegenheiten erlebt, daß ich der festen Überzeugung war, die Beweggründe für mein Handeln zu kennen, doch dann trat eine Situation ein, die enthüllte, daß ich mir die ganze Zeit über etwas vorgemacht hatte.

Die wirksamsten Hilfsmittel gegen unsere selbsttätig arbeitende Verdrängung sind die geistigen Gesetze. Deshalb müssen wir uns mit dem Spiegelgesetz oder dem Gesetz der Affinität beschäftigen. Sie sind es, die uns zeigen: »Halt! Da gibt es noch etwas zu ändern!« Obwohl wir meist nicht auf Anhieb wissen, was es ist. Die geistigen Gesetze helfen uns, den Fehler aufzudecken.

KAPITEL 3

Ausgleichen können wir auf vielerlei Weise. Eine Möglichkeit ist die universelle Liebe, eine zweite das selbstlose Dienen, oder einfach das Für-andere-da-Sein, wenn sie uns brauchen. Oder das Auf-sie-Hinhören, wenn sie es wünschen. Das reicht oft schon. Ich führe zuweilen Beratungsgespräche, bei denen ich nur dasitze und zuhöre und nicke, ohne selber etwas zu sagen. Nach einer Stunde steht der Hilfesuchende auf und sagt: »Danke. Du hast mir sehr geholfen.« Und das stimmt auch. Ich habe ihm einfach dadurch geholfen, daß ich ihm zuhörte. Durch das Aussprechen seiner Probleme konnte er das Negative verarbeiten, das sich in ihm aufgestaut hatte, und nun fühlt er sich befreit.

Hilfe durch Hinhören

Bei solchen Gesprächen ist es sehr wichtig, daß man nicht in Resonanz geht. Wir greifen da ein wenig auf das Resonanzgesetz vor. Nur wenn ich *nicht* reagiere, wenn ich *nicht* in Resonanz gehe, kann ich dem anderen helfen, seine Probleme zu lösen. Trägt man mir etwas vor, und ich gebe sofort meine Stellungnahme dazu ab: »Da müßtest du ..., Da könntest du ...., Da hättest du ....«, nehme ich dem anderen die Chance, eigene Erfahrungen zu sammeln und selbständig Lösungen zu erarbeiten.

Dazu gibt es eine geeignete Übung, die ich euch sehr empfehlen kann: Nicht beurteilen, nicht *zu*hören, sondern einfach *hin*hören, mit ganzer Seele *hin*hören. Keine Vorschläge machen, wie: »Da wäre es doch viel gescheiter, wenn du ....«, oder: »Ich würde an deiner Stelle ....«, denn damit nehmen wir uns die Möglichkeit, wirklich zu helfen.

Unwillkommene Hilfe

Diese Zurückhaltung ist besonders schwierig für Menschen, die viel Erfahrung und Wissen angesammelt haben. Sie fühlen sich bei solchen Gelegenheiten besonders angefeuert und versprühen dann ihre guten Ratschläge. Ich nenne das die apostolische Phase, wie ihr schon wißt. Und wenn sich noch dazu jemand freiwillig mit einer Bitte um Rat an sie wendet, betrachten sie das als besonderen Glücksfall.

Ich wurde heftig von der apostolischen Phase ergriffen, als ich nach meiner Ernährungsumstellung in kürzester Zeit gesund geworden war. Danach erzählte ich jedem, der es hören wollte, - und das waren nicht viele, - aber auch denen, die es nicht hören wollten: »Das mußt du unbedingt auch machen ....«

Kein Mensch hörte auf mich! Nach kurzer Zeit verdrehte jeder die Augen, wenn er mich kommen sah, und seufzte: »Oh je, schon wieder ....« Und so fiel denn auch alles, was ich zwar gut gemeint, aber ohne Rücksicht auf den freien Willen der anderen ausgeschickt hatte, im Negativen auf mich zurück. Das ging so weit, daß Leute, die meine Vollwertspeisen irgendwo stehen sahen, riefen: »Oh Gott, das schaut ja eklig aus!«

Willkommene Hilfe

Ich blieb jedoch auch weiterhin fest davon überzeugt, daß ich mit meiner Ernährungsumstellung den richtigen Schritt getan hatte. Aber erst als ich von meinen Bekehrungsversuchen Abstand nahm, als ich meine Erkenntnisse anderen Leuten nicht mehr aufzuzwingen versuchte, hatte ich mit meiner Mission Erfolg. Erst dann kamen die Menschen plötzlich von alleine zu mir und erkundigten sich nach meinen Erfahrungen und Rezepten.

Jetzt esse ich meine Vollwertnahrung, ohne darüber zu reden. Fragt mich jemand: »Was ißt du denn da?« dann antworte ich: »Willst du kosten?« Das ist ein ganz anderes Verhältnis als vorher. Braucht jemand meinen Rat und sagt: »Bitte hilf mir«, dann *darf* ich helfen. Aber nicht vorher. Ich kenne einen hohen Eingeweihten, der es so ausdrückte: »Du sollst erst dann helfen, wenn jemand um Hilfe schreit!«

Hilfe durch das Gebet

• *Wie ist das mit Gebeten, mit dem Befreiungsgebet zum Beispiel? Darf man nur für jemanden beten, wenn man vorher darum ersucht wurde? Die Menschen, für die ich bete, wissen nämlich gar nichts davon ....*

Mit Gebeten hilfst du ihnen ja nicht materiell, sondern auf einer anderen Ebene. Dabei schwatzst du niemandem etwas auf. Du kannst für jeden beten, nur mußt du es selbstlos tun.

• *Also auch wenn ich nicht darum ersucht wurde?*

Natürlich. Das mache ich auch. Es ist wichtig, daß wir Harmonie in die Umwelt bringen. Daher: Wenn ich sehe, daß zwei Menschen streiten, mache ich die Gebete. Ich gehe nicht vorher zu ihnen und frage: »Soll ich für euch beten?«

Hilfe und Lohn

• *Wenn ich jemandem durch Gebete geholfen habe und es geht ihm jetzt wieder gut, - ist es dann notwendig, ihm zu sagen, daß ich für ihn gebetet habe?*

Nein, überhaupt nicht. Schweigen ist Gold.

• *Darf ich mich dann eigentlich freuen, daß es dem anderen wieder gut geht?*

Du darfst dich freuen. Darüber sollst du dich sogar freuen.

• *Darf ich mich darüber freuen, indem ich mir sage: »Wenn ich nicht für ihn gebetet hätte, ginge es ihm jetzt nicht so gut«?*

Wenn du dabei mit dir selber eine Art Geschäft abgeschlossen hast, ist das vielleicht nicht ganz optimal. Verstehe mich richtig: Es ist in Ordnung, solange du dir selbst gegenüber eine Bestätigung für deine Handlungen brauchst, - solange du es auf andere Weise noch nicht schaffst. Irgandwann aber mußt du dazu übergehen, ohne Gegenleistung zu schenken, einfach zu sagen: »Da hast du es. Nimm es und mache damit, was du willst.« Das ist die große Schwierigkeit, wenn man gerade dabei ist, selbstloses Dienen zu erlernen. Wir sind gewöhnt, für alles, was wir tun, einen Lohn zu erhalten.

Wir haben es heute bereits einmal aufgedeckt: Wir glauben oft, uneigennützig zu handeln. Nimmt aber der Beschenkte unsere Gabe nicht so auf, wie wir es uns vorgestellt haben, gehen wir in Resonanz und ärgern uns über ihn. Daran erkennt man, daß wir nicht alliebend handeln. Wenn man wirklich selbstlos gibt, ist es egal, was der andere mit unserer Gabe macht. Es darf uns einfach nicht berühren.

Berührt es uns aber doch, dann wissen wir, daß wir ein Geschäft abgeschlossen hatten: Ich schenke dir etwas, aber ich will dafür eine Gegenleistung haben, nämlich Anerkennung, Dank, oder was es auch sonst sein mag. Es muß nicht unbedingt etwas Materielles sein. Steht man erst am Anfang seiner Reise zurück zu Gott, ist das nicht so schlimm.

Man darf aber nicht auf dieser Stufe verharren. Ihr wißt ja: Wir sollen ›*immer strebend uns bemühen*‹! Der liebe Gott kennt unseren Entwicklungsstand ganz genau, und er freut sich über jeden Schritt, den wir auf ihn zugehen. Daher ist es am Anfang auch in Ordnung, wenn man eine Belohnung erwartet. Es ist zwar noch nicht das Ziel, aber es ist immerhin schon ein Schritt in die richtige Richtung.

Beginnt den geistigen Weg in kleinen, aber beharrlichen Schritten. Arbeitet unbeirrt an eurem Fortschritt. Das ist wichtig. Nur was ihr häufig übt, beherrscht ihr auch. Man muß ständig üben, sich nicht zu ärgern, man muß ständig üben, keine Gegenleistungen zu erwarten.

Uneigennütziges Schenken

Hast du Besuch und dein Gast bewundert einen Gegenstand in deiner Wohnung, dann frage ihn: »Willst du ihn haben?« Wird der Besucher daraufhin ein wenig verlegen, dann sage: »Nimm' ihn nur, ich schenke ihn dir.«

Erfülle ihm seinen Wunsch, ohne auf eine Gegenleistung zu hoffen, - auch wenn es dir schwerfällt. So übt man das Loslassen von materiellen Dingen. Es ist nicht einfach, aber es ist eine Stufe, die wir irgendwann erklimmen müssen, um auf unserem geistigen Weg voranzukommen.

Jeder Tat folgt in irgendeiner Form der Ausgleich. Was war die Frucht deiner Hilfeleistung, als du die vier Babies betreutest? Du schenktest diesen Kindern Zeit und Liebe und erwartetest für deine Mühe keine Entschädigung. Wer aber uneigennützig seinen Mitmenschen beisteht, bekommt auch etwas zurück. Du durftest diese Gesetzmäßigkeit auf angenehme Weise kennenlernen. Wie ich schon sagte: »Auf Liebe oder bedingungsloses Geben folgt immer ein Ausgleich.«

• *Ich habe dich vorhin gefragt, ob man einem Menschen, den man durch Gebete von seinen Leiden befreit hat, nachträglich von den Gebeten erzählen sollte. Ich habe damit aber nicht gemeint, man solle dem Genesenen davon erzählen, um sich seines Dankes zu versichern, sondern um ihn auf Gott hinzuweisen, der ihm geholfen hat.*

Das hängt ganz von der Entwicklungsstufe der geheilten Person ab. Ist dir bekannt, daß er oder sie für geistige Belange offen ist, kannst du es sagen. Sonst würde ich dir eher empfehlen, darüber zu schweigen.

Der Betreffende will vielleicht von Gebeten nichts wissen und du erreichst nur seine Ablehnung, wenn du ihm davon erzählst. Ist er dafür zugänglich, kannst du sie ihm anbieten. Versuche keinesfalls, ihm etwas aufzuzwingen.

Das ist wichtig: Wenn wir merken, daß wir jemandem helfen können, sollten wir den Betreffenden vorher fragen, - sofern dies möglich ist. Bei materieller Hilfe mache ich das grundsätzlich. Bei Gebeten können wir je nach Situation entscheiden.

Wir können im gegebenen Fall zu ihm sagen: »Wenn du willst, kann ich dir vielleicht helfen.« Kein Wort weiter. Nimmt er unser Angebot an, wird er es uns mitteilen. Will er unsere Hilfe nicht, müssen wir das auch akzeptieren. Wichtig ist: niemandem etwas aufzwingen!

Sehen wir uns nun einige negative Fälle zum Ausgleichsgesetz an. Nehmen wir einem Menschen seine Freiheit, wird sie auch uns genommen. Ein typisches Beispiel für einen solchen Freiheitsentzug ist die Eifersucht. Sie ist eine totale Einengung, mit der ein Partner den anderen an sich fesseln will. Der Eifersüchtige setzt dabei Energien frei, die nach dem Gesetz des Ausgleichs zwangsweise beglichen werden müssen.

Eifersucht

So geht es mit jeder Form von Energie, die wir aussenden: Irgendwann muß sie zu uns zurückkommen. Das gilt sowohl für die positiven, als auch für die negativen Energien. Für alles, was wir erhalten, sei es nun geistig oder materiell, müssen wir auch etwas geben.

Angenommene Hilfe fordert Ausgleich

Bietet uns jemand seine Hilfe an, ist es daher sinnvoll, vorher zu überlegen, ob wir auch bereit sind, die Gefälligkeit wieder auszugleichen. Ist das nicht der Fall, wäre es besser, das Anerbieten abzulehnen, weil wir ja zum Ausgleich gezwungen sind. Handelt also immer überlegt, immer im Gleichgewicht zwischen Herz und Verstand. Bilden diese beiden Pole bei unseren Entscheidungen eine Einheit, haben wir die Folgen nicht zu fürchten.

• *Ist der Ausgleich materiell zu verstehen? Ich meine, daß ich, wenn ich ein Auto geschenkt bekomme, auch wieder etwas Materielles zurückgeben muß?*

Auf gar keinen Fall. Es gilt das Gesetz der Analogie. Der Ausgleich kann auf einer ganz anderen Ebene erfolgen. Nur die Energie muß ausgeglichen werden.

Auch hier bei uns vollzieht sich im Augenblick ein Ausgleich: Ich gebe durch den Vortrag meinen Einsatz und bekomme dafür etwas zurück. Ich darf nur nicht erwarten, durch meine Vorträge Geld zu machen. Es gab Abende, an denen nur drei oder vier Zuhörer erschienen, obgleich ich mich besonders intensiv darauf vorbereitet hatte. Trotzdem sprach ich drei oder vier Stunden lang, genauso, wie ich es bei fünfzig Teilnehmern getan hätte. Das hat mich eigentlich mehr gekostet, als ich einnahm. Ich sehe aber auch darin wieder einen Ausgleich. Einem Menschen, der meint, er könne mit spirituellem Wissen Geschäfte machen, wird vieles genommen.

Freundschaft und ›Geschäftsfreundschaft‹

• *Wenn ich immer nur abwäge, daß ich für alles Erhaltene etwas geben muß, verschließe ich mich ja vor allen Freundschaften.*

Hast du einen wirklichen Freund, kannst du geben und nehmen. Ist es das, was ich als ›Geschäftsfreundschaft‹ bezeichne, bedarf es der Überlegung. Die meisten Ehen sind Geschäftsabschlüsse. Sagt eine Frau: »Ich koche für dich, ich wasche für dich, aber dafür mußt du bei mir bleiben und machen, was ich will«, - was ist das dann? Es ist ein Geschäft! Wer ist denn in der heutigen Zeit noch bedingungslos für seinen Partner da, egal, was dieser macht?

• *Das wird ja durch unsere Gesellschaft so gelehrt.*

Richtig. Es sollte auch keine Verurteilung sein. Natürlich steckt dahinter unsere Erziehung und auch das, was wir karmisch mitbringen. Aber es ist auch genau das, was wir an uns ändern sollten. Nur dann, wenn wir den Partner, die Partnerin, unser Kind, oder wer es auch immer sei, geistig loslassen, nur dann kann unser Zusammenleben mit unseren Nächsten harmonisch verlaufen. Nur dann wird daraus kein Leid entstehen.

Sehen wir den anderen Menschen als unseren Besitz an oder betrachten ihn gar als Untergebenen, der unsere Befehle auszuführen hat, werden wir unter der Beziehung leiden. Deshalb ist es klüger, rechtzeitig loszulassen.

Das Loslassen

Rechtzeitiges Loslassen beginnt eigentlich schon bei der Geburt des Menschen. Wir sollten das Kind sofort bei seinem Eintritt in dieses Leben Gott mit den Worten übergeben: »Danke, daß ich diese Seele zu dir zurückführen darf.« In diesem Bewußtsein sollten wir die Geburt jedes Menschen begrüßen.

Wir neigen dazu, die Kinder oder den Partner als unser Eigentum anzusehen und sind furchtbar enttäuscht, wenn sie anders handeln, als wir es von ihnen erwarten. Diese Enttäuschung zeigt uns sehr deutlich die geistige Stufe, auf der wir stehen. Das soll keine negative Bewertung sein. Sie signalisiert einfach nur den aktuellen Stand unserer Entwicklung. Gefallen mir die zwischenmenschlichen Beziehungen in dieser Form also nicht und ich will sie verbessern, muß ich eben an mir arbeiten. Darauf läuft es immer hinaus.

Die Einengung

Fühlen wir uns durch eine Beziehung eingeengt, sollten wir uns der klärenden Gesetzmäßigkeiten entsinnen und überlegen, wo *wir* andere Menschen einengen. Dabei wäre auch die Möglichkeit zu erwägen, daß wir aufgrund das Ausgleichsgesetzes etwas zurückerhalten, das schon lange zurückliegt. Auch dafür sollten wir dankbar sein.

Nehmen wir den karmischen Ausgleich dankend an, löst sich die Belastung auf. Aber nur dann. Schicken wir das Problem ungelöst wieder von uns, verstärkt es sich und kehrt mit um so größerer Wucht zu uns zurück. Das ist die Wirkungsweise des Ausgleichsgesetzes.

• *Ich habe dazu eine Frage. Nimmt man den Partner immer so, wie er ist, läuft man dann nicht in Gefahr, daß er eines Tages sagt:*

»Ich bin dir scheinbar gleichgültig. Ich kann tun und lassen, was ich will, du reagierst nie.« Könnte nicht dieser Eindruck entstehen?

Es geht darum, daß du den Partner annimmst, wie er ist. Das heißt aber nicht, daß du nicht mit ihm reden sollst, wenn dir etwas an seinem Verhalten falsch erscheint. Nichts hindert dich daran, zu sagen: »Ich glaube nicht, daß das, was du tust, richtig ist.« Nur mußt du ohne Emotion sprechen. Gehst du in Resonanz, zeigt das, daß es *dein* Lernprozeß ist. Wer beim Reden in Emotion gerät, erreicht nichts.

KAPITEL 5

Beispiel: Sich für andere schämen

• *Mir fällt da eben ein Beispiel ein, das dazu passen könnte. Wir waren in Gesellschaft und meine kleine Tochter benahm sich so ungehörig, daß ich am liebsten im Boden versunken wäre. Ich bekam ein furchtbar schlechtes Gewissen, weil sie sich so aufführte. »Oh Gott, jetzt schauen alle zu uns herüber. Dieses schreckliche Kind blamiert mich vor allen Leuten!«*

Ich nahm sie an der Hand und rannte mit ihr fort, damit wir den anderen aus den Augen kämen. Erst später wurde mir bewußt, daß ich damals überhaupt nicht zu meinen Kind gestanden war. Die Kleine machte das, was die ablehnende Reaktion ausgelöst hatte, voller Begeisterung, nur störte sie damit eben die anderen. Ich habe sie damals eigentlich im Stich gelassen. Als ich das nachträglich erkannte, fühlte ich mich schrecklich, aber es war schon zu spät. Ich glaube, beim Ausgleichsgesetz geht es darum: Wenn der andere etwas tut, das dir unangenehm ist, solltest du ihn trotzdem gewähren lassen.

Nein, das ist es nicht. Gehst du in Resonanz, weil dein Kind irgendetwas tut, kannst du sofort überlegen, wo du genauso handelst. - Es geht dabei übrigens um das Spiegelgesetz, und nicht um das Gesetz des Ausgleichs.

• *Ja, aber das war für mich damals eine schreckliche Situation.*

In deinem Fall sind mehrere Faktoren zu beachten. Da ist einmal das Sich-für-den-anderen-Genieren. Das deutet darauf hin, daß man für sich selber keine Verantwortung übernehmen will, und daher auch nicht für andere. Es steckt also Angst vor Eigenverantwortung dahinter.

Auch Stolz und Überheblichkeit können mitspielen: »Ich bin etwas Besseres. Mein Kind tut so etwas nicht.« Es gibt viele Variationsmöglichkeiten, die bei jedem Menschen ein wenig anders liegen können. Jeder muß selber herausfinden, was auf ihn zutrifft. Ist das damit ausreichend geklärt?

Der Wert gesellschaftlicher Normen

Wahrscheinlich beruht die Angst vor Ausrutschern in der Öffentlichkeit darauf, daß man den gesellschaftlichen Normen zuviel Bedeutung beimißt. Liegt unsere Handlung ein wenig außerhalb der Norm, denken wir gleich: ›Oh Gott, was werden die Leute dazu sagen?‹ Wer das Urteil der Gesellschaft so fürchtet, urteilt selber ständig über andere. Einen Menschen, der selber nie über andere urteilt, wird die Meinung der Leute nicht berühren, denn er hat keine Affinität dazu.

• *Aber wenn mich etwas stört, darf ich doch eingreifen?*

Ja, indem du dich änderst.

Störende Kinder

• *Aber manche Kinder verhalten sich so, daß es den Regeln für das menschliche Zusammenleben widerspricht. Ich erinnere an die bekannte Geschichte über antiautoritäre Erziehung: Ein Kind geht herum und spuckt andere Leute an. Seine Mutter, die man daraufhin zur Rede stellt, sagt nur: »Mein Kind wird antiautoritär erzogen.« Da tritt ein junger Mann auf sie zu, spuckt ihr ins Gesicht und sagt: »Ich auch.« Ein Kind, das sich so benimmt, stört eben. Ich würde da auch eingreifen.*

Wenn sich ein Kind so verhält, kannst du auf zwei Arten reagieren. Erstens: Es stört dich. Damit ist es etwas, das dich betrifft, und du mußt es an dir ändern. Zweitens: Du hältst das Benehmen des Kindes für falsch, gehst aber dabei nicht in Resonanz. Trotzdem kannst du der Mutter mit ruhigen Worten deine Meinung sagen. Aber es betrifft dich nicht. Das mußt du ganz streng auseinanderhalten.

Kindererziehung

Ein Kind zu erziehen bedeutet, ihm Grenzen zu setzen. Eltern, die - möglicherweise aus einer falschen Vorstellung von Kinderliebe heraus - glauben, Grenzen wären in der Erziehung nicht nötig, unterliegen einem Irrtum. Wer denkt, Liebe zu einem Kind bedeutet, ihm alles zu erlauben, der täuscht sich. Ein Kind braucht Grenzen, und es sucht auch immer wieder nach ihnen. Wer selber Kinder hat, wird das bestätigen.

Ein Kind muß seine Grenzen herausfinden, denn nur dadurch kann es Erfahrungen für sein Zusammenleben mit anderen Menschen sammeln. Wer seinem Kind keine Grenzen absteckt, schickt es ohne Anhaltspunkte ins Leben hinaus. Ein Mensch, der so erzogen wurde, kann sich nicht orientieren und ist bald verloren. Er wir überall anecken. Daher ist es sehr wichtig, einem Kind rechtzeitig die Schranken zu zeigen. Das sollte aber ohne Emotionen und ohne Eigensucht geschehen. Wer einem Kind Zügel anlegt, nur damit er seine Ruhe hat, handelt falsch. Auf diesen Menschen träfe das Spiegelgesetz zu. Er müßte an sich selber etwas ändern.

Was ich jetzt zitiere, klingt vielleicht ein bißchen hart, aber es steht geschrieben: »Wer sein Kind liebt, züchtige es.« Mit *züchtigen* ist hier nicht gemeint, es zu prügeln, sondern ihm seine Grenzen zu zeigen.

Die Erziehung sollte mit dem vierzehnten Lebensjahr abgeschlossen sein. Was das Kind bis zu diesem Alter noch nicht gelernt hat, werden ihm die Eltern kaum noch beibringen können. Aber der junge Mensch wird es selbstverständlich trotzdem lernen. Er wird es den karmischen Folgen seiner Handlungen entnehmen, die er dann am eigenen Leibe erfahren muß. Nur sind diese Folgen meist weit unangenehmer für ihn, als die Erziehungsmaßnahmen der Eltern es gewesen wären.

Jedenfalls ist es wesentlich klüger, dem Kind rechtzeitig seine Grenzen zu zeigen. Eine Grenze zu setzen beinhaltet übrigens auch, sie konsequent einzuhalten. Habe ich einmal gesagt: »Das darfst du nicht«, muß ich auch dabei bleiben, selbst wenn das Kind immer wieder raunzt: »Warum ....?« Ich darf dann nicht nachgeben, denn sonst wäre ja keine Grenze abgesteckt.

Beispiel: Das ›Keppeln‹

Ein typisches Beispiel von Keine-Grenzen-setzen-Können erlebte ich in meiner Kindheit. Jedesmal, wenn ich nach Hause kam, sagte meine Mutter: »Häng' deine Jacke auf.« Und jedesmal nahm sie diese dann und hängte sie selber auf. Welche Veranlassung hätte ich als Kind gehabt, ihr zu gehorchen? Ich wußte ja: Sie macht es ohnehin immer selber. Das bißchen Keppeln von ihr nahm ich halt in Kauf.

Beispiel: Konsequente Erziehung

So geht es nicht. Keppeln ist keine Erziehungsmaßnahme. In meiner Familie ist das heute so: Läßt meine Tochter irgendetwas liegen, dann hole ich sie, auch wenn sie sich am anderen Ende des Hauses aufhält und es für mich eine Kleinigkeit wäre, ihre Sachen wegzuräumen. Ich sage: »Caroline, du hast da etwas liegenlassen. Sei so lieb und räum' es bitte weg.« Dabei bleibe ich vollkommen emotionslos. Würde ich mich darüber ärgern, wäre es gescheiter, ich räumte es selber weg. Unser Ziel soll es sein, die Kinder zu erziehen, und nicht, für unsere Ruhe zu sorgen. Das sind zwei grundverschiedene Motive.

KAPITEL 6

• *Wenn mich an jemandem etwas stört, will ich ihm doch meine Meinung sagen. Nach dem, was du uns lehrst, müßte ich vorher immer bei mir selber nachforschen. Bis ich mir darüber schlüssig geworden bin, wie ich reagieren darf, ist die Gelegenheit längst vorüber. Ich müßte also alles in mich hineinfressen und könnte überhaupt nicht mehr sagen, was ich denke.*

Der Umgang mit der Aggression

Ist das Verhalten eines Menschen deiner Meinung nach nicht in Ordnung, kannst du ihm das ruhig mitteilen. Aber mit Betonung auf *ruhig*, also ohne dich dabei zu ärgern. Solange du noch im Affekt bist, ist es ohnehin besser, nichts zu sagen. Trink' ein Glas kaltes Wasser! Das wird deinen Zorn rasch besänftigen. Erst danach solltest du reden.

• *Oder die Sache überschlafen.*

Das ist nicht immer gut. Man soll Probleme immer so rasch wie möglich lösen. Du kannst nichts klären, solange du in Emotion bist, denn dann handelt es sich ja um dein eigenes Problem.

• *Dann muß ich jeden Ärger hinunterschlucken.*

Ärger sollte man keinesfalls hinunterschlucken. Um ihn aufzulösen, gibt es verschiedene Möglichkeiten. Eine davon kennen wir schon. Wenn mich jemand beschimpft, untersuche ich seine Worte immer zuerst auf ihren Wahrheitsgehalt. Ist das, was er sagt, richtig, dann muß ich mich an der Nase nehmen und es an mir ändern. Ich habe dann keinen Grund, mich zu ärgern, denn er hat mir dabei geholfen, einen Fehler zu beseitigen. Ist das, was er mir vorwirft, nicht richtig, habe ich erst recht keinen Grund, in Resonanz zu gehen, denn dann hat es nichts mit mir zu tun. Anders liegt die Sache, wenn ich mich trotzdem ärgere. Dann *glaube* ich nämlich nur, es ginge mich nichts an. In diesem Fall muß ich weitersuchen, bis ich die Ursache herausgefunden habe.

• *Ich habe dazu ein konkretes Beispiel: Stelle dir vor, es kommt jemand zu dir und erklärt dir etwas. Fünf Minuten später kommt er wegen der gleichen Sache wieder und behauptet, du hättest ihn falsch verstanden. Er erzählt dir jetzt etwas ganz anderes als vorhin und besteht darauf, daß er es dir beim erstenmal genauso erklärt hätte.*

Ich will dir sagen, wo deine Probleme liegen: Du planst zuviel und du kannst nicht loslassen. Der Kollege zeigt dir, wie man losläßt. Weil du das nicht kannst, ärgerst du dich.

• *Wenn man das unerwidert läßt, bleibt man doch auf seinen Aggressionen sitzen.*

Das wäre natürlich ganz schlecht. Vor allem darfst du deine Aggressionen nicht auf andere übertragen. Du mußt sie umwandeln. Verspürst du in dir Aggressionen, die du auf andere Weise nicht loswerden kannst, dann nimm einen Polster und schlage darauf ein. Oder haue mit der Faust kräftig auf den Tisch. Das ist aber nur der erste Schritt. Der nächste Schritt, der einen Großteil deiner aufgestauten Wut lösen wird, sieht so aus: Du sprichst laut aus, was dir nicht paßt. Dazu kannst du auf die Toilette gehen, oder du sagst es zu deinem Spiegelbild: »Ich mag nicht, daß du ....« Wichtig ist, es laut auszusprechen! Wir können das gleich an Ort und Stelle lösen und mit dem Thymus-Test überprüfen. Kommst du bitte zu mir?

Ein Thymus-Test

Denke jetzt bitte an die Situation, in der dich dieser Mann so malträtiert hat.

Die Kraft des Armmuskels wird dreimal überprüft.

Gut. Und jetzt sage bitte laut: »Ich mag nicht, daß du so inkonsequent bist«, und denke gleichzeitig an die betreffende Person.

• *Ich mag nicht, daß du inkonsequent bist.*

Der Armmuskel wird wieder dreimal getestet.

Seht ihr? Das laute Aussprechen des Problems hat sie sofort wieder ins Gleichgewicht gebracht. Das ist eine der Möglichkeiten, die uns zur Verfügung stehen. Es ist nicht die Lösung des Problems, es ist nur eine Zwischenlösung. Aber es bringt dich sofort wieder ins Gleichgewicht.

Ist euch das klar? Ich kann Ärger und Aggressionen einfach dadurch loswerden, daß ich das Problem laut ausspreche. Wichtig ist, es *laut* auszusprechen. Denken allein ist zu wenig. »Ich mag nicht, daß du mich aus dem Gleichgewicht bringst.«

• *Aber im Augenblick des Geschehens kann ich das nicht machen.*

Nein, denn du mußt es ja erst untersuchen.

• *Und in der Zwischenzeit bleibe ich auf meinem Ärger sitzen.*

Da trinkst du eben ein Glas kalten Wassers. Unterschätze das nicht. Das Glas Wasser nimmt dir den Ärger garantiert weg. Probiere es aus. Und sollte dir ein Glas zu wenig sein, dann trinke ein zweites.

• *Wenn ich eine Frage habe, die ich bisher nicht lösen konnte, - kann ich dann die Antwort durch den Thymus-Test herausfinden?*

Der Thymus-Test erfordert Übung

Ja, aber es bedarf auch einiger Übung, ehe man ihn mit Sicherheit anwenden kann. Ihr werdet einen ganzen Seminarabend damit verbringen, den Thymus-Test zu erlernen. Ohne Einschulung geht das nicht. Man darf zum Beispiel nicht reißen, sonst verfälscht man das Ergebnis.

• *Wer darf nicht reißen? Derjenige, der hinaufdrückt, oder derjenige, der hinunterdrückt?*

Beide dürfen nicht reißen. Durch Reißen kann man den anderen überlisten. Damit läßt sich jedermann hinunterdrücken, oder zumindest fast jeder. Ich habe den Test einmal mit einem Burschen gemacht, dessen Arm ich nicht einmal einen Millimeter bewegen konnte. Er war Bodybuilder. Schließlich schaffte ich es aber doch. Ich gab ihm nämlich etwas Streichwurst auf den Mittelfinger der anderen Hand. Diese Streichwurst war pures Gift. Danach konnte ich seinen Arm ohne Anstrengung hinunterdrücken.

Haltet also bitte fest: Auch falsche Ernährung ist ein Fehlverhalten. Wir haben das schon herausgefunden, als wir über das Karma gesprochen haben. Unsere Eßgewohnheiten sind nur *einige* Verhaltensweise unter vielen, bei denen wir Fehler begehen können, die uns karmisch belasten. Fehlverhalten kann auf den verschiedensten Ebenen erfolgen. Das Gesetz der Analogie weist auf unsere Fehler hin, die wir auf der analogen Ebene finden können. Das Spiegelgesetz zeigt unsere Fehler auf der materiellen Ebene.

KAPITEL 7

Die Verantwortung für die Erkrankung eines Kindes

Ich möchte jetzt wieder zu den geistigen Gesetzen zurückkehren. Ich zeige euch hier ein Diagramm, das die Verantwortung für die Krankheiten eines Kindes aufschlüsselt. Ihr könnt daran ablesen, wie lange die Eltern für die Krankheiten des Kindes voll verantwortlich sind, beziehungsweise wann die Eigenverantwortung des Kindes beginnt.

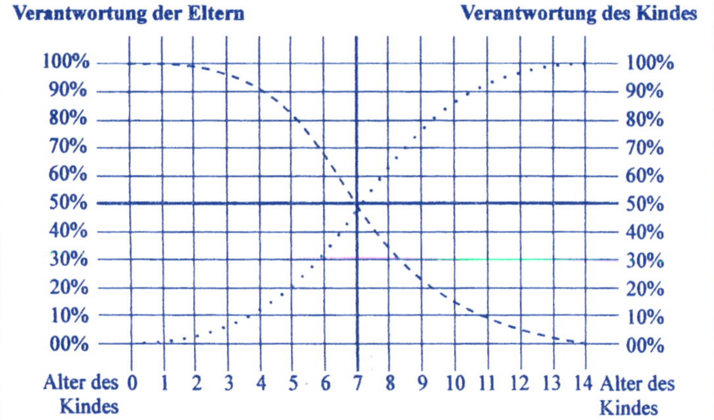

Abbildung 15 **Verantwortung der Eltern für die Krankheiten ihrer Kinder**

Ihr seht auf dieser Abbildung, daß ab einem Alter von vierzehn Jahren der junge Mensch in die volle Eigenverantwortung entlassen wird. Auch diese Zeichnung ist natürlich nur als Modell zu betrachten. Bei manchen Kindern wird die Eigenverantwortung etwas früher einsetzen, bei anderen kann es ein wenig länger dauern. Im Durchschnitt gilt aber, daß mit einem Alter von sieben Jahren die Verantwortung bereits zu fünfzig Prozent bei dem Kind selber zu suchen ist. Bis zum dritten Lebensjahr liegt die Verantwortung fast ausschließlich bei den Eltern.

Das bedeutet: Erkrankt ein Kind, das weniger als drei Jahre alt ist, liegt ein Fehlverhalten der Eltern vor, das diese an sich selber verändern müssen, wenn ihr Kind gesund werden soll. Nicht das Kind ist an der Krankheit schuld, nicht höhere Gewalt, nicht Ansteckung (»Der Nachbar hat gerade die Grippe«), auch nicht Bakterien oder Viren, sondern ausschließlich der Fehler der Eltern. Wobei das Fehlverhalten auch hier zum Beispiel aus einer Fehlernährung bestehen kann. Die Ursache kann auch der chronische Ärger eines Elternteils sein, oder der Umstand, daß die Eltern das Kind als ihr Eigentum ansehen. All das ist Fehlverhalten.

Im ersten Moment erscheint es euch vielleicht schwierig, den ganzen Komplex der geistigen Gesetze mit all seinen Zusammenhängen in die Praxis umzusetzen. Ihr dürft eure Bemühungen aber nicht als Schwerarbeit betrachten. Wenn ihr nach einer Weile damit vertraut geworden seid, werdet ihr erkennen, daß es Spaß machen kann, nach diesen Regeln zu leben, besonders wenn man entdeckt, was sich dadurch in der Umwelt verändert und wie man sich selber wandelt. Habt ihr erst einmal damit begonnen, werdet ihr bald erfahren, wie viel Freude man daraus schöpfen kann.

Beispiel: Michael und die Eigenverantwortung

Dazu kann ich euch wieder ein schönes Beispiel erzählen. Mein jüngster Sohn Michael wird jetzt gerade acht Jahre alt. Ihr kennt ihn ja mittlerweile aus meinen Berichten. Vor kurzem durchlief er eine Entwicklungsphase, in der er sich ganz fürchterlich benahm. Er machte grundsätzlich nur das Gegenteil von dem, was man von ihm verlangte.

Meine Frau und ich gingen während dieser Zeit wirklich liebevoll auf ihn ein, ohne ärgerlich zu werden, - zumindest soweit man das durchhalten konnte. Von meiner Seite her war es jedenfalls so. Ich nahm mir meinen Sohn auch vor und redete mit ihm darüber. Dabei erklärte ich ihm, daß es sicher klüger wäre, wenn er sich ändern würde. Er hörte aber nicht auf mich.

Und wie ging es weiter? Michael bekam plötzlich hohes Fieber. Das war der erste karmische Hinweis. Seine Temperatur stieg auf über 39 Grad an, ohne daß sich Anzeichen irgendeiner Krankheit bemerkbar machten. Er wurde natürlich sehr apathisch. Wir hatten für diese Zeit Zirkuskarten vorbestellt, aber das hohe Fieber hinderte Michael daran, uns in den Zirkus zu begleiten. Er nahm das hin, ohne eine Träne zu vergießen. Und er dachte nicht daran, sein Verhalten zu ändern.

Nach einiger Zeit klang das Fieber ab und Michael hatte aus der Situation nichts gelernt. Er machte weiter wie vorher. Und was folgte nun? - Der nächste karmische Hinweis, diesmal von noch unangenehmerer Art. Michael wurde in seiner Bewegungsfreiheit eingeschränkt. Er bekam plötzlich heftige Schmerzen im Oberschenkel. Sie wurden so arg, daß er bald nicht mehr gehen konnte. Er mußte im Bett liegen und weinte bei jeder Bewegung, weil ihm sein Bein so weh tat.

Als sich die Dinge so weit entwickelt hatten, setzte ich mich abermals zu Michael, um mit ihm zu reden. Ich sagte: »Schau, du wurdest krank und konntest nicht mit uns in den Zirkus gehen. Das war ein Zeichen für dich, daß du dich ändern solltest. Du hast es aber nicht beachtet. Und nun mußt du im Bett liegen und hast Schmerzen. Ich würde mir an deiner Stelle jetzt überlegen, ob es nicht doch besser wäre, mein Verhalten zu ändern. Du brauchst es gar nicht mir zu sagen, wenn du dich bessern willst. Sag' nur alles dem lieben Gott. Aber du mußt dich wirklich ändern *wollen.*«

Offensichtlich befolgte er meinen Rat, denn wenige Stunden später waren die Schmerzen verschwunden und er konnte an einem Stock die Treppe hinunterhumpeln, um den anderen Kindern beim Spielen zuzuschauen. Es war eine Freude, mitzuerleben, wie rasch sich sein Zustand besserte. Unverkennbar war das ein einschneidendes Erlebnis für Michael gewesen; - einschneidend genug, um ihn dazu zu bringen, sein Verhalten zu ändern. Danach war er jedenfalls wie ausgewechselt.

Solche Wandlungen dürfen wir häufig miterleben, wenn wir die geistigen Gesetze befolgen. Oft bewirkt schon eine kleine Änderung unseres Verhaltens, daß Schmerzen, die uns jahrelang quälten, plötzlich verschwinden. Das ist nichts Imaginäres, sondern eine durchaus greifbare Folgeerscheinung gesetzmäßigen Handelns, die uns Freude und Gesundheit bringt und unsere Lebensqualität wahrhaft verbessert.

Man darf nicht immer nur an die Mühen denken (»Oh je, worauf ich da alles aufpassen muß«), sondern man sollte auf die positiven Auswirkungen sehen. Das Arbeiten an uns selber ist etwas, das uns viel Freude schenken kann. Und es ist doch wirklich eine völlig andere Lebensqualität, wenn ich mich über eine Geschichte wie die eben erzählte nicht ärgern muß, sondern über sie lachen kann.

Nicht alles tierisch ernst nehmen

Es ist auf unserem Weg sehr hilfreich, wenn man die Dinge nicht so tierisch ernst nimmt, sondern lernt, über sich selber zu lachen. Man bleibt dann nicht lange an einem Stolperstein liegen, sondern lacht über den eigenen Mißerfolg und setzt zum neuen Sprung an. Mir ist es vor einiger Zeit so ergangen. Ich machte zum fünften- oder sechstenmal immer wieder den gleichen Fehler. Als mir das endlich auffiel, mußte ich wirklich herzlich über mich lachen. Den negativen Kräften war es wieder einmal gelungen, mich hereinzulegen. Daß ich darüber lachen konnte, hat das Problem schließlich gelöst. Vorher, solange ich mich noch darüber ärgerte, war ich nicht weitergekommen.

Man muß an die Probleme locker herangehen und in kleinen Schritten vorwärtsstreben. Man darf nicht von der Vorstellung ausgehen, daß man von einem Augenblick zum anderen perfekt werden könnte. Wichtig ist, daß man Rückschläge von der heiteren Seite nimmt.

Beispiel: Die Lamperie

Ich bin von Natur aus ein Perfektionist, und ich mußte lange üben, das Nicht-Perfekte zu akzeptieren. Einmal baute ich eine Lamperie aus Holz, und da passierte es mir, daß im dritten Brett von oben, ziemlich genau in der Mitte, ein großes Astloch war. Dieses Loch hat mir lange Zeit hindurch Qualen bereitet. Jedesmal, wenn mein Blick darauf fiel, sagte ich: »Das zerlege ich. Das mache ich noch einmal.« Meine Frau erwiderte darauf natürlich immer: »Bist du verrückt? Du wirst das doch nicht etwa wieder auseinandernehmen?« Ilse ist Gott sei Dank nicht so übergenau wie ich. (Das stimmt nicht ganz. Sie hat diesen Fehler auch, aber auf einer anderen Ebene.)

Später begann ich damit, mir das Astloch bewußt anzusehen, um mich an den Anblick des Nicht-Perfekten zu gewöhnen. Ich sagte mir dabei immer vor: »Na ja, so schlimm ist das eigentlich gar nicht.« Außer mir fiel es ohnehin niemandem auf.

Beispiel: Die Tapete

Aber ich kann mich an einen weiter zurückliegenden Fall erinnern, bei dem ich wirklich jahrelang unter etwas Nicht-Perfektem litt. Es ging um eine sündteure Tapete, die ich vor vielen Jahren gekauft hatte. Sie wies ein Muster aus schwimmenden Fischen auf, das einen dreidimensionalen Effekt ergab, wenn man die Bahnen richtig aneinanderfügte.

Da ich selber nicht tapezieren kann und auch nicht will, engagierte ich dazu einen Fachmann. Der Profi klebte die Tapeten natürlich Rolle um Rolle aneinander, wie er es gewöhnt war, denn er wußte ja nichts von ihrem Spezialeffekt, und ich hatte ihn auch nicht darauf hingewiesen.

In den nächsten Jahren war mein Thymus jedesmal auf dem Tiefststand, wenn ich diese Wand ansah. Das ist ein völlig unsinniges und schädliches Verhalten.

- *Du hättest rechtzeitig die Tapeten wechseln sollen.*

Das machte ich dann ohnehin. Heute würde ich mir die Tapete ansehen, ohne aus dem Gleichgewicht zu geraten. Schuld daran war eigentlich meine eigene Unachtsamkeit. Wie kann ich voraussetzen, daß der andere weiß, was ich will?

Dem Nächsten mitteilen, was man von ihm will

Es gibt eine Notwendigkeit, auf die wir leider allzuoft vergessen: Zu unseren Mitmenschen zu sprechen, ihnen genau mitzuteilen, was wir uns vorstellen. Woher soll der andere sonst wissen, was wir von ihm erwarten? Er kann es nicht wissen. Wir müssen dem Partner, dem Kind und auch dem Handwerker genau sagen, was uns vorschwebt: »So stelle ich mir das vor. Was meinst denn du dazu?«

Der andere kann unsere Meinung teilen oder eine davon abweichende Idee haben. In diesem Fall muß man die Sache mit ihm besprechen und zu einem gemeinsamen Nenner führen. Wie verhält sich das aber meistens in der Praxis? Wir stellen uns etwas vor, überlassen aber dem Partner die Ausführung, ohne vorher mit ihm darüber zu reden. Entspricht das Ergebnis jedoch nicht genau unseren Erwartungen, ärgern wir uns und machen ihm Vorwürfe. Das kann niemals gutgehen.

Die Eigenverantwortung von Kindern

Zurück zu unserem Diagramm. Bei einem zehnjährigen Kind läge die Eigenverantwortung nach unserer Kurve bei etwa achzig Prozent. Auch hier gilt wieder die Einschränkung: Das ist nur ein angenommener Mittelwert, der von Fall zu Fall variieren kann. Man sollte diese Werte immer ermitteln. Der Thymus-Test eignet sich dazu sehr gut. Ich pendle es aber meistens aus, weil das schneller geht.

- *Wie sieht das dann mit den Kinderkrankheiten aus?*

Kinderkrankheiten sind dazu da, dem Kind zu helfen, einen seinem Alter entsprechenden Entwicklungsschritt zu meistern, den es in seinem Umfeld auf andere Weise nicht rechtzeitig hatte verwirklichen können. Sie tragen also dazu bei, daß das Kind einen Lebensabschnitt erfolgreich abschließt. Das zeigt uns, wo bei einer Kinderkrankheit die Mitverantwortung der Eltern liegt: Sie waren nicht imstande, ihr Kind so zu führen, daß es den fälligen Lernschritt ohne Krankheit hätte bewältigen können.

Krank wird nur, wer eine Krankheit braucht

Wie wir bereits gehört haben, wird der Mensch nur dann krank, wenn er eine Krankheit braucht, um sein anstehendes Problem zu lösen. Das gilt auch für Kinderkrankheiten. Daher ist es schlecht, gegen sie zu impfen. Erstens ist es ohnehin fraglich, ob eine Impfung hilft. Und zweitens: Sollte sie die Krankheit wirklich verhindern, erreicht man damit nur, daß der Lernschritt des Kindes auf eine andere Ebene oder einen späteren Zeitpunkt verschoben wird. Ein anthroposophischer Arzt hat das einmal ganz hart formuliert: »Braucht ein Mensch die Erfahrung einer Lähmung, muß er sie machen. Ob sie durch den Polio-Erreger oder durch einen Autounfall ausgelöst wird, - wo liegt da der Unterschied?«

Ist eine solche Erfahrung für uns notwendig, wird uns dieses Schicksal treffen. Wir können es mit unserem begrenzten Verstand drehen und wenden, wie wir wollen, - Karma läßt sich nicht abschütteln. Verändern können wir es nur, indem wir unsere Gesinnung wandeln, indem wir unsere Lektion lernen. Das ist die einzige Möglichkeit, der vollen Härte des Karmas zu entgehen.

• *Wenn ein Mensch die Kinderkrankheit erst im Erwachsenenalter bekommt, sind dann die Eltern aus dem Spiel?*

Das müßte man an einem konkreten Fall untersuchen. Meist werden die Eltern zumindest mitbeteiligt sein, denn sie hätten ihm den Lernschritt ja in der Kindheit ermöglichen können.

• *Löst er das Problem dann nur für sich oder auch für die Eltern?*

Da es sein Lernschritt war, kann er ihn nur für sich selber lösen. Wenn es sich um eine schwere Krankheit handelt, kann es aber auch für die Eltern wieder eine Lektion sein, vor allem dann, wenn sie zum Beispiel durch die Pflege des Erkrankten involviert sind.

• *Kann man das so sehen: Wenn ein Kind* keine *Kinderkrankheiten bekommt, wird es altersadäquat erzogen?*

Teils, teils. Das muß nicht unbedingt ein Verdienst der Eltern sein. Es können auch karmische Gegebenheiten vorliegen, die diese Krankheiten unnötig machen. Das konnte man an unseren Kindern beobachten. Obwohl wir uns sehr bemühen, beide Kinder gleich zu erziehen, brauchte Caroline die Kinderkrankheiten, Michael jedoch nicht.

KAPITEL 8

Was bedeuten Schmerzen im Knie?

• *Was bedeuten Schmerzen im Kniegelenk?*

Das ist ein anderes Thema. Beschwerden im Knie hängen fast immer mit der Demut zusammen. Die Gedankenverbindung ist eigentlich klar: Das Knien ist eine Demutsgeste. Probleme mit den Knien bedeuten also Schwierigkeiten mit der Demut. Das trifft zum Beispiel dann zu, wenn man hochmütig oder überheblich ist.

• *Aber es könnte auch heißen: Du zwingst jemanden in die Knie.*

Danke für diesen Hinweis. Natürlich. *Du* willst jemanden in die Knie zwingen.

• *Enthalten Krankheiten von Tieren auch Hinweise für uns?*

Kannst du dazu eine konkrete Frage stellen?

Verletzungen und Krankheiten von Haustieren

• *Mein Kater hat sich an der Pfote verletzt und leidet schon seit längerer Zeit darunter. Ich war mit ihm bereits etliche Male beim Tierarzt, doch der konnte ihm nicht helfen. Ich weiß jetzt eigentlich nicht mehr, was ich tun soll.*

Leidest du sehr darunter?

• *Ja, schon. Er tut mit leid, wenn ich ihn so herumhumpeln sehe.*

Da müßte man genau untersuchen, was du daraus lernen sollst.

• *Das versuche ich schon seit einiger Zeit herauszufinden.*

Welche Pfote ist es denn?

• *Die rechte.*

Die rechte Hand bedeutet immer *Austeilen.* Verletzungen auf der rechten Seite haben immer mit Geben zu tun. Das wäre ein erster Hinweis. Vielleicht teilst du gerne aus? Das muß nicht unbedingt stimmen. Bei Tieren liegt das eventuell ein wenig anders. Da du aber eine starke Beziehung zu deinem Kater hast, könnte es durchaus zutreffen.

• *Ja, aber das Austeilen ....? Das Tier kann sich doch nicht auf einen anderen Menschen beziehen?*

Doch, auf die Eltern, auf den Nachbarn, oder auch auf dich selber. Hier kommt das Analogiegesetz zur Geltung. Die *eine* Ebene zeigt uns, welche Veränderungen wir auf der *anderen*, der analogen Ebene, durchführen sollten.

• *Mittlerweile ist aber ein Teil des Beines bereits steif. Ist es möglich, daß die Lähmung wieder verschwindet, wenn ich die Veränderung an mir schaffe?*

Ja, ich denke, da kannst du einiges tun. Am besten kommst du nach dem Vortrag zu mir und wir reden ein wenig darüber. Es gibt sicher mehrere Möglichkeiten, deinem Kater zu helfen. Auf alle Fälle könnte man ihn homöopathisch behandeln. Bei Tieren ist das allerdings immer ein bißchen schwieriger als bei Menschen. Man müßte sich den Fall im Detail ansehen.

Damit wollen wir das Thema *Ausgleichsgesetz* einstweilen beenden. Abschließend bliebe dazu nur noch zu sagen, daß wir erst dann aus dem Rad der Wiedergeburten erlöst werden, wenn alles ausgeglichen ist, was wir je verursacht haben. Erst dann sind wir energetisch wieder ein Ganzes.

Fünfter Teil: Das Gesetz der Resonanz

KAPITEL 1

Wir kommen nun zum letzten der geistigen Gesetze, dem *Gesetz der Affinität* oder *Resonanz.* Ich habe es heute schon mehrmals erwähnt. Sehen wir uns etwas genauer an, worum es dabei geht.

Das Gesetz der Resonanz

Das gesamte Universum ist Schwingung. Auch die scheinbar dichteste Materie, auch das härteste Gestein oder Metall besteht im Grunde nur aus Vibration und großen Leerräumen. Jedes atomare Teilchen, jeder Körper, und daher auch jeder Mensch wird aus Schwingungen gebildet.

Treffen zwei gleiche oder ähnliche Schwingungen aufeinander, treten sie miteinander in Resonanz. Das heißt, eine Schwingung wird von einer anderen Schwingung angezogen, wenn sie mit ihr auf gleicher Ebene liegt. Auf den Menschen übertragen bedeutet das, daß jeder nur mit solchen Menschen zusammentrifft und mit solchen Situationen konfrontiert wird, die seiner Affinität entsprechen. Verfolgen wir diesen Gedanken konsequent weiter, gelangen wir zu der Erkenntnis, daß jeder Mensch nur *den* Teil der Wirklichkeit wahrnehmen kann, der auf seiner Frequenz liegt. Alles, was davon abweicht, berührt ihn nicht.

Wer der göttlichen Ordnung zustrebt, wer nach den geistigen Gesetzen lebt, entwickelt sich weiter und steigt dadurch auf der Leiter der Evolution höher. Damit erhöht sich auch seine Schwingungszahl. Eine Schwingung zu erhöhen bedeutet, sie reiner und harmonischer zu machen. Je reiner also unsere Gedanken, um so reiner unsere Schwingungen. Die höchste Schwingungsfrequenz weist die reine, selbstlose Liebe auf.

Um höhere Erkenntnisse zu gewinnen, Erkenntnisse also, die in den Bereichen hoher Schwingungen liegen, ist es daher nötig, die eigene Schwingung zu verstärken. Wer seinen Schwingungszustand erhöht hat, schafft dadurch die Affinität zu einem in der Vibration entsprechend höher liegenden Teil der Wirklichkeit. Daher ändert sich bei einer Person, die den geistigen Weg geht, zwangsläufig auch der Kreis ihrer Freunde und Bekannten. Alte Bekanntschaften verlieren sich und neue entstehen, die der veränderten Resonanz entsprechen.

Die Schwingung des Wassermannzeitalters

Für den Menschen der Gegenwart ist es ungemein wichtig, seine Schwingung zu erhöhen. Das beginnende Wassermannzeitalter bringt für den ganzen Erdbereich eine erhöhte Schwingungsfrequenz mit sich, die nur diejenigen werden ertragen können, die bereits heute daran arbeiten, ihre Schwingung anzuheben. Bemühen wir uns daher, unsere Schwingung durch liebevolles Denken und Handeln zu erhöhen.

Wir haben nun erkannt, warum ähnliche Verhaltensmuster einander anziehen. Gesetzmäßige Resonanz ist auch die Grundvoraussetzung für die Wirksamkeit des Spiegelgesetzes. Es handelt sich dabei immer um zwei gleiche Schwingungen, die einander anziehen, - auch dann, wenn die Schwingungen von verschiedenen Ebenen ausgehen. Es bleiben die gleichen Schwingungsmuster. Aufgrund dieser Erkenntnis sollte auch klar sein, daß uns unser Denken und Fühlen in jedem Augenblick in Form von Wellen umgibt.

Beispiel: Der Mann auf dem Fußballplatz

Ein treffendes Beispiel soll euch das illustrieren: Ein Mann ist auf dem Fußballplatz und beobachtet ein Match. Der Verlauf des Spieles bringt sein Blut in Wallung. Als er voller Erregung aufspringt, wird er von einem anderen Zuschauer heftig angerempelt. Er stürzt die Stufen hinunter und verletzt sich.

Was ist passiert? Der Mann hat Wellen von Aggression um sich verbreitet. Die aufgepeitschte Stimmung, die er ausstrahlte, wurde von einem anderen Fußballfan, der auf der gleichen Schwingungsebene war, empfangen und in eine aggressive Tat umgesetzt. Merken wir uns also: Wer Aggression ausstrahlt, empfängt Aggression. Und - wir haben es heute schon gehört - : Aggressionen führen zu Verletzungen. Wer dagegen liebevolle Gedanken verströmt, erntet Zuneigung.

KAPITEL 2

Die Gesetze von Anziehung, Abstoßung und Aufschaukelung

Zum Glück für die Menschheit gibt es zum Resonanzgesetz drei Nebengesetze: Das *Gesetz der Anziehung,* das *Gesetz der Abstoßung* und das *Gesetz der Aufschaukelung.* Mit diesen Gesetzen verhält es sich folgendermaßen: Zwei negative Schwingungen ziehen einander an, schaukeln einander bis zur Amplitude auf und löschen einander dann aus. Das bedeutet: Es kommt im negativen Bereich zuerst zu einer Anziehung und dann zu einer Abstoßung, die zur Auflösung führt. Das Gesetz der Abstoßung wirkt *nur* auf der untersten Stufe der Gefühlsebene, der Stufe der Begierden und Leidenschaften.

Beispiel: Haß und Krieg

Ein einfaches Beispiel: Zwei Personen, jede einer anderen Nation zugehörig, hassen einander. Beide scharen um sich Menschen mit ähnlichen Haßgefühlen. Auf jeder Seite wächst die zunächst kleine Gruppe der Haßerfüllten immer weiter an. Die Emotionen steigern sich, bis der Haß eines Tages überschwappt und ausbricht: Es kommt zum Krieg, und damit zur gegenseitigen Vernichtung.

Beispiel: Die Mafia

Ein prägnantes Beispiel für die Wirkung des Gesetzes von Anziehung und Abstoßung ist die *Mafia* in Italien. Sie besteht aus verschiedenen Gesellschaften, die lose zusammenhängen. Würden sich diese Gruppen zu *einer* Organisation zusammenschließen, wären sie sehr mächtig und möglicherweise eine Gefahr für die ganze Welt. Zu einem solchen Zusammenschluß kann es aber nie kommen, weil Böses und Böses sich letztlich gegenseitig bekämpfen muß. Das ist die Wirkung der Abstoßung, die dieses Gesetz auslöst. Solcherart halten die Verbrecherorganisationen einander letzten Endes wechselseitig in Grenzen.

Beispiel: Politik

Ebenso ist es in der Politik. Würden sich die geld- und machtgierigen Menschen, die dort aufeinandertreffen, eines Tages verbünden, wäre das für die Bevölkerung des betroffenen Staates verheerend. Gott sei Dank bekämpfen sie einander seit eh und je.

Beispiel: Lügen

Das Gesetz der Abstoßung wirkt im Großen ebenso wie im Kleinen: Ein Mensch, der beispielsweise lügt, bewirkt damit, daß er selber belogen wird. Aus seinem Umfeld werden immer wieder Unwahrheiten an ihn herangetragen, die er mit Gegenlügen beantworten muß.

Irgendwann kommt es zur Eskalation zwischen den Lügnern, also zum Streit, der die Wahrheit ans Tageslicht bringt. Das Aufschaukeln der Schwingungen setzt sich jeweils so lange fort, bis es entweder zu einem Ausbruch kommt, oder bis einer der beiden Pole das Spiel beendet, indem er die Gegenschwingung aussendet.

Beispiel: Kernbindung in der Physik

Zu Anziehung und Abstoßung gibt es ein analoges Beispiel aus der Physik: Gleiche Pole stoßen einander ab. In der Kernbindung ist das jedoch nicht immer der Fall. Unterschreitet man den Elementarabstand, gehen gleiche Ladungen eine Bindung ein, das heißt: Proton und Proton verbinden sich zu einem Ganzen. Es gibt also auch in der Naturwissenschaft Beispiele für Anziehung und Abstoßung.

Das Gesetz der Resonanz ist sehr wichtig. Die Tibeter haben das schon vor Jahrhunderten erkannt und aus diesem Grund die Depression, also das negative Denken, zur zweitgrößten Sünde erklärt. Wir wissen jetzt, warum: Ein depressiver Mensch verseucht mit seinen destruktiven Gedanken sein Umfeld. Die Schwingungen seines verneinenden Denkens verstärken sich in seiner Umgebung so lange, bis es irgendwann zu einem Ausbruch kommt und sie sich gegenseitig aufheben und vernichten. Damit wird natürlich die Harmonie in der Umwelt zerstört.

Ich wiederhole: Das *Gesetz der Abstoßung* wirkt nur auf der *Ebene der Begierden und Leidenschaften,* der untersten Empfindungsebene. Geht es um höhere Gefühle, sind nur noch das *Gesetz der Anziehung* beziehungsweise das *Gesetz der Aufschaukelung* in Kraft. Leider sind auch diese Gesetze mit gewissen Gefahren für den Menschen verbunden.

Die ›Ebene der Wünsche‹

Befindet sich jemand zum Beispiel auf der Ebene der Wünsche, trifft er immer wieder auf Menschen mit den gleichen Neigungen. Auf diese Weise werden die Wunschgedanken kontinuierlich verstärkt und können schließlich grenzen- und rücksichtslos werden.

Das ist ein Problem, das gerade in unserer Zeit besonders häufig auftritt. Es kann vielerlei negative Folgen nach sich ziehen. Wer davon betroffen ist, sollte bedenken, daß er für alles, was er auf Erden in Gebrauch nimmt, irgendwann den karmischen Ausgleich erbringen muß.

KAPITEL 3

Nur selbstlose Liebe ist karmafrei

Nur Taten der selbstlosen Liebe sind karmafrei. Nur wenn wir in der Alliebe schwingen, wenn wir selbstlos dienen, verbreiten wir Harmonie um uns. Haben wir uns diese Ebene erarbeitet, verstärkt sich auch das Gleichgewicht in uns und um uns ganz von selber.

Resümee: Sucht in allem nach dem Positiven. Der Thymus-Test hat es euch gezeigt: Liebevolles Denken bringt jeden Menschen sofort in innere Harmonie. Bleibt nie im Negativen verhaftet! Seht immer auf die positive Seite des Lebens! Das ist eine sehr wichtige Regel. Und achtet auch in einer mißlichen Lage stets darauf: »Was kann ich aus dieser Situation lernen?« So schwierig eure Lage auch sein mag, überlegt immer, wie sie euch auf eurem Wege weiterhelfen kann. Schon dieser Gedanke allein wird euch wieder ins Gleichgewicht bringen.

Glaubt mir, in jedem Ereignis steckt etwas Positives, so furchtbar es im ersten Augenblick auch erscheinen mag. So habe ich zum Beispiel immer wieder erlebt, daß der Tod eines Menschen bei den Hinterbliebenen ein Umdenken, ein Hinwenden zum Geistigen bewirkt hat.

Also findet sich auch im Tod eines geliebten Menschen ein Gutes. Außerdem: Betrachtet man das Hinscheiden eines Menschen von einer höheren Warte aus, ist es ohnehin nur der Übertritt von einer Daseinsebene auf eine andere.

Depressionen

• *Ich habe eine Frage: Wie kommt es zu einer Depression?*

Das ist eine sehr wichtige Frage. Danke. Zu einer Depression kommt es nur dann, wenn ein Mensch die Verbindung mit dem Göttlichen nicht mehr fühlen kann, wenn er sich von Gott abgeschnitten hat. Das ist der erste Fehler, der in eine Depression führt. Der zweite Fehler besteht darin, daß dieser Mensch für sich selber keine Verantwortung übernehmen will. Oder daß er nicht fähig ist, Entscheidungen zu treffen. Es gibt da viele Möglichkeiten. Der Hauptgrund ist aber, daß er seine Verbindung zu Gott unterbrochen hat.

• *Dem Depressiven ist vielleicht sein Selbstwertgefühl abhanden gekommen. Da bricht für die meisten alles zusammen. Auch Angst kann mitspielen.*

Angst empfinden wir nur dann, wenn wir uns nicht mit dem Göttlichen verbinden können. Wer absolutes Vertrauen in die göttliche Führung hat, und zwar jenes Vertrauen, das auf der inneren Gewißheit beruht, daß alles, was ihm widerfährt, nur zu seinem Besten dient, der braucht keine Furcht mehr zu haben. Und ihr könnt sicher sein: Wenn ihr nicht besonders darum bittet, trifft euch bestimmt nie ein schlimmeres Geschick, als ihr ertragen könnt. Furchtgefühle zeigen immer an, daß ein paar Aufgaben des Lebens noch nicht gemeistert wurden.

Die Hauptkräfte des menschlichen Lebens

Es gibt zwei Hauptkräfte im menschlichen Leben: Die Angst und die Liebe. Die Angst kommt von der dämonischen Seite, die Liebe kommt von Gott. Solange wir Furcht haben, sind wir dem Einfluß des Widersachers ausgeliefert. Wer sich mit Gott verbindet, wer sein Leben der Liebe übergibt, ist von jeder Furcht befreit.

Wir Menschen leben in der Polarität, wir haben beide Pole in uns, und je nachdem, nach welcher Seite hin wir stärker tendieren, hat die Angst mehr oder weniger Macht über unser Dasein. Wer es schafft, sein Leben ganz Gott zu übergeben, ist für alle Zeit von der Angst erlöst.

• *Warum sehen wir Schicksalsschläge, Krankheiten, Angst und ähnliches eigentlich als etwas Negatives an, wenn ohnehin alles positiv ist?*

Die Bewältigung von Angst

Furcht ist nie positiv. Das Ereignis, das unsere Angst auslöst, kann für unseren Lernprozeß von Nutzen sein, aber die Angst selber ist nicht gut für uns. Angst bekomme ich nur, wenn ich meine Lektion nicht annehme. Ich bleibe dann furchtsam, weil ich nicht bereit war, zu lernen. Meine Angst zeigt mir, daß es mir noch nicht gelungen ist, die Verbindung zu Gott herzustellen.

• *Ja, wenn man in der Angst verharrt. Wenn man jedoch seiner Angst ins Gesicht sieht und sagt: »Gut, ich fürchte mich eben, aber ....« und damit weiterarbeitet ....*

Dann ist es in Ordnung.

• *Ich habe bezüglich der Bewältigung von Angst eine Frage: Oft kann sich der Betroffene nicht allein von seinen Ängsten befreien. Kann es sein, daß er dann von einem Elemental besetzt ist und deshalb nicht von seiner Angst loskommt?*

Das ist durchaus möglich. Aber es muß sich nicht unbedingt um Elementale handeln. Es können auch Verstorbene, dämonische Wesen oder negativ besetzte Naturgeister sein, um nur ein paar Beispiele zu nennen. Es gibt viele Wesen, die von der Angst der Menschen profitieren.

Die Befreiungsgebete

Zum Schutz vor ihnen wurden die *Befreiungsgebete* geschaffen. Aber, wie gesagt, alles hängt immer davon ab, *wie* wir leben. Wenn ich Liebesschwingungen ausstrahle, verschwinden alle negativen Wesenheiten, denn sie können in der hohen Schwingung der Liebe nicht existieren. Das ist einer der vielen Vorteile, die einem Menschen zugute kommen, der die universelle Liebe verwirklicht hat.

Es ist gar nicht so schwierig, die Alliebe zu erarbeiten. Letztendlich genügt es, das oberste Gesetz zu erfüllen. Wer den Weg der selbstlosen Liebe geht, benötigt keine anderen Schutzmaßnahmen. Nur fällt es den meisten Menschen leider sehr schwer, diesen direkten Weg zu gehen. Deshalb müssen wir uns noch mit den karmischen Gesetzen beschäftigen, - mit dem Spiegelgesetz, dem Affinitätsgesetz, dem Analogiegesetz, und wie sie alle heißen. Würden wir die Liebe unmittelbar verwirklichen, wäre die Angst kein Problem mehr für uns.

Die Liebesschwingung

Man kann jedes Gebet durch Liebesschwingung ersetzen. Nur solange unsere Liebesschwingungen noch zu schwach sind, müssen wir uns mit Gebeten an Gott wenden, wenn wir Hilfe brauchen; - im Falle einer Besetzung zum Beispiel, indem wir die Befreiungsgebete sprechen. Wir dürfen dabei nicht vergessen, uns demütig dem Willen Gottes unterzuordnen, - nach dem Leitsatz »Herr, Dein Wille geschehe.«

Wir haben also zwei Möglichkeiten, um negative Einflüsse zu bewältigen: Die Liebe und das Gebet. Um die bedingungslose Liebe zu verwirklichen, müssen wir üben. Um aber mit unseren Gebeten die erwünschten Wirkungen zu erzielen, müssen wir ebenfalls jeden Tag üben, also täglich beten. Nur einmal im Monat zu beten, wenn uns gerade irgendwo der Schuh drückt, das wäre zu wenig.

• *Jedenfalls: Solange ich mich noch fürchte, darf ich mir nicht einreden, ich hätte keine Angst. Das ist es ja, was mich am Positiven Denken stört. Dort sagt man: »Du darfst nicht negativ denken.« Das bedeutet, ich soll meine Angst verdrängen, ohne sie mir anzusehen.*

Positives Denken

Das Problem dabei ist, wenn du dich auf die Angst konzentrierst oder dich ständig damit beschäftigst, ziehst du aufgrund des Resonanzgesetzes bzw. des Gesetzes der Anziehung genau das an, wovor du Angst hast.

Natürlich solltest du dir die Angst kurz ansehen und analysieren, die Betonung liegt aber auf „kurz"! Anschliessend wäre es sinnvoll dich auf das zu konzentrieren was du möchtest.

Dazu ein konkretes Beispiel: Du hast Angst vor der Grippe, da ja, wie jährlich wiederkehrend, gerade eine Grippewelle (laut Medien) im Umlauf ist.

Diese Angst wirkt wie eine Bestellung und die Wahrscheinlichkeit, die Grippe dann tatsächlich zu bekommen, steigt ins Unermessliche.

Sofortmaßnahmen gegen die Angst

Setzt du stattdessen die Formel ein „ich bin und bleibe gesund und fühle mich wohl", bestellst du dir Gesundheit.

Wie du siehst, hat diese Form des positiven Denkens nichts mit Verdrängungen zu tun, sondern du ersetzt das was du nicht möchtest, oder das dir Angst macht, durch jenes was sein soll. Legst du jetzt noch das Gefühl von Wohlfühlen dazu, ist die Sache perfekt und dann bleibst du von der Grippe verschont.

So kannst du mit allen Ängsten verfahren, denke immer daran, dass alles was du NICHT willst als Bestellung wirkt, daher immer nur das sagen und denken was du haben willst.

KAPITEL 4

• *Wenn dich jemand haßt, - können dir dessen böse Gedanken schaden?*

Nur dann, wenn ich in Resonanz gehe, wenn ich also mit ihm auf der gleichen Schwingungsebene bin. Wenn ich zum Beispiel nicht verzeihen kann.

• *Meinst du, wenn du generell nicht verzeihen kannst, oder wenn du speziell diesem Menschen nicht verzeihen kannst?*

Wenn man generell nicht verzeihen kann. Beschimpft dich jemand und du kannst nicht verzeihen, wird es dich stören. Kannst du verzeihen, bleibst du im Gleichgewicht, denn dann berührt es dich gar nicht.

• *Wieso darf ich mich nicht ärgern, wenn ich etwas als wirklich ungerecht empfinde?*

Es gibt keine Ungerechtigkeit

Es gibt im ganzen Universum *keine* Ungerechtigkeit. Alles geschieht gesetzmäßig. Auf dich kommt nur das zu, was für deinen geistigen Fortschritt notwendig ist. Widerfährt dir heute etwas scheinbar Ungerechtes, hast du es selber irgendwann ausgelöst. Anders ausgedrückt: Du mußt vorher selber ungerecht gehandelt haben. Du hast vielleicht jemanden fälschlich verdächtigt, oder du hast eine Arbeit ungerecht bewertet. Es genügt bereits, wenn du einmal gesagt hast: »Was redet der wieder für einen Unsinn. Der sollte lieber den Mund halten.«

Möglicherweise hast du Vorurteile. Vor-Urteil bedeutet: Du hast ge*urteilt*, be*vor* du geprüft hast. Damit erfüllst du den Tatbestand einer ungerechten Verurteilung. Irgendwann trifft dich dann das gleiche, das du einem anderen zugefügt hast, aber du hältst das für ungerecht, weil du den Zusammenhang mit deiner Fehlhandlung nicht sehen kannst. Es gibt also keine Ungerechtigkeit. Alles klar?

Wie lernt man, zu verzeihen?

• *Welche Hilfen gibt es, um verzeihen zu lernen?*

Der erste Schritt wäre, daß du dir die Nichtigkeit dessen bewußt machst, was zu verzeihen ist. Der Hauptgrund, warum man anderen Menschen nicht verzeihen kann, ist meiner Erfahrung nach meistens, daß man sich selber nichts nachsehen kann. Daher müßte man als zweiten Schritt lernen, sich selber so anzunehmen, wie man ist, - einfach zu akzeptieren: »So bin ich halt.« Hat man es geschafft, sich zu akzeptieren, kann man sich selber auch verzeihen. Danach ist es dann ein leichtes, auch seinen Mitmenschen zu vergeben.

Eine andere Möglichkeit wäre, festzustellen, *was* ich dem anderen nicht vergeben kann. Hat man den wunden Punkt herausgefunden, muß man sich überlegen, wo man selber genauso handelt. Hier kommt also wieder das Spiegelgesetz zum Einsatz. Haben wir unser eigenes Problem enthüllt, wird es uns nicht mehr schwer fallen, dem anderen zu verzeihen.

• *Und was macht man mit einem Kollegen, der immer wieder eklig ist?*

Genau das, was ich eben sagte. Wenn nötig, sollte man immer wieder von vorn beginnen. Du wirst sehen, irgendwann löst sich das Problem. Man muß Geduld haben. Ihr könnt euch in solchen Fällen immer das Gesetz des Ausgleichs in Erinnerung rufen. Dieses Gesetz berücksichtigt alles, was wir je getan oder gedacht haben. Wir wissen ja nichts von unseren Vorleben. Vielleicht kommt mit dieser Disharmonie etwas als Ausgleich zu uns zurück, das wir in einer fernen Vorexistenz auslösten.

Gehst du nach einem Angriff deines Kollegen *nicht* in Resonanz, - das ist die Voraussetzung, denn wenn du in Resonanz gehst, hast du etwas an dir aufzuarbeiten, - wenn du also *nicht* in Resonanz gehst, das unangenehme Erlebnis wiederholt sich aber trotzdem immer wieder und läßt sich auch durch das Spiegelgesetz nicht erklären, dann handelt es sich um einen karmischen Ausgleich. Du mußt dann irgendetwas tilgen, das du vor langer Zeit ausgelöst hast. Das bedeutet für dich die Chance, wieder zu einem Ganzen zu werden, denn die Energie, die du damals weggeschickt hast, fehlt dir ja seither. Jede Energie, die auf diese Weise zu dir zurückfließt, bringt ein Stück deiner verlorenen Ganzheit zurück. In diesem Fall brauchst du nur zu sagen: »Danke, daß ich das endlich zurückbekomme,« und die Angriffe werden von selber aufhören. Du kannst deinem Kollegen auch das Gefühl der Liebe schicken, damit kannst du alle karmischen Zusammenhänge auflösen.

KAPITEL 5

• *Bei mir war das so: Es gehörte früher zu meinem Job, Arbeitskollegen zu beurteilen. Aus heutiger Sicht betrachtet habe ich sie damals eigentlich immer angegriffen. Ich habe also oft Menschen verurteilt. Jetzt brauche ich das nicht mehr zu tun, denn ich habe diesen Posten nicht mehr.*

Sei froh.

Beurteilen und Verurteilen

• *Kann es karmische Ursachen haben, wenn jemand durch eine Beurteilung seinen Arbeitsplatz verliert?*

Natürlich kann das eine karmische Ursache haben.

• *Aber es muß ja in einer Firma Leute geben, die die anderen beurteilen. Ich vermute, diese Menschen belasten sich dadurch sehr stark mit negativem Karma.*

Das I Ging als Hilfssmittel

Für solche Fälle gibt es ausgezeichnete geistige Hilfsmittel. Ich würde hier das I Ging einsetzen. Dabei fragt man einfach, ob der betreffende Mensch für diese Arbeit geeignet ist.

• *Man müßte also für jeden Mitarbeiter ein eigenes Hexagramm erstellen.*

Ja. Das ist überhaupt kein Problem. Ich stelle meine Frage und sehe mir das Ergebnis an. Die Antworten des I Ging sind immer sehr treffend.

• *Wäre es nicht besser, - zumindest bei einem Mitarbeiter, den man schon seit längerer Zeit kennt, - dessen Persönlichkeit und Leistung zu beurteilen?*

Das I Ging ist in jedem Fall aufschlußreich.

• *Wenn es sich um eine Neueinstellung handelt, um einen Menschen, den ich nicht kenne, lasse ich das gelten. Da könnte ich das I Ging anwenden. Aber bei einem Mitarbeiter, den ich schon seit langem kenne? Da hat man doch schon bestimmte Vorstellungen.*

Richtig. Und damit ordnet man ihn in ein Kästchen ein. Das ist bereits eine gewisse Art von Vorverurteilung. Genau das sollte man mit einem Menschen nicht machen.

Aber der Fall hat eine zweite Seite, die man auch nicht außer acht lassen darf: Der Angestellte, der diese Beurteilungen abgibt, hat nicht nur Verantwortung gegenüber einem Einzelmenschen, sondern ebenso gegenüber allen anderen Personen, die zu dieser Firma gehören. Nimmt der Verantwortliche drei- oder viermal Leute auf, die der Firma schaden, hat er damit auch den anderen Firmenangehörigen Nachteile bereitet. Das sollte man auch bedenken.

Die Auswahl der richtigen Mitarbeiter ist wichtig. In jedem Fall wäre es auch sinnvoll, die vier Temperamente zu berücksichtigen. Dabei handelt es sich um den Sanguiniker, den Choleriker, den Melancholiker und den Phlegmatiker. Jedes dieser Temperamente hat sowohl positive als auch negative Eigenschaften. Alle Temperamente sind für die Gesellschaft sehr wichtig und wertvoll. *(Bitte lesen Sie zu den Temperamenten weiter auf Seite 240).* Wir werden ihm einen ganzen Seminarabend widmen. Ist jemand unter euch, der noch nichts vom I Ging gehört hat? Es handelt sich dabei um ein uraltes chinesisches Orakelbuch, das zeitlose Weisheiten in sich birgt. Das Buch enthält 64 Symbole, die *Hexagramme*. Jedem Hexagramm ist ein Text zugeordnet.

Man beginnt, indem man seine Frage stellt, in unserem Fall zum Beispiel: »Ist der Mann für diesen Job geeignet?« Danach wirft man sechsmal drei Münzen. Jeder der sechs Würfe liefert eine Linie des Hexagramms. Das auf diese Weise gewonnene Symbol hat eine Nummer. Schlägt man im Buch unter dieser Nummer nach, findet man dort einen Text. - Wir wollen heute nicht ins Detail gehen, denn, wie gesagt, wir werden das I Ging einen Abend lang genau besprechen und an praktischen Beispielen erarbeiten. (Die Wiedergabe des erwähnten Seminarabends ist im Band 2 dieser Ausgabe vorgesehen.)

Ich habe das I Ging befragt, ob ich meine Kinder in der Rudolf Steiner-Schule anmelden sollte oder nicht. Die Antworten waren wirklich überwältigend. Als ich für Caroline fragte, war im ermittelten Orakeltext immer von der Tochter des Hauses die Rede, - also genau zum Sachverhalt passend. Das muß man selber miterlebt haben, sonst glaubt man es nicht. Danach warfen wir die Münzen für Michael, und in seinem Antwortspruch ging es um den jüngsten Sohn.

Ein andermal befragten wir das Orakel, ob wir ein Haus kaufen sollten, das uns damals angeboten worden war. In dem ermittelten Text fand sich unter anderem der Satz: »Das Dach des Hauses wird zerstört«, - also ein abschlägiger Bescheid, der sich eindeutig auf ein Haus bezog. Kurz gesagt, das I Ging gibt fast immer direkte Antworten auf unsere Fragen.

- *Ist das nicht Magie?*

Natürlich, das ist Magie.

- *Ist Magie nicht abzulehnen?*

Magie als Hilfsmittel

Ich darf alle Hilfsmittel anwenden, die meine geistige Entwicklung fördern, also auch die Magie. Ich darf nur niemandem damit schaden. Und es ist nicht erlaubt, die Hilfsmittel einzusetzen, um etwas zu erlangen, das mir nicht zusteht. Wenn ich mit meiner Magie irgendjemandem Schaden zufüge, dann betreibe ich schwarze Magie und lade mir damit negatives Karma auf. Ich darf jedoch alle Hilfsquellen ausschöpfen, wenn daraus für niemanden ein Nachteil erwächst.

- *Dann könnte man ja auch das Positive Denken einsetzen.*

Das ist richtig. Wenn man es ausschließlich zu seinem geistigen Fortschritt benutzt, ist auch das Positive Denken nicht abzulehnen. Nur wird es eigentlich schon vom Autoren als Mittel zur Steigerung des persönlichen und materiellen Vorteils angepriesen. Man erdenkt Dinge, die einem nicht zustehen, und man will das Arbeiten an sich selber umgehen. - Setzt man es jedoch nur ein, um seinen geistigen Fortschritt voranzutreiben, ist nichts dagegen einzuwenden.

- *Beraubt man sich nicht vieler Erfahrungen, wenn man das I Ging oder ein ähnliches Hilfsmittel einsetzt? Angenommen, ich benutze es, um einen Mitarbeiter zu beurteilen, - damit umgehe ich doch dabei eine persönliche Auseinandersetzung mit ihm. Und wenn das Ergebnis meiner I Ging-Befragung seine Entlassung aus der Firma bewirkt, schade ich ihm auch damit.*

Die richtige Art der Fragestellung

Nein. Ich glaube, ich muß doch etwas ausführlicher werden. Als ich das I Ging damals zu Rate zog, lautete meine Frage: »Ist es *gut* für Caroline, diese Schule zu besuchen?« Achtet auf den Wortlaut: »Ist es *gut* ....« Das ist das Wesentliche. Diese Fragestellung anerkennt sowohl positive als auch negative Folgeerscheinungen. *Gut* für meine Tochter kann auch sein, wenn sie dort negative Erfahrungen macht.

Hätte meine Frage gelautet: »Wird Caroline es in dieser Schule leicht haben?« dann wäre das bereits eine Verletzung der geistigen Gesetze gewesen. Der Grundgedanke meiner Frage war, ob es für die geistige und spirituelle Entwicklung meiner Tochter von Vorteil wäre, diese Schule zu besuchen, und in diesem Sinne erfolgte auch die Antwort. Die Art der Fragestellung ist sehr wichtig. Ich werde darauf genau eingehen, wenn wir das I Ging besprechen.

• *Wie ist das, wenn ich die Tarotkarten befrage?*

Bei ihnen gilt das gleiche. Die günstigste Frage ist immer: »Ist es *gut* für mich, das zu tun?« denn dabei bleibt alles offen. »Gut für mich« heißt, daß ich daraus die für mich optimalste Lehre ziehen kann. Eine solche Frage wäre zum Beispiel: »Ist es gut für mich, den Flug anzutreten?« Diese Fragestellung beinhaltet auch die Möglichkeit einer negativen Erfahrung, die im Text des I Ging meist als Warnung auftaucht. Fragt man danach, ob dieses Flugzeug gut ankommen oder abstürzen wird, ist das bereits eine Zukunftsfrage, und eine solche sollte möglichst vermieden werden.

Bitten an Gott

• *Wie formuliere ich richtig, wenn ich an einem Krankenbett stehe und einen Menschen leiden sehe? »Lieber Gott, wenn es sein darf, hilf ihm bitte«?*

Das beste ist, wenn du deine Bitte aussprichst und danach die Worte: »Herr, Dein Wille geschehe« anfügst.

• *Und wenn man alle diese Hilfsmittel nicht in Anspruch nimmt, weil man sich nicht traut?*

Dann ist das auch in Ordnung.

Die Auswahl des richtigen Hilfsmittels

• *Nach welchen Kriterien entscheidet man, ob man zu einem dieser Hilfsmittel greifen soll oder nicht?*

Man entscheidet nach bestem Wissen und Gewissen. Dazu ist es vor allem nötig, Herz und Verstand in Einklang zu bringen. Das sollte vor jeder Entscheidung euer erstes Bestreben sein. Wer es fertigbringt, Herz und Verstand zu harmonisieren, wird sicher zu dem richtigen Entschluß kommen. Stellst du mit dem Verstande fest, daß dieser Mann aus verschiedenen Gründen für die Firma untragbar ist, und du empfindest es ebenso, wenn du in dein Herz horchst, dann triffst du sicher die richtige Entscheidung. Es ist dann gewiß auch für den Entlassenen ein notwendiger Lernprozeß, der zu seiner Weiterentwicklung beiträgt.

Ersatz für fehlende Intuition

Dabei gilt es nur zu bedenken, daß unsere Intuition, besonders die Intuition der Männer, stark verkümmert ist. Zum Ausgleich dafür gibt es die geistigen Hilfsmittel, und wir dürfen uns ihrer fallweise bedienen. Sie sind aber, ich betone es noch einmal, nur Notbehelfe, Krücken, auf die wir uns stützen dürfen, weil unsere Intuition lahm geworden ist. Durch den Einsatz geistiger Hilfsmittel schulen wir letztlich auch unser Einfühlungsvermögen.

Am besten verfährt man folgendermaßen: Man geht den Fall zuerst mit dem Verstande durch und fragt danach auch sein Gefühl: »Handle ich richtig für ihn? Handle ich richtig für alle Betroffenen? Handle ich richtig für mich?« Sind Gemüt und Intellekt im Einklang, kann ich das I Ging befragen, - oder das Tarot, oder den Pendel. Und ihr werdet sehen, die Antwort stimmt immer genau mit eurem Gefühl überein. Auf diese Weise wird auch unsere Intuition wieder aktiviert.

Das Tarot verwende ich relativ selten. Ich stelle damit keine Entscheidungsfragen, sondern nur Beziehungsfragen. Damit meine ich Fragen wie zum Beispiel: »Was kann ich aus der Diskussion mit dem Partner lernen?« Das wäre nach meiner Erfahrung ein typischer Fall für das Tarot. Geht es um Entscheidungen wie beispielsweise die, ob ich ein Haus kaufen soll oder nicht, bevorzuge ich das I Ging.

• *Daß mein Haus abbrennt, soll für mich gut sein?*

Das ist durchaus möglich. Die Antwort des I Ging wäre dann, daß du in das Haus einziehen sollst.

• *Man muß die Fragen also immer wertfrei stellen?*

Natürlich, neutral und wertfrei.

• *Aber wenn ich nach einem Ding frage, das ich mir von ganzem Herzen wünsche?*

Entscheidungen der geistigen Hilfsmittel akzeptieren

Wer das chinesische Orakel oder ein anderes Hilfsmittel befragen will, sollte immer vorher Gott um Führung bitten und hinzufügen: »Herr, Dein Wille geschehe.« Ist unsere Frage beantwortet, sind wir *verpflichtet*, das Ergebnis anzunehmen, egal, wie der Spruch auch lauten mag. Das ist sehr wichtig und sollte unbedingt vorher bedacht werden. Hängt dein Herz auch noch so sehr an einer Sache, du mußt den Schiedsspruch des I Ging akzeptieren, selbst wenn er gegen deinen Herzenswunsch ausfällt. Wir dürfen uns keinesfalls geistiger Hilfsmittel bedienen, um dann, wenn uns ihre Entscheidungen nicht zusagen, trotzdem zu tun, was uns beliebt. Wer nicht gewillt ist, sich ihren Ratschlüssen zu beugen, sollte von vornherein die Finger davon lassen.

Ich wollte schon öfter irgendwo hinfahren, hatte aber ein ungutes Vorgefühl. Schien mir die Reise zu wichtig, um sie wegen eines vagen Gefühls einfach abzusagen, griff ich zum Pendel. »Soll ich dorthin fahren?« Kam als Antwort ein Nein heraus, war die Sache für mich erledigt. Ich verschwendete dann keinen weiteren Gedanken mehr an die Reise, - selbst dann nicht, wenn ich noch so gerne gefahren wäre.

• *Weißt du, was passiert, wenn man eine dieser Entscheidungen ignoriert?*

Beispiel: Ein ignorierter Schiedsspruch

Ja. Das kann manchmal sehr tragische Folgen haben. Eine Bekannte von mir wollte den Arbeitsplatz wechseln, denn sie hatte dort gewisse Schwierigkeiten. Einige Tage zuvor hatte sie von einer anderen Firma ein finanziell sehr gutes Angebot bekommen. Sie bat mich, das I Ging zu befragen, ob sie diese Stelle annehmen solle.

Ich willigte ein, machte aber damals einen Fehler: Ich fragte sie nicht, ob sie auch gewillt sei, den Orakelspruch zu befolgen. Ich warf also die Münzen für sie. Die Antwort, aus dem bildhaften Vokabular des I Ging in unsere Alltagssprache übersetzt, war ziemlich eindeutig: »Bleibe in deinem derzeitigen Arbeitsbereich. Dein Lernprozeß an diesem Ort ist noch nicht abgeschlossen.« Und was machte sie? Sie sagte: »Das ist mir egal. Das Angebot ist zu gut. Ich kann es einfach nicht ablehnen.«

Das Resultat war, daß sie in der neuen Firma in kürzester Zeit ähnliche Schwierigkeiten bekam wie die, welche sie aus der anderen vertrieben hatten, nur in wesentlich konzentrierterer Form. Und zusätzlich kam es bei ihr zu zeitweisen Totalausfällen der Augen, das heißt, sie konnte manchmal von einem Moment zum anderen nicht mehr sehen.

Es ist unklug, geistige Hilfsmittel einzusetzen und dann ihre Entscheidungen nicht zu beachten. Unsere Probleme vervielfältigen sich dadurch nur, und außerdem machen wir uns schuldig, weil wir nun *bewußt* einen Fehler begehen. Wer sich nicht an ihren Ratschluß halten will, darf diese Hilfsquellen nicht in Anspruch nehmen.

Sehen wir uns den ganzen Komplex der Befragungen noch einmal an und heben wir hervor, worauf es dabei ankommt. Eigentlich ist es ganz klar: Es geht immer um den optimalsten Lernprozeß, den wir einer Situation abgewinnen können. Es steckt jedesmal unsere geistige Evolution dahinter.

Beispiel: Das brennende Haus

Mit dem Beispiel vom brennenden Haus haben wir einen Extremfall herangezogen, der in der Praxis nur selten eintreten wird, - obgleich ich auch hier eigene Erfahrungen vorweisen kann. Ich weiß, was es bedeutet, wenn einem das Haus abbrennt, weil ich das schon selber miterlebt habe. Das bringt ganz außerordentliche Erkenntnisse, sowohl im Positiven als auch im Negativen.

Bei einem Brand erkennt man erst, wie wertlos materielle Dinge sind. Innerhalb von dreißig Minuten war unser Haus mitsamt dem Inventar vernichtet, und wir saßen ohne Habe in der Wiese. Dieses Gefühl muß man selber durchgekostet haben, um es nachvollziehen zu können. Rund um das Haus standen hundert Gaffer und gaben Aussprüche von sich wie: »Jö, schau, da brennt 's«! Unter den vielen Zuschauern war ein einziges Ehepaar, das uns seine Hilfe und ein Nachtlager in seinem Haus anbot.

Feuergeister

Ich durfte bei diesem Malheur noch andere Erfahrungen machen. Zum Beispiel lernte ich damals den Umgang mit Feuergeistern. Ich hatte nach dem Brand die Gebete gemacht, um die Feuergeister im göttlichen Licht aufzulösen. Vorher, solange es noch brannte, hatte ich leider nicht daran gedacht. Dazu war alles zu rasch gegangen. In einer halben Stunde war ja alles vorüber gewesen. Ich machte also die Gebete nachträglich.

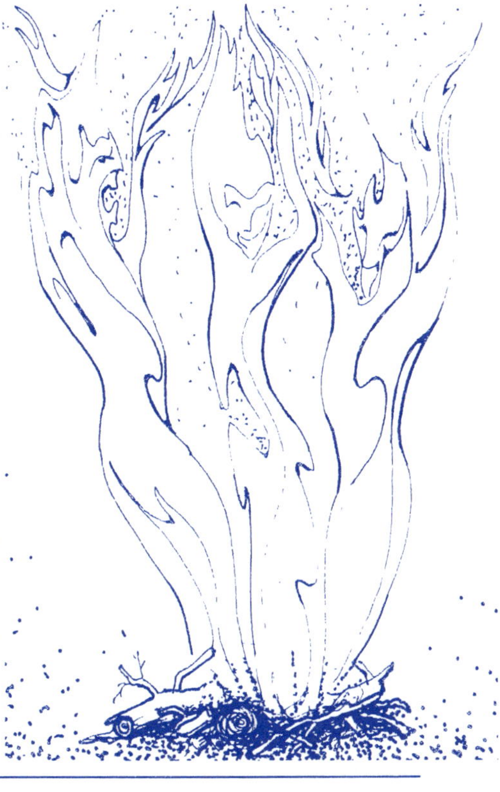

In der folgenden Nacht schliefen wir bei der hilfsbereiten Familie. Am nächsten Morgen wollte ich in deren Ofen ein Feuer machen, doch es brannte und brannte nicht. Eine halbe Stunde lang probierten wir es mit Zeitungspapier und Spänen, aber es gelang uns nicht, ein Feuer zu entfachen. Erst später fiel mir ein, daß ich gestern durch meine Gebete alle Feuergeister aufgelöst, beziehungsweise vertrieben hatte. Ich mußte also erst ein paar von ihnen wieder herbeibitten. Danach reichte ein einziges Streichholz aus, um den Brennstoff in Brand zu setzen.

Jeder sollte seine Lektionen annehmen

Jeder Mensch ist auf Erden inkarniert, um bestimmte Erfahrungen zu sammeln. Drückt er sich vor einer solchen Erfahrung, kehrt sie meist in verstärkter Form zurück. Man kann sich nichts ersparen. Was uns nach den karmischen Gesetzen zukommt, müssen wir um unserer Weiterentwicklung willen erleben. Das ist keine Bestrafung, sondern eine Schulung, die wir durchmachen müssen, - es sei denn, wir lösen das anstehende Problem in Liebe. Das sind die beiden Möglichkeiten, die uns zur Verfügung stehen.

Es darf uns nie darum gehen, eine Erfahrung zu verhindern. Unser Bemühen sollte vielmehr darauf gerichtet sein, wie wir aus der gegebenen Situation am besten lernen können. In diese Richtung müssen auch unsere Fragen zielen, wenn wir uns eines Hilfsmittels bedienen wollen. Stelle ich Fragen in der Absicht, mir eine Lektion zu ersparen oder mir das Leben so leicht wie möglich zu machen, betreibe ich bereits schwarze Magie. Das widerspricht den geistigen Gesetzen. - Was zu unserem Fortschritt beiträgt, dürfen wir jedoch anwenden, ganz gleich, ob es sich um das Tarot, das I Ging, das Horoskop oder den Pendel handelt.

• *Es ist also schwarze Magie, wenn man anderen etwas Negatives wünscht oder wenn man sich einen Lernschritt ersparen will.*

Was ist schwarze Magie?

Es ist bereits schwarze Magie, wenn man ständig auf jemanden böse ist oder wenn man immer nur negativ von einem Menschen denkt. Verfluchst du jemanden, oder wünschst du ihm: »Den soll doch der .... holen«, ist das noch schlimmere schwarze Magie, nämlich die Magie der Worte. Du schaffst damit Elementale. Diese Wesen bemühen sich, deine Gedanken Wirklichkeit werden zu lassen. Durch solche Werke bürdest du dir Karma auf, das in jedem Fall auf dich zurückfällt. Womit wir wieder beim Gesetz des Ausgleichs wären.

KAPITEL 6

Wiederholung: Das Ausgleichsgesetz

Wiederholen wir das Gesetz des Ausgleichs, da wir jetzt die Zusammenhänge besser verstehen: Alles, was wir wegschicken, muß irgendwann zu uns zurückkehren. Was wir an Empfindungen, Gedanken, Worten und Taten ausstrahlen, ist Energie, und diese Energie *muß* zwangsläufig wieder zu uns zurückfließen, sonst bilden wir kein Ganzes. Daher kommt alles, was wir je ausstrahlten, auch wenn es in einer weit zurückliegenden Vorexistenz geschah, unvermeidlich zu uns zurück. Das ist die Kernaussage des Ausgleichsgesetzes.

Wenn ich aber *jetzt*, ich will damit sagen: im gegenwärtigen Leben, auf einen Anreiz mit Emotionen reagiere, - achtet bitte genau auf meine Worte, - wenn also meine Gefühlsebene mit einbezogen ist, habe ich mein Problem *jetzt*, also in diesem Leben, noch nicht gelöst.

• *Ich habe eine Freundin, die sehr unter Depressionen leidet, damit aber auch den Menschen ihrer Umgebung erheblich zur Last fällt. Ich würde ihr gerne helfen, aber sie hält weder etwas von geistigen Dingen, noch will sie auf irgendeine andere Weise gegen ihre Krankheit vorgehen.*

Hilfe bei Depressionen

Das erschwert natürlich jede Hilfeleistung. Depressionen muß man von verschiedenen Ebenen her behandeln. Es wäre zum Beispiel auch auf die Ernährung zu achten. Deine Freundin sollte Fleischkost meiden, denn mit jedem Bissen Fleisch nimmt sie Schwingungen des getöteten Tieres auf, die ihren Zustand verschlimmern. *

* Außerdem unbedingt einen Vitamin B-Komplex verabreichen, da ein Mangel an Vitamin B Depressionen auslösen kann.

Kochsalz sollte sie ebenfalls streichen, weil Kochsalz das ›Salz des Tieres‹ ist und in die Ebene der Verhärtung, der Versteinerung führt. Durch diese Eigenschaft verstärkt Kochsalz jede Depression. Ist deine Freundin aber nicht bereit, bei einer Ernährungsumstellung oder einer anderen sinnvollen Therapie mitzumachen, bleibt dir nichts weiter übrig, als für sie zu beten und liebevoll für sie da zu sein. Nur wenn sie dich um Hilfe bittet, kannst du ihr vorsichtig und mit Feingefühl das eine oder das andere vorschlagen.

In der Seele jedes Menschen finden sich die Anlagen zu Depressionen, aber manche hegen und pflegen diese Krankheit und wollen sie gar nicht loswerden. Depressionen sind ja ein bewährtes Mittel, die Mitmenschen zu erpressen: »Schaut mich doch an, wie arm ich bin, wie schlecht es mir geht. Gebt mir Liebe!« Nimmt deine Freundin Bachblüten?

• *Nein.*

Dann kann man nicht viel machen. Beten ist das beste.

Muß alles ausgeglichen werden?

• *Muß nach dem Gesetz des Ausgleichs eine ausgesandte Energie auf jeden Fall zurückkommen, oder kann man das durch Liebe auflösen?*

Es kommt alles auf jeden Fall zurück, aber wenn du bereits die Schwingung der Liebe aufgebaut hast, wird es dich nicht mehr berühren. Dann erkennst du es zwar und sagst: »Gut, danke«, aber damit ist es erledigt.

Ich habe hier noch ein paar Beispiele zum Resonanzgesetz notiert. Eine Aggression umgibt mich mit einem Schwingungsfeld, das nach allen Seiten ausstrahlt und sich meiner Umgebung mitteilt. Das habe ich schon durch die Geschichte von dem Mann auf dem Fußballplatz erläutert. Jeder Mensch in meiner Umgebung, der auf der gleichen Schwingungsebene ist, empfängt meine Ausstrahlung und verstärkt sie. Zudem gibt es noch Wesenheiten aus den jenseitigen Sphären, die ebenfalls in diesem Schwingungsbereich agieren und die Schwingungen weiter verstärken. Das habe ich noch nicht besprochen und will auch heute nicht näher darauf eingehen, aber ich möchte doch andeuten, daß auch *das* noch eine Rolle spielen kann.

Schwingung und Gegenschwingung

Eine Schwingung läßt sich nur durch eine Gegenschwingung aufheben. Schicke ich zum Beispiel auf einer Leitung eine Sinuswelle weg, und sende die gleiche Welle gegenphasig, löschen die beiden einander vollständig aus. Nichts bleibt zurück! Daher können wir negative Schwingungen nur durch positive Schwingungen beseitigen.

›.... wenn einer dich auf deine rechte Wange schlägt, ...‹

So sind auch die Christusworte zu verstehen: »Streitet nicht mit dem Bösen, sondern wenn einer dich auf deine rechte Wange schlägt, so halte ihm auch die andere hin.« Es ist damit die andere, die göttliche Seite gemeint, die Liebesschwingung, die man dem Angreifer entgegenhalten soll, um die Aggression aufzulösen. Mit anderen Worten: Wirst du mit negativen Ereignissen konfrontiert, verfalle nicht in die gleiche Schwingung, sondern sende dem anderen den Gegenpol, die Liebe entgegen. Arbeite nicht dagegen und blockiere auch nicht, denn auch eine Blockade bedeutet Kampf und damit letztendlich eine Stärkung des Gegners. Nur die Liebe macht es möglich, das ewige Hin-und-Her der karmischen Verflechtungen zu beenden.

Nicht kämpfen, sondern lieben

Wir sollen nicht kämpfen, sondern annehmen, was auf uns zukommt, und es in Liebe auflösen. Ich weiß, das klingt nach einem Patentrezept, aber es ist tatsächlich die einzige Möglichkeit, den permanenten karmischen Schlagabtausch abzubrechen. Es gibt einen netten Spruch, der präzise ausdrückt, was ich meine: »Stell' dir vor, der Krieg wird ausgerufen, aber keiner geht hin!« Das trifft den Nagel genau auf den Kopf. Sobald ich mich auf die andere Ebene begebe, löse ich alles Negative auf. Das ist der eigentliche Sinn des Satzes: »Halte die andere Wange hin.« Mit dieser Einstellung lösche ich alle negativen Schwingungen.

Verschiedene Elementale

Befindet man sich im Bereich der Wünsche, (ich gehe hier nicht genau auf die geistigen Ebenen ein; es gibt sieben Ebenen, und die Wunschebene liegt ungefähr in der Mitte), dann schafft man Elementale, jene schon mehrmals erwähnten Geistwesen, die unsere Wünsche erfüllen wollen. Genau das geschieht ja auch beim Positiven Denken. Ein Magier bildet diese Wesenheiten bewußt und bedient sich ihrer für seine Zwecke. Man kann sie zu allem Möglichen einsetzen: Es gibt Schutzelementale, Heilelementale, Geldelementale, Haßelementale, - jede Emotion erzeugt ein solches Wesen. Wir alle haben Schöpferkräfte in uns, aber wir sollten vor jedem Wunsch bedenken, daß wir alles ausgleichen müssen, was wir in Anspruch nehmen. Ich kann das nicht oft genug betonen.

Vorsicht mit unseren Wünschen

Wir sollten daher beim Wünschen sehr überlegt vorgehen. Es kann vorkommen, daß wir heute etwas sehnlichst anstreben, das uns zur Last wird, nachdem wir es kurze Zeit in unserem Besitz hatten. Nach einem halben Jahr wünschen wir vielleicht nur noch, es möglichst rasch wieder loszuwerden. Wir haben dann unsere Energie völlig nutzlos daran verschwendet.

Nehmen wir ein ganz trivilales Beispiel aus dem materiellen Bereich: Ich wünsche mir einen Gegenstand aus Kunststoff. Innerhalb eines Jahres ändert sich jedoch meine Einstellung und ich möchte alle Kunststoffe aus meinem Wohnbereich verbannen. Nun habe ich das Ding aber zu Hause stehen. Es hat viel Geld gekostet und ich bekomme eventuell sogar noch Probleme mit seiner Entsorgung.

Das ist, wie gesagt, ein ganz triviales Beispiel, aber ähnliche Schwierigkeiten können aus allen unseren Wünschen erwachsen. Etwas Unerwünschtes wieder loszuwerden ist nicht immer so einfach wie die Entsorgung eines Gegenstandes aus Kunststoff.

In den höheren Ebenen wirken sowohl das Gesetz der Resonanz als auch alle anderen geistigen Gesetze nur noch, um Harmonie zu verbreiten. Durch gegenseitiges Aufschaukeln verstärken sich die positiven Kräfte, ergänzen einander und bringen alles in ihrer Umgebung ins Gleichgewicht. Daher bitte ich euch nochmals: Orientiert euch immer am Positiven, am Liebevollen. Seht wohl auch auf das Negative, aber beachtet es nur so weit, als es euch dazu dienen kann, daraus Erkenntnisse zu gewinnen, die euch auf eurem Weg weiterbringen. Es wäre ganz verkehrt, - ich wiederhole es, weil es so wichtig ist, - im Negativen zu verweilen und darin herumzustöbern.

Der Vorwurf

Und noch etwas Wichtiges: Solltet ihr die Absicht haben, innerhalb eurer Familie ein Problem aufzuarbeiten, dann macht das in einer liebevollen Atmosphäre. Es soll euer Bestreben sein, den Mitmenschen zu helfen, und nicht, ihnen etwas vorzuwerfen. ›Vorwerfen‹ bedeutet aus geistiger Sicht, daß ich ein Problem nicht gemeistert habe und es nun dem anderen hinschmeiße, also ›vorwerfe‹, damit *er* es für mich löst.

Alles, was ich einem anderen vorwerfe, - merkt euch das gut! - habe ich selber in mir. Daher hört mit dem Unfug auf, anderen

Menschen Schuld zuzuschieben. Hebt lieber das hervor, was der andere gut macht. Damit schafft ihr Harmonie in eurem Lebensbereich, und euch selber bringt ihr ins Gleichgewicht, wie wir uns heute mit Hilfe des Thymus-Tests mehrmals überzeugen konnten. Das alles sind geistige Qualitäten, die wir uns durch unablässiges Üben erarbeiten sollten. Sie helfen uns, auf unserem Weg zu Gott voranzukommen. In diesem Sinne möchte ich mich für heute von euch verabschieden. Ich danke euch für eure klugen Fragen, mit denen ihr viel zur Klärung der Themen beigetragen habt. Ich hoffe, daß ihr vieles von dem heute Gelernten in eurem Alltagsleben anwenden könnt. Ich lade euch herzlich ein, nächste Woche wieder mit dabei zu sein. Kommt gut heim.

(Hier geht es weiter zu den Temperamenten von Seite 230)

Ich gebe euch hier eine Kurzbeschreibung der einzelnen Temperamente, wobei selbstverständlich bis zu einem gewissen Grad, jedes der vier Temperamente in jedem von uns vertreten ist. Meist gibt es aber ein herausragendes Temperament. Dies ist dann für bestimmte Verhaltensmuster relevant.

Der Sanguiniker liebt Veränderungen, ist oft von überschäumender Begeisterung und kann auch andere begeistern. Er liebt es Geschichten zu erzählen, ist der geborene Schauspieler, ist aber andererseits ungenau und kann sehr schlampig sein. Außerdem vergisst der Sanguiniker gerne Namen, verlegt ständig irgendwelche Gegenstände und sucht daher sehr viel. **Man findet den Sanguiniker** daher im Empfang von Firmen und für Führungen, sie sorgen immer für gute Unterhaltung. In Reisebüros können sie die Kunden durch ihre eigene Begeisterung für bestimmte Reisen leichter motivieren. Man findet sie in Shows, beim Theater und jeder Art der Unterhaltungsbranche. Absolut ungeeignet und daher in diesen Berufen auch unglücklich sind **Sanguiniker** in der Buchhaltung und für monotone Tätigkeiten.

Der Choleriker ist sehr zielorientiert, sieht das Ganze, geht aber weniger gerne ins Detail und ist besonders gut in Führungspositionen. Der **Choleriker** kann sich schlecht unterordnen, da er aus seiner Sicht immer recht hat, daher widerspricht man ihm am besten vorerst einmal nicht. Im Negativen weiß er immer alles besser und diskutiert und streitet gerne. Meist erreicht der **Choleriker** aber seine Ziele (auch das seiner Firma), da er sehr lösungsorientiert agiert. Er arbeitet auch dann weiter wenn er krank ist und läßt sich keine Schwäche anmerken. Aufregen kann er sich über jede Kleinigkeit, wenn aber alles gesagt ist, vergißt er die Sache schnell wieder. **Man findet den Choleriker** daher oft in Führungspositionen, als leitende Angestellte, Lehrer, Firmenchefs usw.

Der Melancholiker ist der genaueste unter den Temperamenten. Er liebt Zahlen, Tabellen, merkt sich alles und geht sehr ins Detail, verliert sich aber oft darin (braucht dann den Choleriker, der ihn wieder auf die Generallinie zurückbringt). Wenn möglich bildet er für alles und jedes Arbeitsgruppen, um alles genau zu analysieren, bevor mit einer Tätigkeit überhaupt erst begonnen wird. Da er leicht und dann lang beleidigt ist, wirkt er häufig mißmutig, gleicht dies aber dadurch aus, daß er zu tiefen Gefühlen fähig ist. Der **Melancholiker** neigt dazu, sich hohe Ziele (oft zu hoch) zu setzen, wird aber depressiv wenn diese nicht erreicht werden. Bemüht sich sehr alle Arbeiten abzuschließen. **Man findet den Melancholiker** überall dort, wo hohe Genauigkeit erforderlich ist, in der Buchhaltung, in Berechnungsbüros aller Art. Aber auch als Literat mit wunderbaren Ausschmückungen (oft schwermütig) ist er anzutreffen. Natürlich auch als Schauspieler, wo er mit Begeisterung die schwierigsten Texte fehlerlos rezitieren kann.

Der Phlegmatiker ist der geduldigste unter den Temperamenten. Er liebt die Ruhe, ist der geborene Zuhörer (gibt im Unterschied zu anderen keine Ratschläge) und verabscheut Streit. Wenn ihm allerdings etwas nicht passt, dann kann der Phlegmatiker unglaublich stur und zynisch werden. Als Minimalist meidet er jegliche Arbeit, vor allem, wenn er sie delegieren kann und ist sehr bequem. Bekommt er allerdings einen entsprechenden Ansporn ist er ausdauernd und verläßlich. Routinearbeiten liegen ihm besonders, die er mit bewundernswerter Ausdauer zu Ende bringt. Man findet den Phlegmatiker überall dort wo große Ausdauer erforderlich ist, als Streitschlichter, in Rezeptionen, bei notwendigen Serienarbeiten usw.

Nochmals sei gesagt, daß kaum bei einem Menschen nur ein Temperament vorhanden ist, sondern alle Formen von Mischungen vorkommen. Außerdem ändert sich im Laufe eines Lebens durch Lernprozesse das Verhalten. Deshalb ist es manchmal nicht sofort auf den ersten Blick erkennbar, welches Haupttemperament ein Mensch aufweist. In Stress-Situationen bricht allerdings dieses meist durch. Übrigens gibt es ein gutes Buch darüber, das jeder unbedingt lesen sollte: "Einfach Typisch! Die vier Temperamente unter der Lupe" von Florence Littauer.

Entwicklung der universellen Liebe

Liebe vertreibt die Angst

Den heutigen Abend wollen wir ganz dem Ergründen der universellen Liebe widmen, - der Bedeutung, die ihr für die geistige und spirituelle Entwicklung des Menschen zukommt, den Erscheinungsformen, in denen sie sich uns präsentiert, und den Hilfsquellen, die uns zur Verfügung stehen, um sie in unserem Leben zur vollen Entfaltung zu bringen.

Wir werden uns diesem Thema ein wenig anders nähern, als wir es von unseren früheren Seminaren her gewohnt sind: Wir wollen uns der Leitung einiger Spruchweisheiten aus verschiedenen Zeitepochen und Kulturkreisen anvertrauen, die uns gewissermaßen als Wegweiser dienen sollen, während wir Schritt für Schritt immer tiefer in die Materie eindringen und uns auf diese Weise alle theoretischen Grundlagen aneignen, die wir benötigen, um die universelle Liebe zur treibenden Kraft unseres Lebens werden zu lassen.

Erster Teil: Facetten der Liebe

KAPITEL 1

Nur wer gegen das Gesetz der Liebe verstößt, muß leiden

Den Anfang macht ein sehr wichtiger Satz: ›*Wir leiden nur, wenn wir gegen das Gesetz der Liebe verstoßen*‹. Das heißt mit anderen Worten: Jedes Leid, das uns widerfährt, weist uns darauf hin, daß wir gegen das Gebot ›*Liebe deinen Nächsten wie dich selbst*‹ oder gegen das noch schwieriger umzusetzende ›*Liebe deine Feinde*‹ verstoßen haben.

Die anderen geistigen Gesetze, - Spiegelgesetz, Affinitätsgesetz, Analogiegesetz, Ausgleichsgesetz und wie sie alle heißen - dienen nur zur Unterstützung dieses einen Gesetzes. Würden wir Menschen in der Alliebe leben, wäre die Erde ein friedlicher Ort und alle Geschöpfe könnten frei und glücklich leben.

Unser nächster Leitsatz lautet: ›*Die Schönheit der Liebe enthüllt sich nur dem, der den anderen nicht besitzen will und bereit ist, sein Ich völlig hinzugeben.*‹ - ›*Nur so kann man überhaupt zur universellen Liebe finden*‹, möchte ich ergänzen. Diesem bedeutsamen Gedanken werden wir im Laufe des heutigen Abends in verschiedenen Zusammenhängen noch mehrmals begegnen.

KAPITEL 2

›*Wer unabhängig sein will, sollte sich den Mitmenschen völlig öffnen*‹. Diese Erkenntnis hängt sinngemäß mit der vorangegangenen zusammen und ist für uns ebenso wichtig.

Wer sich den Menschen öffnet, kann nicht verletzt werden

»Ich verschließe mich lieber vor anderen Menschen, dann kann mich niemand verletzen.« Wie oft habe ich diesen Satz schon aus Gesprächen herausgehört, die hier in den Seminaren, zu Hause am Telephon oder auch anderweitig stattfanden. Verletzlich sind wir aber nur dann, wenn wir von anderen etwas *erwarten*. Öffnen wir unser Herz nur unter der Voraussetzung, daß der andere dies auch tut, ist das kein Aufschließen, sondern nur ein Geschäft. Wir rechnen dann mit einer Gegenleistung. Hege ich dagegen *keine* Erwartungen, kann ich mich ohne Furcht öffnen, denn dann gibt es niemanden, der mich verletzen könnte.

In der Liebe bin ich nur verletzbar, solange noch die Verliebtheit in mir steckt. Dann tut es eben weh, wenn der andere nicht das macht, was ich mir vorstelle. - Es wäre sehr wichtig für unsere Weiterentwicklung, daß wir uns dem Nächsten öffneten. Leider sind nur wenige Menschen dazu bereit.

KAPITEL 3

Frage dich selbst bei jedem Gedanken, jedem Wort und jeder Tat: »Handle ich aus Liebe oder aus Machtstreben?« Das ist eine sehr wesentliche Frage, die wir uns besonders bei der Kindererziehung immer wieder stellen sollten. »Geht es mir um das Wohl meines Kindes, oder will ich bloß meine Ruhe haben?« Aber nicht nur bei der Erziehung der Kinder, sondern auch in Ehe oder Partnerschaft sollte man sich immer wieder prüfen: »Mache ich das nur, damit es mir besser geht, oder denke ich dabei auch an den Partner?«

Belastbarkeit und Überlastung

Auch ich selber habe mich manchmal dabei ertappt, daß ich meinen Kindern irgendetwas auftrug, um es bequemer zu haben, und nicht, weil es gut für sie war. Ein solches Verhalten zeugt von Lieblosigkeit. Andererseits bedeutet Kinderliebe aber nicht, daß man den Kindern nicht entgegentreten dürfte, wenn es nötig ist. Manchmal lärmen sie im Haus und behindern uns dadurch bei einer Arbeit, die unsere Konzentration verlangt. In diesem Fall ist es in Ordnung, wenn man seinen Bereich abgrenzt. Man darf nicht ständig über die Grenzen der eigenen Belastbarkeit hinausgehen. Das wäre eine Lieblosigkeit gegenüber der eigenen Person und somit ebenfalls eine Verletzung geistiger Gesetze.

Wichtig ist, daß wir unsere Grenzen nicht ständig überschreiten. Dazu müssen wir sie aber genau kennen. Wir sollten unsere Grenzen jedoch nicht für alle Zeiten festlegen, sondern uns bemühen, unsere Belastbarkeit kontinuierlich zu steigern. Mir dienen meine Schüler als Prüfsteine meiner Tragkraft. Zu Beginn meiner Berufstätigkeit als Lehrer war ich spätestens dann an meiner Grenze angelangt, wenn der zweite Schüler nicht *das* machte, was ich wollte. Im vergangenen Jahr war es der 327. Schüler. Ich hoffe, daß es heuer der 648. sein wird, denn so viele Schüler habe ich nicht. Ich will damit andeuten, daß ich mich bemühen werde, gar nicht mehr in Resonanz zu gehen.

Hinter jeder Resonanz verbirgt sich unsere Lieblosigkeit. Meine Reaktion zeigt mir, daß ich den anderen Menschen zwingen will, etwas für mich zu tun, - oder etwas *so* zu machen, wie *ich* es für richtig halte; - bei Licht betrachtet also ein der Nächstenliebe entgegengesetzter Beweggrund.

Hilfe anstelle von Zwang

In der Schule habe ich in der Zwischenzeit eine viel bessere Lösung gefunden: Ich biete den Schülern meine Hilfe an. Dabei erkläre ich ihnen zuerst genau, wie ich mir eine korrekte Arbeit vorstelle. Anschließend lasse ich sie ihre Arbeiten ausführen und sehe mir die Ergebnisse zunächst unverbindlich und ohne Beurteilung an. Als letztes schlage ich ihnen dann vor, was da oder dort noch zu verbessern wäre - wenn der Betreffende es will. Erst dann übernehme ich ihre Arbeiten offiziell. Das funktioniert sehr gut. Was ich früher durch Zwang hatte erreichen wollen (und was mir deshalb nie geglückt war), geben mir jetzt 97 bis 98 Prozent meiner Schüler freiwillig.

Ich denke, jeder kann einsehen, daß diese Methode wesentlich sinnvoller ist, als der Druck, den ich vorher ausübte. Die Leistung entspringt jetzt dem freien Willen der jungen Menschen. Früher habe ich gedroht: »Wenn du das nicht machst, gibt es ein Nicht genügend!« Das ist nicht nur Lieblosigkeit, sondern ausgesprochene Härte. Und das Schlimmste ist: es führt nie zum Ziel.

KAPITEL 4

Wir können ungemein viel von unseren Mitmenschen lernen, wenn wir deren Handlungen immer wieder auf ihre Beweggründe hin untersuchen. Sie lassen nämlich sehr viele Rückschlüsse auf unsere eigenen Triebfedern zu. Wir werden dann plötzlich erkennen, wieviel wir unserer Umwelt abverlangen, ohne daß wir auf andere Menschen Rücksicht nehmen, und das alles nur mit einem einzigen Hintergedanken: damit wir unseren persönlichen Vorteil daraus ziehen können.

Der Mitmensch als Spiegel

Verantwortung abschieben

Ein typisches Beispiel für solch ein rücksichtsloses Verhalten ist das Abschieben unserer eigenen Verantwortung auf die Mitmenschen. Verantwortung abzugeben heißt, einem anderen Menschen etwas aufzubürden, vor dem man sich selber drücken will. Andererseits bemühen sich Regierung und Behörden, den Staatsbürgern durch gesetzliche Maßnahmen jede Verantwortung abzunehmen, denn dadurch wird die Bevölkerung leichter lenk- und gängelbar. Hier zeigt sich also die negative Kehrseite, die dann eintritt, wenn wir uns selber aus Bequemlichkeit unserer Verantwortung entledigen.

Verantwortung und Ernährung

Als markantes Beispiel dafür können wir die Ernährung heranziehen. Wir verlangen von unserer Regierung, Gesetze zu erlassen, die Gifte in unserer Nahrung reduzieren oder verhindern sollen. Würden die Österreicher jedoch in Eigenverantwortung handeln und diese Nahrungsmittel nicht kaufen, kämen sie ohnehin nicht mehr auf den Markt. Kein Händler kann in unserem Lande etwas verkaufen, das von den Konsumenten abgelehnt wird, denn: wo keine Nachfrage ist, gibt es auch kein Geschäft.

KAPITEL 5

Wo Liebe ist, da ist kein Widerspruch. Wo Widerspruch ist, da ist keine Liebe. An sich ist dieser Gedankengang völlig klar: Lehnen wir den Wunsch eines Mitmenschen ab, weil wir gerade keine Lust haben, auf ihn einzugehen, liegt in unserem Widerspruch

Darf man eine Bitte ablehnen?

Lieblosigkeit. Das muß aber nicht immer der Fall sein. Gerade bei der Kindererziehung ist es oft umgekehrt, da kann Widerspruch auch Liebe bedeuten, - allerdings nur dann, wenn die Ablehnung nicht bloß aus Bequemlichkeit erfolgt. Ich erkläre dem Kind mit meinem Einwand: »Hier sind die Grenzen, die du beim Zusammenleben in einer Gemeinschaft nicht überschreiten darfst.« Und diese Grenzen muß ich dann auch konsequent verteidigen, denn sie sollen dem jungen Menschen ja Anhaltspunkt und Hilfe für das ganze Leben sein.

Man muß diesen Leitsatz also ein wenig differenziert betrachten. Er bezieht sich eher auf den Umgang mit Erwachsenen.

• *Das erinnert mich an einen weisen Satz, den ich einmal gehört habe: Man muß rechtzeitig lernen,* nein *zu sagen, sonst kann man eines Tages nicht mehr* ja *sagen.*

Ja sagen oder nein sagen?

Dem kann ich nur bedingt zustimmen. Diese Worte haben nur Gültigkeit, solange wir noch unvollkommen sind. Sie treffen nur dann zu, wenn du nicht *rechtzeitig* nein sagst, wenn du mit der Erfüllung des Anliegens über deine Grenze hinausgehst. Wirst du damit nicht überfordert, hast du eher die Verpflichtung, ja zu sagen. Der Satz träfe also nur zu, wenn du dabei deine Grenze überschreiten würdest.

• *Erst dann wäre ein Nein angebracht?*

So ist es. Aber nur deshalb, weil man damit ein anderes Gesetz verletzen würde: Man könnte aus Unwillen in eine negative Stimmung, vielleicht sogar in eine Depression fallen. Das wäre schlimmer als das Nein-Sagen, denn damit käme es zu einer geistigen Vergiftung der Umwelt.

Wir dürfen Toleranzgrenzen setzen, solange wir sie brauchen

Solange der Mensch Grenzen braucht, ist es sinnvoll, diese zu wahren. Es ist nicht empfehlenswert, über seine Kapazität hinauszugehen. Das möchte ich nochmals betonen. Richtig ist es aber auch, seine Grenze fallweise zu überschreiten, um in neue Bereiche vorzudringen. Wir sollen sogar immer ein wenig über sie hinausgehen, damit wir merken, wo genau unsere Grenze im Augenblick verläuft, denn nur bei solchen Gratwanderungen können wir den letzten Stand unserer Aufnahmefähigkeit kennenlernen. Diese Herausforderungen sind auch dazu angetan, unsere Nächstenliebe zu stärken. Nur dürfen wir dabei nicht leiden.

• *Ja, aber indem ich Grenzen setze, fordere ich geradezu heraus, daß jemand sie übertritt.*

Grenzen festzusetzen soll ja auch nicht bedeuten, sich für alle Zeiten abzuschirmen.

• *Wieso? Ich akzeptiere etwas bis zu einem bestimmten Punkt, aber nicht weiter!*

Toleranzgrenzen sollen keine Dauereinrichtungen sein. Sie dienen zu unserem Schutz, solange wir die Alliebe in uns noch nicht voll entwickelt haben. Nur für diese Zeit sind sie angebracht. Wir schaffen es einstweilen eben noch nicht ohne sie.

Ich selber setze eigentlich kaum Grenzen. Na ja, wenn ich es recht überlege, stimmt das nicht ganz, es gibt auch bei mir welche; - in der Schule zum Beispiel. In meinen Unterrichtsstunden habe ich eine gewisse Ordnung eingeführt, auf deren Einhaltung ich bestehe, um die Zusammenarbeit mit den Schülern zu regeln. Wenn ich den jungen Leuten etwas erkläre, oder wenn ich überhaupt zu ihnen spreche, hat sich niemand zu unterhalten, denn es strengt meine Stimme an, wenn ich die anderen übertönen muß. Außerdem zerstört das Dazwischenreden auch die harmonische Schwingung im Klassenzimmer. Tratschen während des Unterrichts kostet zuviel Energie. Deshalb kann ich es nicht zulassen.

Das ist eine meiner Grenzen. Sie wird von den Schülern auch akzeptiert.

• *Gerade wenn wir unsere Grenze befestigen kommt aber oft irgendetwas von außen und rüttelt heftig an den Grenzpfählen.*

Natürlich.

• *Das ist dann eine Prüfung?*

Zähigkeit und Konsequenz

Ja. Bei dieser Prüfung kann es um zwei verschiedene Fragen gehen: Die eine betrifft die Grenze, die du errichtet hast, damit deine Belastbarkeit nicht überstrapaziert wird. Hier wird also deine Zähigkeit getestet. Im anderen Fall geht es um die Konsequenz, mit der du deine Grenze verteidigst. Das sind zwei ganz verschiedene Gründe. Solche Stichproben werden meist von jenen Wesen veranlaßt, denen es gestattet wurde, sich an uns zu messen. Wir haben ja bereits mehrmals von ihnen gehört. Sobald sie von unserer Grenze vernommen haben, sind sie sofort da, um uns zu prüfen.

• *Eine Grenze zu setzen ist einfach. Konsequent zu bleiben ist schwer.*

Da hast du recht. Trotzdem: Sowie du merkst, die Grenze bereitet dir keine Schwierigkeiten mehr, solltest du sofort darangehen, sie zu erweitern. Dabei wirst du eben getestet. Das ganze ist eine Art Kräftespiel. Es geht um die Frage, ob du schaffst, was du dir vorgenommen hast. Letztlich wird dabei überprüft, wie weit die universelle Liebe in deinem Leben Platz gegriffen hat.

Nach dem Grund unserer Resonanz forschen

Es kommt immer darauf an, daß wir uns dieser Probleme bewußt sind, - daß wir überhaupt bewußt leben. Merkst du, daß dich etwas ärgert, solltest du sofort nach der Ursache deiner Resonanz forschen, - sofort, und nicht erst morgen oder übermorgen, wenn es zu spät ist.

Am besten überlegst du: »Warum ärgere ich mich in dieser Situation? Was will sie mir zeigen? Wo habe ich meine Grenze überschritten?« - Wir sollten ja, wie wir nun wissen, unsere Belastbarkeit ständig erweitern. Dies ist ein Teil der Arbeit an der eigenen Person. Auf unserem geistigen Weg ist es erforderlich, daß wir uns Tag für Tag bemühen, den Mitmenschen mehr Toleranz entgegenzubringen, immer weniger in Resonanz zu gehen, immer mehr anzunehmen.

• *Dazu kommen mir einige Bedenken. Man soll doch nicht* ja *sagen, wenn man* nein *meint? Es kommt oft vor, daß man nach einem Ereignis denkt: »Hier hätte ich besser nein sagen sollen. Warum habe ich bloß ja gesagt?« Unsere Grenze wurde dabei tatsächlich verletzt und wir stecken jetzt in einem Teufelskreis. Deshalb bin ich der Meinung, es wäre besser, sich vorher zu überlegen, ob man etwas tun will oder nicht. Und wenn man sich für das Nein entschieden hat, sollte man auch dabei bleiben; - selbst dann, wenn man damit den Partner oder einen anderen Menschen verletzt.*

Liebevoll nein sagen

Wenn man schon ablehnt, sollte die Weigerung wenigstens liebevoll formulieret werden. Viele Menschen haben das verlernt, scheint mir. Sie sagen *nein* und stoßen damit den anderen vor den

Kopf. - Nein! - Ende! - Das kann man auch anders sagen, zum Beispiel: »Wenn ich es mir recht überlege, freut mich das im Moment überhaupt nicht.« Das hört sich ganz anders an, als: »Nein. Mach' dir das selber.« Für die Person, zu der wir sprechen, liegt darin ein großer Unterschied. Man kann die Grenze sehr wohl auch liebevoll setzen.

KAPITEL 6

Und nun zu einem der wichtigsten Sätze: *Willst du geliebt werden, dann beginne selber zu lieben.* Wer nicht imstande ist, zu lieben, wird bald die Zuneigung seiner Mitmenschen verlieren und als Folge davon vereinsamen. Wir wollen daher nicht nur Liebe fordern, sondern sie auch geben.

Wann ist man ein gern gesehener Gast?

Wir haben vor kurzem über Besuche gesprochen und dabei etwas erwähnt, das man nie vergessen sollte, wenn man irgendwo eingeladen ist. Erinnert ihr euch noch daran? Wir haben gesagt, man sollte immer etwas mitbringen. Es muß nicht unbedingt ein materielles Geschenk sein. Liebe Worte, Freundlichkeit oder ein Lächeln sind für unsere Gastgeber ebenso wertvoll. Oder auch die Aufmerksamkeit, die wir ihnen schenken, - zum Beispiel unser Hinhören auf das, was sie uns mitteilen wollen. Ist man in alledem noch ein wenig unsicher, erscheint man am besten mit einem Mitbringsel.

Macht man einen Besuch allerdings nur, weil man weiß, daß es dort etwas umsonst gibt, wird man wahrscheinlich sehr bald nicht mehr gern gesehen sein, - und späterhin auch nicht mehr eingeladen werden.

KAPITEL 7

Zweifelst du an der Liebe des anderen, dann ist deine *Liebe zweifelhaft.* Welches Gesetz verbirgt sich hinter diesen Worten?

- *Das Spiegelgesetz.*

Eifersucht

Ganz recht, das Spiegelgesetz. Dieser Leitspruch weist auch auf die Wurzeln der Eifersucht hin. Der Eifersüchtige ist selber nicht vertrauenswürdig, daher mißtraut er dem Partner. Er ist sich über seine eigenen Gefühle nicht im klaren. Er ist sich seiner Reaktion unsicher, wenn ein Dritter um ihn werben würde. Deswegen beobachtet er so argwöhnisch die kleinste Regung des Partners. Eifersucht ist ein schlimmes Übel, das sich zerstörerisch auf jedes Zusammenleben auswirkt.

Wer in sich den Drang zur Eifersucht verspürt, sollte mit allen Kräften daran arbeiten, sie zu überwinden. Dabei muß es nicht unbedingt ein menschliches Wesen sein, das dieses Gefühl auslöst. Manche Menschen sind sogar auf Dinge eifersüchtig.

Mißtrauen

Der Sinnspruch dieses Kapitels betrifft aber nicht nur die Eifersüchtigen, sondern auch die ewigen Nörgler, jene Leute also, die allen Menschen gegenüber mißtrauisch sind, mit denen sie zu tun haben, - die hinter jedem herschnüffeln, weil sie immer befürchten, der andere wolle sie übervorteilen. Alle diese Reaktionen sind Spiegel der Seele, in allen offenbart sich das Spiegelgesetz. Wer ständig andere Menschen hintergeht, muß befürchten, daß er selber übervorteilt wird.

KAPITEL 8

Die Liebe ist wie eine junge Pflanze; anfangs klein und zart bedarf sie unserer unablässigen Pflege. Nur dann kann sie wachsen gedeihen. Wir sollten immer, in jeder Minute des Lebens, das Feuer der Liebe in uns schüren. Und jedesmal, wenn wir fühlen, daß die Flamme der Alliebe in uns niederbrennt, sollten wir sie in unser Gefühl zurückholen. Ich sage ganz bewußt: in unser *Gefühl* zurückholen und nicht in das Gedächtnis, denn die Liebe sitzt nicht im Kopf. Ihr Zentrum ist in unserem Herzen. Und ihr wißt ja schon: Die Strecke vom Kopf zum Herzen ist der längste Weg für uns Menschen.

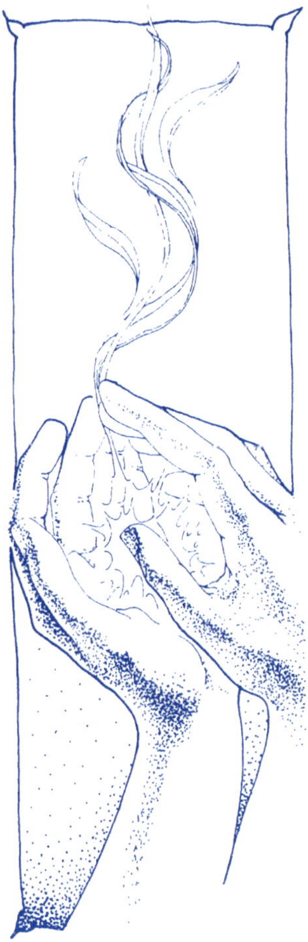

Wir sollten endlich beginnen, mit unseren Herzen zu denken. Wenn uns das gelingt, können wir weder ausgenützt, noch verletzt, noch übervorteilt werden. Dann kann uns keiner mehr wehtun. Wer wahrhaft liebt, will nichts zurückhaben, er denkt an keine Gegenleistung. Die Alliebe ist eine Tugend, die wir nur durch unablässiges Arbeiten und Üben erwerben können.

Um die Empfindung der Liebe im Menschen aufzubauen, gibt es viele Möglichkeiten, aber kein Patentrezept. Es liegt wohl bei jedem ein wenig anders: Der eine holt sich dieses Gefühl in der Natur, der andere bei seinem Haustier, der dritte bei seinem Partner, der vierte bei seinen Kindern, der fünfte findet es, wenn er ein schönes Buch liest, der sechste, wenn er Musik hört. Die Empfindung, die dabei in ihm erwacht, ist das vorhin angesprochene zarte Pflänzchen, das wir liebevoll betreuen und zum starken Baum heranziehen sollten. Das ist unabdingbar für unseren geistigen und spirituellen Aufstieg.

KAPITEL 9

Wie ihr ja schon wißt, gibt es zwei Möglichkeiten, um Karma abzuarbeiten. Der eine Weg führt über Leid und Schmerz. Durch ihn kann man zwar Karma auflösen, aber es tut weh. Der zweite Weg führt über die Liebe. Mit ihr löst sich das Karma in Nichts auf, ohne daß wir dulden müssen. Die universelle Liebe ist das oberste Gesetz, auf das uns Jesus Christus unter anderem in dem Gleichnis vom barmherzigen Samariter hingewiesen hat.

Das Gleichnis vom barmherzigen Samariter

»Ein Gesetzeslehrer trat an Christus heran, um Ihn auf die Probe zu stellen, und sagte: ›Meister, was muß ich tun, um ewiges Leben zu erlangen?‹ Jesus sprach zu ihm: ›Was steht geschrieben im Gesetz? Was liest du dort?‹ Jener antwortete: ›Du sollst den Herrn, deinen Gott, lieben mit deinem ganzen Herzen, mit deiner ganzen Seele, mit deiner ganzen Kraft und mit deinem ganzen Sinn‹ und: ›Deinen Nächsten wie dich selbst.‹ Er sprach zu ihm: ›Du hast richtig geantwortet; tu das, so wirst du leben!‹

Der Gesetzeslehrer aber wollte seine Frage rechtfertigen und sagte zu Jesus: ›Und wer ist mein Nächster?‹ Da nahm Jesus das Wort und sprach: ›Es ging ein Mann von Jerusalem hinab nach Jericho und fiel unter die Räuber. Diese plünderten ihn aus, schlugen ihn wund, ließen ihn halbtot liegen und gingen davon. Da fügte es sich, daß ein Priester auf jenem Wege hinabging; er sah den Verletzten und ging vorüber. Ebenso ging auch ein Levit, der an die Stelle kam und ihn sah, vorüber.

Ein Samariter aber, der des Weges zog, kam hinzu, sah ihn und erbarmte sich seiner. Er ging hin, verband seine Wunden und goß Öl und Wein darauf. Dann hob er ihn auf sein Reittier, brachte ihn zu einer Herberge und trug Sorge für ihn. Am anderen Tag zog er zwei Denare heraus, gab sie dem Wirt und sagte: ›Trag' Sorge für ihn, und was du darüber noch aufwendest, werde ich dir auf dem Rückweg bezahlen.‹ Wer von diesen dreien, meinst du, hat sich als Nächster erwiesen an dem, der unter die Räuber fiel?‹ Der antwortete: ›Der Barmherzigkeit übte an ihm.‹ Da sagte Jesus zu ihm: ›Geh' hin und tue desgleichen!‹ « (Lk 10, 25 - 37)

Erläuterung des Gleichnisses

Der Pharisäer hatte Christus mit seiner Frage nach dem obersten Gesetz eine Falle gestellt. Jesus hatte die Absicht durchschaut und den Angriff des Schriftgelehrten abgewehrt, indem Er diesen zur Beantwortung der Frage auf die jüdischen Gesetzbücher verwies.

Bei der zweiten Frage, der Frage, wer denn der Nächste sei, hatte Christus den Gesetzeslehrer jedoch deutlicher in die Schranken verwiesen. Ein jüdischer Priester war an dem Verletzten vorübergegangen, ohne zu helfen, und ebenso ein Levit. (Die Leviten hatten zu Jesu Zeiten traditionell die Tempeldienste inne.) Beide

Männer gehörten also der religiösen Führungsschicht Palästinas an, hatten aber das Gesetz der Juden nicht beachtet und die Hilfeleistung unterlassen.

Der Samariter jedoch hatte Nächstenliebe in seinem Herzen getragen und nach dem obersten Gebot der Bibel gehandelt. Die Samariter waren einer der zwölf Stämme des antiken Palästina, wurden aber von den übrigen Juden gehaßt und verachtet, weil sie einer etwas abgewandelten Form des traditionellen jüdischen Glaubens anhingen. Sie galten als Ausgestoßene. Jesus hatte mit diesem Gleichnis den Schriftgelehrten einen scharfen Verweis erteilt.

Das oberste Gesertz

Die universelle Liebe ist also das höchste der Gesetze. Diese Liebe erwacht aber nicht von selber in uns. Wir erlangen sie nur, wenn wir ständig an uns arbeiten. *›Liebe Gott über alles und deinen Nächsten wie dich selbst.‹* Das Gebot der Alliebe finden wir auch unter den Weisungen der Bergpredigt. Dort ist überhaupt alles Wesentliche festgehalten, das wir wissen müssen, um ein gesetzmäßiges Leben zu führen.

KAPITEL 10

Betrachte die Umwelt als einen Spiegel und du erblickst darin deine eigene Lieblosigkeit. Oder, anders ausgedrückt: Werden wir von anderen Menschen verletzt, wird uns unsere eigene Lieblosigkeit gezeigt. Trampeln die Kinder auf unseren Gefühlen herum, - tun sie nicht, was wir von ihnen erwarten, - und wir empfinden dabei Schmerz oder Ärger, dann werden wir auf unsere eigene Lieblosigkeit aufmerksam gemacht und nicht auf die der Kinder.

Lieblosigkeit und das Spiegelgesetz

Verletzt uns unser Partner, wird uns dadurch angedeutet, daß wir selber verletzen. Jedesmal, wenn wir in Resonanz gehen, blicken wir in einen Spiegel.

Wenn uns Lieblosigkeit berührt, sollten wir uns bedanken. Das wäre ein wichtiger Schritt in Richtung Alliebe. Werden wir von jemandem lieblos behandelt, sollten wir uns darüber nicht beklagen und zum anderen sagen: »Du bist gefühllos«, sondern wir sollten die wahren Hintergründe erkennen und uns bei ihm bedanken: »Danke, daß du mir *meine* Lieblosigkeit zeigst.« Das ist eine sehr schwierige Stufe in unserer Entwicklung, die zu ersteigen den meisten Strebenden Probleme bereiten wird. Es ist aber auch eine der Prüfungen, an denen unsere Liebe wachsen kann.

KAPITEL 11

Wir sollten überhaupt viel häufiger danke sagen. Wir können Gott gar nicht oft genug dafür danken, daß es uns so gut geht, denn das ist gar nicht so selbstverständlich. Wir brauchen nicht weit über die Grenzen unseres Landes zu blicken, um zu erkennen, wie schrecklich es an anderen Orten zugeht. Im Vergleich dazu führen wir wirklich ein Wohlleben. Das hat natürlich karmische Gründe, aber dieser Umstand gibt uns kein Recht, überheblich zu werden. Wir sollten Gott dafür täglich danken.

An jedem Morgen Gott danken

»Danke für den guten Schlaf«, sind meist meine ersten Worte, wenn ich morgens erwache. Ich danke Gott aber auch dann, wenn ich *nicht* gut geschlafen habe, weil ich weiß, daß mir damit etwas gezeigt werden soll. Habe ich in einer Nacht keine ausreichende Ruhe gefunden, ist sicher irgendetwas nicht in Ordnung.

Im vergangenen Jahr bin ich zum Beispiel einmal morgens um vier Uhr von freundlichen, aber hartnäckigen Naturgeistern geweckt worden. Das war mir nicht gerade angenehm, denn ich bin von Natur aus kein Morgenmensch. Außerdem gehe ich immer sehr spät zu Bett. Damals war ich eben unachtsam gewesen und hatte einige negative Veränderungen nicht beachtet, die sich in meinem Umfeld ereignet hatten. Mir war die Zerstörung des Wienerwaldes durch die Bundesforste zwar aufgefallen, aber ich hatte nicht darauf reagiert. Aus diesem Grunde kamen frühmorgens die Waldgeister an mein Bett, um mich zu wecken. Sie wollten mir damit zu verstehen geben: »Hallo, hier gibt es Arbeit für dich!«

Für die Hinweise dankbar sein

Auch dafür sollte man danke sagen. Nicht so sehr für die Arbeit an sich, sondern dafür, daß man an seine Aufgabe erinnert worden ist. Man hat etwas versäumt und darf es nun aufarbeiten. Das ist doch schön, oder? - Wer seine Arbeit nicht am Vortag erledigt hat, muß sie eben um vier Uhr früh nachholen. Ich setzte mich also hin und schrieb Briefe an die Bundesforste und an andere zuständige Stellen, in denen ich sie auf die Mißstände aufmerksam machte.

Ein andermal wird man von jemandem angerufen, der unsere Hilfe braucht. Aus irgendeinem Grund verschiebt man aber die Hilfeleistung auf morgen. Auch da kann es passieren, daß man mitten in der Nacht aufstehen muß, weil man vorher verabsäumt hat, seine Pflicht wahrzunehmen. Dafür sollte man sich ebenfalls bedanken. Wir wurden dadurch an unseren Aufrag erinnert. Das Aufwecken ist als eine freundliche Unterstützung unseres Gedächtnisses zu verstehen.

KAPITEL 12

Was können wir von Kindern lernen?

»Ihr sollt werden wie die Kinder ....«, sprach Jesus Christus. Von den kleinen Kindern können wir lernen, was wahre Liebe ist. Diese vollkommene Hingabe, dieses restlose Geöffnet-Sein für den anderen kann man, - zumindest unter uns Menschen, - nur an kleinen Kindern erleben. Sie sind noch voll uneingeschränkten Vertrauens.

Was können wir von Haustieren lernen?

Ebenso ist es bei unseren Haustieren. Sie zeigen uns ihre Liebe und ihr rückhaltloses Vertrauen auf ähnliche Weise wie die kleinen Kinder. So ein Tier widmet uns seine ganze Existenz. Mir wurde das von meinen Hund gezeigt. Er ist vor zwei Jahren gestorben. Ein Hund schenkt uns sein volles Vertrauen. Man erkennt das daran, daß er sich vor uns auf den Rücken legt und uns dabei Kehle und Bauch, seine verletzlichsten Körperteile, preisgibt. In dieser Haltung ist er wehrlos, aber er vertraut uns völlig. Der Hund fühlt die Zuneigung, die wir ihm entgegenbringen, und er zeigt uns in dieser Haltung seine uneingeschränkte Liebe und sein absolutes Vertrauen.

Das ist es, was wir von unseren Haustieren lernen können: Hingabe und absolutes Vertrauen. Viele Menschen zeigen ein gegenteiliges Verhalten: Sie harren ständig in einer Verteidigungsposition: »Was kann mir nicht alles zustoßen!« Sie sind immer im Verstand anstatt im Herzen. Sie überlegen dauernd: »Wer kann mir etwas antun?« oder »Wer kann mich übervorteilen?«

Alle diese unsinnigen Verhaltensweisen können wir ablegen, indem wir leben, wie es uns unsere Haustiere lehren. Es gibt gar keinen Grund für eine ständige Abwehrbereitschaft. Wir dürfen Gott vertrauen. Wir dürfen uns Ihm völlig übergeben. Wir sollten endlich unsere Herzen öffnen und unser Denken von allem Mißtrauen und von jedem Egoismus reinigen. Dann werden wir erkennen, daß uns gar nichts Negatives geschehen kann, daß uns niemand und nichts mehr bedroht. Wir glauben immer, wir müßten mit unserem Verstand alles bis ins kleinste Detail zergliedern und vorausplanen. Das ist völlig nutzlos.

Zweiter Teil: Liebe und Partnerschaft

KAPITEL 1

Besitzdenken ist Lieblosigkeit. Über diesen Punkt haben wir schon öfter gesprochen.

Menschen als Besitz

In einer Zeitschrift bin ich vor kurzem auf eine Karikatur gestoßen, die mir sehr gut gefallen hat. Sie ist auf der gegenüberliegenden Seite abgebildet. Der dazugehörige Text lautet: *»Merk' dir eines: Dies ist eine Heiratsurkunde und kein Besitzzertifikat.«*

Dieses Bild sollte man jeder Heiratsurkunde beilegen und ein ähnliches jeder Geburtsurkunde. Auch Geburtsurkunden sind keine Besitzzertifikate für die Eltern.

Tiere als Besitz

Das gleiche gilt aber auch für unsere Haustiere. Auch sie sind nicht unser Besitz. Sie sind Wesen, die uns anvertraut wurden, damit wir sie zum Göttlichen zurückführen. (Über den Aufstieg dieser Seelen siehe Seite 84.) Jedes Haustier hat eine Besonderheit, welche die Tiere in freier Wildbahn nicht besitzen: Die Seele des Haustieres wird aus der Gruppenseele seiner Gattung herausgelöst und individualisiert. Durch seine Aufnahme in unseren Lebensbereich ermöglichen wir dem Tier eine raschere Höherentwicklung. Es sollte uns endlich bewußt werden, daß kein Tier unser Eigentum ist.

Merk' dir eines: Dies ist eine Heiratsurkunde und kein Besitzzertifikat.

Abbildung 16

Euch ist sicherlich bekannt, daß bis vor kurzem in Österreich ein Gesetz galt, in dem ein Tier juristisch einer Sache gleichgestellt wurde. Das Gesetz wurde erst vor kurzem geändert.

Tiere als Sache

Der Widersinn dieses Gesetzes wurde besonders augenfällig, wenn man es im Straßenverkehr anwandte. Folgende Verkehrssituation hätte eintreten können: Zwei PKW's fuhren hintereinander. Bremste nun ein Fahrer seinen Wagen, um ein Tier nicht zu überfahren, und der Lenker eines folgenden Fahrzeuges fuhr infolge des Bremsvorganges von hinten auf den ersten Wagen auf, dann galt jener Fahrer als schuldig, der wegen des Tieres gebremst hatte. Nach diesem Gesetz hätte er das Tier überfahren müssen.

Wer darüber nachdenkt, kann eigentlich nur zu einem Schluß kommen: Das ist zum Gesetz erklärter Wahnsinn. So weit ist unsere Vorstellung vom Wert des Lebens bereits degeneriert. Gott sei Dank hat man dieses Gesetz nun geändert.

Das alles spiegelt sehr deutlich die Einstellung wider, die der Mensch anderen Lebewesen gegenüber hat. Und genau diese Gesinnung ist es, die direkt zur Massentierhaltung und zu den Tierversuchen hinführt, wo wir mit solcher Gedankenlosigkeit, Lieblosigkeit und Härte mit dem Leben unserer übernächsten Brüder umgehen, als wären sie tatsächlich nur leblose Gebilde. Mag das einzelne Tier den Schmerz vielleicht nicht so intensiv spüren wie ein Mensch, - die Gruppenseele fühlt jede Qual genau wie wir.

Die Erde ist beseelt

Auch das, was wir der Erde antun, - die Vergiftungen zum Beispiel, die wir ihr tagtäglich zufügen, - der Seelenkörper unseres Planeten, der Erdgeist, fühlt alles. Die materielle Erde, der Stein, spürt nichts, denn Minerale haben noch keine Empfindungsseele, aber die Erd*seele* fühlt jede Verletzung. Es ist daher nicht gleichgültig, wenn wir auf ihrer Oberfläche Kernwaffen zur Explosion bringen.

KAPITEL 2

Wir wollen jetzt das Thema wechseln und kurz untersuchen, was wir den Ausdrücken und Wendungen unserer Sprache in bezug auf Nächstenliebe beziehungsweise Besitzdenken entnehmen können. Ist euch schon aufgefallen, daß wir, - zum Beispiel beim Vorstellen, - sagen: »Das ist *mein* Mann«, oder: »Das ist *meine* Frau«, oder: »Das sind *meine* Kinder«? Das Wort *»mein«* bezeugt klar und unmißverständlich, daß wir unsere Kinder oder unseren Partner als unser Eigentum betrachten.

Das Wort ›mein‹

Vielleicht denkt ihr das nächstemal daran, wenn ihr von eurem Partner sprecht. Ihr könnt ihn ja auch mit seinem Namen vorstellen: »Das ist Hans«, oder: »Das ist Elisabeth.«

• *Wie soll dann mein Gegenüber wissen, daß ich mit der Person, die ich ihm vorstelle, verheiratet bin?*

Ist das so wichtig?

• *Es könnte schon wichtig sein.*

Es geht um das Wort *›mein‹*. Dieses Wort hat sich in unserer Sprache und damit auch in unserem Denken in einer Weise eingebürgert, daß wir es gedankenlos benutzen und als selbstverständlich ansehen, einen anderen Menschen als unser Eigentum zu bezeichnen; denn *das*, und nichts anderes, tun wir, wenn wir ihm das *besitzanzeigende* Fürwort *›mein‹* beigeben. In den Vorstellungsfloskeln unserer Gesellschaft hat sich das sehr deutlich niedergeschlagen. Natürlich kommt es darauf an, was wir dabei empfinden, wenn wir dieses Wort aussprechen, aber, - macht es einmal anders: Stellt euren Ehepartner einmal unter seinem Vornamen vor, ohne das Wort *›mein‹* zu gebrauchen. Ihr werdet sehen, wie schwer euch das fällt.

• *Es kommt darauf an, wie man dieses Wort meint.*

Natürlich. Meine ich es besitzergreifend und behandle den Partner dementsprechend, dann ist es negativ.

• *Ich denke, der Gebrauch des Wortes* ›mein‹ *ist nicht so wichtig, denn jeder Mensch weiß, daß man nie etwas wirklich besitzt.*

Du irrst, wenn du annimmst, daß das jeder wüßte. Meiner Meinung nach wissen das nur sehr wenige Menschen. Da du es weißt, gehörst du zu den wenigen Vernünftigen. Ich gratuliere dir dazu.

Gerade in der Partnerschaft läßt sich unschwer herausfinden, ob man loslassen kann, - ob man den anderen als sein Eigentum betrachtet oder nicht. Erwischt ihr euren Freund dabei, wie er mit einer anderen Frau flirtet, spürt ihr sofort, ob in euch noch das alte Besitzdenken steckt. Das gleiche gilt natürlich auch, wenn die Freundin mit einem anderen Mann flirtet.

In den letzten paar Jahrzehnten hat in diesen Bereichen allerdings ein Umdenken eingesetzt. Die Frauenrechtsbewegungen bekunden das deutlich. Die Gründe für die Frauenemanzipation sind ganz offensichtlich: Die Frau wurde in der Männergesellschaft jahrhundertelang wie eine Leibeigene gehalten.

Manipulation in der Partnerschaft

Das hat sich heute geändert. Heute unterdrücken sich Mann und Frau gegenseitig. Fast alle Paare beteiligen sich in unseren Tagen an dem unterhaltsamen Spiel ›*Wie bringe ich den Partner dazu, etwas zu tun, was er zwar nicht will, was aber ich von ihm will?*‹ Dieses Spiel wird von beiden Geschlechtern mit Ausdauer und Enthusiasmus betrieben. Gewinner ist *der* Beteiligte, dem es gelungen ist, den Partner zu manipulieren.

Wir versuchen ständig, unsere Mitmenschen zu manipulieren. Meist fällt uns das gar nicht mehr auf. Beobachtet euch nur einmal selber. Ihr werdet bald dahinterkommen, wie oft ihr dem Partner euren Willen aufzwingt. Das geschieht manchmal auf eine feine, manchmal aber auch auf eine weniger feine Art, die auch vor Erpressung nicht zurückscheut.

Kein Lebewesen ist Eigentum eines anderen

Weder ein Mensch noch irgendein anderes Lebewesen kann jemals unser Eigentum sein. Wir sollten endlich anerkennen, daß jeder andere Mensch ein gleichberechtigtes Wesen ist, das ebenso wie wir einen Freiraum für seine Entwicklung benötigt. Was immer er braucht, - wir sollten es ihm zugestehen und ihn keinesfalls in seiner Entfaltung behindern. Das ist nicht leicht, denn bei solchen Gelegenheiten meldet sich meistens unser Ego und fragt: »Bin ich etwa weniger wert als er?« Sicherlich kennt ihr diese psychologischen Spielchen.

Anhaftung und Loslassen

So dürfen wir nicht denken! Es sollte unser Bestreben sein, dem anderen auf seinem Weg zur Vollkommenheit beizustehen. Dazu müssen wir ihn vor allem loslassen. Jeder Versuch, den anderen Menschen zu besitzen, aber auch jede Anhaftung an ihn führt zwangsweise zu Leid. Das haben wir schon gehört. Hierher paßt wieder einmal mein Standardsatz: ›*Wer nicht lernt, leidet.*‹

Loslassen oder Gleichgültigkeit

• *Führt dieses Loslassen nicht dazu, daß man schließlich gar nichts mehr empfindet, auch keine Liebe?*

Sollte das der Fall sein, dann hast du nicht losgelassen, sondern dir einen Panzer angelegt; dann hast du nicht geliebt, sondern dich zurückgezogen, um nicht verletzt zu werden. Das ist ein großer Unterschied. Wenn du wahrhaft liebst, dann liebst du immer, und ohne darauf zu achten, was dein Partner macht.

• *Also Liebe mit Seele.*

Körperliche Liebe

Ja, selbstverständlich. Ohne Seele kannst du gar nicht lieben, denn die Seele ist der Empfindungsleib des Menschen. Die körperliche Liebe dagegen ist keine Liebe, sondern - um es einmal so zu formulieren, - nur ein Ausleben der Sexualität. Da sie ohne Seele erfolgt, kann daraus im besten Fall Verliebtheit entstehen, - was aber letzen Endes doch eine Vorstufe der Liebe wäre.

• *Sie dient aber auch dazu, die Menschheit nicht aussterben zu lassen.*

Das ist richtig. Ich wollte die körperliche Liebe mit meiner Bemerkung nicht negativ bewerten.

Verhältnisse mit verheirateten Personen

• *Das erinnert mich an etwas, das du einmal gesagt hast. Du hast damals gemeint, es sei überhaupt kein Problem, wenn man mit einem verheirateten Mann liiert ist.*

Für die Alliebe ist das auch kein Problem. Schwierigkeiten bereiten solche Beziehungen nur in unserer Gesellschaft. Womit ich nicht gesagt haben möchte, es sei richtig, ein Verhältnis mit einem verheirateten Mann zu haben, - oder mit einer verheirateten Frau. Du mußt nur die wahren Hintergründe erkennen: Wir leben in einer Gesellschaftsordnung, die solche Beziehungen verurteilt, die festgeschrieben hat, sie wären schlecht. Du brauchst aber gar nicht weit zu gehen, um andere Gesellschaftssysteme finden, in denen solche Verbindungen als normal angesehen werden.

Das Betrügen des Partners

• *Aber diese Verhältnisse sind doch meist auf Betrug aufgebaut.*

Das ist nur darauf zurückzuführen, daß wir nicht imstande sind, die Ehrlichkeit zu leben. Ich wiederhole: Ich will dieser Art der Gemeinschaft zwischen Mann und Frau nicht das Wort reden. Ob sie zu bejahen oder abzulehnen ist, hängt von den Lebensumständen der beteiligten Personen ab.

Aus höherer Sicht sind dabei zwei Dinge zu berücksichtigen, die man unbedingt auseinanderhalten sollte: einerseits die geistige Entwicklung und andererseits die körperlichen Bedürfnisse des Menschen. Das sind zwei grundverschiedene Faktoren. Auf der geistigen Ebene gilt das Gesetz: Unter wahrer Liebe kann man niemals leiden. Nach dieser Regel kann ich also gar nicht leiden, wenn ich dem Partner oder der Partnerin die absolute Freiheit gebe, - vorausgesetzt, daß ich wirklich liebe!

In der Theorie klingt das alles recht schön, diese Liebe jedoch in der Praxis aufzubringen ist eine andere Sache. Für uns ist daran eines wesentlich: Alliebe beinhaltet das absolute Loslassen. Absolutes Loslassen wiederum bedeutet: der Partner kann tun oder lassen, was er will, - er kann uns nicht verletzen. Damit fällt der Betrug von vornherein weg. Betrug gibt es nur, weil wir den Betrug leben, indem wir glauben, der Partner wäre unser Eigentum. Wir wollen damit erzwingen, daß er nur *das* machen darf, war wir ihm erlauben.

Verliebtheit und Besitzdenken

Natürlich, solange wir noch in dem Zustand verharren, den ich als *Verliebtheit* bezeichne, sehen wir den Partner oder die Partnerin als unseren Besitz an. Dann tut es noch weh und wir fühlen uns betrogen, wenn er sich mit einer anderen Person einläßt. Aber, - gehen wir der Sache doch auf den Grund: Wer wird denn eigentlich betrogen? Denken wir die Situation bis zum Ende durch, kommen wir unweigerlich zu dem Schluß: Wir fühlen uns nur deshalb betrogen, weil dabei unser Stolz verletzt wird. Und was ist das: der Stolz? Ganz gewiß nichts Göttliches! Stolz ist etwas sehr Menschliches.

KAPITEL 3

Laßt uns bei der Durchleuchtung des Problems *›Betrügen des Partners‹* noch ein wenig tiefer in geistige Bereiche vordringen: Betrachten wir die Partnerschaften einmal im Reigen der Reinkarnationen. Von dieser Warte aus gesehen entpuppen sich unsere Partnerschaftsspiele als Schwänke. Wir binden uns in diesem kleinen Leben an *eine* Person und glauben, wir müßten sie mit aller Gewalt festhalten und zu unserem Besitz machen. In Wirklichkeit haben wir in unseren Vorexistenzen schon hunderte verschiedener Partner gehabt - und bei ihnen wahrscheinlich das gleiche versucht. Nur erinnern wir uns Gott sei Dank nicht daran. Sonst kämen wir damit nämlich in arge Beziehungsprobleme.

Partnerschaft und Reinkarnation

Wir würden dann vielleicht in unserem gegenwärtigen, krampfhaft festgehaltenen Partner plötzlich einen ehemaligen Todfeind wiedererkennen, oder in unserem Sohn den vormaligen Vater. Wir würden uns gewiß wundern, wenn wir wüßten, in welch wechselnden Rollen wir mit vielen Menschen, die wir nur aus dem derzeitigen Leben kennen, in unseren früheren Existenzen zusammenspielten. Auf jeden Fall würden wir aber sofort damit aufhören, andere Menschen als unser Eigentum anzusehen. Schließlich könnten wir auch erkennen, welche karmischen Zusammenhänge hinter den sogenannten ›Betrügereien‹ des gegenwärtigen Lebens stecken.

Gesellschaftliche Normen

Was wir als Betrug ansehen, sind von unserer Gesellschaft aufgestellte Normen, die natürlich - das will ich gar nicht bestreiten - ihren Sinn und ihre Berechtigung haben. Zu einem Betrug gehören aber bekanntlich immer zwei. Wenn ich wahrhaft liebe und folglich nicht betrogen oder verletzt werden kann, gibt es auch keinen Betrug. Es gibt dann auch keinen Schuldigen, keinen Betrüger. Betrachten wir den Betrug nach dem Spiegelgesetz, kann man ohnehin nur dann betrogen werden, wenn man selber betrügt.

• *Wenn dich also deine Frau betrügt, darfst du dich selber an der Nase nehmen.*

Die ›normale‹ Ehe

Genauso ist es. Und noch etwas dürft ihr dabei nicht außer acht lassen: Der überwiegende Teil der Menschheit geht keinen geistigen Weg, sondern führt ein ganz *›normales‹*, materiell ausgerichtetes Leben. Genauso *›normal‹* betrachten diese Menschen auch ihre Ehen. Sie beurteilen alle einschlägigen Probleme von ihrer bisher gewonnenen Lebenserfahrung und den derzeit gültigen Gesellschaftsregeln aus, und die sagen ihnen eben: Der Partner hat das zu tun, was ich will. Das gilt für beide Ehepartner.

Was wir hier besprechen, sind Gesetzmäßigkeiten, die nicht einmal schriftlich festgehalten werden müßten. Sie sind in unserer Gesellschaft so fest verankert, daß sie von den Menschen unbewußt befolgt werden. Daraus resultieren dann die Ängste und der Ärger, wenn jemand diese Norm durchbricht: »Was werden denn die anderen von mir denken? Wie stehe ich vor den anderen da, wenn ....«

Die Veränderungen der letzten Jahrzehnte

Alle diese Regeln greifen in irgendeiner Form in unser Leben ein. Allerdings hat sich in den letzten Jahrzehnten in unserer Gesellschaft manches verändert, und die Zeit der Wandlungen ist längst noch nicht abgeschlossen. Alte Gesetzmäßigkeiten werden in zunehmendem Maße hinterfragt und verlieren nach und nach immer mehr von ihrer Gültigkeit. Frauen wollen nicht mehr Eigentum der Männer sein. Ehen, die nur durch Besitzdenken zusammengehalten werden, zerbrechen nach kurzer Zeit.

Werft doch einen Blick in die Statistiken. An ihnen könnt ihr die Trendwende deutlich ablesen. Nur noch jede dritte oder vierte Ehe hält länger als fünf Jahre. Alle anderen werden geschieden, weil die Menschen diese Form des Zusmmenlebens nicht mehr ertragen oder akzeptieren. Die Institution *Ehe* hat in der Form, wie wir sie heute noch kennen, bald ausgedient. Sie entspricht nicht mehr dem Entwicklungsstand der Menschheit. Eine Partnerschaft kann in unserer Zeit nur dann bestehen, wenn beide Menschen gemeinsam einen geistigen Weg gehen. Jede Form des Zusamenlebens, die auf materiellen Werten basiert, ist zum Scheitern verurteilt.

Gemeinsam geistige Wege gehen

Manche Paare bleiben nur deshalb zusammen, weil beide zu faul sind, um sich neue Partner zu suchen, - weil sie auf diese Weise ein bequemes Leben haben, weil es ihnen dabei gut geht, oder weil sie eben von ihrem Gefährten abhängig sind. Dauerhafte Liebe und Partnerschaft aber kann man nur dann finden, wenn man ein gemeinsames geistiges Ziel hat.

Seht euch in eurer Bekanntschaft ein wenig um, und ihr werdet feststellen, wie lange das Zusammenleben heutzutage funktioniert. Solange das Paar ein gemeinsames Ziel hat, - zum Beispiel den Bau eines Hauses, - solange klappt auch die Ehe. Kaum aber ist das Haus fertig, hält sie nichts mehr zusammen und sie trennen sich. Das passiert so häufig, daß wahrscheinlich jeder von uns ein paar Betroffene kennt. Ursache ist der Mangel an echten Werten in unserer Gesellschaft. Die heutige Menschheit steht vor einer Wende, ab der sie den mentalen Weg einschlagen sollte. Deshalb haben nur noch jene Gemeinschaften Bestand, die auf einer spirituellen Basis aufgebaut sind. Diese Spiritualität beinhaltet unter anderem auch das Freigeben des Partners und das liebevolle Da-Sein für den anderen.

Um eine Partnerschaft zu erhalten wäre es vorteilhaft, Vergangenes zu verzeihen, alle Vorwürfe zu unterlassen und zu überlegen, was jeder bereit ist an Positivem in die Gemeinschaft einzubringen. Das bedeutet einen täglichen Neubeginn. Hier endet die Verliebtheit und die Arbeit an der Liebe beginnt.

Es liegt mir fern, zu behaupten, daß es einfach wäre, den spirituellen Weg zu gehen. Ich sage auch nicht, daß es nicht weh tun kann, den Partner loszulassen, weil man den Idealzustand der Liebe, um den man sich bemüht, zur Zeit noch nicht erreicht hat. Man muß immer den Tatsachen ins Auge blicken: Auf der einen Seite mein Leitbild, und auf der anderen Seite die Wirklichkeit, wie sie für mich im Moment leider noch verbindlich ist. In der zukünftigen Welt, die wir anstreben, sollte es aber keinen Liebesschmerz mehr geben.

• *Im Prinzip kann man es so sehen: Solange noch ein Funke Eifersucht in mir ist, liebe ich nicht richtig.*

So ist es.

• *Solange uns der Partner noch auf irgendeine Weise betrügen kann, sind wir noch nicht so weit.*

Du könntest es auch anders formulieren: Solange du eifersüchtig bist, bist du nur verliebt. Du empfindest dann einstweilen noch keine Liebe, sondern nur Verliebtheit, und das bedeutet, wie wir nun wissen: es steckt noch Besitzdenken in dir.

Keine Gleichgültigkeit aufkommen lassen

Das alles ist gewiß nicht leicht in die Praxis umzusetzen. Auf keinen Fall darf es zu dem führen, was die Dame vorhin befürchtet hat: daß wir schließlich überhaupt nichts mehr empfinden, oder daß wir eines Tages aufgeben und resigniert sagen: »Meine Vorstellung von einer Partnerschaft hat sich nicht erfüllt, und auch sonst ist nichts mehr so, wie es einmal war. Dann lassen wir es halt.« Das wäre ein Abgleiten in Gleichgültigkeit und Gefühlskälte und würde uns von der Alliebe, die wir anstreben, entfernen, anstatt uns zu ihr hinzuführen.

• *Nach außen hin sind die beiden Arten der Liebe aber kaum zu unterscheiden.*

Das stimmt. Es kommt aber immer nur darauf an, was wir *in uns* fühlen.

Partnerschaft und Vertrauen

• *Menschen, die einander lieben, müssen sich doch auch gegenseitig Vertrauen können. Einen Partner, der mir vertraut, kann ich gar nicht betrügen.*

In dem Wort *Vertrauen,* wie es heute gemeinhin verstanden wird, steckt für mich der Hintergedanke: »Ich vertraue ihm halt, weil ich glaube, daß er tut, was ich will«. Für mich bedeutet Vertrauen etwas anderes: Ich lebe in der Gewißheit, daß nach Maßgabe der göttlichen Ordnung nur das geschieht, was zu meinem Besten dient. Ich weiß, daß mir nichts widerfahren kann, das nicht für meinen geistigen Aufstieg nützlich wäre. Darauf vertraue ich aus ganzem Herzen.

• *Dann bezieht sich dein Vertrauen nicht auf den Partner, sondern auf die Gesetzmäßigkeit hinter den Ereignissen.*

Das stimmt. Vertrauen ist für mich gleich dem uneingeschränkten Bejahen der göttlichen Gesetze.

• *Kann man einem Menschen überhaupt vertrauen?*

Nein. Das ist auch nicht nötig. Unser Ziel ist es, die Menschen zu lieben und sie loszulassen. Dazu brauchen wir ihnen nicht zu vertrauen, denn wenn wir sie gern haben, ist ohnehin alles in Ordnung, was sie tun. Vertrauen im herkömmlichen Sinne bedeutet: »Ich vertraue meinem Partner, weil ich annehme, daß er macht, was ich will«, worunter in erster Linie verstanden wird, daß er nicht fremdgeht. Diese Art von Vertrauen trägt von Anfang an den Keim des Gebrochenwerdens in sich.

KAPITEL 4

• *Schaue ich mir unter diesem Aspekt eine Ehe an, drängt sich mir die Frage auf: Sind gemeinsame Aktivitäten in der Partnerschaft empfehlenswert? Es gibt Pärchen, die permanent aneinander kleben, die alles gemeinsam machen. Das kann ja dann auch nicht gut sein, denn sie behindern einander vielleicht in ihrer geistigen Entwicklung.*

Das sollte man nicht verallgemeinern. Die beiden können gerade in einer Phase sein, in der sie einander brauchen.

• *Wenn sie* ›vermehlt‹ *sind, kann man sie sowieso nicht mehr trennen. Vermengt man zum Beispiel Roggenmehl und Weizenmehl miteinander, läßt sich die Verbindung auch nicht mehr trennen.*

Es gibt Partnerschaften, in denen zutrifft, was du sagst, in denen der eine Teil nur mitmacht, um dem anderen Gutes zu tun, - oder um ihn nicht zu verlieren, - oder auch aus irgendwelchen anderen Gründen. In diesen Fällen wäre das Zusammensein für den einen Partner erzwungen und deshalb nicht förderlich. Wenn die beiden jedoch freiwillig und gerne alles gemeinsam machen, ist dagegen nichts einzuwenden. Sie erarbeiten sich ihren geistigen Fortschritt dann eben zu zweit.

• *Wir haben bisher alles von der Seite des Betrogenen aus betrachtet. Wie ist es mit dem anderen, mit dem, der betrügt?*

Betrüger und Betrogene

Das hängt von den Empfindungen ab, die diese Person hat, während sie den Partner betrügt. Fühlt sich der Betreffende als Betrüger, dann ist es für ihn schlecht. Er leidet unter diesen Umständen ebenso wie der Betrogene, denn er handelt aus einem Zwiespalt zwischen Herz und Verstand. Diese Frage, läßt sich allerdings nicht allgemeingültig beantworten. Eine Antwort kann nur für den jeweiligen Einzelfall gegeben werden. Meiner Meinung nach gibt es gar keinen Betrug, vor allem nicht in der Partnerschaft.

Was wir als Betrug bezeichnen, sind die verletzten Selbstwertgefühle des einen Teils. Er wird sich vielleicht erbittert die Frage stellen: »Warum tut er mir das an?«

Herz und Verstand in Einklang bringen

Es ist immer wichtig, darauf zu achten, daß jede unserer Handlungen einem Einklang zwischen dem Verstand und dem Herzen entspringt. Mit anderen Worten: Alles, was wir tun, sollte sowohl vom Verstand als auch vom Gefühl gebilligt werden. Darauf ist immer zu achten. Halten wir uns nicht an diese Regel, werden wir unter den Folgen unseres Tuns leiden.

Sind Normen sinnvoll?

• *Ich kann mir vorstellen, daß die Beeinflussung durch Normen für den einen oder anderen negativ ist. Vor allem, wenn er sich davon nicht freimachen kann.*

Normen sind ein Unfug und eigentlich nur dazu da, daß man sich von ihnen befreit. Wie ihr wißt, sind wir Wesen mit einem *Empfindungsleib,* einem *Seelenleib* und einem *Geistleib.* Jeder Mensch trägt den göttlichen Funken in sich und ist stets mit der Urkraft in Verbindung. Unsere Hauptaufgabe hier auf Erden besteht darin, unseren geistigen Wesenskern zu entfalten und alle Körper zu reinigen. Diese Aufgabe sollte der Antrieb jedes unserer Gedanken und jeder unserer Handlungen sein. Normen können uns bei dieser Aufgabe nur behindern.

KAPITEL 5

Die meisten Menschen zieht es heute in die entgegengesetzte Richtung. Sie richten ihr Leben ausschließlich nach materiellen Werten aus und vernachlässigen alles Geistige. Daher glauben sie auch, alle ihre Probleme ließen sich auf der materiellen Ebene lösen. Bei meinen Beratungen stoße ich immer wieder auf diese Meinung. Sage ich zu jemandem: »Wir sollten uns zuerst bemühen, herauszufinden, was hinter deinem Fehlverhalten steckt«, dann wird mir oft die Frage gestellt: »Na, wer ist daran schuld? Ist es meine Mutter? Oder mein Vater? Oder mein Partner?«

Die Frage nach der Schuld

Oft schieben die Betroffenen auch ihrem Körper die Schuld zu, wenn es ihnen irgendwo weh tut: dem Knie, dem Muskel, der Niere, - allem Möglichen, nur auf die Idee, daß es ihr eigener Fehler sein könnte, kommen sie nicht. Daß ihre eigene Lieblosigkeit die Ursache ihres Ungemachs ist, - das ist ihnen noch nie in den Sinn gekommen.

Viele Leute wollen nicht wahrhaben, daß Mitmenschen, mit denen sie Probleme haben, nur Mittel zu einem einzigen Zweck sind: ihnen ihre eigenen Fehler zu spiegeln. Gibt es zum Beispiel in meinem Leben eine Person, die mich unterdrückt, dann habe ich wahrscheinlich selber andere unterdrückt, oder ich tue es immer noch.

Unterdrückung in der Partnerschaft

Wenn das auf mich zutrifft, sollte ich sofort nachprüfen, welche der beiden Möglichkeiten sich in meiner Angelegenheit als richtig erweist. Stellt sich dabei heraus, daß ich selber irgendjemanden unterdrückt habe oder immer noch unterdrücke, ist der Fall klar: Auf mich fällt nach dem Gesetz des Karmas das zurück, was ich ausgesandt habe! Ich sollte dann der Person, die mich unterdrückt, dafür danken, daß sie mir den Spiegel vorhält. Ich bekomme von ihr ja einen Teil meiner fehlenden Energie zurück. Habe ich diesen Hinweis dankend angenommen und meinerseits jedes Unterdrücken beendet, bedeutet das, daß ich nun mit dem Problem ›Unterdrücken‹ umgehen kann und daß es nicht mehr wiederkommen wird.

Empfinde ich dagegen nur Ärger und Kränkung, wenn ich unterdrückt werde, bringt mich das nicht weiter. In diesem Fall nehme ich den Fingerzeig nicht an und die Unterdrückung wird so lange mein Problem bleiben, bis ich sie irgendwann endlich akzeptiere und löse.

Der Glaube an den Zufall

Das Nichterkennen dieser Gesetzmäßigkeit ist die Folge einer falschen Vorstellung, mit der wir alle aufgewachsen sind und von der wir uns nur schwer befreien können: eine Folge des Gedankens, daß alles, was uns im Leben begegnet, *Zufall* sei. Ich garantiere euch: Es gibt keinen Zufall. Euch fällt nur das zu, was ihr selber ausgelöst habt, was eurem ureigensten Verhalten entsprungen ist. Egal, was es auch sei. Ob es sich um den sogenannten Betrug des Partners handelt, oder ob es ein Schmerz in der Wirbelsäule oder im Kopf ist: Was immer auch auftritt, es entspringt unseren eigenen Fehlern.

Das solltet ihr euch endlich klarmachen, auch wenn es eurer bisherigen Denkweise widerspricht. Ein anderer Mensch trägt niemals die Schuld an einem Ereignis, das euch zustößt. Der andere spiegelt euch nur euer Problem, um dadurch die Aufarbeitung einzuleiten. Das ist eine unumstößliche Tatsache. Die Schwierigkeit, das zu erkennen, liegt nur darin, daß alle Vorkommnisse aus einem unrichtigen Blickwinkel betrachtet werden. Ihr solltet euch bemühen, die wahren Ursachen herauszufinden.

Sind die Eltern schuld?

Natürlich ist es für uns einfacher, zu sagen: »Meine Eltern sind daran schuld, daß es mir jetzt schlecht geht«, denn dann brauchen wir nichts zu tun. Wir haben ja jemanden gefunden, der (scheinbar) für unsere Probleme verantwortlich ist und brauchen uns selber nicht zu ändern. Das ist eine sehr bequeme Ausflucht, und daher wird sie von den meisten Menschen gerne angenommen. Achtet nur einmal darauf, wie die Leute reden: Entweder ist die Regierung schuld, oder der Partner, oder der Vorgesetzte; - alle sind es gewesen, nur nicht der Betreffende selber. Diese Denkweise kann nie zu einer wirklichen Lösung führen, sondern man schleppt die Probleme nur ständig mit sich herum. Denkt über euch selber nach. Überlegt euch, wo ihr anderen Menschen die Schuld für eure Schwierigkeiten zuschiebt.

KAPITEL 6

• *Ich möchte noch einmal auf die Liebe zurückkommen. Was ist, wenn ich jemanden liebe, doch dessen Wunsch ist es, mich nicht mehr zu sehen; - und das vielleicht die nächsten zehn oder zwanzig Jahre lang. Da ergibt sich für mich nie eine Möglichkeit, mit ihm zusammenzukommen.*

Alliebe kennt keine Grenzen

Wenn du unbedingt mit jemandem zusammensein willst, dann liebst du ihn nicht, sondern du bist - nach meiner Terminologie - nur in ihn verliebt. Die Alliebe kennt keine Beschränkungen. Mit ihr kannst du über jede Grenze und jede Entfernung hinweg lieben, ohne zu leiden. Das äußere Merkmal der Verliebtheit ist das Leid. Bereitet es dir Schmerz, von jemandem getrennt zu sein, den du gerne magst, dann bringst du ihm nicht die universelle Liebe entgegen.

Ihr solltet es so betrachten: Liebe, die mit Anhaftung verbunden ist, ist keine wahre Liebe, sondern nur Verliebtheit. Sie führt unausweichlich zu Leid. Der Verliebte will halten, festhalten, besitzen. Universelle Liebe dagegen ist ein Geben und Loslassen. Es handelt sich also um zwei verschiedene Gefühle. Mit diesem Thema werden wir uns heute noch sehr genau auseinandersetzen.

Wer liebt, wird wiedergeliebt

Ich nehme an, das Gesetz der Analogie ist euch allen inzwischen ein Begriff. In seiner Kurzfassung lautet es: *Wie oben, so unten; wie innen, so außen.* Auf die Alliebe bezogen bedeutet das: *Wer liebt, wird wiedergeliebt!* Diese Wiederliebe wird jedoch manchmal nicht sofort augenfällig. Es ist sogar möglich, daß sie aus karmischen Gründen in diesem Leben überhaupt nicht mehr wirksam werden kann. Trotzdem dürfen wir fest darauf vertrauen: Auch wenn die Liebe, die wir aussenden, scheinbar nicht zu uns zurückkehrt, fällt sie doch mit absoluter Sicherheit auf fruchtbaren Boden. Liebe ist eine Form von Energie, und Energie kann nicht verlorengehen. Besonders am Beginn unseres geistigen Weges wäre es angebracht, sich das immer vor Augen zu halten.

Ehe oder Geschäftsabschluß?

Vor allem in der Partnerschaft sollten wir uns darum bemühen, daß aus der Verliebtheit wahre Liebe wird. Sonst heißt es dort nur zu bald: »Er (oder »Sie«) macht nicht mehr das, was ich will, also liebt er (oder »sie«) mich nicht mehr.« Solche Vorstellungen haben nichts mit Liebe zu tun. Das sind Geschäftsabschlüsse. »Du tust dies, und ich mache dafür jenes.« Das wäre bestenfalls Verliebtheit.

• *Wenn ich aber Sehnsucht habe?*

Sehnsucht ist Schmerz. Sie zeigt dir an, daß du die richtige Art von Liebe noch nicht gefunden hast. Schenkst du dem anderen dagegen die universelle Liebe, bist du mit dem Objekt deiner Zuneigung stets in geistiger Verbindung. Dabei kann es keinen Schmerz geben, auch wenn die betreffende Person im Augenblick nicht an deiner Seite ist.

• *Das alles läßt sich kaum umsetzen.*

Man darf nicht annehmen, daß man jede neue Erkenntnis sofort in die Tat umsetzen könnte. Meine Aufgabe hier in diesem Seminar ist es, euch mit den geistigen Gesetzen vertraut zu machen. Was ich hier und heute wiedergebe, sind die Aussagen dieser Gesetze zum Thema Liebe. Mehr kann ich in diesem Punkt nicht für euch tun. Das Umsetzen ist eure Arbeit. Eine Erkenntnis angeboten zu bekommen, ist *eine* Sache; sie in die Praxis zu übertragen eine zweite.

Es gibt soviele geistige Wege, wie es Menschen gibt, und kein Lernweg ist für jeden geeignet. An der universellen Liebe führt jedoch kein geistiger Fortschritt vorbei. Sie zu verwirklichen ist aber ganz gewiß nicht leicht.

Alliebe in der Partnerschaft

• *Angenommen, ich könnte diese Alliebe wirklich leben, dann müßte ich zu meinem Partner vor der Hochzeit sagen; »Du, ich lasse dich los. Du kannst fremdgehen, du kannst tun und lassen, was du willst, ich werde dich immer lieben.« Leiste ich damit nicht Vorschub dafür, daß er mich betrügt?*

Du betrachtest die Situation mit dem Verstand und nicht mit dem Herzen. Für einen Menschen, der liebt, stellt sich eine solche Frage gar nicht. Er macht seinem Partner auch sicher keine derartiges Angebot.

• *Aber der andere wird meine Einstellung sicher nach kurzer Zeit spüren.*

Du befindest dich auf einer falschen Fährte. Du willst etwas analysieren, das man gar nicht analysieren kann. Liebe ist ein Gefühl, das im Herzen strömt, und nicht ein Begriff, der sich im Hirn zerpflücken läßt. Loslassen kannst du nur mit dem Herzen.

Solange du versuchst, mit dem Verstand loszulassen, wird es dir nicht gelingen, den anderen freizugeben. Du gehst bei deinen Überlegungen von einer falschen Voraussetzung aus, nämlich von der Verliebtheit.

Gottes Liebe zu den Menschen

Ilse : *Gott liebt uns uneingeschränkt, und Er schenkt uns die absolute Freiheit. Wir Menschen hier auf Erden, die wir wieder zurückwollen zu Gott, (und das wollen wir ja alle, weil wir fühlen, daß wir zu Ihm gehören), müssen einfach lernen, so zu lieben, wie Gott uns liebt. Das ist unser Endziel.*

Denken wir über Gottes Liebe zu uns nach, finden wir bald heraus, daß Er uns die absolute Freiheit schenkt, daß Gott uns auf Erden handeln läßt, wie wir wollen. Was immer wir auch tun, - Er läßt uns gewähren und bringt uns Liebe entgegen. Es gibt kein Geschöpf auf dieser Welt, das von Gott nicht geliebt wird.

Danke Ilse, das war ein ganz besonders wertvoller Beitrag.

KAPITEL 7

In dem Gleichnis vom verlorenen Sohn hat Jesus Christus die Liebe, die Gott uns Menschen entgegenbringt, auf einprägsame Weise beschrieben.

Das Gleichnis vom verlorenen Sohn

Jesus sprach: »Ein Mann hatte zwei Söhne. Der jüngere von ihnen sagte zum Vater: ›Vater, gib mir den Anteil des Vermögens, das mir zukommt!‹ Da teilte er unter sie das Besitztum.

Wenige Tage darauf packte der jüngere alles zusammen, zog fort in ein fernes Land und vergeudete dort sein Vermögen durch ein ausgelassenes Leben. Nachdem er aber alles vertan hatte, kam eine große Hungersnot über das Land, und er begann Not zu leiden. Da ging er hin und verdingte sich an einen Bürger jenes Landes, und der schickte ihn auf seine Felder zum Hüten der Schweine. Gern hätte er seinen Magen gefüllt mit den Schoten, von denen die Schweine fraßen, aber niemand gab sie ihm.

Da ging er in sich und sprach: ›Wie viele Taglöhner meines Vaters haben Brot in Überfluß; ich aber gehe hier vor Hunger zugrunde. Ich will mich aufmachen und zu meinem Vater gehen und zu ihm sagen: ›Vater, ich habe mich versündigt gegen den Himmel und vor dir; nicht mehr bin ich wert, dein Sohn zu heißen; halte mich wie einen deiner Taglöhner.‹

Und er machte sich auf und ging zu seinem Vater. Er war noch weit weg, da sah ihn der Vater und lief ihm, von Mitleid bewegt, entgegen, fiel ihm um den Hals und küßte ihn. Der Sohn aber sprach zu ihm: ›Vater, ich habe mich versündigt gegen den Himmel und vor dir; nicht mehr bin ich wert, dein Sohn zu heißen.‹ Der Vater aber sagte zu seinen Knechten: ›Holt ihm geschwind das beste Kleid heraus und zieht es ihm an; gebt ihm einen Ring an die Hand und Schuhe an die Füße; bringt auch das gemästete Kalb und schlachtet es; wir wollen essen und ein Freudenfest feiern; denn dieser mein Sohn war tot und wurde wieder lebendig; war verloren und wurde gefunden‹. Und sie feierten ein Freudenfest.« (Lk 15, 11 - 24)

Erläuterung des Gleichnisses

Die Reaktion des Vaters in diesem Gleichnis zeigt uns eindeutig, was uneingeschränkte Liebe und absolutes Loslassen bedeuten. Der Vater läßt den Sohn mit dessen Erbteil ziehen, ohne ihn an der Ausübung seines freien Willens zu hindern. Er bringt ihm stets die gleiche Liebe entgegen, was immer der Sohn auch tut. Als der Sohn schließlich zurückkehrt, nimmt ihn der Vater mit offenen Armen auf, ohne an dessen Fehlhandlungen zu denken. Dies ist ein wunderschönes Beispiel für die universelle Liebe. Was lernen wir daraus? Sie läßt dem anderen die völlige Freiheit!

KAPITEL 8

• *Aber wie würde auf dieser Basis in unseren Tagen ein Familienleben aussehen?*

Ich denke, das würde großartig aussehen.

Brauchen wir die Partnerschaften?

• *Wirklich? Ich brauchte dann eigentlich gar nicht mehr zu heiraten, denn ich liebte ja ohnehin alle gleich. Und die Kinder zöge wahrscheinlich irgendeine Gemeinschaft auf.*

Ja. Bestimmt wird eine Zeit kommen, in der es die Institution der Ehe in ihrer uns heute geläufigen Form nicht mehr geben wird. Es hat in der frühen Geschichte der Menschheit bereits Epochen gegeben, in denen die Ehe unbekannt war. Damals standen alle Erdenbewohner untereinander noch in geistiger Verbindung. Wenn es uns gelingt, die mentale Gemeinschaft zwischen uns Menschen wiederherzustellen, brauchen wir das eheliche Zusammensein nicht mehr.

Gegenwärtig leben wir noch in der Isolation. Daher benötigen wir die Partnerschaften heute noch, um nicht als völlig isolierte Einzelwesen zu vegetieren. Sobald wir die Gedanken der anderen wieder lesen und empfinden können, wird diese Art der Gemeinschaft überflüssig sein.

Verschiedene Arten der Fortpflanzung

• *Fortpflanzung gibt es dann wahrscheinlich auch nicht mehr.*

Die Fortpflanzung in ihrer gegenwärtigen Form wird es dann nicht mehr geben. Ich darf euch aber beruhigen: Bis wir so weit sind, wird noch viel Zeit vergehen. Aber, - blickt doch bitte einmal in die Vergangenheit des Menschen zurück: Wir waren einst reine Geistwesen und hatten keine materiellen Körper. Darüber haben wir schon mehrmals gesprochen. Geistwesen sind wir zwar

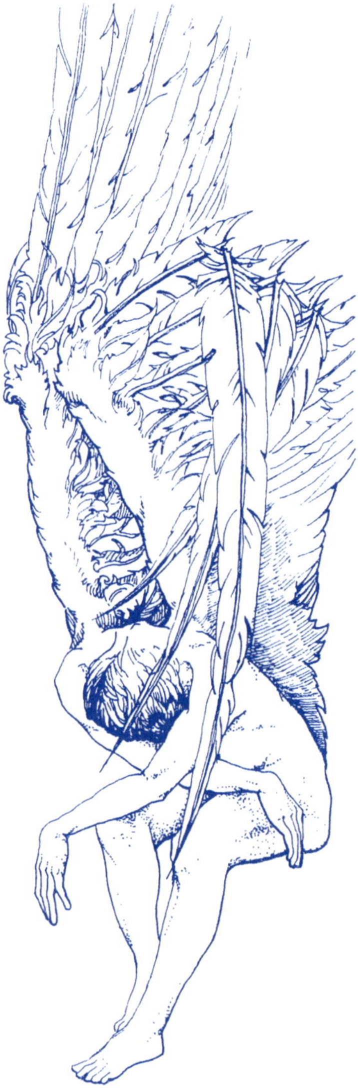

auch jetzt noch, doch unser Geist ist gegenwärtig an ein Erdenkleid gebunden.

Damit ergibt sich ein Anlaß, einmal auf dieses Erdenkleid, unseren Körper, zu sprechen zu kommen und endlich hervorzuheben, welch ein wunderbares Instrument unserem Geist mit ihm zur Verfügung gestellt wurde. Viele esoterische Lehrmeinungen werten den menschlichen Körper als lästiges Anhängsel ab. Dem kann ich nicht zustimmen. Es ist unbillig, auf diese Art auf unseren Leib herabzusehen und sich als sein Gefangener zu fühlen. Wir sollten vielmehr einsehen, daß uns unser physischer Leib auf ideale Weise die Möglichkeit gibt, hier auf Erden zu lernen. Er stellt unserem Geist alles zur Verfügung, was dieser braucht, um sich weiterentwickeln zu können. Wir sollten unseren Körper daher schätzen und uns darüber klar sein, daß er für uns notwendig und wertvoll ist.

Bleiben wir noch ein wenig bei dem Thema Fortpflanzung. Wenn wir auf die voratlantische, genauer: auf die *lemurische* Epoche der Menschheit zurückblicken, erfahren wir, daß es damals die Art der Fortpflanzung, wie sie heute üblich ist, noch nicht gegeben hat. In jener Zeit wurden die Wesen auf unserem Planeten ohne Paarung verdichtet.

Im gegenwärtigen Zeitalter wird bei jedem Zeugungsakt ein Kleid gebildet, in welches der menschliche Geist nachträglich schlüpfen kann. Wir erkennen daraus: Unser eigentliches Wesen, unser Geist, ist nicht das, was wir erblicken, wenn wir uns in einem Spiegel ansehen.

Der Mensch ist ein geistiges Geschöpf

Auch aus diesem Blickwinkel betrachtet zeigt sich übrigens, daß unser Getue um die Partnerschaften, um die wir so viel Aufhebens machen, nicht sehr sinnvoll ist. Wir sollten uns endlich wieder darauf besinnen, daß wir geistige Geschöpfe sind, die auf Erden inkarnieren durften, um hier gewisse Aufgaben zu erfüllen. Alles andere ist Nebensache.

Noch ein weiterer nicht ungefährlicher Aspekt ist stets in Betracht zu ziehen: Die Verliebtheit stellt häufig eine Falle dar, - ein Fangnetz, in dem sich nicht nur wir Menschen, sondern auch wahrhaft hohe geistige Wesenheiten verstricken, die auf unserer Welt einverleiben.

Gefallene Engel

Der Begriff *gefallene Engel* ist euch sicher geläufig. Diese Wesen aus den Bereichen der absoluten Liebe inkarnieren auf Erden, um hier am geistigen Fortschritt der Menschheit zu wirken. Vor ihrer Geburt auf unserem Planeten müssen jedoch auch sie jede Erinnerung an ihr bisheriges Leben ablegen und sind dadurch allen negativen Einflüssen ebenso ausgesetzt wie wir Menschen.

Nicht wenigen von ihnen wurde das zum Verhängnis. Darunter war auch so mancher, der sich in den Netzen der Verliebtheit verfing und dadurch von seiner Aufgabe abgehalten wurde. Vom Widersacher verlockt strauchelte er von einem Fehltritt zum anderen und geriet damit in das Rad der Wiedergeburten. Ein solcher Rückschritt kann jedes Wesen treffen, auch jene, die das Endziel schon erreicht hatten.

• *Ohne Versuchung wäre es leicht, gut zu sein.*

So ist es. Durch die Verliebtheit kann man also leicht zu Fall kommen, auch wenn man schon die höchsten Stufen der Einweihung erreicht hatte. Solche Verirrungen hat es nicht erst einmal, sondern schon sehr häufig gegeben. Es existieren etliche Berichte, in denen man darüber nachlesen kann.

• *Mir ist zu dem, das wir eben besprochen haben, etwas eingefallen. Wir haben gehört, daß sich geistig hochstehende Wesenheiten aufgrund ihrer hohen Schwingung nicht mehr fortpflanzen. Ist es da nicht gerade der große Vorteil unserer Erde, daß wir durch die Fortpflanzung, die wir hier untereinander betreiben, geistigen Wesen, die noch auf dem Weg sind, die Möglichkeit geben, hier öfter einzuverleiben und sich höherzuentwickeln? Würden wir das nicht tun, hätten diese Wesen ja keine Chance mehr.*

Das ist im großen und ganzen richtig. Es gibt zwar auch noch die Reinigungsebenen, aber dort dauert die Höherentwicklung weitaus länger als hier.

Die Schwingungsfrequenz der Erde wird angehoben

Es hat Epochen gegeben, in denen auf Erden Teilverdichtungen stattfinden konnten, ohne daß man dazu einen irdischen Körper annehmen mußte. Diese Zeiten werden wiederkommen; - oder, anders ausgedrückt: Die Schwingung der Erde wird stufenweise auf diese Frequenz angehoben werden. Den Beginn dieses Vorganges dürfen wir gerade in unserer Gegenwart miterleben. In späterer Folge wird es Materie in der Form, wie wir sie kennen, nicht mehr geben. Dazu sind aber noch mindestens zwei Äonen notwendig, - an die viertausend Jahre also, - so lange, bis unser Empfindungsleib ebenso weit entwickelt sein wird wie heute unser physischer Leib. Im Augenblick hat unser Empfindungskörper noch nicht die Möglichkeit, direkt zu agieren.

Dies alles ist aber nicht wichtig für unseren Fortschritt. Wir müssen sehen, daß wir uns *jetzt* höherentwickeln.

KAPITEL 9

• *Das heißt, unser gegenwärtiges Zeitalter mit seiner einseitig technischen Ausrichtung erschwert die Entwicklung des Empfindungsleibes. Es geschieht ja nichts, was seinen Fortschritt fördern würde.*

Technische und geistige Entwicklung der Menschheit

Da hast du recht. Das ist auch ganz eindeutig die Absicht der Gegenseite. Wir werden vom Versucher auf einen Weg gelockt, der uns von unserem Gefühlsleben abkoppelt. Mit diesen Hintergedanken wurde die Menschheit in das Maschinenzeitalter gedrängt.

• *Dann hätten unsere Vorfahren ja recht gehabt, als sie meinten, das Auto sei ein Teufelswerk. Es schädigt ja tatsächlich unsere Erde, es schädigt die Luft, es schädigt die Gesundheit aller Lebewesen.*

Das Hauptproblem der heutigen Menschheit liegt darin, daß jede neue wissenschaftliche oder technische Errungenschaft sofort in negative Bereiche gezerrt wird. Die gefährlichsten Irrwege sind gegenwärtig die *Computerelektronik,* die *Atomtechnologie* und die *Genmanipulation.*

Diese drei Technologien greifen auf immer bedrohlichere Weise in das Leben der Menschen und in die Ökologie der Erde ein. Sie sind wirtschaftlich eng miteinander verknüpft und bringen eine dermaßen unentwirrbare Flut von Datails hervor, daß sie der Herrschaft des Menschen zu entgleiten drohen.

Jede neue technische Teilentwicklung löst eine Lawine von Einzelheiten mit allen dazugehörigen Problemen und Risken aus, sodaß sich die Dinge schließlich verselbständigen und der Mensch den Gesamtüberblick verliert und die Folgen nicht mehr abschätzen kann.

Teile und herrsche

Das entspricht genau dem dämonischen Prinzip *Teile und herrsche.* Danach soll jede Einheit so zerteilt werden, daß wir das Gesamte nicht mehr wahrnehmen können und uns letztlich in selbstzerstörerische Techniken verstricken.

• *Dann müßte man besonders darauf achten, daß die Kinder da nicht mit hineingezogen werden.*

Natürlich. Das ist aber sehr schwierig, weil nur wenige Menschen die Bedrohung überhaupt wahrnehmen. Wir haben vorgestern in einer Elternrunde über dieses Thema diskutiert. Einer der teilnehmenden Väter war zum Beispiel der Ansicht: »Computerspiele erhöhen das logische Denkvermögen und fördern die Kreativität der Kinder.«

Ist der Computer ein Helfer des Menschen?

Oberflächlich betrachtet scheint das richtig zu sein. Ich kann die Einstellung der Befürworter dieser modernen Technologien schon verstehen. Man muß sich die Methoden sehr genau ansehen, um zu erkennen, daß genau hier der Trick verborgen ist, mit dem die Menschen hintergangen werden. Exakt *das* tut der Computer nämlich nicht; er erhöht die Freiheit des menschlichen Denkens *nicht.* Im Gegenteil. Ein Kind, das mit diesem Gerät spielen will, muß sich zuerst seinem System unterordnen. Es muß alle Vorgaben des Computers übernehmen. Das Denken jedes Benutzers wird in ein vorgegebenes Programm gepreßt. Er kann nur soweit selbständig operieren, wie es das Programm des Computers zuläßt.

Ich arbeite selber an Computern, daher weiß ich: Wenn ich ihm einen Befehl gebe, den er nicht finden kann, dann erscheint das Wort *Error* oder *Syntax-Fehler* oder etwas ähnliches. Das bedeutet: Halte ich mich nicht an die vorgegebenen Programmschritte, führt der Computer meine Befehle nicht aus. Ich muß mich also seinem Programm unterordnen, wenn ich mit ihm arbeiten will. Das Denken des Menschen wird hier in einem Ausmaß von einer Maschine bestimmt, wie es das nie zuvor gegeben hat. Darin sehe ich eine ernste Gefahr für die menschliche Freiheit.

Fortschrittsglaube

Eine weitere Gefahr unserer modernen Technologien liegt darin, daß man mit ihrer Hilfe die Menschen glauben lassen will, technisch wäre alles machbar. Ich selber war auch einmal dieser Ansicht. Mittlerweile sollte allerdings jeder, der sich mit wachen Sinnen in der Welt umsieht, erkennen können, wohin wir mit unserer Technik geraten. Und all das führt in seiner Gesamtheit dazu, daß der Mensch seine Gefühle und damit seine Verbindung zu Gott verliert.

Beispiel: Computer und zwischenmenschliche Beziehungen

Ich habe einen Schüler, an dem ich diese Abkehr vom Mitmenschen, diese innere Vereinsamung, die als Folge einer längeren Beschäftigung mit Computern auftreten kann, auf drastische Weise gezeigt bekomme. Der junge Mann ist achtzehn oder neunzehn Jahre alt und ein wirklich lieber, netter Bursche. Trotzdem hat er weder einen Freund noch eine Freundin. Doch das stört ihn nicht. Er ist verliebt in seinen Computer. Das Gerät füllt sein ganzes Sinnen und Trachten aus und ist das einzige, womit er kommuniziert.

Dieser Schüler hat immer die neuesten und besten Programme, und er liefert mir mit ihnen ausgezeichnete Berichte. Leider ist sein ganzes Denken nur dem Computer zugewendet. Auf sein Menschsein scheint er sich kaum noch zu besinnen.

Diese Entwicklung, die immer mehr um sich greift, erscheint mir wirklich beängstigend. Anstatt mit Menschen wird der Kontakt mit Maschinen gepflegt. Am Beginn dieser geistigen Fehlentwicklung steht ständiger Fernsehkonsum. Deshalb ist Fernsehen Gift, speziell für unsere Kinder.

Dritter Teil: Karma und Sünde

KAPITEL 1

Zu seinen Handlungen stehen

Wir wollen nun mit einer wichtigen Frage fortfahren, die wir uns immer wieder stellen sollten: *Stehe ich zu dem, was ich mache?* - Stehe ich zu allen meinen Handlungen? Stehe ich sowohl mit meinem Verstand als auch mit meinem Herzen zu meinem Tun, - mit allen sich daraus ergebenden Konsequenzen? Wenn ich diese Fragen bejahen kann, dann habe ich für *mich* richtig gehandelt. Meine Handlungsweise muß deshalb nicht auch für meine Mitmenschen und mein Umfeld in Ordnung sein, aber für *mich* ist sie im Augenblick richtig. Stehe ich *nicht* zu dem, was ich mache, dann wird sich bald mein schlechtes Gewissen melden.

Wem ist der Mensch verantwortlich?

• *Ich muß ohnehin alles nur vor mir selber verantworten.*

Und vor Gott! Und vor den karmischen Gesetzen! Das solltest du nie vergessen. Es ist also nicht ganz so, daß du nur dir selber verantwortlich bist. Handelst du aber im Einklang zwischen Gefühl und Verstand, bleibst du jedenfalls frei von Schuld. Schuldhaft handelst du nur dann, wenn du wider besseren Wissens und Gewissens und entgegen deinem Empfinden vorgehst.

Soll der Mensch Gott fürchten?

• *Kann man das so ausdrücken, daß ich mich vor keinem Menschen zu fürchten brauche, sondern daß ich nur Gott und mich selber fürchten muß?*

Nein, das stimmt nicht. Du brauchst dich nicht vor dir selber und schon gar nicht vor Gott zu fürchten. Gott liebt dich und straft dich niemals. Du brauchst vor Ihm also keine Angst zu haben.

• *Dann wäre ja das, was man unserer Generation seinerzeit eingebleut hat, - heute sieht man das ja nicht mehr so streng, - dann wären ja Beichte und Absolution nicht mehr nötig.*

Hinter der *Beichte* steckt etwas ganz anderes. - Wozu eine Beichte? Die Antwort läßt sich am besten mit Hilfe eines Thymus-Tests demonstrieren. Wer stellt sich dafür zur Verfügung?

Eine Dame meldet sich und trtt vor.

Ein Thymus-Test

Kannst du jetzt bitte an eine Situation denken, in der es dir psychisch schlecht gegangen ist? Es sollte aber möglichst eine Angelegenheit sein, über die du hier öffentlich sprechen kannst, - bei der es dich nicht stört, wenn andere davon erfahren.

• *Wenn jemand gestorben ist zum Beispiel?*

Ja, das wäre eine Möglichkeit. Das ist zwar ein Extremfall, aber wir wollen uns ansehen, was dabei herauskommt. Ich möchte euch an diesem Beispiel den Sinn der Beichte erläutern. - Denkst du jetzt bitte an diese Situation?

• *Es geht um meine Mutter. Sie ist vor kurzem gestorben.*

Denke also bitte an sie.

Der Thymus-Test wird in gewohnter Weise durchgeführt. Die Dame reagiert schwach.

Und jetzt sage bitte laut: »Ich mag es nicht, daß meine Mutter nicht mehr lebt.«

• *Das ist eigentlich ohnehin selbstverständlich.*

Natürlich. Aber sprich es bitte laut aus.

• *Ich mag es nicht, daß meine Mutter nicht mehr lebt.*

Nach dem lauten Aussprechen des Problems wird der zweite Teil des Thymus-Tests durchgeführt. Die Dame reagiert jetzt stark.

Habt ihr es bemerkt? Unsere Testperson ist nun stark. Sie hat ihr inneres Gleichgewicht wiedergefunden. Diese Veränderung wurde durch das *laute Aussprechen* ihres Problems bewirkt. Man kann durch lautes Aussprechen die Situation an sich natürlich nicht ändern, aber man kann sein inneres Gleichgewicht sofort wiedererlangen, indem man sein Problem laut formuliert.

• *Das gleiche geschieht wahrscheinlich, wenn man sich mit einem Problem an andere Menschen wendet und ihnen davon erzählt.*

Der Sinn der Beichte

So ist es. Ist euch das nun klar? Die Beichte hat sehr wohl einen Sinn, aber einen anderen als den, welchen die Kirche hineininterpretiert. Wenn du eine Fehlhandlung aufrichtig bereust und dabei denkst: »Lieber Gott, das tut mir sehr leid«, dann brauchst du es keinem anderen mehr zu sagen. Indem du das Problem aber laut aussprichst, findest du dein seelisches Gleichgewicht wieder.

• *Ich kann es ja auch laut zu Gott sagen.*

Natürlich. Wenn es nur um dein inneres Gleichgewicht geht, kannst du es auch zu einer Mauer sagen, zu deinem Spiegelbild, oder zu wem auch immer. Ausschlaggebend ist das Laut-Aussprechen. Es ist an sich sinnvoll, muß aber nicht in Form einer Beichte erfolgen. Du bedarfst keiner Kontaktperson, wenn du dich mit aufrichtigem Herzen an Gott wendest. Bereust du deine Fehlhandlung, dann ist es in Ordnung, auch wenn du zu keinem Menschen darüber sprichst.

Beichte und Absolution

• *Ich finde es im Grunde absurd, daß ein Priester die Absolution erteilt.*

Das denke ich auch. Absurd ist es vor allem dann, wenn der Losgesprochene glaubt, er könne danach weitermachen wie vorher. Von seinen bisherigen Sünden ist er ja nun befreit, und vor neuen braucht er sich nicht vorzusehen, denn die kann er ja wieder beichten. Die Absolution und damit das Himmelreich sind ihm ohnehin sicher.

Das ist der Punkt, den ich an dieser Form von Beichte und Lossprechung als negativ ansehe. Für den Menschen besteht weder ein Anlaß, sich zu ändern, noch über sich nachzudenken. Er kann weitere Fehlhandlungen begehen, sooft und soviele er will, - er braucht nur nachher zum Pfarrer zu gehen und erhält umgehend die Absolution.

Wichtig ist nur, daß er rechtzeitig bereut, bevor er stirbt. Dann ist ihm der Himmel gewiß, gleichgültig, was er in seinem Leben getan hat. Hat er dagegen das Pech, vor seinem Tod keine Gelegenheit zur Reue zu finden, landet er auf ewig in der Hölle.

• *Ich meinte etwas anderes, als ich vorhin sagte, die Absolution durch einen Priester erschiene mir absurd. Das Absurde liegt für mich darin, daß ich mein Karma nicht selber auflösen darf, sondern daß mich nur eine fremde Person von meiner Belastung freisprechen kann.*

Du hast recht. Aus unserer Sicht hat die Beichte nur den einen Sinn: Du gewinnst durch das laute Aussprechen deiner Fehlhandlung augenblicklich dein inneres Gleichgewicht. Dadurch kannst du ungestörter an dir weiterarbeiten und deine karmischen Belastungen abbauen. Die Katholische Kirche betrachtet das anders. Sie anerkennt das Gesetz des Karmas ja leider nicht.

KAPITEL 2

Da wir gerade von karmischer Schuld und ihrer Begleichung sprechen, wollen wir uns kurz das *Gesetz des Ausgleichs* in Erinnerung rufen.

Wie wir wissen, kehrt alles, was wir an Empfindungen, Gedanken, Worten und Werken von uns wegschicken, wieder zu uns zurück. Wir sollten daher mit unseren Lebensäußerungen sehr achtsam umgehen. Wer Negatives aussendet, erhält entsprechende Rückmeldungen. Wer liebevoll fühlt, denkt, spricht und handelt, erntet Positives.

Der Mensch sollte sich dem Positiven öffnen

Wir dürfen nur nicht den Fehler begehen zu glauben, es genüge für die geistige Evolution, sich vom Negativen fernzuhalten. Das wäre zu wenig. Es reicht nicht aus, sich dem Ungesetzmäßigen zu verschließen. Man muß sich auch dem Positiven öffnen, die Liebe in sich aufnehmen. Jesus Christus hat uns ein Gleichnis hinterlassen, in dem Er uns deutlich vor Augen führt, was uns widerfährt, wenn wir diese Gefahr nicht beachten.

Das Gleichnis vom unreinen Geist

Christus sprach: »Ein unreiner Geist, der aus einem Menschen ausgefahren ist, streift durch dürre Stätten und sucht nach einem Ort, an dem er bleiben kann. Wenn er aber keinen findet, dann sagt er: ›Ich will zurückkehren in mein Haus, das ich verlassen habe.‹ Und wenn er es bei seiner Rückkehr gescheuert und geschmückt, aber leer vorfindet, da man den reinen Geist nicht gebeten hat, darin zu wohnen, dann geht er hin und holt sieben andere Geister, die noch schlimmer sind als er selbst. Sie ziehen dort ein und lassen sich nieder. So wird es mit diesem Menschen am Ende schlimmer werden als vorher.« (Mt 12, 43 - 45)

Erläuterung des Gleichnisses

Christus will uns mit diesem Gleichnis folgendes sagen: Wenn ein Mensch sich innerlich reinigt, - zum Beispiel durch eine Meditation oder eine andere geistige Übung, - dann befreit er sich vom unreinen Geist. (Mit dem ›unreinen Geist‹ ist ein Elemental gemeint, eine emotionale Gedankenform, die der Mensch durch seine Wünsche und Begierden erschaffen hat.) Der Suchende hat das Wort Gottes also vernommen, aber er läßt ihm keine guten Werke folgen. Er müßte jetzt sein Inneres, das leerstehende Haus, den Geistern der Liebe öffnen, die darauf warten, von ihm eingelassen zu werden, doch das tut er nicht. Dadurch schafft er günstige Bedingungen für jene, die ungebeten kommen.

Der unreine Geist, den der Mensch fortgeschickt hat, streift umher und zieht Kräfte an, die seiner Affinität entsprechen. Gemeinsam mit sieben ihm ähnlichen, aber noch schlimmeren Wesenheiten kehrt er dann in das leerstehende Haus zurück, um dort einzuziehen. Der Mensch ist nun von negativen Wesenheiten besetzt. Je nach Intensität dieser Besetzung kann es jetzt sogar dazu kommen, daß er die Herrschaft über sich selber verliert und zum willenlosen Werkzeug des Bösen wird. Das ist die große Gefahr für jene Suchenden, die einen geistigen Weg antreten, der nicht auf universeller Liebe gründet.

KAPITEL 3

• *Gibt es eigentlich eine Diskrepanz zwischen Sünde und Karma?*

Eine Diskrepanz besteht da nicht, sondern das sind zwei grundverschiedene Begriffe.

• *Na ja, ich habe mir gedacht: Von der Sünde werde ich losgesprochen, vom Karma aber nicht.*

Sünde und Schuld

Der Ausdruck *Sünde* ist nach meinem Dafürhalten nicht gut gewählt. Das richtige Wort wäre *Schuld.* Schuld bedeutet: Ich habe *bewußt* gegen mein Denken und Fühlen gehandelt und wider besseren Wissens gegen die geistigen Gesetze verstoßen. Damit lade ich Schuld auf mich. Die Kirche verwendet dafür die Bezeichnung *Sünde.*

• *Und wie wirkt sich die Sünde aus?*

Die Sünde wirkt sich überhaupt nicht aus. Nur das Karma hat Auswirkungen.

• *Ich denke, wenn ich mir unwissentlich Karma auflade, bin ich trotzdem schuldig, weil ich ja das Wissen haben sollte. Allerdings muß ein Fehler, den ich* bewußt *begehe, eine stärkere Auswirkung haben. So stelle ich mir das zumindest vor.*

So ist es auch. Du bist dann nicht schuldig, aber karmisch belastet.

• *Wo liegt dann der Unterschied zwischen Sünde und Karma?*

Sünde beziehungsweise Schuld entsteht durch *bewußtes* falsches Handeln. Das Karma ist die Folgewirkung dieses Handelns. Karma kann aber auch durch unbewußte Fehler entstehen, bei denen du schuldlos bist, sieht man vom Fehlverhalten des Nicht-wissen-Wollens ab. Das sicherste Unterscheidungsmerkmal zwischen den beiden Begriffen ist das schlechte Gewissen. Die Schuld *nagt* an dir. Mit ihr fühlst du dich psychisch belastet.

Beispiel: Der Knollenblätterpilz

Die Verschiedenheit von Karma und Schuld läßt sich an einem ganz einfachen Beispiel erklären: Verzehrst du einen Knollenblätterpilz, macht es keinen Unterschied, ob du um dessen Giftigkeit weißt oder nicht. Nach ein paar Stunden wird es dir schlecht gehen, du wirst zumindest schwer krank werden. An dieser Tatsache ändert es nichts, ob du darüber Bescheid wußtest, daß dieser Pilz giftig ist, oder ob dir das unbekannt war.

Ißt du den Pilz jedoch, obwohl du weißt, daß er dich töten kann, dann geht es dir auch schon in den paar Stunden schlecht, ehe die Wirkung das Giftes einsetzt, weil du ja während der ganzen Zeit die Reaktion erwartest. Es gibt Berichte über Menschen, die nur *glaubten*, sie hätten Gift zu sich genommen, und die daraufhin mit allen Symptomen der Vergiftung starben.

Ebenso ist es mit dem Unterschied zwischen Schuld und Karma. Bei bewußt begangenen Fehlhandlungen wird das Leid größer. Das Wissen um den Fehler fügt auch hier eine erschwerende Komponente hinzu.

• *Aber andererseits ist es vielleicht gut, wenn ich weiß, daß ich einen Fehler begangen habe. Geht es um eine Pilzvergiftung, kann ich mir rechtzeitig den Magen auspumpen lassen. Im Falle einer karmischen Schuld kann ich an mir arbeiten und sie auflösen. Wenn ich jedoch nichts von meinem Fehler weiß, bricht der karmische Ausgleich einfach über mich herein und ich kann nichts dagegen tun.*

Die Fehler erkennen

Richtig. Solange wir unseren Fehler erkennen, ist es gut, denn dann können wir ihn ausmerzen. Schlimm wird es, wenn wir unser Problem verdrängen. Wir *glauben* dann nur, es sei gelöst, oder wir denken, es gäbe überhaupt kein Problem, und wir erkennen nicht, woher die ›Schicksalsschläge‹ kommen, die uns in der Folge treffen. Unter diesen Umständen ist es schwierig bis fast unmöglich, herauszufinden, welches die Gründe für diesen karmischen Ausgleich sind. Das hat allerdings nichts mit Schuld oder Sünde zu tun.

Wichtig ist, sich bewußt zu werden, daß man Karma nicht in die nächste Existenz mitnehmen muß, sondern daß man es in diesem Erdenleben auflösen kann.

Das Auflösen von karmischen Belastungen

• *Es ist also möglich, daß jemand im gegenwärtigen Leben leiden muß, weil er in seinen Vorleben zu wenig geliebt hat?*

Das wäre möglich. In diesem Fall sollte er *sofort* damit beginnen, die universelle Liebe in sich zu entfalten. Dazu ist es nie zu spät. Unsere Fähigkeit zu lieben hängt allerdings auch davon ab, wie weit wir uns die selbstlose Liebe in unseren Vorexistenzen angeeignet haben. Jeder Mensch hat sein bestimmtes Niveau, bis zu dem er es bisher geschafft hat. Je weiter wir auf diesem Gebiet zurückliegen, um so wichtiger ist es, daß wir im gegenwärtigen Leben damit beginnen, uns diese Liebe zu erarbeiten. Das Gesetz des Karmas bestätigt uns, daß jederzeit die Möglichkeit besteht, unsere Fehler durch Liebe auszugleichen.

• *Das heißt, wenn nicht in diesem Leben, dann im nächsten.*

Oder zwischen den Inkarnationen in den Reinigungsebenen. *Wo* ist gleichgültig. Es geht nur darum, daß wir die Alliebe tatsächlich in uns entwickeln, weil wir uns sonst nicht vom Joch der Wiedergeburten befreien können. Wir werden so lange mit der Reinkarnation und mit unseren Problemen konfrontiert, bis wir endlich zur Alliebe gefunden haben.

• *Eigentlich enthält schon die Erkenntnis, daß ich zu wenig geliebt habe, die Möglichkeit, mich zu ändern, also die Liebe zu vermehren.*

Natürlich. Diese Erkenntnis ist eine ganz große Chance.

KAPITEL 4

• *Schafft man auch im Schlaf Karma?*

Ja. Zwar nicht bewußt, aber dein Geist kann nachts das Fehlverhalten des Tages fortsetzen. Das schafft in Summe auch Karma.

• *Der Geist ist also auch während des Schlafes aktiv?*

Schafft man im Schlaf Karma?

Gewiß. Im allgemeinen wird aber das Karma, das du im Schlaf schaffst, nicht besonders schwerwiegend sein. Es sei denn, du hättest dein Leben ganz bewußt mit Leib und Seele dem Bösen verschrieben. Dann könnte sich auch während der Nacht viel Negatives ansammeln.

Manchmal ergibt sich auch die Möglichkeit, Karma während des Schlafes auszugleichen. Das kommt ganz auf den Einzelfall an. Eine allgemeingültige Antwort gibt es darauf nicht.

Stammen Alpträume aus Vorexistenzen?

• *Lassen sich Alpträume auf Vorexistenzen zurückführen?*

Das könnte sein. In den meisten Fällen werden sie aber durch ein Fehlverhalten im gegenwärtigen Leben ausgelöst. Alpträume sind nicht unbedingt negativ zu bewerten, denn sie können beim Aufarbeiten von Konflikten gute Dienste leisten. Wer sich mit seinen Alpträumen richtig auseinandersetzt, kann darin die Auslöser seiner versteckten Ängste entdecken, und nachdem er deren Ursache erkannt hat, eröffnet sich ihm die Möglichkeit, sich von seiner Furcht zu befreien.

• *Das kann man aber erst tun, nachdem die Angst abgeklungen ist.*

Das stimmt. Am besten ist es, das Traumbild schon während des Traumes, spätestens aber sofort nach dem Erwachen zu verändern. Ich meine damit: Man sollte alle negativen Eindrücke des Traumes ganz bewußt ins Positive verkehren.

• *Als Kind bin ich oft von Angstträumen geplagt worden. Nach dem Erwachen habe ich mich manchmal im Kasten verkrochen, so sehr habe ich mich gefürchtet.*

Alpträume, die uns in der Kindheit heimsuchen, könnten schon auf Vorexistenzen hinweisen.

Erinnerung an Vorexistenzen

Übrigens können auch im Erwachsenenalter Szenen aus einem vergangenen Leben auftauchen, - sowohl im Traum, als auch im Wachzustand. Das kommt ganz auf die karmische Situation des Betreffenden an, - und darauf, wieviel von seinen karmischen Belastungen er in der gegenwärtigen Existenz schon aufgearbeitet hat.

Erst wenn man alle Probleme des jetzigen Lebens gelöst hat, kommen die Altlasten aus den Vorexistenzen an die Reihe, und dann darf man eben an ihnen weiterarbeiten. Das ist doch schön, nicht wahr?

• *Und wie stellt man fest, daß man Belastungen aus einem Vorleben zu lösen hat?*

Sie treten eines Tages in dein Bewußtsein.

• *Sie tauchen also im Wachbewußtsein auf?*

Ja, sie werden ins Bewußtsein gehoben, wenn die Zeit dafür reif ist, - sonst könnte man sie ja nicht bewußt ausgleichen.

Reinkarnations-Therapien

Das ist der Grund, warum ich *Reinkarnations-Therapien* für wenig sinnvoll halte. Mit ihnen werden die Fehler der Vorexistenzen *zu früh* ins Bewußtsein geholt, nämlich bevor man seine anstehenden Probleme aus dem gegenwärtigen Leben gelöst hat. Man hat dann alles gleichzeitig auf dem Hals, und das ist ganz bestimmt kein Zustand, mit dem man leicht fertig wird. Es ist besser, man bearbeitet seine Probleme der Reihe nach, sobald sie sich im Bewußtsein melden. Dabei bekommt man nie mehr angeboten, als man im Moment verkraften kann.

• *Warum werden dann Reinkarnations-Therapien überhaupt gemacht?*

Weil man *glaubt,* mit ihnen Probleme des gegenwärtigen Lebens lösen zu können.

• *Und das ist nicht der Fall?*

Gelegentlich kann es durchaus vorkommen, daß man damit ein Problem löst. Im allgemeinen wirft eine Reinkarnations-Therapie aber eher neue Probleme auf. Ich finde diese Methoden jedenfalls nicht besonders zweckmäßig, vor allem weil ich weiß, daß man seine Schwierigkeiten auf andere Weise viel einfacher lösen kann. Mit Hilfe der geistigen Gesetze zum Beispiel. Aber, wie gesagt: Manchmal kann eine Reinkarnations-Therapie schon zur Lösung von geistigen Problemen beitragen.

KAPITEL 5

• *Was du da eben über die Vorexistenzen gesagt hast, enthält für mich einen gewissen Widerspruch. Du hast gemeint, wir bekämen die Möglichkeit, Belastungen aus unseren Vorleben aufzuarbeiten. Ich denke aber, ich bin, so wie ich hier sitze, ein Produkt aller meiner früheren Leben. Die Schwierigkeiten, die ich jetzt habe, sind folglich jene, die ich in meinen vergangenen Inkarnationen nicht bewältigen konnte. Ich brauche also, wie mir scheint, nur* die *Aufgaben zu lösen, die ich* jetzt *habe, dann werde ich ganz von selber auch meine Probleme aus den Vorleben los.*

Alte und neue karmische Belastungen

Was du sagst, ist nicht ganz richtig. Du kannst dir in deiner gegenwärtigen Existenz neues Karma aufgebürdet haben, das mit den Belastungen aus den Vorleben nichts zu tun hat. Solange du aber dieses *neue Karma* noch nicht aufgearbeitet hast, wird sich das *alte* wahrscheinlich nicht melden; - es sei denn, die beiden lägen auf gleicher Ebene. Ist es dir jedoch gelungen, alle Aufgaben deines jetzigen Lebens zu bewältigen, dann ist es wahrscheinlich, daß weiter zurückliegende Probleme auftauchen werden. Bei mir war es jedenfalls so.

• *Woher weiß ich, welches das neue und welches das alte Karma ist?*

Das merkst du schon, wenn es so weit ist. Ich weiß zum Beispiel seit einigen Jahren um meine vergangenen Leben Bescheid. In einprägsamen Bildern ist mir gezeigt worden, wieviel Unsinn ich in meinen Vorexistenzen begangen habe.

Markante Eigenheiten können auf Vorexistenzen hinweisen

Ab einer gewissen Entwicklungsstufe tauchen Erinnerungen an zurückliegende Inkarnationen ganz ohne unser Zutun im Bewußtsein auf. Meist tragen sie auch dazu bei, verschiedene markante Aspekte und Eigenheiten unseres gegenwärtigen Lebens zu erhellen. Mit diesem Wissen versehen kann man Schritt um Schritt alle karmischen Belastungen lösen.

• *Ich öffne in diesem Leben also nicht alle Schubladen, die möglich wären, sondern nur einige. Und ich öffne nach Möglichkeit eine nach der anderen.*

Der Vergleich mit den Schubladen gefällt mir sehr gut. Ich danke dir dafür. Man kann sich das folgendermaßen vorstellen: Jeder Mensch hat einen großen Kasten geerbt, der nur aus Laden besteht, und jede dieser Laden enthält eines seiner Probleme.

Nehmen wir an, du hast in diesem Leben die Aufgabe, von diesen zahlreichen Laden fünf zu öffnen und ihren Inhalt aufzuarbeiten. Nun unterziehst du dich aber einer Reinkarnations-Therapie, und mit ihr machst du nicht die fünf vorbestimmten Laden auf, sondern zehn, und wahrscheinlich die falschen. In der Folge mußt du dich dann gleichzeitig mit allen Schwierigkeiten herumschlagen, die für das gegenwärtige Leben eigentlich gar nicht vorgesehen waren. Das läßt sich kaum bewältigen.

KAPITEL 6

• *Dazu habe ich noch einige Fragen. Du hast eben angedeutet: Wenn ich die Aufgaben des gegenwärtigen Lebens gelöst habe, bleibt es* mir *überlassen, ob ich weitere übernehmen will oder nicht. Heißt das, ich selber kann bestimmen, daß ich in diesem Leben nichts mehr aufarbeiten will?*

Ja, das kannst du tun.

Kann der Mensch seine Lebensdauer bestimmen?

• *Sterbe ich dann?*

Nein, nicht unbedingt, aber es könnte sein, daß du schwer krank wirst. Dazu kann ich wieder mit einem Beispiel aus eigener Erfahrung aufwarten. Vor ungefähr einem Jahr, - es war, glaube ich, im November, - fühlte ich mich derart überlastet, daß ich eines Tages sagte: »So, jetzt reicht es mir aber. Ich will nicht, daß man mich ständig anruft. Ich kann einfach nicht mehr.« Am gleichen Tag bekam ich Fieber und mußte mich ins Bett legen. Von Freitag abend bis Sonntag mittag blieb ich liegen. Danach hatte ich genug von meiner Krankheit. Daher sagte ich: »Lieber Gott, ich habe es mir überlegt, ich will jetzt weitermachen«, und schlagartig war ich wieder gesund.

Beispiel: Wenn man aufgeben will

Ob wir krank sind oder gesund, liegt also an uns. Und was das Sterben betrifft: Man stirbt, wenn man die Aufgaben, die man in diesem Leben zu lösen hatte, entweder nicht mehr erfüllen kann, oder wenn man sie weistestgehend erledigt hat; und, - natürlich, - wenn man sein vorgesehenes Alter erreicht hat.

• *Ist die Lebensdauer eines Menschen immer genau vorgegeben oder kann das auch anders kommen? Manche Leute wollen ja sterben.*

Menschen, die sich den Tod wünschen

Die Lebensdauer eines Menschen ist nie genau vorgegeben. Sie hängt unter anderem von seiner Lebensweise ab. Auch hier wirkt der freie Wille sehr stark. Schließlich entscheidet unser Geist - und damit wir selber - , wann wir von dieser Inkarnation abtreten. Menschen, die sagen, sie wollten sterben, meinen das selten ernst.

Aber das können wir natürlich nur schwer beurteilen. Wir wissen ja nicht, wie es in einer Person aussieht. Oft ist es jedoch für einen Menschen, dem nur noch eine kurze Lebensspanne zugemessen ist, sehr wichtig, daß er gerade diesen einen oder diese zwei Monate noch am Leben bleibt, weil er möglicherweise genau in dieser Zeit die Lektion erlernen kann, auf die es bei ihm in dieser Inkarnation ankommt.

Beispiel: Der Tod als Erlösung

Es gibt aber auch Fälle, in denen Menschen durch Besetzungen so stark beeinflußt werden, daß sie vor lauter Angst und Panik ihren Körper möglichst lange am Leben erhalten wollen. Trotz ihres Siechtums und ihrer Schmerzen hängen sie sich an ihre materielle Form. Hier empfiehlt es sich, zuerst die Wesenheiten zu erlösen, die diese Beeinflussungen ausüben. Danach kann der Leidende ruhig und harmonisch die Schwelle zur anderen Welt überschreiten.

Am Beispiel einer Bekannten konnte ich das miterleben. Die Frau vegetierte lange Zeit in einem Zustand der Qual dahin. Erst nach der Anwendung von Befreiungsgebeten fand sie schließlich Ruhe und konnte in Frieden die Existenzebenen wechseln.

Es gibt leider Kräfte, die den friedlichen Übergang einer Seele in die nächste Existenz verhindern wollen. Im geschilderten Fall handelte es sich um ein teuflisches Wesen, das auf diese Weise noch möglichst viel Zwietracht unter die Angehörigen säen wollte. Durch die moderne medizinische Technik erhalten diese Wesenheiten eine willkommene Unterstützung.

• *Mein Großvater hat jahrelang immer wieder gesagt, daß er sterben wolle, aber ich glaube, er hat eigentlich immer Angst vor dem Tod gehabt.*

Menschen, die sagen, sie wollten am liebsten schon sterben, meinen oft das Gegenteil oder wollen mit dieser Ankündigung Zuwendung bewirken. Außerdem: Welche Berechtigung hat ein Mensch, sich den Tod zu wünschen? Wir müssen jeden Tag, den wir hier auf Erden verbringen dürfen, zum Lernen benutzen.

• *Aber wenn man schon todkrank ist?*

Auch in seiner letzten Lebensphase kann der Mensch noch lernen

Das spielt keine Rolle. Gerade in dieser Situation kann der Betroffene noch viel dazulernen; - er selber, oder auch seine Angehörigen. Jeder Mensch kann aus jedem Ereignis geistigen Nutzen ziehen. Letztendlich sind wir ja aus diesem Grund auf die Erde gekommen. Selbst wenn man ans Bett gefesselt und zur Untätigkeit verurteilt ist, kann man sich noch geistig weiterentwickeln.

Solche Erfahrungen können natürlich sehr schmerzhaft sein, aber vielleicht ist es gerade das, was der Betroffene zur Erfüllung seines Karmas noch durchleben muß. Es kommt also darauf an, ob der am Ende seines Lebens stehende Mensch seine Lebensaufgabe bestmöglich erfüllt hat oder nicht. Man soll das Leben nicht abkürzen, aber auch nicht unnötig verlängern.

Menschen, die freiwillig aus dem Leben scheiden

• *Ich hatte einen Bekannten, der Selbstmord beging, obgleich er sich sein Leben lang mit geistigen Dingen beschäftigte. Seit seinem Tod habe mich oft gefragt: Wo ist denn da die Führung von oben geblieben?*

Bei der Beurteilung solcher Ereignisse sollte man vor allem eines berücksichtigen: Ein Mensch, der freiwillig aus dem Leben scheidet, hat mit Sicherheit seine Verbindung zu Gott verloren. Erst die Trennung vom göttlichen Prinzip führt zu der tiefen inneren Verzweiflung, aus der es scheinbar keinen anderen Ausweg mehr gibt als den Tod. Das hat nichts mit der karmischen Bürde zu tun, die der Betreffenden zu tragen hat. Er selber muß sich zuvor von Gott getrennt haben. Die Abkehr von Gott macht die ganze Existenz des Menschen sinnlos.

Nur die göttliche Ordnung gibt dem Leben Sinn

Überlegt euch bitte: Welchen Sinn kann man in diesem Leben finden, wenn man die göttliche Ordnung ausklammert? Seht euch doch um: Unser ganzer Planet wird vergiftet, die menschliche Zivilisation steckt voller Ungerechtigkeiten, voller Gewalt, überall wird schreckliches Leid verursacht. Wer kann in dieser Wirrnis einen Sinn entdecken, wenn er die geistigen Gesetze, die alles regeln und erklären, nicht mehr wahrnimmt?

Genau das ist es, was an dem Betreffenden nagt: Er hat sich selber oder durch eine Besetzung von der höheren Ordnung abgeschnitten und damit seine Verbindung zu Gott verloren. Was bleibt ihm da noch? - Das Chaos!

Freitod und Jenseits

Das ist furchtbar für diesen Menschen. Jeder von uns, der schon einmal seelisch gelitten hat, kann ein wenig von dem nachempfinden, was derjenige, der sich von Gott getrennt hat, dauernd durchmachen muß. Der Verlust wirkt sich für jene Personen besonders schmerzlich aus, die diese Verbindung bereits gewonnen hatten und sie nun plötzlich wieder entbehren müssen.

Bei einem Menschen, der keinen geistigen Weg geht, ist dieses Band noch nicht so stark, daß es ihm besonders auffiele, wenn es eines Tages zerrissen ist. Derjenige aber, der sich die spirituelle Welt bereits erarbeitet hatte, die nun plötzlich aus seinem Inneren gerissen wird, kann erst jetzt ermessen, was es heißt, ohne diese Verbindung leben zu müssen. Unter dem Schock dieses Eindrucks kann es schon geschehen, daß ein Mensch sein Leben wegwirft.

• *Kann man durch ein Fehlverhalten in diese Situation kommen?*

Beispiel: Die Folgen mißbräuchlich verwendeter Magie

Ja. Es kann aber auch aus einer Vorexistenz stammen. Ich erinnere mich an eine junge Dame, die sich in ihrem Vorleben mit Magie beschäftigt und diese offenbar mißbraucht hatte. Damals verlor sie ihre Verbindung zur göttlichen Ebene. Die Unterbrechung dieses Lebensstromes nahm sie mit in die neue Inkarnation. Trotzdem sie sich eine sehr gläubige Familie für dieses Leben ausgesucht hatte, schaffte sie es nicht, den Kanal wieder zu öffnen. Dadurch verfiel sie immer wieder in tiefe Depressionen, was letztlich dazu führte, daß sie ihrem Leben selbst ein Ende setzte.

Aber auch danach, als sie bereits im Jenseits war, hat sie sich ganz von Gott abgekehrt. Sie mußte deshalb drüben sehr Übles durchmachen. Glücklicherweise ist sie nur kurze Zeit in dieser Phase geblieben und hat Gott schließlich doch wieder anerkannt.

Vierter Teil: Der Weg zur universellen Liebe

KAPITEL 1

Wir haben heute bereits sehr viel über die universelle Liebe gesprochen, dabei aber noch nicht erwähnt, wie der Mensch überhaupt zu dieser Liebe kommt. Dies ist das Thema, mit dem wir uns nun beschäftigen wollen, denn Liebe ist ja keine Eigenschaft, die uns ohne eigenes Zutun in den Schoß fällt.

Natürlich, mit Hilfe des Spiegelgesetzes und der anderen geistigen Gesetze finden wir zur Alliebe, das haben wir in unserer Seminarreihe schon mehrmals zur Sprache gebracht. Aber wie baut man diese Liebe in sich auf? - Nun, der Weg führt von der *Eigenliebe*, dem Egoismus, über das Du, der *Verliebtheit*, zur *universellen Liebe*, der Liebe zum Wir. Mit diesem Satz haben wir den Weg vorgezeichnet, auf dem wir zur selbstlosen Liebe gelangen können.

Die drei Wege, klug zu handeln

An dieser Stelle möchte ich einen Denkspruch einfügen, der euch allen wahrscheinlich bekannt ist. Er betrifft das Erlernen der geistigen Gesetze ebenso wie die Erweckung der Alliebe; er betrifft eigentlich alle Lernwege, deshalb möchte ich ihn hier anführen. Er stammt von Konfuzius und lautet: *Der Mensch hat drei Wege, klug zu handeln: erstens durch Nachahmen, das ist der leichteste; zweitens durch Nachdenken, das ist der edelste, und drittens durch Erfahrung, das ist der bitterste.*

Diese Worte lassen sich ohne weiteres auf das Erarbeiten der geistigen Gesetze und der Alliebe anwenden. Wie weit sind wir in der Lage, Lektionen anzunehmen und zu verwirklichen, ohne bittere Erfahrungen machen zu müssen? Eine der Möglichkeiten, die uns dafür offenstehen, ist der Weg der universellen Liebe.

Erhöhte Liebesschwingung zur Weihnachtszeit

Die universelle Liebe ist also keine Gabe, die uns einfach zufällt, sondern wir müssen sie uns wirklich Stufe um Stufe erarbeiten. Das ist eine Aufgabe, die wir gerade jetzt, in der Weihnachtszeit, besonders gut erfüllen können, denn um Weihnachten ist die Erde von einer besonderen Schwingung durchpulst. Es ist die Schwingung ebendieser Alliebe, die nun aus den geistigen Sphären verstärkt auf uns einwirkt. Würden wir uns *jetzt* in dieser selbstlosen, dienenden Liebe am Nächsten üben, könnten wir viel raschere Fortschritte machen als beispielsweise im Sommer. Es gibt also tatsächlich besonders geeignete Perioden, die wir für unseren geistigen Fortschritt nützen können.

KAPITEL 2

Beginnen wir also mit der *Ich-Liebe*. Unter Ich-Liebe verstehe ich, daß der Mensch sich selber mag. Die überspitzte Selbstliebe, der Egoismus, der nur darauf aus ist, die eigenen Wünsche zu befriedigen und alle Ansprüche seiner Mitmenschen negiert, ist damit nicht gemeint.

Es geht vielmehr darum: Kann ich mich im Spiegel ansehen und sagen: »Ich mag dich«? Kann ich das wirklich? - Das ist der erste Schritt, den wir auf unserem Weg zur universellen Liebe lernen sollten. Darüber haben wir bereits in unserem Einführungsvortrag gesprochen. Ich möchte euch hier noch einmal an diese Übung erinnern.

Verliebtheit - der erste Schritt zur Du-Liebe

Erst wenn dieser erste Schritt vollzogen ist und wir uns selber mögen, können wir zum nächsten übergehen: Wir können uns endlich wirklich dem Du zuwenden. Solange wir uns selber nicht mögen, können wir auch keine wahre Nächstenliebe entwickeln. Bestenfalls entstünde daraus die egoistische Verliebtheit. Wobei die Verliebtheit ein wichtiger Schritt für uns ist, das sei hier noch einmal betont. Sie führt uns weg von der egoistischen Eigenliebe und hin zur Liebe - zum Du. Sie bringt uns somit der Alliebe ein wenig näher. Die Verliebtheit ist etwas, das wir auf unserem Weg zur universellen Liebe durchaus annehmen können, nur dürfen wir bei ihr nicht verweilen, sondern müssen sie weiterentwickeln.

Die meisten Menschen verharren bei dieser Form der Liebe, daher kommt es bei ihnen zur Enttäuschung, zur Verletztheit und zu allen anderen damit zusammenhängenden negativen Gefühlen, über die wir hier schon so oft gesprochen haben. Das passiert uns nur dann, wenn wir uns nicht in Richtung Alliebe weiterentwickeln, sondern in der Verliebtheit hängenbleiben. Darüber später mehr.

Die Selbstachtung

Worauf kommt es bei der richtigen Liebe zur eigenen Person an? Ein wichtiges Kriterium ist die *Selbstachtung*. Achtung vor mir selber kann ich nur dann haben, wenn ich jede meiner Handlungen darauf abstimme, daß sie nach bestem Wissen und Gewissen und im Einklang mit meiner Intuition, meinem Empfinden also, erfolgt. Handle ich nur nach dem Verstand, wird das Ergebnis einseitig und unrichtig sein. Handle ich nur nach meiner Empfindung, ist es ebenso falsch. Richtig ist es, die Harmonie zwischen diesen beiden inneren Polen herzustellen.

Der Einklang zwischen Gemüt und Verstand

Auf diese Theorie werden wir wieder stoßen, wenn wir unser Seminar über die *Bachblüten* abhalten. Dr. Bach hat den Gedanken der gegensätzlichen inneren Zustände ganz wunderbar herausgearbeitet und zur geistigen Grundlage seiner Heilmethode gemacht. Er nennt es: *»Den Einklang herstellen zwischen Gemüt und Verstand«*. Wie ihr seht, führen viele geistige Wege zum gleichen Ursprung zurück. Das ist ganz einleuchtend, weil sie alle aus der gleichen Quelle, aus der Wahrheit stammen. Daher erläutern, ergänzen und bestätigen sie einander.

KAPITEL 3

• *Mir ist da gerade noch etwas eingefallen, das mir nicht klar ist. Es geht um deine Feststellung, daß unsere karmischen Verpflichtungen aus den Vorleben* dann *auftauchen, wenn wir alle Be-*

lastungen aus dem jetzigen Leben aufgearbeitet haben. Daraus könnte folgende Situation entstehen: Mir bereiten meine Verfehlungen aus einem zurückliegenden *Leben in meiner* gegenwärtigen *Inkarnation Schmerzen. Ich dürfte aber mit der Aufarbeitung des Fehlers, der die Ursache dieser Schmerzen ist, erst dann beginnen, wenn ich alle Probleme aus dem gegenwärtigen Leben gelöst habe, - auch solche Probleme, die mich vielleicht nicht so sehr belasten wie die Schmerzen. Ich könnte nach den karmischen Gesetzen mit der Beseitigung meines Leidens eigentlich noch nicht beginnen, weil mir deren Ursachen vor der Bewältigung meiner jetzigen Probleme gar nicht gezeigt werden.*

Das Aufarbeiten von alten karmischen Belastungen

Das ist richtig. Aber du darfst sicher sein: du bekommst nie mehr aufgeladen, als du tragen kannst. Du wirst stets rechtzeitig auf deine Probleme hingewiesen, - noch bevor die Belastung für dich zu groß wird. Bei allen Auswirkungen des Karmas geht es darum, den Menschen dazu anzuhalten, sich im derzeitigen Leben zu vervollkommnen: sich nicht mehr zu ärgern, andere Menschen nicht mehr unter Druck zu setzen, zu lieben, loszulassen, anzunehmen, nicht eifersüchtig zu sein, - die ganze Palette, die wir besprochen haben. Es geht darum, daß es uns in diesem Leben endlich gelingt, unser Karma auf null zu reduzieren, - oder wenigstens annähernd auf null.

• *Genau hier spießt sich bei mir etwas. Ich bin ja das Resultat meiner Vorleben, und wenn ich im jetzigen Leben mit diesem Ergebnis zu arbeiten beginne, dann ist das ja rückwirkend zu verstehen. Ich meine damit: Es beinhaltet auch das, was ich aus Vorexistenzen mitgebracht habe.*

Du übersiehst dabei, daß du sofort neues Karma aufbaust, wenn du im gegenwärtigen Leben eine Fehlhandlung begehst. Solange dieses neue Karma nicht gelöst ist, ruht das Karma aus der Vorexistenz. Das alte Karma kommt erst dann an die Reihe, wenn du den anstehenden Ballast aus diesem Leben aufgearbeitet hast. Alle karmischen Belastungen zusammen bilden dein Gesamtkarma. (Über den Aufbau des Karmas siehe Seite 147, Abbildung 10)

• *Sobald man sein neues Karma gelöst hat, kommen also die Rückerinnerungen aus den Vorexistenzen.*

Wann kommen Rückerinnerungen an Vorleben?

Ja, aber nur, wenn du sie brauchst. Sind sie für deine geistige und spirituelle Weiterentwicklung nicht nötig, dann bleiben sie aus. Das ist jedenfalls meine Erfahrung. Darin zeigt sich wieder die Liebe der göttlichen Führung. Man bekommt immer nur dann etwas angeboten, wenn es gut und richtig ist, wenn es wirklich weiterhilft. Hier wäre allerdings noch etwas anzufügen: Wer einen geistigen Weg geht, kommt im Laufe seiner Entwicklung irgendwann unausweichlich zu einer gewissen Hellsichtigkeit, also zu einer Einsicht in die Fehlhandlungen seiner Vorexistenzen, gleichgültig, ob er sie zur Bearbeitung seines Karmas noch benötigt oder nicht.

• *Ich stelle mir das Karma so vor: Zu Beginn dieses Lebens habe ich ein Sackerl mitbekommen, - genau so groß und schwer, wie ich es tragen kann, - in das ich in meinen Vorleben schon etliches hineingepackt habe und das ich im Laufe meines Daseins weiter auffülle. Gelingt es mir, dieses Sackerl zu leeren, dann taucht auf einmal am Wegrand ein neues auf, das ich aufnehmen kann.*

Falls du das neue Sackerl annimmst! Darin befinden sich dann weitere Belastungen aus deinen Vorleben. Das geschieht jedoch nur, wenn es für deine Entwicklung sinnvoll ist.

Kann man das Aufarbeiten von Karma ablehnen?

Es hat damit folgende Bewandtnis: Wir alle besitzen den freien Willen, und das bedeutet in diesem Fall: Jeder von uns hat sich alle Aufgaben, die er in diesem Leben zu lösen beabsichtigte, vor seiner Einverleibung selber ausgewählt. Warst du im gegenwärtigen Leben tüchtig (und hast alle vorgeplanten Obliegenheiten gut gelöst) und es ist für deine geistige und spirituelle Evolution sinnvoll, dann wird dir eben eine weitere Aufgabe angeboten, um auch sie noch in diesem Leben aufzuarbeiten. Das ist möglich. Es muß aber nicht so sein. Wenn es nicht so kommt, kannst du deine alten Belastungen in ein neues Leben mitnehmen.

KAPITEL 4

Über all dem sollten wir aber nicht vergessen, daß es vor allem um das geht, was wir *jetzt,* in diesem Augenblick machen. Darauf sollten wir immer unser Hauptaugenmerk richten. Es ist vollkommen sinnlos, darüber nachzugrübeln, was vor zwei oder drei Jahren oder möglicherweise in einem Vorleben war, und wie wir damals gehandelt haben oder hätten handeln sollen.

• *Dann ist es ja eigentlich so: Wenn ich meine Probleme nie zu einer Lösung bringe, sichere ich mir damit das ewige Leben.*

Das ewige Leben hast du ohnehin schon.

• *Ich meine das materielle Leben hier auf Erden.*

Die Entscheidung für oder gegen Gott

Nein, so einfach ist das nicht. Es kommt nämlich für jedes Wesen irgendwann der Augenblick, in dem es sich für oder gegen Gott entscheiden muß. Man darf also nicht ewig in den gleichen Fehlern verharren und ihre Beseitigung von Inkarnation zu Inkarnation vor sich herschieben. Das käme einer Entscheidung gegen Gott gleich. Wer sich aber immer wieder gegen Gott entscheidet, dessen Ich und dessen Seelenpotential wird aufgelöst, und er muß seinen Evolutionsweg durch die Materie von vorne beginnen. Das hängt davon ab, wie *bewußt* sich der Betreffende gegen Gott entscheidet. Er muß dann seinen Weg wieder von der festen Materie aus antreten.

• *Als Stein?*

Zum Beispiel.

Verharren in der Vergangenheit

• *Du hast vorhin vom Verharren in der Vergangenheit gesprochen, als wäre das etwas Schädliches. Ich denke aber, je älter der Mensch wird, und je länger die Lebensspanne ist, die er hinter sich hat, beziehungsweise je kürzer jene Spanne, die noch vor ihm liegt, um so mehr ist es doch verständlich und auch menschlich, daß er in seinem Denken in dieser längeren Spanne verweilt.*

Du solltest in diesem Fall zwischen zwei Werten unterscheiden: dem menschlichen und dem richtigen. Natürlich ist es menschlich, gewisse Dinge zu tun, aber dieses Tun ist manchmal, - man könnte sogar sagen: oft, - nicht gescheit.

Aufgrund meiner eigenen Erfahrungen kann ich dazu nur bemerken - und ich meine, so kurz ist mein bisheriges Leben ja eigentlich auch nicht gewesen, - daß die Vergangenheit für mich erledigt ist. Was war, ist vorüber, und ich verschwende keinen Gedanken mehr daran.

Im Jetzt leben

Ich lebe in der Gegenwart, und ich habe gar keine Zeit, mich um die Vergangenheit zu kümmern. Das Jetzt stellt mich vor so viele Aufgaben, daß mir kaum genug Muße bleibt, mich mit dem Zurückliegenden zu beschäftigen.

• *Na ja, so lange man noch in der Fülle seines Lebens steht, ist das vielleicht etwas anderes, als wenn man schon alt ist und keine Aufgaben mehr hat.*

Ich denke, das redest du dir nur ein. Du kannst bis zu deinem Scheiden aus dieser Existenz den anderen Menschen dienend zur Verfügung stehen. Widmest du dein Leben auf diese Weise den Mitmenschen, mußt du nie einen Gedanken an das verschwenden, was aus und vorbei ist.

KAPITEL 5

Gut. Gehen wir jetzt wieder einen Schritt weiter. Wir kommen nun zu der *Liebe zum Du*. Die Liebe zum Du, jener Seelenzustand also, den ich auch mit dem Wort *Verliebtheit* bezeichne, wird heute gemeinhin als *die Liebe* verstanden. Die Liebe zum Du entwickelt sich aus der Ich-Liebe. Diese umfassendere Art der Liebe kann man empfinden für die Eltern, die Kinder, die Partner, die Freunde, für Tiere, - wir haben darüber schon ausführlich gesprochen.

Die Verliebtheit

Der Ausdruck Verliebtheit ist von mir, wie schon mehrmals betont, keineswegs abwertend gemeint. Sie ist eine Vorstufe zur universellen Liebe und als solche eine der wertvollsten Erfahrungen, die wir Menschen in einem Erdenleben machen dürfen. Im Zustand der Verliebtheit erfahren wir zum erstenmal im Leben eine tiefe Empfindung für einen anderen Menschen. Zum erstenmal läßt sie uns erkennen, was Liebe sein kann: Das Bemühen, einen anderen Menschen zu verstehen, für ihn da zu sein, ihm Gutes zu tun, sich in ihn hineinzuversetzen. Auf diese Weise bildet die Verliebtheit eine Basis, von der aus wir schrittweise zur Alliebe vorstoßen können.

Daher: Betrachtet die Verliebtheit nicht als etwas Negatives. Ich sehe in ihr sogar eine der großen Gnaden Gottes. Im Status der Verliebtheit dürfen wir am Beispiel eines einzelnen Menschen einen Abglanz dessen kennenlernen, was es bedeutet, in der Liebe Gottes zu leben. Unser Weg zur Wir-Liebe kann also durchaus mit der Verliebtheit beginnen. Sie kann ein erster Anstoß sein für unser Bemühen, dieses Gefühl auf das gesamte Universum und auf alle Wesen auszudehnen.

Die ›Rahmenbedingungen‹

Die Du-Liebe, die Verliebtheit, können wir also weiterentwickeln, indem wir uns bemühen, uns in den anderen Menschen hineinzudenken, - *hineinzufühlen* ist vielleicht das bessere Wort. Wir trachten danach, zu empfinden, was der andere empfinden könnte. Dieses Verständnis hilft uns, auch mit seinen Unzulänglichkeiten liebevoll umzugehen. Um all diese Unzulänglichkeiten noch besser begreifen zu lernen, möchte ich euch noch einmal auf die Abbildung mit den sogenannten *Rahmenbedingungen* hinweisen (siehe Seite 134, Abbildung 8).

Wir wollen kurz wiederholen, worum es dabei geht. Je nach dem Stand seiner Entwicklung hat jeder Mensch einen bestimmten Ausblick auf die Wirklichkeit. Eine Person, die sehr stark in der Materie verankert ist, hat nur ein kleines Guckloch zur Verfügung, durch das sie die Welt betrachten kann. Ihr könnt euch sicher vorstellen, daß sie unter diesen Voraussetzungen nicht allzuviel von ihrer Umgebung sieht.

Ein anderer Mensch, der vor einem größeren Fenster steht, kann dem ersten kaum klarmachen, welcher Ausblick sich ihm bietet. Der Mann vor dem Guckloch ist nicht in der Lage, etwas von dem wahrzunehmen, was der andere sieht, und wird wahrscheinlich sagen: »Du kannst mir erzählen, was du willst, ich glaube dir nicht. Ich schaue ja in die gleiche Richtung wie du, aber ich kann nichts davon sehen.«

Auf dem Wissen um die unterschiedlichen Gesichtsfelder sollte unser Verständnis für andere Menschen gegründet sein. Es hilft uns zu verstehen, warum der andere nicht *mehr* sehen kann. Wohlgemerkt: Er *kann* nicht mehr sehen. Das bedeutet nicht, daß er nicht *will.*

Das ist eine sehr wichtige Erkenntnis. Wir müssen einsehen, daß wir uns dem anderen noch nicht begreiflich machen können. Das darf uns aber nicht daran hindern, ihn zu lieben, - und ihn anzunehmen, so, wie er ist. Er kann eben noch nicht sehen, was wir sehen, weil er den Blick dafür noch nicht frei hat.

Die Entwicklungsspirale

Das gleiche veranschaulicht uns eine zweite Graphik: *Die Entwicklungsspirale* (siehe Seite 125, Abbildung 7). Dieses Bild zeigt uns, daß unser Horizont umso größer wird, je höher wir den Berg der Weisheit erklommen haben. Wir können den Leuten da unten im Tal alles Mögliche erzählen, - sie wissen damit nichts anzufangen, weil sie es nicht sehen können. Dazu müßten sie erst selber höher steigen.

Partner auf verschiedenen Entwicklungsstufen

Dieser Gegensatz zwischen Menschen mit unterschiedlichen Gesichtsfeldern kommt in den Partnerschaften besonders krass zur Auswirkung. Wenn der eine Partner einen geistigen Weg geht, der andere jedoch nicht, kommt es zwangsweise zum Zusammenprall der verschiedenen Sichtweisen. In solchen Fällen liegt es am fortgeschrittenen Teil, einsichtig zu sein und sich zu sagen: »Es ist klar, - er kann das noch nicht sehen. Ich verstehe ihn, und ich liebe trotzdem.«

So denkt ein Menschen, der die universelle Liebe lebt. Er sieht ein, daß der andere noch nicht bereit ist, den nächsten Evolutionsschritt zu tun, und läßt dessen Recht auf freie Entscheidung unangetastet.

Gelegentlich geht eine Verbindung zwischen zwei Menschen, die auf unterschiedlichen Entwicklungsstufen stehen, in Brüche. In solchen Fällen wird die Verbindung meist von dem Teil gelöst, der den Weg *nicht* geht. Ganz selten verläßt derjenige, der auf dem Wege ist, die Gemeinschaft. Er hat ja mehr Verständnis, er sieht weiter und er weiß um die karmischen Zusammenhänge.

Die Parabel von den drei Brüdern

Zur Illustration der unterschiedlichen Blickfelder gibt es eine hübsche und treffende Parabel:

»Drei Brüder waren auf ihrer Wanderung vor einem Strauch stehengeblieben, auf dem der Morgentau im Licht der Sonne schimmerte. Der erste rief bei dem Anblick begeistert aus: ›Seht nur den Tautropfen, der an der Spitze dieses Blattes hängt! Er ist leuchtend rot.‹ Der zweite Bruder blickte auf das Blatt und meinte dazu:

›Was du sagst, ist ganz falsch. Sieh her: Der Tropfen glänzt im schönsten Blau!‹ Darauf entgegnete der dritte Bruder unwillig: ›Ihr könnt beide keine Farben erkennen. Der Tropfen ist weder rot noch blau, er ist gelb wie Honig!‹

Wie konnte es geschehen, daß keiner der drei Brüder das gleiche sah wie der andere? Die Antwort ist sehr einfach: Jeder von ihnen stand in einem anderen Winkel zur Sonne vor dem Strauch. Für jeden brach der Tautropfen das Sonnenlicht in einer anderen Farbe. Jeder der drei Brüder hatte also recht. Anstatt aber auf den Standpunkt des anderen einzugehen und dessen Sichtweise kennenzulernen, gerieten sie in Streit und trennten sich im Zorn.«

KAPITEL 6

Wer seinen Weg ernsthaft geht, sollte jederzeit zu dem stehen, was er tut. Er weiß, daß er in jedem Augenblick genau den Platz innehat, der ihm gebührt.

Ist er in diesem Leben eine Partnerschaft eingegangen, dann ist es notwendig und gesetzmäßig, dem anderen Teil den Weg ebenfalls anzubieten, auch wenn dieser nicht mitmachen will. Irgendwann, und wenn es auch noch so lange dauern sollte, wird der Partner vielleicht nachkommen. Oder auch nicht. Das ist dann nicht zu ändern.

• *Kann man sagen, daß das ein Problem zwischen Lehrer und Schüler oder zwischen Erzieher und Zögling ist?*

Wenn man will, kann man es so ausdrücken. Das würde jedoch bedeuten, daß der Lehrer wirklich mehr weiß, als der Schüler. Das ist aber nicht immer der Fall.

Die geistige Entwicklung von Kindern

• *In der Beziehung zu unseren Kindern ist es oft sehr schwierig, zu akzeptieren, daß sie ihren eigenen Weg gehen und nicht dem folgen, den wir ihnen vorschlagen. Wir haben womöglich vierzig Jahre gebraucht, um diesen Weg zu finden, und würden unsere Kinder gern in die gleiche Richtung gehen sehen. Sie stehen aber vielleicht gerade an einem Punkt, an dem sie unsere Sichtweisen nicht nachvollziehen können.*

Bei der Kindererziehung ist gerade in unserer Zeit Vorsicht geboten. Besonders bei Kindern, die heute noch klein sind, sollte man etwas Wichtiges in Erwägung ziehen: Es werden gegenwärtig viele große, weit fortgeschrittene Seelen geboren, denen wir Erwachsene geistig oft noch nicht zu folgen vermögen.

Wir bilden uns ein, das Kind unseren Lebenserfahrungen gemäß erziehen zu müssen, anstatt seine individuelle Entfaltung zu unterstützen. Leider sind diese falschen Erziehungsmethoden gegenwärtig die Regel.

Über dieses Thema gibt es ein sehr nettes Buch. Es heißt *Der Junge mit den lichten Augen*. Wir haben in dieser Seminarreihe schon einmal darüber gesprochen. Der Bub, von dem dieses Buch erzählt, sieht eines Tages den verstorbenen Großvater im Wohnzimmer sitzen, doch als er den Eltern davon berichtet, wird er bestraft. Für die Eltern ist nur das Realität, was *sie* sehen können. Sie wissen nicht, daß ihnen die feine Wahrnehmungsgabe ihres kleinen Sohnes fehlt. Daher reagieren sie ablehnend oder verschreckt auf die ›Hirngespinste‹ des Kindes. Das ist eines der großen Probleme in der Kindererziehung. Wir sollten in unseren Kindern geistige Wesen, Kinder Gottes sehen, die uns anvertraut wurden, um sie in ihrer mentalen Evolution zu unterstützen. Keinesfalls dürfen wir sie vom geistigen Weg abhalten.

• *Das erinnert mich an die ersten drei Lebensjahre meiner Tochter. Sie hat mit etwa eindreiviertel Jahren damit begonnen, zu einem für uns Erwachsene unsichtbaren Kind zu sprechen, das immer neben ihr auf der Schaukel saß. Meine Tochter hat diesem Kind auch einen Namen gegeben. Das Erstaunliche daran war, daß sie diesen Namen zuvor von keinem Menschen gehört haben konnte. Ich frage mich immer noch, ob sie dieses Kind wirklich gesehen hat.*

Hellsichtigkeit bei Kindern

Das ist sehr wahrscheinlich. Ähnliches habe ich mit meinen Kindern immer wieder erlebt. Mein Sohn Michael besitzt diese Wahrnehmungsgabe scheinbar heute noch. Vor kurzem hat er damit begonnen, draußen in der Natur Zwerge oder Elfen aufzusammeln und sie in seiner Tasche nach Hause zu bringen. Da unterhält er sich dann stundenlang mit ihnen. Selbst wenn das nur Phantasie wäre, ist es wertvoll, ihm diese zu erhalten.

• *Wir haben damals bei unserer Tochter so getan, als wäre ihre unsichtbare Spielkameradin auch für uns Eltern real. Wir haben dem Kind manchmal sogar etwas zu essen hingestellt.*

Sehr gut. Das war genau die richtige Reaktion. Leider Gottes gibt es Materialisten, die den Kindern diese Wahrnehmungen austreiben wollen. Das ist ganz schlimm, denn damit hemmen sie die geistige Entwicklung des Kindes.

• *Ich dachte, die Seele erwählt sich vor der Inkarnation die zu ihr passenden Eltern.*

Das tut sie auch, aber das schließt Fehlhandlungen der Eltern natürlich nicht aus.

• *Wie soll man sich verhalten, wenn das Kind zum Beispiel einen bösen Geist sieht? Soll man es beruhigen und zu ihm sagen: »Der ist ja gar nicht böse«?*

Den Kindern die Schzutzgebete lehren

Das würde ich nicht tun. Ich würde mit dem Kind die Schutzgebete sprechen. Dabei lernt es frühzeitig, daß es selber etwas gegen diese Wesenheiten unternehmen kann. Dem Kinde zu sagen: »Die sind ja gar nicht so böse«, scheint mir nicht gut, weil du ja nicht weißt, wie diese Wesen wirklich sind. Besser wäre es, dem Kind zu zeigen, wie es sich vor ihnen schützen kann.

Das ist ein sehr interessantes Beispiel. Solche Wesenheiten gibt es wirklich, und sie sind gar nicht so selten. *Sie* stecken oft dahinter, wenn ein Kind plötzlich schreiend aus einem anderen Zimmer gerannt kommt, ohne daß sich für seine Furcht ein ersichtlicher Grund finden ließe. Unsere Gebete bieten aber einen sehr wirksamen Schutz vor diesen Wesen, und außerdem kann man die Kinder bei dieser Gelegenheit gleich mit den Gebeten vertraut machen. - Wie ihr bemerkt, sind wir bei den Gebeten angelangt, womit sich abermals ein Kreis schließt.

KAPITEL 7

Es gibt eine wunderbare Methode, mit deren Hilfe wir die Liebe zum Nächsten in uns aufbauen können. Ich habe euch die Übung schon einmal vorgestellt, halte sie aber für so wichtig, daß es mir sinnvoll erscheint, sie hier im Zusammenhang mit der universellen Liebe zu wiederholen.

Den Menschen Liebe senden

Um die Liebe zum Du - speziell auch zu einem uns feindlich gesinnten Mitmenschen - in uns zu entwickeln, sollten wir uns zunächst auf jemanden konzentrieren, den wir sehr gerne mögen, - auf Jesus Christus zum Beispiel oder auf einen Menschen, den wir so sehr liebhaben, daß schon der Gedanke an ihn in uns das Gefühl der Liebe und Verbundenheit erweckt.

Als Auslöser für das benötigte Liebesgefühl können wir aber ebensogut auch ein Tier, eine Pflanze, eine Landschaft oder etwas anderes heranziehen, das geeignet ist, diese Empfindung in uns hervorzurufen.

Auf dieses Gefühl der Liebe konzentrieren wir uns, halten es in unserem Herzen fest und senden es in Gedanken an jene Person, mit der wir Schwierigkeiten haben. Man kann die Übung einmal oder auch mehrmals täglich ausführen und so lange wiederholen, bis sich unsere Beziehung zu diesem Menschen zum Positiven gewandelt hat.

Ich habe diese Technik selber mehrmals angewandt, und ich darf euch versichern: sie wirkt Wunder. Mit ihrer Hilfe werden wahrhaftig in kurzer Zeit Feinde, - ich möchte nicht gerade sagen: zu Freunden, - aber doch zu sehr verständnisvollen Mitmenschen. Und das ist doch immerhin schon ein großer Fortschritt.

Nur wer sich selber ändert, verändert die Umwelt

Der folgende Merksatz bestätigt, was wir eben besprochen haben: *Nur das, was wir an uns selber ändern, verändert die Umwelt.* Das ist eine wichtige Regel.

Ja, und um es nicht zu vergessen: Das Gebet ist in solchen und ähnlichen Fällen natürlich auch eine unschätzbare Hilfe.

KAPITEL 8

Als zweite Stufe auf unserem Weg zur Alliebe haben wir über die Liebe zum Du, also über die direkte Partnerbeziehung gesprochen. Nun schreiten wir weiter zu einem umfassenderen Begriff der Liebe, zur *Liebe zum Wir.*

Liebe in der Familie

Das erste Ziel der Wir-Liebe im Leben eines Menschen ist die Familie. Dabei können wir feststellen, daß die Liebe zu den Kindern bereits etwas anderes ist als die Liebe zum Partner. Sie hat eine ganz andere Qualität.

- *Eine bessere oder eine schlechtere?*

Es ist einfach eine andere Variante der Liebe. Ob besser oder schlechter, kann ich nicht beurteilen, weil ich nicht weiß, wie du sie empfindest. Beides ist möglich. Betrachtest du die Kinder als dein Eigentum, den Partner aber nicht, dann ist sie schlechter. Liebst du deine Kinder auf selbstlosere Weise als den Partner, dann ist sie besser. Es kommt auf die Einstellung des Liebenden an. Bei einem Menschen, der die universelle Liebe lebt, ist sie sicher gleichwertig.

Soviel über die Liebe zur Familie. Eine wiederum andere Beschaffenheit hat die Liebe zu den Freunden. Ich empfinde auch für meine Freunde Liebe, aber dieses Gefühl ist verschieden von dem, das ich meiner Familie entgegenbringe. Ich weiß nicht, ob das bei anderen Menschen ebenso ist.

Liebe zu größeren Menschengruppen

Die Grenzen unserer Liebe werden abermals weiter gesteckt, wenn wir unsere Zuneigung auf eine größere Menschengruppe ausdehnen. Dabei kann es sich um die Liebe zur Bevölkerung einer Stadt, einer Landschaft oder auch zu einem ganzen Volk handeln. Wie ihr seht, wird der Kreis immer größer.

Für meine Person kann ich dazu sagen, daß ich Österreich wirklich liebe, ohne dabei anzunehmen, unser Land wäre besser als irgendein anderes auf der Welt. Ich mag Österreich einfach, seine Menschen und seine schöne Landschaft.

Ich mag aber auch Menschen und Gegenden in anderen Ländern. Es ist bei mir also nicht so, daß ich nur auf dieses eine Land fixiert wäre, oder daß ich es gar in irgendeiner Form als meinen Besitz ansähe. Ich betrachte Österreich auch nicht als meine Heimat in der beengenden Auslegung dieses Wortes. Mein Zuhause ist die Erde, denn auf ihr bin ich geboren, und in einem noch umfassenderen Sinn ist das Universum meine Heimat. Für diese große Dimension offen zu sein ist allerdings etwas, das man sich erst erarbeiten muß.

Liebe zu Tieren

Eine weitere Facette der Liebe erwecken unsere Haustiere in uns. Jeder Mensch, der ein Tier zum Hausgenossen hat, vermag die intensive Liebe zu spüren, die sich aus diesem Verhältnis entwickeln kann.

Alle diese Aspekte und noch viele mehr stecken in der Wir-Liebe. Für uns ist dabei zu beachten, daß sie uns dazu führen soll, schließlich alles zu lieben: die Menschen, die Tiere, die Pflanzen, die Erde, die Schöpfung, ja, sogar das Mineralreich. Denkt nur zum Beispiel daran, was ein Kristall ausstrahlen kann, wenn wir uns für ihn öffnen, - welch tiefe Empfindungen da ausgetauscht werden können.

Alle Geschöpfe entstammen dem gleichen Ursprung

Die Alliebe ist ein großes Wunder, das die gesamte Schöpfung umfaßt. Sie ist der Urquell allen Lebens, die Kraft, die das ganze Universum belebt, die Essenz, die in jedem Geschöpf enthalten ist. Haben wir das erst erkannt, dann wissen wir auch, daß wir stets mit der gesamten Schöpfung verbunden sind. Und es sollte uns nun erst recht klar sein, daß alle Menschen unsere Brüder und Schwestern sind, denn jeder Mensch wird vom Strahl der göttlichen Liebe beseelt, auch wenn er uns noch so böse erscheint. Wir alle sind Kinder Gottes, gleichgültig, wo auf dieser Welt wir geboren wurden.

Machen wir uns bewußt, daß alles aus dem Geist des göttlichen Vaters entstanden ist, - alles, was immer es auch sei. Das ist eine sehr wichtige Erkenntnis. Sie enthüllt uns auch, daß im Universum alles zu jeder Zeit mit allem verbunden ist. Aus diesem Grund ist es ganz gleichgültig, ob der geliebte Mensch an unserer Seite sitzt, oder ob er sich auf einem anderen Kontinent aufhält.

Wir haben vorhin darüber gesprochen. Die universelle Liebe ist über jede Entfernung hinweg fühlbar.

Gefühle wirken über jede Entfernung

Ebenso ist es übrigens auch mit dem Haß und mit allen anderen Gefühlen. *Jedes* Gefühl wirkt über jede Entfernung hinweg. Jedoch - was wir an Negativem aussenden, belastet unser Karma und wir müssen es mühsam abarbeiten, wie wir wissen. Das positive Karma sammelt sich ebenfalls an, aber es bedrückt uns nicht. Im Gegenteil. Wir dürfen es ›verleben‹, wenn wir wollen. Wir können es aber auch verschenken. Was wir damit beginnen, bleibt unserer freien Entscheidung überlassen.

Auch die Erkenntnis, daß wir mit allen Menschen verbunden sind, sollte uns dazu veranlassen, allen unseren Mitgeschwistern die universelle Liebe entgegenzubringen. Wir alle sind gleichen Ursprungs. Wir alle werden von der gleichen Quelle belebt. Daher sind wir auch alle gleichwertig.

›Was ihr dem geringsten meiner Brüder tut ....‹

Indem wir das Göttliche in allem wahrnehmen, können wir uns wieder zum Göttlichen zurückbewegen. Jesus Christus hat gesagt: *»Was ihr dem geringsten meiner Brüder tut, habt ihr mir getan.«* Das Wissen um unsere universelle Verbundenheit läßt diesen Ausspruch Jesu in neuem Lichte erscheinen, denn wir erkennen jetzt, daß er für alle Bereiche des Lebens gilt. Mit dem *geringsten unserer Brüder* ist sowohl jeder Mensch, als auch jedes Tier, jede Pflanze, der Planet Erde, die Luft, - ist jede Lebensebene gemeint.

Könnten wir mit unseren irdischen Sinnen wahrnehmen, wieviele geistige Wesenheiten - zum Beispiel in den Naturreichen - um uns herum existieren, verstünden wir diese Äußerung Christi noch besser.

»Was ihr dem geringsten meiner Brüder tut ....« Jede Empfindung, jeder Gedanke, jedes Wort und jede Handlung hat Leid, Schmerz, Freude oder auch Gleichmut im Gefolge. Daher ist es nicht egal, wie wir denken oder handeln. Es ist sehr wichtig, daß wir vor jeder unserer Lebensäußerungen deren Wirkung auf unsere Mitgeschwister bedenken.

Betrachten wir die Rückwirkungen des Karmas von einer anderen Warte aus, können wir feststellen: Alles was wir unseren Schwestern und Brüdern antun, tun wir uns selber an. Mit gegensätzlichen Handlungen fügen wir uns selber Schlimmes zu. Sind unsere Handlungen dagegen liebevoll, tun wir uns selber Gutes.

Wir stoßen hier wieder auf das Gesetz von Ursache und Wirkung. Was ich verursache, darf ich als Ausgleich an mir erleben. Dieses Gesetz warnt uns vor Fehlhandlungen, gibt uns zugleich aber auch die Gewißheit, daß uns der Weg zurück zu Gott immer offensteht.

KAPITEL 9

Die Entwicklung des menschlichen Egos

Der Mensch hat im Laufe seiner Evolution aus dem Zustand der Unbewußtheit, in welchem er versunken war, wieder zum Ich-Bewußtsein zurückgefunden und dabei gelernt, sein Ego zu entfalten und zu stärken. Gegenwärtig stehen unsere Ich-Kräfte auf dem Höhepunkt ihrer Entwicklung. Unterstützt durch unsere Ernährung, unsere Technik und viele andere Dinge des Alltags haben wir eine Zivilisation geschaffen, die unser Ego wie einen Götzen in den Zenith des Universums stellt. Diese Eigensucht verlassend sollten wir nun über das Du wieder zum Wir finden. Als nächsten Schritt wollen wir uns bemühen, das *Christus-Bewußtsein* in uns zu erwecken, das nichts anderes ist als die absolute, selbstlose Liebe. Dies ist die uns vorgezeichnete Entwicklung.

Alliebe und Christus-Bewußtsein

Die universelle Liebe beinhaltet also das Christus-Licht, das *Christus-Bewußtsein,* das in jedem Menschen flammt. Dieses Bewußtsein sprechen wir in unseren Gebeten an, wenn wir sagen: »Baue um mich ein Feld Deines göttlichen Lichtes auf und durchströme mich mit Deiner unendlichen Liebe, damit Deine göttliche Ordnung in Körper, Seele und Geist erhalten, beziehungsweise wiederhergestellt wird und alle negativen Beeinflussungen von mir ferngehalten werden. Stärke dadurch auch meine Liebe zu Dir und zu allen Wesenheiten.«

Wer dieses Gebet regelmäßig wiederholt, wird bald feststellen, daß die Alliebe in ihm erwacht und sich weiterentwickelt. Es ist eine wunderbare Hilfe, die uns über das Christus-Bewußtsein wieder zu Gott zurückführen kann.

›Niemand kommt zum Vater denn durch mich.‹

Christus hat uns während Seines Erdenwandels vorgelebt, wie man dieses Bewußtsein erwirbt und hat Sein Leben dafür geopfert, um es uns zu vermitteln. Christus-Bewußtsein zu besitzen bedeutet, bis in den Tod für die Mitgeschwister da zu sein. Nur aus diesem Christus-Bewußtsein, aus der selbstlosen Liebe heraus können wir wieder zu unserem göttlichen Wesenskern zurückfinden. Darauf hat uns Jesus Christus auch ganz deutlich in Seinem Merksatz *»Niemand kommt zum Vater denn durch mich«* hingewiesen.

Was hat uns Jesus mit diesen Worten sagen wollen? Er hat uns damit zu verstehen gegeben, daß jeder Mensch einen Teil dieses Christus-Lichtes in sich trägt, gleichgültig ob er ein Christ ist, ein Hindu, ein Moslem, ein Buddhist oder ein Eingeborener, der einer Naturreligion anhängt. Jeder Mensch, der heute auf Erden lebt, besitzt den Christusfunken. Dieses Christus-Bewußtsein manifestiert sich in der universellen Liebe, der selbstlosen Liebe zu Gott und zu Seiner gesamten Schöpfung. Nur dieses Prinzip macht es uns möglich, wieder in das Absolute zurückzukehren, das unsere Heimstatt ist. Daher die Notwendigkeit für uns, die Alliebe zu erarbeiten.

KAPITEL 10

Gott ist die Liebe. Er schenkt uns Seine Liebe in jeder Phase unserer Existenz. Wir sind nur nicht imstande, sie aus jedem Ereignis sofort herauszufühlen. Ich möchte euch im Folgenden auf ein paar Merkmale hinweisen, die uns Gottes Liebe offenbaren.

Der freie Wille - ein Gottesgeschenk

Wir erkennen Gottes Liebe zum Beispiel daran, daß Er jedem von uns den freien Willen geschenkt hat. Das ist vielleicht der größte Liebesbeweis, den Er uns dargebracht hat. Gott gibt uns damit zu verstehen: »Ich gebe euch den freien Willen. Ihr könnt tun, was ihr für richtig haltet. Zwar erkläre Ich euch, was recht und gesetzmäßig ist, aber wenn ihr anders handeln wollt, hindere Ich euch nicht daran.«

Kommt es hinterher durch unser selbstgewähltes Fehlverhalten zu Leid und Schmerz, erkennen wir darin abermals die Gnade Gottes, denn Leid und Schmerz machen uns die Fehler, die uns von Gott entfernen, unmißverständlich bewußt und weisen uns darauf hin, daß wir umkehren sollten. Auch Kummer, Not und Krankheit zeigen uns also Seine Liebe. Sie sind keine Strafen Gottes, sondern nur die Hinweise auf unser ungesetzmäßiges Verhalten. Von diesem Gesichtspunkt aus können wir das Liebesprinzip in der gesamten Schöpfung wahrnehmen. Überall, wo es Krankheit, Leid und Schmerz gibt, waltet die Liebe unseres göttlichen Vaters.

• *Ist das auch der Grund für unsere körperlichen Schmerzen?*

Ja.

Sind körperliche Schmerzen notwendig?

• *Warum sind Schmerzen notwendig?*

Weil wir nicht anders lernen würden. Wir könnten uns die Schmerzen ja ersparen, wenn wir unsere Verstöße gegen die göttliche Ordnung unterließen.

• *Gott könnte bei unseren Fehlern auch eingreifen, ohne daß wir dabei Schmerz erleiden müssen.*

Das hängt mit unserem freien Willen zusammen. Es gibt nur zwei Möglichkeiten: Entweder du hast den freien Willen; dann beinhaltet er für dich auch die Möglichkeit, gesetzwidrig zu handeln. Oder Gott hindert dich an einer falschen Handlung. Dann hast du aber den freien Willen nicht mehr.

Der Schmerz will zur Umkehr anregen

Gott will nicht, daß du dich von Ihm trennst. Er weiß, daß jede Trennung von Ihm für dich Schmerz bedeutet. Dein Fehlverhalten kann dir aber nur auf diese Weise vor Augen geführt werden. Der Schmerz bedeutet also: »Kehre um. Komm' zurück zu mir.«

Der Schmerz muß nicht unbedingt körperlicher Natur sein. Eine *Depression* beispielsweise ist ein typischer Schmerz, der auf die Trennung vom göttlichen Prinzip hinweist. Diese Krankheit der Seele drückt unmißverständlich aus: »Ich habe meine Verbindung zu Gott unterbrochen.«

Zusätzlich haben bei Depressionen meist negative Besetzungen stattgefunden. Das läßt sich sehr leicht beobachten. Dazu kann es aber erst kommen, nachdem der Mensch sich von Gott entfernt hat. Würde er seine Verbindung zu Gott nicht unterbrechen, könnte ihn kein negatives Wesen besetzen. Für Menschen, die mit Gott verbunden sind, gibt es keine Depressionen.

• *Ich habe mir eben überlegt: Warum müssen es denn unbedingt Schmerzen sein, die uns wieder zu Gott zurückführen können?*

Es müssen ja nicht unbedingt Schmerzen sein. Es gibt eine wunderbare Alternative dazu. Sie heißt: *Liebe.* Entweder du handelst innerhalb der göttlichen Gesetze, - dann gibt es keinen Schmerz. Oder du trennst dich vom göttlichen Licht, - dann treten Schmerzen auf, um dich zur Umkehr zu bewegen. Du kannst aber auch, nachdem du Verstöße begangen hast, deren Folgen durch Liebe abschwächen oder möglicherweise sogar ganz beseitigen.

Der Schmerz im Zen-Buddhismus

Der Schmerz als Warnhinweis wurde zum Beispiel in die Praxis des *Zen-Buddhismus* aufgenommen. Der Zen-Schüler hat in einer vorgeschriebenen Haltung zu meditieren. Wenn er nach einer Weile ermüdet und dabei zusammensinkt, bekommt er einen Schlag mit dem Stock, damit er sich wieder aufrichtet.

Würde der Meister ihn nicht schlagen, fiele der Schüler immer mehr aus der Haltung heraus. Man benutzt also den Schmerz, um die Ordnung aufrechtzuerhalten. Mir würde dieser geistige Weg allerdings nicht zusagen. Wir finden hier aber das Prinzip des Schmerzes als Mittel der Hinführung zu einer geistigen Übung.

• *Diese Methode scheint mir mehr für materielle Menschen zu passen.*

Da hast du recht. Wenn ich an meine eigene mentale Entwicklung zurückdenke, muß ich ganz ehrlich sagen: Ich war vor meiner Umkehr sehr materiell eingestellt. Wären die Schmerzen damals nicht so groß gewesen, hätte ich wahrscheinlich keinen geistigen Weg eingeschlagen und würde heute nicht hier vor euch stehen. Leider sind die meisten Menschen wie ich: Sie gehen erst dann wieder auf Gott zu, wenn die Qualen fast unerträglich geworden sind. Meistens bleibt man so lange in seinen Fehlern verhaftet, bis es kaum noch tiefer geht. Erst dann beginnt man zu überlegen: »Jetzt ist es aus. Ich bin am Ende. Was kann ich tun, damit es mit mir wieder bergauf geht?«

Das ist das Umdenken, das wir dem Schmerz verdanken. Wir wenden uns nun wieder dem Lichte zu. *Thorwald Dethlefsen* hat das in seinem Buch *Schicksal als Chance* sehr schön beschrieben. Anhand von vielen Beispielen zeigt der Autor darin auf, daß der Mensch nur dann bereit ist, sein Leben neu zu gestalten, wenn ihn Schmerzen plagen.

Schmerz ist nicht unabwendbar

• *Um uns auf einen Fehler hinzuweisen, genügte es ja auch, wenn sich das Leben ohne Schmerz verdunkeln würde.*

So ist es ja in vielen Fällen. Der erste Hinweis auf ein Fehlverhalten ist meist kaum spürbar. Oft ist es nur ein kleiner Fingerzeig, der uns sagen will: »Schau doch, da ist etwas nicht in Ordnung.« Das geht noch ohne Leid und ohne Schmerz. An diesem Punkt haben wir die Möglichkeit, umzukehren und zu sagen: »Danke für den Hinweis. Ich nehme ihn gerne an.« Dann gibt es keine unangenehmen Folgen.

Wir können aber auch auf unserem Verstoß gegen die göttliche Ordnung beharren. Wir haben ja den freien Willen. »Ich denke nicht daran, aufzuhören. Ich mache weiter.« In diesem Fall bekommen wir bald einen neuerlichen Hinweis, diesmal etwas fühlbarer. Bei fortgesetztem Fehlverhalten steigert sich das so lange, bis es in Krankheit, Leid und Schmerzen mündet.

Wie ihr seht, ist Leid kein unabwendbares Schicksal. Ändern wir nach dem ersten oder zweiten Hinweis unser Verhalten, gibt es keine Schmerzen. Wir bereiten uns unser Unglück selber, indem wir die Hinweise nicht beachten. Jede Krankheit, jedes Leid und jeden Schmerz könnten wir vermeiden, wenn wir unser Fehlverhalten unterließen oder es rechtzeitig in Liebe auflösten.

Der Mensch ist die Summe dessen, was er tut oder unterläßt. Niemand wird unschuldig von seinem Schicksal getroffen. Nach dem Ausgleichsgesetz wäre das auch gar nicht möglich. Das gleiche Prinzip finden wir in der materiellen Physik wieder. Auch dort hat alles Ursache und Wirkung. Es gibt nichts, was außerhalb der Ordnung stünde.

Ordnung im Chaos - die Chaos-Forschung

Selbst im Chaos steckt eine Ordnung, das weiß man heute. Die *Chaos-Forschung,* einer der modernsten Zweige der Physik, hat das jüngst herausgefunden. Man hat dort folgendes entdeckt: Schafft man in einem System willkürlich Unordnung, bildet dieses nach einer gewissen Zeit ganz von alleine und ohne Eingreifen des Menschen eine neue Ordnung. Aus der Unordnung heraus entstehen wunderschöne geordnete Muster und Formen. Diese Entdeckung läßt uns abermals erkennen, daß hinter allem das göttliche Gesetz steht.

Auch das ist wieder einer der vielen Liebesbeweise, die Gott uns schenkt. Er teilt uns darin mit, daß wir im Vertrauen auf Seine Gesetze sicher sein dürfen, auch aus dem Chaos wieder genau in die richtige Bahn geleitet zu werden. Diese Erkenntnis kann uns als Bestätigung dafür dienen, daß wir nur das erleben, was unserer persönlichen Entwicklung dienlich ist.

Hinter allem wirkt das göttliche Gesetz, die göttliche Gerechtigkeit. Der Mensch leidet nur dann, wenn er gegen das oberste Gesetz, das Gesetz der universellen Liebe, verstößt. Das Gesetz der universellen Liebe steht über allen anderen göttlichen Geboten.

Fünfter Teil: Das Stärken der universellen Liebe

KAPITEL 1

Es folgt nun eine kleine Auswahl von Regeln, die wir auf unserem Weg zur universellen Liebe beachten sollten. Teilweise haben wir sie schon in anderem Zusammenhang kennengelernt. Es handelt sich dabei um Richtlinien, die wir uns stets vor Augen halten sollten, weil sie uns dabei unterstützen, unsere Alliebe zu vertiefen und unsere geistige und spirituelle Entwicklung voranzubringen.

Denken vor dem Sprechen und Handeln

Wir beginnen mit zwei Sprüchen, die beide in etwa das nämliche bedeuten. Der erste lautet: *Denken vor dem Handeln,* und der zweite: *Denken vor dem Sprechen.* Bei vielen Menschen ist es höchst angebracht, darauf hingewiesen zu werden. Es gibt übrigens einen netten Satz, der an eine technische Betriebsanleitung erinnert und auf heitere Weise den gleichen Inhalt vermittelt: *Vor Inbetriebnahme der Sprechwerkzeuge ist das Gehirn einzuschalten.* Alle drei Merksätze drücken das gleiche aus: daß wir, bevor wir losplappern, darüber nachdenken sollten, ob das, was wir sagen wollen, überhaupt wert ist, ausgesprochen zu werden.

Sprechen kostet Energie. Daher sollten wir den Plausch, den Tratsch, das unnötige Geschwätz unterlassen, denn wir vergeuden damit kostbare Kräfte. Das soll nicht heißen, daß man nicht gelegentlich einmal plaudern kann. Wenn es nicht zu oft geschieht, ist das kein Problem. Man sollte es nur nicht dauernd machen. Wenn man einmal ausgeht oder jemanden einlädt, kann man schon ein wenig schwatzen. Dagegen ist nichts einzuwenden.

Mit dem Fortschreiten der geistigen und spirituellen Entwicklung legt man das unnötige Reden ganz von selber ab. Man tendiert dann immer mehr zum Hinhören und immer weniger zum Mitreden. Ich sehe das an mir. Die Lust, sich an den üblichen Gesprächsthemen zu beteiligen, schwindet mit Zunahme der geistigen Fähigkeiten.

Nicht zu allem Stellungnahmen abgeben

Denkt bei Gesprächen auch immer daran: Nicht sofort Stellung beziehen! Man kann das recht gut üben, indem man Tage einschiebt, an denen man sich fest vornimmt, den Mund zu halten. Das ist manchmal schwieriger, als man denkt. Geht einmal auf eine Gesellschaft und bemüht euch, während der Unterhaltung zu keinem Thema eure Meinung kundzutun. Laßt euch auch keine Stellungnahme aufzwingen. Fragt man euch nach eurer Ansicht, dann antwortet einfach: »Ich will mir darüber kein Urteil bilden.«

Ich kann mich sehr gut an solche Situationen erinnern. So manchem Gesprächspartner geht es nicht gut, wenn man es ablehnt, ein Urteil abzugeben. Man muß doch zu allem eine Meinung haben!

So ist es aber nicht. Es steht uns sehr wohl das Recht zu, uns einer Stellungnahme zu enthalten. Oft ist das sogar sinnvoll, weil man dann nicht in Gefahr läuft, sich ein vorschnelles Urteil zu bilden. Wenn man schweigt, hält man sich von Vorurteilen und Urteilen fern und bewahrt sich die Möglichkeit, die Dinge in Ruhe zu überdenken.

KAPITEL 2

Über den nächsten Punkt - *Zu seinen Entscheidungen stehen* - haben wir heute schon ein wenig gesprochen. Er beinhaltet natürlich auch die vorhergegangene Regel, daß man nämlich vorher über die zu treffende Entscheidung nachdenkt. Zu einem sinnvollen Entschluß sollte man selbstverständlich stehen. Kommt man allerdings dahinter, daß man eine falsche Entscheidung getroffen hat, ist es sicher klüger, diese zu revidieren.

Hier fällt mir die Entscheidung ein, die ich seinerzeit bezüglich der Erziehung meines ältesten Sohnes getroffen habe. Ich habe diese einmal getroffene Entscheidung durchgezogen, egal, ob sie gut war oder schlecht. Zuvor hatte ich mir alles nach meinem damaligen Wissensstand gründlich überlegt und anschließend meinen daraus resultierenden Entschluß konsequent verfolgt. Das war manchmal nicht ganz einfach, vor allem nicht für das Kind. Nach meiner heutigen Erfahrung war meine damalige Entscheidung sicher nicht der Weisheit letzter Schluß, das muß ich zugeben. Ich gestehe mir aber auch zu, gelegentlich Fehler zu machen. Habe ich meine Fehlentscheidung erkannt, darf ich sie entsprechend meiner neuen Einsicht verändern. Ich stehe nicht an, meine Fehler auch einzugestehen.

Auf keinen Fall sollte es aber dahin kommen, daß man seine Entscheidungen trifft, ohne vorher nachzudenken, um sie dann nachträglich der jeweiligen Situation anzupassen. Wenn man seine Entschlüsse oft revidieren muß, verliert man seine Glaubwürdigkeit und bekommt in mancher Hinsicht Probleme, vor allem dann, wenn man sich irgendwo durchsetzen oder etwas bewirken will.

KAPITEL 3

Achte es gering, etwas zu gewinnen oder zu bewahren. Das ist ein ungemein wichtiger Gedanke. Wir neigen dazu, jeden einmal gewonnenen Status nach Möglichkeit für alle Zeiten aufrechtzuerhalten. An jede einmal gewonnene Position klammern wir uns mit aller Kraft. »Das habe ich mir geschaffen. Das ist das Höchste. So muß es für immer bleiben!«

Wir übersehen dabei, daß dieses Nicht-verändern-Wollen der kosmischen Ordnung widerspricht. Es trägt bereits den Keim des Rückganges in sich. Nur die Veränderung hat Bestand! Diesen Gedanken wollen wir uns einprägen.

Die Chinesen haben diese Gesetzmäßigkeit bereits vor viertausend Jahren erkannt und im I Ging festgehalten. Veränderung ist das einzige, das die Menschheit weiterbringt. Das Verharren auf einer Stufe verhindert Neubildungen. Jedes Anhalten ist also bereits ein Rückschritt.

Das gleiche gilt für unsere zwischenmenschlichen Beziehungen. Eine Freundschaft, eine Partnerschaft sollte ständig erneuert werden. Ich kann nicht erwarten, daß eine einmal erreichte Beziehung für immer auf dem nämlichen Stand verbleibt. Veränderung ist auch hier gut, denn erst wenn die Verliebtheit sich verliert, beginnt die Arbeit an der Liebe. Erst dann ist es uns möglich, weiter auf das Du zuzugehen.

KAPITEL 4

Nun kommen wir zum *Gebet.* Auch dieses Thema haben wir bereits behandelt. In unserem Vortrag *Das Gebet - die Verbindung zur geistigen Welt* werden wir sehr ausführlich darüber sprechen. (Dieser Vortrag folgt im zweiten Band. Siehe auch: PENDELBUCH, Kapitel *Gebete.*) Laßt uns nie die Bittgebete vergessen, vor allem aber auch nicht die Dankgebete. Die Gebete helfen uns in jeder

Situation weiter. Davon könnt ihr euch leicht selber überzeugen, wenn ihr sie annehmt und regelmäßig ausführt. Durch Gebete läßt sich wirklich ungemein viel verändern. Ich erlebe das selber immer wieder, und ich bekomme viele positive Rückmeldungen von Menschen, die unsere Gebete anwenden. Es ist mir ein wirkliches Anliegen, euch diese Hilfsmittel nahezubringen.

KAPITEL 5

Eine weitere unerläßliche Regel erinnert uns an *das Verzeihen.* Der erste Schritt, der zum Allverzeihen hinführt, ist ähnlich dem, der uns der Alliebe näherbringt. Damit will ich sagen: Wenn wir das Erarbeiten der Alliebe am zweckmäßigsten damit beginnen, zu lernen, uns selber zu lieben, starten wir den Weg zum Allverzeihen am besten, indem wir anfangen, uns selber zu verzeihen.

Erst wenn wir gelernt haben, uns die eigenen Fehler zu vergeben, können wir weiterschreiten, weil wir nun auch imstande sind, Verständnis für die Fehler anderer Menschen aufzubringen. Wer seine Fehler erkannt hat, sollte sie zunächst annehmen und erst dann an ihre Beseitigung gehen. Ein Fehler, den wir uns nicht verzeihen, verstärkt sich.

KAPITEL 6

Stets das Positive sehen. Vergeßt nie: Jeder Mensch hat etwas Positives an sich. Auch jedes Ereignis hat seine guten Seiten. Denke ich schlecht über jemanden, falle ich sofort aus dem Gleichgewicht. Sehe ich an einem Ereignis nur das Negative, störe ich ebenfalls mein inneres Gleichgewicht. Berücksichtige ich dagegen die guten Eigenschaften eines Menschen oder anerkenne ich auch die positiven Aspekte eines Ereignisses, gewinne ich meine innere Harmonie sofort wieder.

KAPITEL 7

Die Befreiung vom Egoismus

Sprechen wir nun über das *Verzichten.* Verzichten ist eine gute Übung, die euch helfen kann, euch aus der Ich-Bezogenheit zu befreien. Wir können uns üben im Verzichten auf Vergnügungen, auf Macht, auf Geld, auf Essen, auf das Manipulieren anderer Menschen, oder im Verzichten auf die Kinder oder auf den Partner; - mit letzterem ist hier das Loslassen gemeint. Somit wären wir also wieder zu einem unserer einleitenden Themen zurückgekehrt.

• *Wenn man sich im Verzichten üben will, - muß man da das Liebste hergeben, oder könnte es zum Beispiel auch etwas sein, das man nicht unbedingt braucht?*

Handelte es sich um etwas, das du ohnehin nicht brauchst, wäre das ja kein Verzicht. Du solltest schon etwas auswählen, das dir wirklich fehlt.

• *Eine Frage zum Verzichten auf Vergnügungen: Was ist, wenn mir etwas, das mir Vergnügen bereitet, auch gleichzeitig viel Kraft gibt? Wieso sollte ich das aufgeben?*

Ich glaube, da liegt ein Mißverständnis vor. Als ich vom Verzichten gesprochen habe, habe ich nicht gemeint, daß ihr euch nun selbst verleugnen müßtet. Es wäre dumm, dir etwas zu versagen, das dich im Leben weiterbringt. Aber du könntest zum Beispiel einmal auf etwas verzichten, das gewöhnlich ein anderer für dich erledigen muß, - zum Beispiel auf eine Mahlzeit, die dein Partner für dich bereiten müßte, - und ihn dadurch entlasten.

• *Ich meinte nicht etwas, das meine geistige Entwicklung betrifft, sondern etwas, das mir im Alltagsleben Kraft gibt.*

Wenn es dir Kraft gibt, dann ist es für dich gut, und du brauchst dich nicht davon zu trennen.

• *Und wenn es etwas ist, das mir einfach Freude schenkt?*

Verzichten als Übung

Ich sehe schon, ich muß mich bemühen, genauer auszuführen, was in diesem Zusammenhang mit *Verzichten* gemeint ist. Es geht hier nicht darum, daß ihr euch nun allem enthalten sollt, das euch das Leben angenehmer macht oder euch Freude bereitet, sondern daß ihr hin und wieder - als *Übung* - bewußt auf etwas verzichtet, um euren Willen zu schulen. Ihr sollt nicht alles aufgeben. Das war damit überhaupt nicht gemeint. Ist das nun klar?

Ich kann mir zum Beispiel einmal eine Mahlzeit versagen. Als *bewußte* Handlung, darauf kommt es an. Oder ich verschenke etwas, das mir wertvoll ist, als *bewußte* Übung. Das heißt nicht, daß man nun alles verschenken soll. Wobei der freiwillige Verzicht auf alles Materielle wirklich ein erstrebenswertes Ziel wäre, - getreu unserem Motto *Nichts zu bedürfen ist göttlich!*

• *Aber man soll sich dabei auch nicht überfordern, denke ich.*

Das ist richtig. Man sollte bei allem stets auf das rechte Maß und den richtigen Zeitpunkt achten.

KAPITEL 8

Gib dein Bestes und urteile nicht. Bei allem, was wir beginnen, sollten wir uns stets bemühen, unser Bestes zu geben. Ich erinnere euch noch einmal daran: *Versucht* bitte nicht nur, gut zu sein, *versucht* nicht nur, es ab jetzt besser zu machen, sondern bemüht euch wirklich. Gebt euer Bestes! Was wir *versuchen,* ist bereits zu mindestens fünfzig Prozent gescheitert. Beginne ich eine Aufgabe mit den Worten: »Ich versuche es«, nehme ich mir von Anfang an die Hälfte meiner Erfolgsaussichten. Der *Versuch* bringt mich sofort aus dem Gleichgewicht. Das kann ich euch jederzeit mit dem Thymus-Test zeigen. Daher ist es wichtig, daß wir dieses: »Ich

Der ›Versuch‹

Immer das Beste geben

werde es versuchen« oder: »Ich werde es probieren« durch: »Ich werde mich bemühen« ersetzen. Oder durch die positive Formel: »Ich will mein Bestes geben.«

Mit einer günstigen Formulierung sind wir sofort in einer positiven Schwingung. Das Wort *Versuch* dagegen hat für mich einen Beigeschmack von: »Das Ganze geht mich zwar nichts an, aber ich probier'es halt. Sollte es mißlingen, bin ich dafür nicht verantwortlich«.

Übrigens enthält das Wort *Versuch* auch den Begriff *Versuchung*. Ihr braucht euch nur ein bißchen in die Situation hineinzudenken, dann spürt ihr gleich, was ich meine. Beginne ich eine Arbeit mit dem Satz: »Ich will mein Bestes geben«, steckt eine ganz andere Energie dahinter, als wenn ich sage: »Ich versuche es.«

Daher bitte ich euch noch einmal: Bemüht euch besonders in geistigen Belangen stets, euer Bestes zu geben. Sollte ein Vorhaben trotzdem mißlingen, dann reicht euer Bestes im Augenblick vielleicht noch nicht aus, weil ihr in eurer Entwicklung noch nicht weit genug fortgeschritten seid. Es hat dann im Moment noch eure Kräfte überstiegen, aber ihr könnt sofort an euch weiterarbeiten, indem ihr sagt: »O.K., diesmal hat es eben noch nicht geklappt. Ich werde mich aber weiterhin bemühen, ein zweitesmal, ein drittesmal, - so lange, bis es mir gelingt.« Denkt immer an den Satz: »Hinzufallen ist keine Schande, aber es ist eine Schande, liegenzubleiben.«

Nur darum geht es. Mißlingt euch etwas, dann beginnt wieder von vorn. Geht es zwanzig-, dreißig- oder hundertmal schief, dann bemüht euch eben zum so-und-sovieltenmal, und ihr könnt gewiß sein: einmal werdet ihr es schaffen. Einmal wird sich der Erfolg einstellen. Es hängt nur von eurem ständigen Bemühen, von eurer Ausdauer ab, ob euch eine Veränderung gelingt.

Nicht urteilen

Damit haben wir den ersten Teil dieses Kapitels durchbesprochen, nämlich daß wir immer unser Bestes geben sollten, und kommen nun zum zweiten Teil: *Urteile nicht!* Über andere zu urteilen ist eine der am häufigsten begangenen Dummheiten, mit denen wir Menschen uns gegenseitig das Leben schwer machen. Die wenigsten Leute begreifen, welchen Fehler sie begehen, wenn sie über ihre Mitmenschen urteilen.

Kaum tritt ein anderer Mensch in unseren Wahrnehmungsbereich, sagen wir schon: »Der ist so und so« oder: »Die ist so und so.« Mir drängt sich da immer die Vorstellung von einem Karteischrank auf: Jeder Mensch trägt in seinem Kopf einen Karteischrank mit vielen Registern, und bei jedem Ereignis, das ihm begegnet, und bei jedem Menschen, den er kennenlernt, macht er sich sofort daran, diese in eine seiner Karteien einzuordnen. Dabei bemüht er sich gar nicht, dem Mitmenschen oder dem Ereignis gerecht zu werden; Hauptsache, der Akt ist erledigt und hat seinen Platz im Schrank gefunden.

Jedesmal wenn wir das tun, bringen wir uns um eine neue Erfahrung. Indem wir sie einsortieren, lassen wir den Menschen oder die Begebenheit nicht wirklich in unser Leben treten, sondern schieben sie nur ab. Es wäre jedoch wichtig, sie auf uns wirken zu lassen, sie anzunehmen, ohne sofort über sie zu urteilen. Vor allem sollten wir es unterlassen, gleich zu werten: »Der oder das ist gut, der oder das ist schlecht.« Was für uns gut oder schlecht ist, erkennen wir nur in den seltensten Fällen auf den ersten Blick.

Erst wenn wir das Erlebte gründlich durchdacht und ›durchfühlt‹ haben, sollten wir daran gehen, es in unserem Karteischrank unterzubringen. Erst dann können wir sagen: »Das war nichts für mich. Ich werde das anders machen.« Oder aber wir sagen: »Das nehme ich an. Das hat mich berührt. Das war eine Botschaft für mich.« Beachten wir die Hinweise, die uns von der Umwelt angeboten werden, bringen sie uns in unserer Entwicklung weiter. Blocken wir sie dagegen ab, - schieben wir sie in eine Kartei, ohne sie anzusehen, - vergeben wir wertvolle Chancen.

KAPITEL 9

Der nächste Punkt heißt: *Das Nicht-Handeln lernen.* Was, denkt ihr, bedeutet Nicht-Handeln?

• *Sich führen zu lassen.*

Laotse und das Nicht-Handeln

Ja, unter anderem kann es bedeuten, sich führen zu lassen. Im *Tao te king,* dem Weisheitsbuch des *Laotse,* kommt das besonders gut zum Ausdruck. Darin findet ihr Sätze wie zum Beispiel: »Der Weise wirkt durch Nicht-Handeln. Er braucht nichts zu tun und vollendet doch.« Damit wird nicht der Faulheit ein Loblied gesungen, sondern das Prinzip des Loslassens, der Nichteinmischung beschrieben.

Die Parabel von den drei Weisen

Eine alte chinesische Geschichte erläutert uns, was mit *Nichthandeln* gemeint ist.

»An einem Meeresstrand lebten drei fromme Männer. Zur Belohnung für ihr gesetzmäßiges Leben war ihnen die Gabe verliehen worden, beim Bade ihre weißen Tücher frei in die Luft zu hängen.

Eines Tages, als sie in der Bucht gerade wieder ihr Bad nahmen und ihre Tücher schwebend im Winde flatterten, bemerkten sie, daß ein Seeadler über dem Wasser kreiste. Plötzlich stieß der riesige Vogel herab, stürzte sich in die Wogen, packte einen silbernen Fisch und flog mit ihm davon.

Die drei Männer sahen dem Jäger und seiner Beute nach.

›Der arme Fisch‹, seufzte der erste betrübt. Kaum hatte er diese Worte ausgesprochen, fiel sein bis dahin frei schwebendes Badetuch zu Boden.

›Welch böser Raubvogel!‹ rief der zweite wütend, und im gleichen Augenblick sank auch sein Badetuch in den Sand.

Der dritte blickte dem Adler nach, der eben mit dem Fisch in den Fängen über den Felsen verschwand. Der Weise nahm das Ereignis in sich auf, ohne zu werten und ohne ein Wort zu verlieren. Sein weißes Tuch schwebte weiterhin in der Luft und flatterte im Winde.«

• *Ich verstehe trotzdem nicht ganz, was mit dem Nicht-Handeln gemeint ist.*

Nicht-handeln bedeutet, nur dort etwas zu tun, wo es notwendig, wo es gesetzmäßig ist; - sich nicht in Ereignisse einzumischen, in denen sich unser Eingreifen nutzlos oder gar hemmend auswirken könnte. Es bedeutet, dem Karma überall dort seinen Lauf zu lassen, wo es nicht durch Liebe aufgelöst wird. Der tiefe Sinn des Nicht-Handelns liegt in der Absage an Aktivitäten, die den göttlichen Gesetzen entgegenstehen.

Hilfe anbieten

Ein Beispiel: Du bietest einem Menschen deine Hilfe an, doch der lehnt sie ab, weil er sie nicht annehmen will oder weil er sie nicht annehmen kann. Du darfst ihm in dieser Situation deine Hilfe nicht aufzwingen, selbst wenn dir klar ist, daß sich der andere damit selber schadet. Das wäre ein Beispiel für Nicht-Handeln.

• *Wie oft soll man Hilfe anbieten?*

Einmal genügt. Seinen Lieben, der eigenen Familie, bietet man die Hilfe natürlich öfter an, nur lehnen die Angehörigen sie bekanntlich häufig ab. Ihr wißt ja: Der Prophet gilt nichts im eigenen Lande.

Natürlich sollte man auch bei der Familie im Nicht-Handeln verweilen. Anbieten kann man ihnen die Hilfe schon öfter, aber man darf auch sie zu nichts zwingen. Dabei ist stets eines zu bedenken: Man kann den Leuten auch dadurch, daß man ihnen ständig seine Hilfe aufdrängt, auf die Nerven gehen. Damit würde man genau das Gegenteil von dem erreichen, was man beabsichtigte.

Eigentlich sollte man erst dann helfend eingreifen, wenn der andere um Hilfe ruft. Auf keinen Fall darf man sich als der große Retter aufspielen; - das wäre das erste Anzeichen dafür, daß man am Helfer-Syndrom leidet. Dieser ›Krankheit‹ kann man leicht erliegen, besonders dann, wenn man selber durch ein wirkungsvolles Heilverfahren in kurzer Zeit genesen ist. Man ist dann voller Überschwang für die wohltuende Methode und will die anderen unter allen Umständen auch dafür gewinnen. Dabei übersieht man leicht, daß das, was für uns selber gut war, nicht unbedingt auch für einen anderen Menschen das Richtige sein muß.

KAPITEL 10

Alle Entscheidungen dem Göttlichen unterordnen. Das heißt mit anderen Worten, daß man alle seine Handlungen nach den göttlichen Gesetzen ausrichten sollte. Lassen wir uns bei unserer Entscheidung nicht von dem Gedanken leiten, wie wir aus einer Situation den optimalsten materiellen Vorteil schlagen können oder wie sie sich für uns am bequemsten entwickelt, sondern wie sie in größtmöglichem Einklang mit der göttlichen Ordnung ablaufen kann. Richten wir unseren Blick also stets auf das Absolute. Das ist wirklich schwierig. Damit nähern wir uns schon beinahe dem Übermenschlichen. Um zu dieser Lebensschau zu kommen, muß man lange und ausdauernd lernen und üben.

KAPITEL 11

Die Demut und die Liebe leben. Dazu gehört vor allem, daß wir unser Schicksal widerspruchslos annehmen und uns ihm freiwillig unterordnen. Wir wollen auch allen Aufgaben des Lebens freudig nachkommen. Wie es ist, wenn man seine Lektionen nicht annimmt, habe ich am Beispiel der Dame erlebt, bei der ich heute nachmittag zu Besuch war. Sie hat ihr Schicksal nicht angenommen. Sie hat ihre weibliche Seite nicht gelebt. Das führt unweigerlich zu Leid.

Sich dem Schicksal unterordnen

Die männliche und die weibliche Seite annehmen

Um das innere Gleichgewicht zu erlangen, muß der Mensch beide Seiten annehmen, die er in sich trägt: sowohl seine männliche als auch seine weibliche Seite. Nur so kann er in Harmonie leben.

Natürlich zwingt uns niemand, beide Teile unseres Wesens zu verwirklichen. Wir haben ja den freien Willen. Wenn wir aber Wert auf ein seelisch ausgeglichenes Leben legen, ist es unumgänglich, dieses Gleichgewicht herzustellen. Es ist also nötig, daß wir unser Schicksal demütig annehmen.

Demut bedeutet, sich freiwillig unterzuordnen, freiwillig für andere da zu sein, ohne dabei zu leiden. Wer unter seinem Schicksal leidet, wer seinen Hilfeleistungen für die Mitmenschen aus anderen als aus Gründen der Nächstenliebe nachkommt, ist nicht demütig, sondern tut sich selber Gewalt an. Dieser Mensch hat den rechten Weg noch nicht gefunden. Demut und Liebe zu verwirklichen schließt die Gnade in sich ein, ohne Leid zu leben, - wenn es sich um die *wahre* Liebe und die *wahre* Demut handelt. Zu aufrichtiger Liebe und Demut gehört es auch, Gott zu verehren.

Wann wird man ausgenützt?

Fragt man die Leute, was sie daran hindere, demütig zu sein und sich freiwillig unterzuordnen, hört man oft die Antwort: »Da werde ich doch bloß ausgenützt.« Solange wir noch das Gefühl haben, ausgenützt zu werden, handeln wir weder aus Demut noch aus Liebe. Wahrscheinlich nützen wir dann selber noch andere Menschen in irgendeiner Form aus. Daraus entsteht dann unsere Frustration. Liebe und Demut bedeuten aber wie gesagt, leidfrei zu sein.

KAPITEL 12

Liebe deine Feinde. Feindesliebe ist eine der wichtigsten, aber auch eine der am schwierigsten zu erwerbenden Eigenschaften, die zu unserer geistigen Evolution gehören. Solange wir noch Anfeindungen mit Gegenaktionen beantworten, häufen wir immer wieder neue karmische Belastungen auf uns, denn *jede* Handlung wider einen Mitmenschen, gleichgültig, ob es sich um eine Aggression oder eine Reaktion handelt, schafft neues Karma. Nur wenn wir die Feindesliebe in die Tat umgesetzt haben, können wir karmafrei werden und das Rad der Wiedergeburten verlassen.

Feindesliebe

Der Krieg aus geistiger Sicht

Die schlimmsten Beispiele für diese unglückseligen Verkettungen von Aktionen und Gegenaktionen sind Kriege. Wir brauchen nur einen Blick auf unser Nachbarland, das ehemalige Jugoslawien, zu werfen, um die Folgen der karmischen Gesetze auf erschütternde Weise mitzuerleben.

In den Berichten unserer Medien können wir täglich mitverfolgen, wie sich dort die Feindseligkeiten der Kriegsparteien immer wieder aneinander entzünden und zu keinem Ende kommen wollen. Für die meisten Menschen bleiben die geistigen Ursachen solchen Treibens unbegreiflich. Dem Wissenden jedoch sind die dahinterliegenden Gesetzmäßigkeiten bekannt und ihm ist klar, daß die Gefallenen im Jenseits weiterkämpfen und von dort aus auf die Empfindungswelt der Lebenden einwirken und sie nicht zur Ruhe kommen lassen.

Die karmischen Verstrickungen enden ja nicht, wenn man einen Menschen tötet oder wenn man selber getötet wird. Die Plötzlichkeit, mit der die Gefallenen aus dem Leben gerissen werden, macht es ihnen unmöglich, sich der jenseitigen Sphären bewußt zu werden, in die sie völlig unvorbereitet hineinkatapultiert wurden. Sie halten weiterhin an den gleichen emotionalen Mustern fest, mit denen sie die materielle Erde verlassen haben, und kämpfen auf der geistigen Ebene weiter. Oder sie besetzen Lebende und stacheln sie zu immer neuen Gewalttaten auf. Krieg ist ein schrecklicher Brand, der, einmal entfacht, eine Eigendynamik entwickelt, die nur schwer zu löschen ist. Doch selbst wenn der Kampf beendet scheint, - die karmischen Gesetze wirken weiter und entladen sich in einer unbekannten Zukunft in einem neuen Konflikt, denn sämtliche Energien, die jeder einzelne Kämpfer freigesetzt hat, müssen ja wieder zu ihm zurückkehren. Wer vergewaltigt, verletzt, oder getötet hat, wird in einem zukünftigen Krieg vergewaltigt, verletzt oder getötet werden.

Die Kette des Hasses durchbrechen

Jesus Christus hat uns die *einzige* Möglichkeit gezeigt, mit der wir diesem Teufelskreis entfliehen können: durch die Feindesliebe. Nur wenn wir Haß mit Liebe beantworten, ist die schier endlose Kette der karmischen Verflechtungen gelöst und das sich über viele Inkarnationen hinziehende Labyrinth der zwischenmenschlichen Beziehungen beendet.

Krieg, Haß und Reinkarnation

Die öffentliche Meinung versucht immer nur herauszufinden: »Wer trägt denn die Schuld am Ausbruch dieses Krieges? Wer ist denn der Böse?« Doch darum geht es gar nicht. Auch dieser Krieg ist nur ein Ausgleich für Fehlhandlungen, welche *die* Personen, die gegenwärtig durch Gewalttaten vernichtet werden, einst an ihren Mitmenschen begangen haben. Würden die Menschen das Gesetz der Feindesliebe endlich in seiner ganzen Tragweite erfassen und sich zu ihm bekennen, gäbe es keine Kriege mehr, denn dadurch wären die karmischen Beziehungen sofort entflochten.

In der Öffentlichkeit macht man sich dagegen immer nur Sorgen: »Wenn *dieses* Volk den Krieg gewinnt, dann hat es die Oberherrschaft im Lande. Das wäre ungerecht.« Das sind Denkweisen, die an den tatsächlichen Problemen vorbeigehen, denn die karmischen Ursachen wurden in die Überlegungen nicht miteinbezogen.

Jeder einzelne von uns sollte sich stets vor Augen halten: Wir alle waren schon in *jeder* Rolle auf dieser Welt, - als Frau und als Mann, als Weiser und als Narr; als Mörder und als Opfer; als Herrscher und als Sklave; - und als Angehöriger vieler Rassen!

Dieses Wissen sollte uns eigentlich dazu veranlassen, jede Rassendiskriminierung und jede Verurteilung von Menschen anderer Abstammung, Hautfarbe oder Religion zu unterlassen. Wir sollten uns vielmehr überlegen, daß wir selber schon oft in der Lage des Angefeindeten oder Verachteten waren. Aus dieser Sicht erscheint es paradox, unsere Mitmenschen nicht als unsere Schwestern oder unsere Brüder zu betrachten.

Die Seelen der gewaltsam Getöteten im Jenseits

• *Mir ist unklar, wie du zu der Ansicht kommst, daß die streitenden Parteien im Jenseits weiterkämpfen. Ich glaube, wenn eine Seele die Schwelle zur anderen Welt überschreitet, wird ihr die Einsicht vermittelt, was in ihrem Erdenleben richtig war und was falsch, und in ihr entsteht die Sehnsucht, die Fehler wiedergutzumachen.*

So ist es leider nicht. Die Bewußtseinstufe, die sich die Seele in ihren bisherigen Inkarnationen erarbeitet hat, bleibt ihr auch im Jenseits erhalten. Natürlich wird sie irgendwann weitergeführt, aber das dauert seine ›Zeit‹.

• *Das verstehe ich nicht. Das Rad der Wiedergeburten dient doch dazu, der Seele die Möglichkeit zu geben, sich weiterzuentwickeln. Wenn sie immer auf dem gleichen Bewußtseinsstand bleibt, wird sie nie in der Lage sein, ihre Fehler zu bereinigen.*

Die gleiche geistige Reife, mit der du diese Erde verläßt, bleibt auch im Jenseits bestehen. Ein Soldat, der im Krieg gewaltsam getötet wird, verliert sein Leben so plötzlich, daß er gar nicht die Zeit findet, seine zurückliegenden Probleme geistig aufzuarbeiten. Es ergeht ihm ähnlich wie jenen Verstorbenen, die auch nach ihrem Ableben noch täglich ihr Büro aufsuchen und sich schrecklich darüber ärgern, daß ein anderer auf ihrem Stuhl sitzt. Das alles sind Tatsachen, die wir aus den Berichten von Hellsichtigen kennen.

• *Wie kann sich die Seele dann jemals von einem Irrtum befreien?*

Jede Seele erhält irgendwann Hilfe, - vorausgesetzt, sie nimmt diese an. Lehnt sie das Hilfsangebot ab, muß sie alleine weiterreifen. Es kann nach irdischen Begriffen Jahrtausende dauern, bis ein verstocktes Wesen zur geistigen Umkehr bereit ist.

Seelen, die in der Erdsphäre verbleiben

• *Bleiben diese Seelen in der Erdsphäre?*

Nicht alle, aber viele von ihnen. Ein Großteil der Menschen, die an Krebs verstorben sind, hängen zum Beispiel in der Erdsphäre.

• *Aber ich kenne Krebskranke, die an Gott glauben.*

Das allein ist vielleicht zu wenig. An Gott zu glauben ist nur ein erster Schritt. Wir dürfen aber keinesfalls über diese Menschen urteilen. Es ist unsere Aufgabe, ihnen beizustehen und den Weg zu zeigen, - wenn sie ihn annehmen wollen. Krebs entsteht vorwiegend aus ungelösten seelischen Konflikten. Diese Probleme führen zu Energieblockaden im Seelenkörper, die ein geistiges Vorwärtsschreiten unmöglich machen. Auch hier können wir aber den Verstorbenen durch unsere Gebete beistehen. Wir können damit zum Beispiel die Energieblockaden auflösen und ihnen dadurch helfen, ihre Konfliktsituation zu erkennen.

Die Schöpfung verstehen und bejahen. Im Grunde genommen ist das eine der Voraussetzungen für unsere geistige und spirituelle Entwicklung. Es ist aber wiederum nur ein Anfang. Als nächster Schritt wäre es unerläßlich, sich in diese Schöpfung hineinzuversetzen, sich als Teil ihres großen Planes zu verstehen. Viele Menschen unserer Zeit glauben, unsere Art wäre von der restlichen Welt isoliert und stünde über allem anderen Erschaffenen. Das ist *die* Philosophie, die unsere westliche Zivilisation so zerstörerisch werden ließ. Ein Mensch, der sich als Teil des großen Ganzen fühlt, geht sicher nicht in *der* Weise mit Umwelt und Erde um, wie wir das heute tun.

Jeder Mensch ist ein Teil des Universums

Wir *sind* Teil dieser Welt. Wir *sind* Teil der Materie, unser wahres Wesen jedoch stammt *nicht* aus der Materie. Geist und Stoff sind zwei voneinander getrennte Aspekte unseres Daseins. Das Wissen darum, daß wir an beidem teilhaben dürfen, sollte uns aber mit Liebe und Ehrfurcht vor Gott und vor allem Geschaffenen erfüllen.

Das Wunderbarste, das sich uns in allen Ausdrucksformen der Schöpfung offenbart, ist die grenzenlose Liebe und die unendliche Gnade, die Gott uns Menschen zuteil werden läßt. Ich illustriere die Liebe Gottes zu uns immer durch einen meiner Standardsätze, der euch ja schon wohlbekannt sein dürfte: *Wer nur einen einzigen Schritt auf Gott zugeht, dem kommt Er neun Schritte entgegen.*

Diese Kenntnis von der Liebe Gottes ist für uns Erdenbewohner, die wir uns von der Welt des reinen Geistes so weit entfernt haben, ungemein schön und tröstlich. Sie schenkt uns die Gewißheit, daß wir nie allein sind, daß wir immer Führung haben, daß stets jemand da ist, der uns beisteht, - wenn wir nur bereit sind, uns dem Göttlichen anzuschließen.

Es sind Tatsachen, über die ich hier spreche, keine Wunschvorstellungen. Nur sind diese Fakten für uns manchmal schwer zu erkennen, weil unsere Aussicht zu sehr vom Dickicht unserer karmischen Verstrickungen überwuchert ist. Diese Trübung unserer inneren Wahrnehmungsfähigkeit hindert uns daran, das Göttliche klar zu sehen und zu begreifen. Trotzdem ist die Hilfe immer für uns bereit. Wir brauchen uns nur für sie zu öffnen, dann können wir ihre Wirkung sofort spüren.

›Wer immer strebend sich bemüht ....‹

Die gleiche Gewißheit von der Liebe Gottes verkündet auch ein anderer Lieblingssatz von mir: *Wer immer strebend sich bemüht, den können wir erlösen.* Diese Worte der Engel aus dem Schlußakt des zweiten Teiles von Goethes *Faust* sagen uns: Gleichgültig, was Dr. Faust sich in seinem Leben hat zuschulden kommen lassen, - er hat immer nur nach dem Guten gestrebt, und schon allein das Streben danach zählt und erwirkt die Gnade Gottes. Dieses Gesetz gilt für alle Menschen.

Kann man Gott begreifen?

• *Hast du eine andere Bezeichnung für Gott?*

Welche Bezeichnung hättest du denn gerne?

• *Ach, ich weiß es nicht, aber es heißt ja in der Bibel: Du sollst dir kein Bild von Gott machen. Ich finde das auch ganz richtig. Man kann Gott als* die Kraft *sehen, als* die Liebe, das Gute, das Gesetz, - *vielleicht* das Weltengesetz ....

All das beinhaltet Gott.

• *Aber Er ist mehr als das. Er ist etwas Unbegreifliches.*

Das ist richtig. *Eine* Bezeichnung wäre für Gott auf jeden Fall zutreffend: *Gott ist die absolute Liebe.* Und das absolute Gesetz. Gott ist alles.

• *Viele Wege führen zu Gott.*

Eigentlich alle. Manche Menschen, die nach Gott suchen, entscheiden sich für Umwege. Das ist in Ordnung. Für viele scheinen Umwege notwendig zu sein. Wir müssen es dem freien Willen jedes einzelnen zugestehen, seinen eigenen Weg zu gehen, wenn er es wünscht. Es gibt zwar den geraden Weg, aber der ist nicht jedermanns Sache und auch nicht für jeden zu jeder Zeit gangbar.

Der Übergang zum Wassermannzeitalter

• *Man hört gegenwärtig von verschiedenen Seiten, daß sich die Menschheit einer Endzeit zubewegt. Ist das richtig?*

Ja, wir steuern mit Riesenschritten dem Ende eines Äons zu. Das Wort *Endzeit* finde ich allerdings nicht sehr gut gewählt, denn es hat einen Beigeschmack von Untergang. Das trifft aber nicht zu. Ich würde sagen: Wir leben in einer Übergangsphase.

Die Erde steht gegenwärtig vor dem Wechsel zu einer anderen Schwingungsfrequenz. Die Schwingung unseres Planeten wird generell angehoben. Die Energie, die diese Veränderung bewirkt, ist an und für sich neutral. Je nachdem, wie wir uns entscheiden, erfahren wir die Kraft als positiv oder negativ. Wir werden durch sie in jene Bereiche der Hellsichtigkeit zurückgeführt, von denen die Menschheit einst ausging, bereichert jedoch um die Ich-Kräfte, die wir uns in der zurückliegenden Epoche erworben haben. Dadurch wird sich in naher Zukunft sicherlich sehr, sehr viel für die Menschheit ändern.

Die Eigenschwingung anheben

Es ist daher für jeden Menschen empfehlenswert, seine Eigenschwingung rechtzeitig anzuheben, um sie der veränderten Vibration des Erdfeldes anzupassen. Dies ist das Ziel, dem wir mit allen unseren Kräften zustreben sollten. Unter dem Anheben unserer Schwingung ist aber nichts anderes zu verstehen als das Entwickeln der Alliebe. Nur durch sie werden wir die verstärkte Einstrahlung, die sich schon jetzt bemerkbar macht, ertragen können.

Wir können die Vorboten der veränderten Strahlung bereits fühlen, sowohl im Äußeren wie auch im Inneren. Ich war vor einiger Zeit in den Bergen. Die UV-Strahlung war in achzehnhundert Metern Höhe so stark, daß ich sie, obwohl es bedeckt war, an der Reaktion der Augen und der Haut deutlich spüren konnte. Es macht sich also in einigen Bereichen bereits bemerkbar, daß die Schwingung unseres Planeten im Wandel begriffen ist. Ebenso können wir sie im Seelenbereich des Menschen wahrnehmen.

Anzeichen der Veränderung

In der Radiästhesie merken wir die Veränderung daran, daß in ansteigendem Maße Störfelder auftreten. Dieses Phänomen, das in den letzten Jahren stark zugenommen hat, ist nichts anderes als eine Spiegelung der tragischen Unvernunft, mit der die Menschheit immer mehr Störungen in ihre Umwelt bringt. Mit der daraus resultierenden erhöhten Strahlung werden die Radiästheten jetzt konfrontiert.

Durch Liebe und Gebete der erhöhten Schwingung anpassen

Es ist uns Menschen aber möglich, alle schädlichen Aspekte der Zeitenwende durch Liebe und Gebete zu verändern, weil beide unsere Körperschwingung anheben und uns auf diese Weise der erhöhten Erdschwingung angleichen. Die Steigerung unserer Eigenschwingung ist also eine der natürlichen Folgen der Arbeit an uns selber, zu der wir uns hier zusammengefunden haben. Indem wir uns Gott zuwenden und dem Positiven öffnen, erreichen wir gleichzeitig eine Steigerung unserer Schwingungsfrequenz.

Gibt es dazu noch Fragen? Nein? Dann möchte ich mich für heute von euch verabschieden. Ich danke euch für die Aufmerksamkeit, mit der ihr den Ausführungen bisher gefolgt seid, und wünsche euch alles Liebe und Gute bis zum nächstenmal.

Karl Haas

PENDELBUCH

184 Seiten, viele Abbildungen

1. **Ein Weltbild - ein Modell** / Der Sinn des Lebens / Ein Weltbild - ein Modell Zum Vergleich noch andere Quellen / Upanishaden / Aus der Akasha-Chronik / Aussage von Prof. Max Planck
2. **Pendeltechnik / Geistiges Pendeln / Einführung** / Wechselbeziehung zwischen Umwelt und Mensch / **Übungen zur Ausschaltung der Gedanken / Übungen zur Aktivierung beider Gehirnhälften** / Suche eines versteckten Gegenstandes
3. **Geistige Gesetze - Geistige Entwicklung / Karma / Spiegelgesetz / Geistige Entwicklung / Pendeltabelle** / Halle des Lernens / Halle der Weisheit / Halle der Vollkommenheit / **Bachblüten**
4. **Gebete** / Beeinflussungen aus jenseitigen Welten / Anleitung und Gebete
5. **Chakras-Übungen** / Sitz der einzelnen Chakren / **Pendeltabelle / Die 5 Tibeter**
6. **Naturheilmittel / Wichtige Hinweise / Heilungsgrundsatz von Dr. Bach / Schüßler-Salze / Kurzbeschreibung der einzelnen Salze / Aroma-Therapie** / Ätherische Öle / **JSO-Komplex-Heilweise** / Die Organe und ihre Meridiane im Tagesrhythmus / Vitamine / Zahnstatus / Pendeltabelle
7. **Ernährung** / Was sollen wir essen? / **Übersicht:** / Getreide / Gemüse / Obst / Nüsse und Samen / Milchprodukte / Fette / Süßungsmittel / **Gefährliche Genußmittel:** / Tabak / Alkohol / Drogen / **Pendelhinweise**
8. **Alternativen zur Pendeltechnik**
Wünschelrute / Münze / Würfel / Thymustest (Muskeltest)
9. **Tabellen, Diagramme und Zusammenfassung der Gebete**

Karl Haas

RADIÄSTHESIE

88 Seiten, viele Abbildungen

RADIÄSTHESIE, DER UMGANG MIT STRAHLUNGSFELDERN / VORWORT / Auftrag / Der Sinn des Lebens / Lernprozeß / Chance im Leben

1. **Kapitel: EINFÜHRUNG / Radiästhesie / Störfelder / Orte der Kraft**
2. **Kapitel: DIE WICHTIGSTEN ZONEN ODER FELDER** / Übersicht: natürliche Felder, technische Felder / NATÜRLICHE FELDER / Wasserzonen / Feldanomalien / Schwerpunktzone / **Verwerfungszonen / Globalgitter / Diagonalgitter / Mediallinien** / Sprechzonen / Mumifizierungszonen / **Wachstumszonen / UNTERSUCHUNG EINES WOHNRAUMES / TECHNISCHE FELDER / Elektrische Hausinstallationen** / Elektrische Anlagen im Schlafbereich / Hinweise für Neuinstallationen / **Elektrostatische Aufladungen** / Kunststoffe / Bildschirme / **EINRICHTUNG GESUNDER WOHN- und SCHLAFRÄUME / Bauliche Maßnahmen** / Elektrische Leitungen / **Einrichtungen** / Möbel / Matratzen / Spiegel / Vorhänge und Bettüberzüge / **Pflanzen in Schlafräumen / Himmelsrichtung der Schlafstellen / MIKROWELLENHERDE / Veränderung der Nahrungsmittel** / Veränderung der Milch / **Mikrowelle aus geistiger Sicht / Aufhebung der negativen Wirkungen bestrahlter Lebensmittel / AUFBAU MENTALER ZONEN**

Kapitel: DIE MAGIE DER STRAHLUNGSFELDER / DIE MAGIE UM DIE STÖRZONEN / Aufbau von Störzonen mittels Gedankenkraft / Die Magie um die Aufhebung von Störzonen / Wirksamkeit bzw. Unwirksamkeit von Entstörgeräten / Zusätzlicher Faktor - ATOMENERGIE

4. **Kapitel: WERKZEUGE DER RADIÄSTHESIE / EINHANDRUTE (Universalrute, Biotensor) / V-RUTE** / Anwendung / Haltungstechniken / **LECHER-RUTE / WINKELRUTE / Richtlinien zur Vorgangsweise bei der Mutung von Störfeldern / Mutung natürlicher Zonen / Technische Störfelder / Aufhebung von Störfeldern**
5. **Kapitel: BIOGRAPHIE**

Beide Bücher in Neuauflage **in einem Band** erhältlich beim R. Lippert-Verlag, Hartgass 9, D-88639 Wald, Tel. +49-(0)7578-2229, Fax: -/933194, www.lippert-verlag.de, info@lippert-verlag.de. Bitte fordern Sie unser kostenloses Gesamtprogramm an!

Weitere Bücher aus dem Lippert-Verlag

Nachfolgend stellen wir Ihnen einige weitere Bücher und CDs aus dem Lippert-Verlag vor. Unser Gesamtprogramm senden wir Ihnen gerne kostenlos zu (s.S. 4 oder im Internet *www.lippert-verlag.de, info@lippert-verlag.de*).

Renate Lippert - Der Transformationsprozess

Buch, ca. 96 S., ***inklusive Transformations-CD,***
EUR 24,90/CHF 49,90. Portofreie Zusendung

Wir leben in Zeiten der Transformation, der Veränderung und der Wandlung und erhielten die Gelegenheit, in dieser Zeit des intensiven spirituellen Wachstums hier auf Erden inkarniert zu sein. Doch was bedeutet dieser Transformationsprozess für uns? Was erfordert er von uns? Wie können wir die tief sitzenden Muster in uns lösen, unseren Körper und unseren Alltag der Schwingungserhöhung anpassen und dennoch den wachsenden Anforderungen des äußeren Lebens gerecht werden? Wie können wir das, was wir seit Leben mit uns herumtragen und als Generationenmuster immer weitergegeben wurde, nun "in diesem Leben" auflösen und gleichzeitig in Balance bleiben? Die beiliegende, von der Autorin geführte Transformations-CD, enthält unterstützende Übungen und Meditationen, hilft die eigenen Transformations- und Schattenthemen zu erkennen und in Kontakt mit der Christusenergie und der Gnadenschwingung umzuwandeln.

CD Aufstiegsaktivierungen ISIS, EUR 21,90/CHF 35,90

Dr. Joshua David Stone, in Deutsch gesprochen von Renate Lippert

1. ISIS, die Große Pyramide und die Sphinx - Aufstiegsaktivierungs-Meditation 48:51
2. Die Verschmelzung deines Christusselbst mit deinem niederen Selbst 10:16

Diese sehr energiereiche Aufstiegsaktivierungs-Meditation mit Isis in der Großen Pyramide leitet uns durch die sieben Einweihungen zum Aufstieg hindurch. Wir verbinden

uns energetisch mit den großen Meistern und erfahren ihre hohe Lichtschwingung und energetische Unterstützung während dieses Prozesses. Die zweite Meditation der CD Verschmelzung deines Christusselbst mit deinem niederen Selbst wirkt ebenfalls sehr schwingungserhöhend. Dieser Vorgang ist ein entscheidender Schritt in deiner spirituellen Entwicklung.

Dr. Joshua David Stone
Dein Weg zu finanziellem Erfolg
auf spiritueller Basis, *346 S. EUR 24,90/CHF 49,90*

Dies ist ein sehr außergewöhnliches Buch darüber, wie man finanziellen und geschäftlichen Erfolg auf spiritueller Basis erlangen kann! Es enthält die inneren Geheimnisse der Zeitalter, wie man die Gabe des Königs Midas erhält, alles Berührte in Gold zu verwandeln! Es ist ein meisterhaft zusammengefasstes Buch aus spiritueller, psychologischer und irdischer Perspektive darüber, wie man wirklich finanziell erfolgreich in seiner Arbeit wird, indem man die enthaltenen spirituellen Geheimnisse anwendet. Viele Lichtarbeiter und Menschen haben Probleme in diesem Bereich. Dieses Buch offenbart die Schlüssel zur Überwindung dieser Probleme auf allen drei Ebenen.

Rudolf Lippert CD zum Buch, *EUR 19,90/CHF 32,90*
Dein Weg zu finanziellem Erfolg auf spiritueller Basis

Diese CD enthält spezielle Übungen und Meditationen in denen wir uns bewusst in Verbindung mit unseren persönlichen geistigen Helfern und den Aufgestiegenen Meistern bringen. Wir rufen eine "spirituelle Konferenz" ein und verwenden eine ganz spezielle Flammentechnik, um den äußeren Erfolg unserer inneren und äußeren Arbeit zu manifestieren. Diese Methode ist besonders wertvoll, da sie äußeren und finanziellen Erfolg auf Grundlage der Anwendung geistiger Gesetze bewirkt. Dies öffnet doch die Schleusen für die Fülle im Leben.

Kosmische Aufstiegsaktivierung im Tempel Gottes 38:15
Dr. Joshua David Stone - gesprochen von Rudolf Lippert **Die Schutzmeditation 39:42**

Durch die kraftvollen Schutzrituale der verschiedenen Meisterinnen und Meister, Engel und geistigen Wesen errichten wir in dieser intensiven Schutzmeditation einen permanenten Schutz um uns und unser Heim. Dieser umfassende Schutz kann in Sekundenschnelle täglich reaktiviert werden. Wir erfahren durch diesen beständigen Schutz auch eine Zunahme unserer persönlichen Kraft! Eine äußerst wertvolle Hilfe für den Aufstiegsprozess! Im Tempel Gottes empfangen wir die wundervollen schwingungserhöhenden Segnungen verschiedener Aufgestiegener Meister, Erzengel und wundervollen geistigen Wesen, welche unseren Aufstiegsprozess aktivieren. **CD EUR 21,90/CHF 35,90**